Vers l'autonomie psychique

De la naissance à la mort

Autres ouvrages en psychoéducation
chez BÉLIVEAU ÉDITEUR

L'accompagnement d'un enfant différent au quotidien. *Un récit rempli de vie et d'espoir.* Manon Couture.

Briser l'isolement *entre jeune en difficulté, éducateurs et parents.* Gilles Gendreau et collaborateurs.

Capteurs de rêves. *Rencontre d'accompagnement clinique psychoéducative.* Daniel Puskas.

L'éducateur à travers le temps. *L'intervention et ses multiples visages.* Renée Dufour.

L'éducateur spécialisé. *Un intervenant au cœur du quotidien.* Jean Chapleau.

Les étapes de la rééducation *des jeunes délinquants et des autres.* Jeannine Guindon.

Handicaps et retards de développement. *Prévention et intervention précoce.* Yvon L'Abbé, James Lespinasse, Robert Labine, Marie Walther, Nicole Lemieux, Claude Goyette. Fléchère Fortin.

Jeunes en difficulté *et intervention psychoéducative.* Gilles Gendreau et collaborateurs.

Psychoéducation. *Une conception, une méthode. Marcel Renou.*

Récits d'adoption. *Cinq aventures familiales.* Louise Noël.

JEANNINE GUINDON

Vers l'autonomie psychique

De la naissance à la mort

BÉLIVEAU
éditeur

Conception et réalisation de la couverture : Christian Campana

Dépôt légal : 1er trimestre 2001
Bibliothèque nationale du Québec
Bibliothèque nationale du Canada

ISBN 978-2-89092-274-7

BÉLIVEAU
éditeur
920, rue Jean-Neveu
Longueuil (Québec) Canada J4G 2M1
514 253-0403 / 450 679-1933 Téléc. : 450 679-6648

www.beliveauediteur.com
admin@beliveauediteur.com

Gouvernement du Québec — Programme de crédit d'impôt pour l'édition de livres — Gestion SODEC — www.sodec.gouv.qc.ca.

Nous reconnaissons l'aide financière du gouvernement du Canada par l'entremise du Fonds du livre du Canada pour nos activités d'édition.

IMPRIMÉ AU CANADA

À Marie-Marcelle,
mon amie et collaboratrice,
mon aujourd'hui et
mon demain.

Cette nouvelle édition de *Vers l'autonomie psychique — de la naissance à la mort* a vu le jour grâce à la précieuse collaboration de Julien Alain c.s.c. qui en a assumé la responsabilité. Depuis plus de quinze ans, il m'a témoigné son indéfectible soutien dans les diverses publications parues.

Je veux remercier chaleureusement Marie-Marcelle Desmarais c.n.d., directrice générale de l'Institut de formation humaine intégrale de Montréal, ma collaboratrice et amie qui m'a suggéré de procéder à cette deuxième édition et qui a accepté d'en rédiger la préface.

Le souci de mettre partiellement à jour les concepts de la nouvelle discipline de la psychoéducation pour les membres de l'Institut, pour ses nombreux étudiants provenant des cinq continents et les professionnels des sciences humaines qui la fréquentent a contribué à me faire surmonter une résistance devant la parution d'une seconde édition.

Jeannine Guindon, Ph.D.

Préface

Au sujet du développement de la personne, de nombreux chemins se sont ouverts au fil des ans. Si des personnes n'avaient pas observé, si elles n'avaient pas eu le courage de chercher et d'expérimenter, la médecine n'aurait pas évolué, les sciences humaines et cliniques se seraient sclérosées. À cause de cet esprit scientifique chez quelques-uns, des disciplines ont vu le jour. Des recherches dans l'action les avaient préparées.

Jeannine Guindon appartient à cette « race » de chercheurs et de défricheurs au niveau de la croissance de la personne. Elle publie son ouvrage *Vers l'autonomie psychique — de la naissance à la mort* pour la première fois en 1982. On y trouve un processus de « formation humaine intégrale ». Une histoire précède cette découverte.

1. 1945-1968 – La première découverte

Jeannine Guindon, pédagogue et psychologue, s'engage en interaction avec des enfants surdoués mais mésadaptés au Centre d'Orientation. Parallèlement, le père Albert Roger fonde Boscoville, centre de rééducation pour les jeunes adolescents confrontés à la délinquance. Il sollicite l'aide de Jeannine. Il l'a entendue disant : « Tant qu'on n'a pas tout essayé, on ne peut pas dire que c'est impossible. » Elle sélectionnera et formera des jeunes adultes qu'il recrute comme éducateurs de ces jeunes délinquants. Elle accepte de relever le défi. Avec l'équipe des éducateurs, elle initie la recherche-action qui conduira à la découverte du *processus de rééducation du jeune délinquant par l'actualisation de ses forces psychologiques*. Elle fonde ensuite la profession de psychoéducateur. En 1971, l'Université de Montréal reconnaît comme une nouvelle discipline la psychoéducation conceptualisée par Jeannine Guindon.

2. De 1970 à 1976 – Une étape de transition

Des appels nombreux sont lancés à Jeannine Guindon. On veut qu'elle partage sa découverte dans des milieux autres que les centres de rééducation. Des professionnels de diverses professions veulent une formation les habilitant à actualiser les forces vitales humaines des personnes qu'ils aident. Les demandes viennent de partout : éducation, santé, services sociaux, groupes religieux, animation pastorale, bénévolat auprès des jeunes. Tentant de répondre à ces appels, cette psychologue et psychoéducatrice voit l'importance de former des psychothérapeutes, des intervenants et des formateurs dans ces secteurs qui la réclament. C'est alors que le cheminement d'actualisation des forces vitales humaines dépasse les frontières de la rééducation. Ce choix mènera à la *formation humaine intégrale*.

3. 1976-2000 – La formation humaine intégrale

Ces choix conduisent Jeannine Guindon à fonder (1976) l'Institut de formation et de rééducation de Montréal qui, en 1992, prend son véritable nom, celui correspondant à sa vocation spécifique : Institut de formation humaine intégrale de Montréal (IFHIM). Elle travaille avec une équipe de professionnels (psychologues, travailleuses sociales, psychoéducateurs, criminologues et autres) spécialisés selon l'actualisation des forces vitales humaines et le processus de formation humaine intégrale.

Depuis plus de vingt ans, la démarche de formation humaine intégrale prend forme. Jeannine Guindon lui a donné un visage particulier. Peu à peu, ce processus se précise et s'enrichit en interaction avec des milieux différents, des personnes issues de tous les continents, dans un travail continu de recherche-action et de conceptualisation.

Une démarche qui évolue...

Depuis la parution de *Vers l'autonomie psychique* en 1982, le processus évolue à partir des découvertes théoriques et cliniques. C'est ainsi que plusieurs désirent un autre volume mettant en lumière l'évolution de ce processus de formation humaine intégrale et le cheminement de croissance basé sur l'actualisation des forces vitales humaines de la personne. Si la découverte est faite en milieu québécois, depuis 1982 elle franchit les mers et rejoint divers peuples. Au moment de la première édition de ce volume, l'auteure n'avait pas encore vérifié l'« universalité » de ce processus :

> L'imbrication de ces deux processus, d'organisation psychique et de représentation de soi et de l'autre, nous apporte une vision « stéréoscopique » du développement de la personnalité humaine et nous fournit vraisemblablement, à cause de sa profondeur et de son relief, une grille de lecture qui, selon nous, rejoint « l'homme universel ».

Les faits confirmeront l'universalité de cette démarche. Ces lignes marquent la conclusion de son volume. Elles engagent dans la continuité d'une recherche-action.

Un cheminement en profondeur...

La démarche vers l'autonomie psychique se vit à travers un double processus. Il y a d'abord la construction épigénétique des niveaux d'organisation psychique basée sur un modèle théorique que l'auteure conceptualise à partir de son observation et de son travail clinique. La première partie du volume nous y introduit. Un ensemble cohérent rassemble les composantes nécessaires à la construction ou à la reconstruction de la personne. Le conscient rencontre l'inconscient, l'affectif ne peut se détacher du cognitif. L'actualisation des forces vitales humaines assure le développement et la croissance de l'enfant et de l'adolescent, de l'adulte également.

La seconde partie du volume nous renvoie à la pratique. Un autre processus nous y est révélé. En cheminant avec les étudiants en formation, en les accompagnant dans leur démarche de formation humaine intégrale, Jeannine Guindon découvre un concept de base et en fait son concept-charnière : *la représentation différenciée de soi en interaction avec la représentation différenciée de l'entourage et des autres.* Elle fait cette découverte alors qu'elle interagit, dans la formation, avec d'autres professionnels de l'équipe de l'IFHIM engagés aussi dans cette recherche-action.

Dans les années 1978-1982, l'auteure met en lumière les niveaux d'organisation psychique de même que la réappropriation de ces niveaux qui ne peut pas se faire sans prises de conscience, lesquelles nécessitent des interactions avec d'autres personnes et la relecture de l'expérience vécue. Le processus de représentation de soi en interaction avec la représentation de l'entourage et des autres vise la différenciation, l'intégration et la consolidation de la personne dans ses expériences vécues au niveau du soi corporel, productif, adaptatif, social. Quelques années plus tard, Jeannine Guindon précise ses découvertes dans des publications ultérieures et parle des facettes de l'identité de soi en lien avec le sens que chacun donne à sa vie. La représentation différenciée de soi, de l'entourage et des autres contribue à défaire une fausse représentation de soi et permet de reconstruire des étapes du développement vécues avec plus ou moins d'harmonie.

Cette psychoéducatrice portera toujours le souci des jeunes. En consacrant sa carrière professionnelle aux enfants et aux adolescents en difficulté, elle leur donne sa vie. C'est de cette manière qu'elle choisit de vivre sa maternité aujourd'hui, dans le monde de son temps. L'éducation ne cesse d'être une de ses priorités. Ainsi, la troisième partie de son livre présente des pistes pour l'éducation et permet d'entrevoir un chemin de formation pour des formateurs engagés dans divers domaines.

Psychothérapeute, elle ne passe pas sous silence la formation à l'intervention clinique et à la psychothérapie. Le processus thérapeutique a sa logique quelle que soit l'approche adoptée. Elle le présente en lien avec ses découvertes et sa conceptualisation. Elle illustre comment il peut se vivre lorsqu'il s'agit d'actualiser les forces de la personne aidée. Enfin, elle tente de différencier son approche et d'autres écoles de pensée.

La discipline de la psychoéducation, comme l'auteure l'a conceptualisée, a marqué l'évolution du processus de formation humaine intégrale dispensé à l'Institut de formation humaine intégrale de Montréal. Des expériences vécues et recueillies dans divers milieux mettent en lumière les fruits de ce cheminement. On les retrouve dans des revues, publications, magazines, volumes publiés à l'IFHIM depuis la première édition de *Vers l'autonomie psychique*. Il n'est pas impossible qu'un autre volume permette de saisir l'évolution dans le domaine qui nous intéresse.

Le livre *Vers l'autonomie psychique* demeurera un classique révélant les fondements de la démarche qui, par la suite, n'a cessé de progresser. Continuellement en évolution, la personne et le milieu ne peuvent rester dans un état statique. Sans des concepts de base, sans des points de repère enracinés dans une vision de la personne, dans une discipline, celle de la psychoéducation, Jeannine Guindon n'aurait pu articuler un tel cheminement. Ce volume en montre la complexité. Chaque mot est pesé. L'auteure approfondit les diverses composantes du développement humain. Elle imbrique des processus de construction psychique. Elle initie une conceptualisation nouvelle. Puissions-nous y déceler la rigueur scientifique et aussi la force de l'amour qui s'y cache.

Marie-Marcelle Desmarais, c.n.d., M.S.S.
Directrice générale
Institut de formation humaine intégrale de Montréal

27 avril 2000

Introduction

La pierre de touche de toute l'étude que nous nous proposons d'élaborer sur le développement de la personnalité humaine est une conception du comportement libre et autonome, conception que nous avons progressivement faite nôtre au fil des ans. Elle nous paraît caractériser — de façon primordiale — tout le sens que nous voulons donner ici, d'une part, à la théorie du développement de la personnalité humaine et, d'autre part, aux diverses applications qui en découlent, retracées patiemment tout au long de notre cheminement professionnel.

Rétrospective de notre expérience clinique

Ce cheminement, celui d'une psychologue et psychoéducatrice, issu d'une formation voulant concilier les découvertes de la psychanalyse avec l'apport de la philosophie thomiste, aura été fortement orienté par cette conception autonome du comportement humain. C'est donc à partir de la conception philosophique à laquelle nous adhérons, que nous définissons l'acte humain comme un acte provenant de la volonté libre de la personne, ce qui implique nécessairement liberté de choix. Il s'ensuit que la liberté assumée par l'homme vis-à-vis de ses actions repose sur l'acquisition progressive de son autonomie personnelle.

L'intérêt très vivement ressenti pour les fascinantes découvertes de la psychanalyse n'a pas à ce point influé sur notre discernement pour qu'il nous ait fait accepter d'emblée le déterminisme psychique comme seul postulat de base du comportement humain. Le principe de ce déterminisme à la base même de la théorie psychanalytique ne fait, à notre avis, que démontrer l'importance du rôle joué par les facteurs inconscients, ceux-ci pouvant concourir à orienter des choix et des décisions *apparemment libres*. Notre expérience clinique nous a en effet familiarisée avec ces nombreuses perturbations qui se manifestent chez bon nombre de sujets dans la capacité de faire des choix et de prendre des décisions. Un exemple des plus frappant n'est-il pas l'envahissement de doutes récurrents, ou incessants, qui paralysent si fréquemment l'autonomie de celui qui souffre d'une névrose obsessive compulsive ? Néanmoins, après avoir pendant plus de douze ans pratiqué la psychothérapie selon la méthode psychanalytique traditionnelle (analyse des défenses, résistances et transfert), essayant de parvenir ainsi à libérer nos clients de leur noyau névrotique, il nous a semblé que cette approche thérapeutique tenait trop exclusivement compte des facteurs inconscients et laissait en veilleuse un aspect qu'il importe de prendre en considération et qui est le niveau de structuration atteint dans le processus de développement de la personnalité.

Première phase

Toutefois cette remise en question de l'approche thérapeutique traditionnelle n'a pas tant surgi de notre pratique psychothérapique que de notre contact avec des enfants en période de latence. En effet, nous avions antérieurement, et pendant de nombreuses années, assumé la responsabilité professionnelle de la rééducation d'enfants atteints de perturbations graves de la personnalité : névroses profondes ou prépsychoses avec manifestations fréquentes de passages à l'acte (*acting out*) agressifs, d'où nécessité d'une rééducation prolongée en internat.

Malgré ces déficits paralysants provenant de leur psychopathologie, ces enfants avaient, dès cette époque, capté notre intérêt et stimulé notre désir de voir se développer leurs forces psychologiques. Ce désir était d'autant plus grand que leur jeune âge nous poussait à faire surgir en eux ces forces dont l'acquisition signifiait un épanouissement totalement inconnu d'eux jusque-là.

Que de fois, lors d'études de cas concernant ces enfants, n'avons-nous pas eu à déplorer, chez les membres pourtant hautement qualifiés de l'équipe pluridisciplinaire, cette tendance quasi exclusive à élaborer leur diagnostic uniquement à partir d'observations portant sur des problèmes de comportement et des symptômes ne révélant que la seule psychopathologie de ces enfants et à laisser pour compte tous les autres aspects de leur personnalité susceptibles d'être actualisés. De toute évidence, le pronostic découlant d'une telle étude s'avérait inévitablement très sombre et les orientations données pour préciser le processus de rééducation étaient forcément assez sommaires puisqu'elles ne reposaient sur aucun critère susceptible d'assurer le développement des forces psychologiques de ces jeunes mésadaptés.

Constatant les effets démoralisants des conclusions de telles études de cas sur les éducateurs qui assumaient à l'époque la démarche rééducative de ces jeunes inadaptés, nous nous sommes donné la tâche d'interpréter à nouveau les résultats de ces études. Nous avons fait cette fois ressortir toutes les fonctions du Moi demeurées intactes en dépit des déficits paralysants déjà soulignés. Voilà le premier jalon qui allait orienter nos recherches cliniques pour plusieurs années à venir.

Deuxième phase

L'apparition du second jalon est survenue quelques années plus tard, lorsque nous avons eu à former le personnel éducateur dont la tâche future serait de rééduquer des adolescents et des jeunes délinquants à structure de caractère antisociale. À l'époque, alors qu'aucun internat de rééducation n'avait encore été aménagé pour eux, l'on retrouvait dans nos prisons pour adultes, ces jeunes délinquants, le plus souvent récidivistes endurcis. Cette expérience remonte initialement au début des années 1950, à un moment où bon nombre de spécialistes intéressés à ce domaine particulier avaient cessé de croire possible la rééducation d'un jeune adulte délinquant, considéré à toute fin pratique inéducable. On comprend alors pourquoi rien de sérieux n'avait encore été tenté pour créer des conditions qui puissent permettre un processus de rééducation efficace.

Afin de mettre à exécution une telle entreprise, c'est-à-dire assurer à ces jeunes délinquants dits inéducables un processus de rééducation capable d'actualiser toutes leurs potentialités aux plans physique, affectif, cognitif, social et religieux (Guindon, 1995)[1], il était nécessaire de songer à former des personnes capables d'assumer la création d'un cadre de vie en mesure d'alimenter ces jeunes par tous les stimuli nécessaires à cette actualisation.

Troisième phase

Suite à cette initiative, un troisième jalon vint s'ajouter à notre démarche professionnelle.

En effet, la formation du personnel en vue de la rééducation de ces jeunes délinquants se mua en fondation d'une nouvelle profession — celle de psychoéducateur — bien connue à l'heure actuelle dans la province de Québec. Au tout début, nous avons dû assumer seule cette nouvelle responsabilité, sans aucune aide des collègues, professionnels pourtant hautement qualifiés dans ce domaine. Ceux-ci en effet reculèrent devant une entreprise jugée aussi hasardeuse et pour tout dire, à leur avis, vouée d'emblée à l'échec. Ce refus, chez eux, de s'engager n'ébranla nullement la conviction profonde que nous avions de l'existence de réelles potentialités chez ces jeunes, conviction qui nous a fait surmonter tous les obstacles et redoubler d'ardeur dans la poursuite inlassable de cette recherche clinique dont la base même est l'actualisation des forces psychologiques, lesquelles sous-tendent l'acquisition de l'autonomie personnelle.

1. Dès les débuts, les psychoéducateurs firent abondamment usage, comme moyen privilégié, de la méthode de l'observation dite « observation participante ».

---

1. Les noms d'auteurs suivis de dates renvoient à la bibliographie en fin de volume.

2. Grâce à cet instrument de travail, des faits d'observation pouvaient être recueillis quotidiennement auprès des jeunes délinquants, et ce, directement dans leur milieu de vie.
3. Nous avons pu découvrir les différentes étapes du processus de rééducation à partir de l'étude et de l'analyse de ces milliers de données colligées par de nombreuses équipes de psychoéducateurs œuvrant dans divers internats de rééducation auprès d'enfants, d'adolescents et de jeunes adultes, mésadaptés socio-affectifs ou délinquants.
4. Avec ces données, il nous a été possible de retracer les éléments communs susceptibles de se retrouver à chacune de ces étapes.
5. Ensuite, après plusieurs années vouées à la recherche clinique, nous avons — par généralisation inductive — graduellement décelé la séquence de ces différentes étapes du processus de rééducation.
6. À l'intérieur de ce processus, nous avons retrouvé également — et ceci à chacune des étapes — les différentes forces psychologiques qui ont pu être actualisées chez nos jeunes inadaptés.

Les résultats de ces recherches ont fait l'objet d'un ouvrage (Guindon, 1995)[2] dans lequel, à l'aide des théories épigénétiques d'Erikson et de Piaget, nous sommes arrivée à une conceptualisation du processus de rééducation par l'actualisation des forces psychologiques du Moi autonome. La référence fréquente que nous faisons à ces deux auteurs et même le cadre eriksonnien que nous avons adopté n'implique nullement, chez nous, une inféodation de pensée : d'une part, en effet, nous nous référons à nombre d'autres auteurs. D'autre part, ces références n'impliquent nullement que nous approuvions sans réserve les théories en question. Enfin et surtout, nous tirons partie de nos propres observations, expériences et recherches pour l'élaboration de notre théorie personnelle.

C'est ainsi qu'au moment de la publication de cet ouvrage, il nous est apparu capital de formuler un cadre de référence

---

2. *Les étapes de la rééducation – des jeunes délinquants... et des autres*, nouvelle édition revue et augmentée, Montréal, Sciences et Culture, 1995.

théorique afin d'expliquer le développement de la personne tant sous les aspects physique, affectif et cognitif que sous l'aspect d'une évolution normale ou pathologique. Ce cadre devait être suffisamment intégré pour sauvegarder une certaine « unité dans la continuité » du développement de la personne tout en tenant compte des discontinuités repérées dans les divers stades du développement. Car c'est véritablement la conceptualisation épigénétique de celui-ci qui permet de garantir cette continuité, grâce à l'actualisation progressive des différentes forces psychologiques du Moi autonome. Graduellement, nous découvrions que ces forces psychologiques se différenciaient selon un ordre hiérarchique, suivant les stades de développement et, le cas échéant, suivant les étapes du processus de rééducation.

Ainsi conçue, cette formulation théorique permettait d'en généraliser l'application non seulement au processus de rééducation de jeunes inadaptés, mais tout autant à l'éducation d'enfants normaux. Cette découverte a été sommairement exposée dans un chapitre ajouté au volume précité à l'occasion de sa réédition[3]. Malheureusement nous croyons que de nombreux lecteurs se sont attardés à l'application décrite, soit le processus de rééducation du jeune adulte délinquant, sans percevoir les nombreuses autres applications cliniques qui pouvaient prendre racine dans cette formulation théorique.

Quatrième phase

En revanche, ce cadre de référence théorique n'a pas échappé à l'attention d'un certain nombre de confrères psychologues qui, à la lecture de l'ouvrage, s'intéressèrent vivement aux diverses applications cliniques pouvant en découler. Apprenant que nous avions modifié quelque peu notre démarche thérapeutique à la suite de ce que nous avions avancé dans cet ouvrage, quelques-uns d'entre eux nous prièrent avec insistance de les former à cette nouvelle approche. Ce quatrième jalon de notre démarche professionnelle est d'autant plus marquant que nous fondions un institut de formation

3. *Les étapes de la rééducation...* nouvelle édition revue et augmentée, parue en 1995.

comprenant un secteur destiné particulièrement à la formation postuniversitaire de psychothérapeutes et d'intervenants cliniques.

Quatre programmes furent mis sur pied : deux avaient comme base théorique l'actualisation des forces du Moi autonome, l'un présentant le processus psychothérapeutique, l'autre, l'intervention clinique, tandis que les deux autres programmes offraient formation en psychothérapie psychanalytique traditionnelle et en psychodrame psychanalytique.

Avec l'aide précieuse de collaborateurs dont la motivation ne laisse pas de doute, nous approfondissons tant la conceptualisation théorique que ses mises en application dans l'approche psychothérapique et dans les interventions cliniques qui, elles, sont plus directement adaptées aux problèmes présentés par le client. Évidemment, de nombreuses questions sont soulevées tantôt à propos de la théorie, tantôt à propos de la mise en pratique. Elles ne font que nous pousser en avant vers la découverte d'éléments de solutions, éléments qui, à l'heure actuelle, nous apparaissent encore fragmentaires. La rédaction du présent ouvrage devrait cependant contribuer d'une certaine façon à faire progresser cette étude par ses nombreuses mises à jour, tant théoriques que pratiques.

Reste à mentionner une dernière initiative. Elle relève du domaine psychoreligieux et consiste à venir en aide à des responsables de formation, du clergé séculier comme de religieux et religieuses de divers ordres et communautés. À cette occasion, nous avons senti le besoin de poursuivre plus avant notre réflexion, déjà bien amorcée, sur la conquête de l'autonomie que peut faire la personne humaine nonobstant les déficits paralysants provenant de conflits névrotiques ou de déviations propres aux structures de caractère.

Il est clair que le présent ouvrage livre les fruits de ce long cheminement enrichi à chaque étape de la compétence et de la collaboration de nos collègues. Ils ont su, au moment opportun, apporter des stimuli appropriés et, de ces échanges poursuivis ensemble, a peu à peu surgi, nous l'espérons, l'essai d'une nouvelle synthèse théorique assortie des diverses applications vérifiées par l'expérience.

Cette brève esquisse d'une carrière professionnelle déjà longue nous amène à en rappeler les débuts. Celle-ci a d'abord été consacrée, six années durant, à l'éducation d'enfants et d'adolescents normaux. Depuis, notre intérêt pour l'éducation a toujours grandi et nous sommes persuadée que la théorie en voie d'élaboration peut susciter des applications concrètes dans le domaine de l'éducation.

Nous nous proposons d'aborder cette recherche par une conceptualisation théorique assez détaillée. Puis, dans un second temps, nous élaborerons les implications qui découlent le plus sûrement de cette synthèse. Et ceci, bien entendu, dans les champs d'application où nous avons œuvré, soit l'éducation, la formation, l'intervention clinique et la psychothérapie.

◆ PREMIÈME PARTIE ◆

Le modèle théorique

◆ 1 ◆

Le premier niveau d'organisation psychique

La première année de la vie

Le processus d'organisation du Moi

Considérer ici le développement du Moi, c'est d'abord le décrire comme organe de maîtrise active et régulateur psychique interne, organe dont la fonction n'est pas seulement d'assurer à la personne une certaine protection contre les stimuli excessifs — qu'ils viennent de l'intérieur de l'organisme ou de l'entourage ou des deux à la fois — mais aussi d'intégrer les forces de productivité et d'adaptabilité, harmonisant ainsi les moyens d'adaptation actifs avec les possibilités en perpétuelle expansion du milieu environnant.

Ce processus d'organisation du Moi se retrouve à chacun des stades du développement de la personne humaine, de la naissance à la vie adulte, grâce aux apports spécifiques de la maturation somatique, de l'utilisation des modes d'organes, du développement de la libido, des schèmes cognitifs continuellement en exercice et aussi des modalités sociales alimentées par l'entourage. Ces diverses composantes, le Moi parvient à les intégrer et à les synthétiser graduellement dans une forme d'équilibre qui lui assure une certaine maîtrise active par un engagement sélectif dans tout ce qui constitue l'entourage. On peut donc affirmer que le développement du Moi se fait dans le sens d'une équilibration progressive, c'est-à-dire par le passage d'un état d'équilibre rudimentaire à un état d'équilibre supérieur. À l'instar du concept d'équilibration des structures mentales de Piaget (1975), les niveaux successifs d'intégration qui caractérisent les stades d'évolution de l'organisation psychique du Moi, apparaissent comme autant de formes d'équilibre dont chacune est un progrès sur les précédentes.

Processus primaires et processus secondaires

Cette activité du Moi se déploie en accord avec les facteurs intrinsèques de maturation et en interaction continuelle avec l'expérience vécue dans le milieu. Ces facteurs de maturation sont reliés à deux processus dits primaires et secondaires. Les processus primaires dépendent non seulement des pulsions instinctuelles mais aussi de tout ce qui a trait aux sensations, aux sentiments, aux émotions et aux imageries, bref, de tous les facteurs qui rendent l'expérience vraiment significative pour soi-même (Noy, 1979). Quant aux mesures de contrainte des pulsions instinctuelles et quant aux fonctions synthétiques du Moi, elles constituent les processus secondaires.

Cette participation intuitive et active du Moi de la personne dépend d'un réseau d'influences mutuelles (avec d'autres personnes). À l'intérieur de ce réseau, elle est inspirée de propriétés actives comme elle en inspire aux autres. Erikson (1964a) définit l'actualité du Moi, largement préconsciente et inconsciente, comme cette sphère de participation engagée avec d'autres participants. Le Moi s'actualise donc à partir des expériences que la personne est appelée à vivre de façon réellement significative.

On peut dès lors affirmer que ces actualités du Moi sont codéterminées par les stades de développement et sont appelées à changer chaque fois qu'un nouveau stade est atteint.

Le modèle théorique, qui sera présenté pour expliquer le développement de la personnalité humaine, suppose une succession de formes d'équilibre et, partant, propose un modèle idéal, c'est-à-dire le niveau d'intégration le plus qualitatif qui puisse être atteint à chaque stade d'évolution. Par conséquent, le développement, tel qu'il se réalise chez l'être humain, à cause des circonstances extérieures et de son cheminement intérieur, ne parviendra pas nécessairement à un équilibre aussi harmonieux.

À partir de chacune des composantes énumérées plus haut, nous nous proposons d'exposer de façon très détaillée comment se constituent ces forces intégratives du Moi. Deux raisons justifient ce choix : 1) les trois premiers stades de ce processus d'organisation psychique revêtent une importance capitale dans la démarche d'intégration de la personnalité humaine ; 2) et, partant, un déficit à ce niveau entraîne toujours des conséquences plus ou moins graves selon qu'il rend partiellement inactives ces fonctions intégratives du Moi ou qu'il paralyse à un degré plus ou moins prononcé cette évolution. Par la suite, nous décrirons de quelle façon nous pouvons observer chez l'enfant les rudiments de chacune de ces forces dans les trois premiers stades de son existence.

Le premier niveau du développement psychique

Au tout début de la vie, le développement psychique de l'enfant se caractérise par une phase où les facteurs intrinsèques de maturation et les facteurs d'intégration des stimuli externes restent indifférenciés les uns par rapport aux autres. En effet, les stimuli, tant ceux provenant des organes sensoriels que les stimuli internes captés par les récepteurs internes du corps, ne sont encore intégrés principalement que par les aspects neurophysiologiques du corps humain.

Cependant, l'organisme du nouveau-né, pour tâtonnant et instable qu'il soit, possède une capacité innée plus ou moins coordonnée d'absorber les stimuli sensoriels apportés par sa mère lorsque celle-ci lui donne les soins appropriés, tout particulièrement lorsqu'elle lui procure sa nourriture. La façon dont l'enfant incorpore ces stimuli sensoriels se nomme « mode d'organe » et il convient d'ajouter qu'au tout début, cette façon d'incorporer sera passive et réceptive. Son organisme, encore tâtonnant et instable comme nous venons de l'expliquer, apprend à recevoir à mesure qu'il apprend à régler ses systèmes organiques sur la façon de le soigner adoptée par sa mère.

Voici un exemple pour illustrer comment un bébé développe sa façon individuelle de répondre aux stimuli du maternage : une mère très sensible prend plaisir à nourrir son enfant au sein ; par le fait même, elle lui fera vivre des expériences de plaisir et de satisfaction orale. Par ailleurs, dans ce dialogue des corps vécus, l'enfant apprendra à recevoir passivement ses satisfactions au moyen des diverses modalités sensorielles qui sont les siennes. L'enfant répond donc aux différents stimuli à partir de ses données constitutionnelles propres et en particulier selon ses seuils de perception à l'intérieur des diverses modalités sensorielles, telle la sensibilité de sa bouche (zone orale), ses autres sens : visuel, auditif, tactile, kinesthésique et même respiratoire, sans oublier les stimuli internes proprioentéroceptifs. L'état de détente démontré au moment de cette réception passive en fait foi.

L'échange de détente ainsi développé est d'une importance capitale pour la première expérience d'un autrui amical. « L'apprentissage somatique met en place un certain processus organismique général, tel un style de relaxation et de détente qui manifeste une harmonie intérieure. » (Greenspan, 1979, p. 329) Absolument fondamental chez le nouveau-né, cet apprentissage somatique réside dans la façon de vivre son corps par ses perceptions sensorielles et ses sensations et aura d'importantes répercussions tant sur ses schèmes d'apprentissage futur que sur sa façon de se comporter avec son entourage, en particulier dans ses relations interpersonnelles. Ces répercussions se feront d'ailleurs aussi sentir dans sa capacité d'introduire un début de différenciation parmi ses états internes.

C'est donc cette capacité qu'aura l'enfant de synchroniser ses schèmes rythmiques de base : le sommeil et le réveil, la faim, les cycles de mouvements rythmiques de ses muscles, avec des figures importantes de son entourage, soit la mère ou son substitut. Cette capacité devient le tremplin des adaptations futures. En effet, les mécanismes somatiques de base, c'est-à-dire la manière de se protéger contre les stimuli excessifs et les paradigmes[1] rythmiques acquis, demeurent la vie durant.

Dès les premiers mois, plus précisément entre deux et quatre mois, un certain nombre de processus neurologiques, cognitifs et affectifs, convergent et forment ce que Spitz (1965) appelle le premier noyau organisateur du Moi : le sourire social (p. 88).

À mesure que le nouveau-né se développe, il devient capable de répéter des patrons d'action qui apportent satisfaction. Puis, graduellement, il apprend par rétroaction (*feedback*) et, selon les termes de Piaget (1975), par les différentes réactions circulaires qui exercent ses schèmes sensorimoteurs.

On peut donc dire, comme Greenspan (1979, p. 301) « que le nouveau-né apprend par les conséquences ». Ses interactions avec l'entourage deviennent progressivement plus intentionnelles et plus différenciées. Parce que le bébé répond aux indices sensoriels provenant de sa mère, on peut même ajouter qu'elles deviennent réciproques.

Les modes d'organe[2]

C'est ainsi que, durant la deuxième moitié de la première année de vie, le mode d'organe incorporatif de passif-réceptif qu'il était devient actif-captatif. À tous les niveaux de développement, soit cognitif, affectif ou social, les comporte-

1. Au sens du mot anglais *patterns*.
2. Par mode d'organe, nous entendons le mode de fonctionnement spécifique à l'organe. Parmi les modes d'organe, Erikson met en relief ceux qu'il appelle « passif-réceptif », « actif-captatif », « rétentif-éliminatif », « intrusif-inclusif ».

ments du bébé sont de plus en plus organisés et différenciés. Mais cette évolution se fera selon les deux modes d'organisation, le primaire et le secondaire. Les processus primaires se manifestent par les qualités sensuelles reliées à la satisfaction d'un besoin ou d'un désir ; ils se manifestent encore par les images sensorielles qui se forment en relation avec la réponse à ses pulsions et à ses besoins, et enfin, ils se révèlent selon l'histoire individuelle qui, elle, est reliée à des expériences affectives de chaleur et de prise de satisfaction dans ses relations avec sa mère. Dans l'ensemble, ces expériences, plutôt reliées à soi, se différencient progressivement et de façon concomitante avec les processus secondaires qui sont, eux, plutôt orientés vers la réalité.

La mutualité enfant-mère

On peut parler de mutualité réciproque entre l'enfant et sa mère lorsque celle-ci sait apporter, avec la continuité et l'intensité voulues, non pas seulement une alimentation qui a trait à la nourriture, mais aussi une alimentation de stimuli appropriés aux besoins de l'enfant. Cet « ajustement optimal » n'est assuré qu'à partir d'une observation nuancée des seuils de tolérance de l'enfant en ce qui a trait à la faim, la température, la fatigue, la douleur, le besoin de décharge affective et motrice. Et c'est cet ajustement optimal entre la mère et l'enfant qui, en définitive, favorise l'état d'équilibre permettant à l'enfant d'intégrer toutes les composantes requises pour lui assurer, dès la fin de sa première année, une certaine maîtrise active traduite par une manière sélective de s'engager dans ce qui constitue son entourage.

Le processus de séparation-individuation

Rappelons brièvement les phases du processus de séparation- individuation de Mahler (1974). La première est la phase autistique des tout premiers mois de vie, où l'enfant, plus souvent endormi qu'éveillé, est sous l'effet prédominant de sa sensibilité proprioentéroceptive. Suit la phase symbiotique où le corps de l'enfant prend une importance beaucoup plus grande qu'à la première phase et dont le couronnement est le sourire social. De quatre à dix mois, c'est la phase de différenciation où l'enfant normal fait une exploration tactile, manuelle et visuelle du corps de la mère, c'est-à-dire de sa bouche, de son nez et de son visage tout entier en prenant, en même temps un contact charnel avec sa peau. À mesure que se poursuit cette phase, l'enfant commence à différencier, dans ses expériences de perception, notamment donc par les contacts avec sa mère, ce qui provient de stimuli externes de ce qui émane de son propre corps. Graduellement, dès qu'il en a la capacité motrice, il manifeste le besoin de se distancer corporellement de la mère. Vers huit mois environ, l'enfant apprend à distinguer sa mère d'un visage étranger et c'est, selon Spitz (1965), l'apparition du second noyau organisateur du Moi. C'est à ce moment précis que l'enfant choisit sa mère comme objet irremplaçable à titre de pourvoyeur de soins.

À l'approche d'un étranger, l'enfant qui a vécu une phase symbiotique optimale et qui a développé une confiance de base procède tout simplement à l'inspection de cette personne en manifestant de la curiosité et de l'étonnement, à condition bien entendu, d'être à proximité de sa mère.

Vers la fin de la première année, l'enfant se différencie complètement de sa mère et établit avec elle un attachement spécifique. Ainsi, la croissance et le fonctionnement des appareils d'autonomie du Moi (perception, motricité, mémoire, attention et jugement) se manifestent très nettement chez lui lorsqu'il est près de sa mère.

Soulignons l'importance que prend, chez l'enfant, ce vécu corporel riche en expériences de contacts perceptuels de même que cette différenciation de soi qui débute par la prise de conscience de son corps, condition impérative pour établir un lien d'attachement à une personne significative et pour garantir la croissance et le fonctionnement des appareils du Moi autonome.

Selon les concepts d'Erikson (1963), le changement de fonctionnement de son mode d'organe d'incorporation passiveréceptive à active-captative apporte à l'enfant un plaisir érogène localisé dans ses zones — orale, sensorielles et kinesthésique — et, en même temps, lui permet de développer, dans son univers maternel, cette modalité sociale qui est d'aller activement vers l'autre, en état de confiance, dans la mesure où cet univers est alimenté de stimuli appropriés.

Les schèmes sensori-moteurs

Ce mode de comportement manifesté par l'enfant s'étendra à toute sa façon d'agir. Il pourra désormais s'engager activement, quoique de façon sélective, face à son entourage, exerçant ainsi de plus en plus activement ses schèmes sensori-moteurs. L'enfant se sent dès lors en unité avec l'univers maternel perçu comme favorable et digne de confiance, et cette « unipolarité » se traduira par un bien-être corporel manifeste.

Les rudiments des forces vitales du Moi

À la fin du premier stade de développement, qui coïncide avec la première année de la vie de l'enfant, observons, dans le comportement de ce dernier, les différents indices qui permettent d'inférer la présence des rudiments de chacune des forces vitales du Moi. Nous reprenons ici ces forces vitales telles qu'Erikson (1964a) les a conceptualisées, tout en retenant que lui les a exposées dans un processus évolutif où « chacune de ces forces a sa période d'ascension et sa période de crise, mais où chacune, néanmoins, se maintiendra tout au long de l'existence » (p. 140). À cette occasion, il déplorait « ne pas pouvoir les définir dans leurs composantes », ne préciser que « le moment spécifique où se réalise l'unité au sein d'un stade donné ou les mécanismes par lesquels elle s'opère » (p. 139).

Et Erikson d'ajouter : « L'on ne discernera clairement ce que sont les stades généraux du développement de l'être humain que lorsqu'on comprendra mieux ce que Piaget appelle "l'unité fonctionnelle de la personnalité", c'est-à-dire une aptitude à concilier et à coordonner les différents processus de croissance de toutes les fonctions, tant psychologiques que mentales ou émotionnelles » (p. 135), avec les opportunités croissantes offertes par le milieu ambiant.

Nous voudrions faire nôtre cette tentative proposée par Erikson (1964a). Nous essaierons donc de démontrer comment s'intègrent, à un premier niveau, les rudiments de chacune de ces forces psychologiques.

1. L'espérance

D'un point de vue psychologique[3], Erikson définit l'espérance comme « une croyance durable en l'accessibilité de désirs fervents en dépit des pulsions obscures et des colères qui marquent le début de l'existence » (p. 118).

L'enfant ne peut, au cours de sa première année de vie, acquérir les rudiments de la force d'espérance que s'il a vécu, de façon continuelle et répétée, de nombreuses expériences en état de complète sécurité — sécurité rendue possible dans la mesure où l'enfant a reçu une certaine réponse à ses besoins et une certaine satisfaction de ses désirs. Comme nous l'avons vu, le nouveau-né acquiert des schèmes d'action et des rythmes de base qui sont en continuelle interaction avec les soins prodigués par la mère. Or des conséquences gratifiantes découlent de cette synchronicité entre les rythmes de base acquis, l'ordre de succession temporel et spatial que la mère a adopté en régulation avec les rythmes de base de l'enfant et l'apprentissage sensori-moteur que fait celui-ci. De plus, cette synchronicité entre les rythmes de base acquis et l'ordre de succession temporel et spatial justement adopté par la mère en régulation avec les rythmes de base de l'enfant favorise chez lui l'apprentissage de l'organisation temporelle sensori-motrice, et ce, d'autant plus que ses schèmes sensori-moteurs sont en pleine croissance.

---

3. Il ne s'agit pas de confondre — et Erikson lui-même le fait remarquer — ce qu'il appelle vertu (au sens étymologique de *virtus* : force) avec la vertu proprement morale.

Conservant en mémoire ces expériences significatives répétées quotidiennement, l'enfant devient capable de vivre un certain délai, tout en conservant la certitude que ses besoins et ses désirs seront comblés. À titre d'exemple, prenons l'expérience la plus significative que l'enfant puisse vivre avec sa mère : celle de son alimentation. Observons comment l'enfant devient capable de subir un certain délai — plutôt court ; en d'autres termes, comment l'heure du repas arrivée, l'enfant peut accepter la durée requise par le travail de sa mère pour lui donner satisfaction. Ajoutons que l'enfant subira d'autant mieux ce délai sans décharge affective trop forte s'il voit sa mère commencer et mener jusqu'au bout la séquence d'actions qui sont pour lui autant d'indices sensoriels de l'arrivée de l'alimentation désirée.

Pour que cette acquisition se fasse de façon optimale, les transactions quotidiennes entre la mère et son enfant devront s'opérer dans la continuité — continuité dans l'ordre temporel et spatial et continuité dans la manière de prodiguer les soins. Il ressort ici que l'enfant, dans sa première année de vie, réclame, chez le pourvoyeur de soins, deux qualités fondamentales : la continuité dans ses façons d'agir et la stabilité dans ses relations avec lui.

2. Le vouloir

Passons maintenant au vouloir, deuxième force du Moi formulée comme suit par Erikson (1964a) :

> « Le vouloir est la détermination bien arrêtée d'exercer un choix libre autant qu'une certaine contrainte sur soi-même (*self-restraint*), en dépit de l'inévitable expérience de honte et de doute durant l'enfance. Le vouloir est à la base de l'acceptation de la loi et de la nécessité et il prend racine dans le discernement judicieux des parents guidés par l'esprit de la loi. » (p. 119)

Avant de préciser comment les rudiments de cette force se manifestent chez l'enfant à ce niveau de développement, rappelons brièvement le comportement de « captation active » typique à cet âge. C'est le moment où l'enfant est poussé par l'impulsion de tout prendre ce qui lui tombe sous la main. Effectivement, l'intérêt de son Moi autonome est de participer activement à toute expérience qui le sollicite, et par toutes ses fonctions : perception, attention, mémoire ou conservation de l'expérience, manipulation, jugement. Cet intérêt sera d'autant plus fort que l'enfant sera à proximité de sa mère.

À partir des échanges les plus significatifs entre la mère et l'enfant, c'est-à-dire ceux qui se passent au moment du repas, voyons comment la mère, guidée par un discernement judicieux, peut utiliser cette expérience pour actualiser chez l'enfant les rudiments de cette force du vouloir.

Ce discernement de la mère s'exerce dans sa façon de créer les conditions les plus favorables à la participation active de l'enfant. En quelque sorte, ces conditions favorables, créées par la mère, dictent une ligne de conduite à l'enfant qui y répond par une activité décidée librement et allant dans un sens déterminé. Ce n'est qu'à cette condition que les rudiments du vouloir seront actualisés, et ce, dans la mesure où la mère se gardera d'intervenir trop directement et trop fréquemment pour imposer de trop nombreuses contraintes en regard de ce besoin qu'a l'enfant de tout manipuler ce qui est à sa portée. Elle saura donc choisir les couverts les plus adéquats : cuiller tout à fait adaptée à la petite main du bébé ; petit verre incassable proportionné à ses mains ; assiette qui résistera à son besoin de la bouger ou de la renverser. À remarquer que la cuiller est le tout premier outil que l'enfant apprend à manier et sa mère lui impose une façon précise de s'en servir — première découverte des lois inorganiques des outils. Les choix de la mère porteront aussi sur la façon pratique de revêtir l'enfant : la nécessaire bavette, par exemple. Elle aura aussi à décider quelle nourriture solide le bébé pourra lui-même manier, quelle quantité (restreinte) de liquide il pourra boire, seul, avec un minimum d'accidents. Enfin, la mère devra accepter d'accorder à son enfant le temps nécessaire pour le laisser manger seul, tout en attirant en même temps son attention sur la nourriture qu'il peut prendre lui- même. Par son attitude ferme et stable, elle lui apprend à poser un jugement sur ce qui se fait et ce qui ne se fait pas, soit au moment de prendre des décisions précises, soit dans la façon d'encourager la participation de l'enfant, soit encore lorsqu'elle doit lui imposer des contraintes inévitables quand il veut faire quelque chose qu'il n'est pas en mesure de maîtriser parce qu'il n'a pas encore acquis la coordination motrice suffisante.

Ainsi, au cours de la vie quotidienne, dans ses transactions continuelles avec l'enfant, la mère — par un discernement judicieux d'indices sensoriels — l'oriente dans ses façons d'agir et l'aide à poser des jugements, à faire des choix, à prendre des décisions.

Dans de telles conditions de vie, l'enfant apprend progressivement à établir un certain contrôle sur lui-même, et il le fait en acceptant graduellement la contrainte qu'impose une situation donnée — contrainte inévitable puisqu'elle se répétera constamment de la même façon. Un exemple type d'une contrainte rencontrée aux repas est bien pour l'enfant celle de ne pouvoir manger seul une nourriture dont la consistance l'empêche de maîtriser lui-même l'ingestion.

Par les interactions significatives vécues dans cette mutualité réciproque mère-enfant, avec l'intérêt manifeste et l'approbation de la mère, l'enfant est amené à participer activement tout en acceptant les contraintes inévitables. C'est là que prennent racine les rudiments de cette force du vouloir.

3. La poursuite des buts

La troisième force vitale, la poursuite des buts, peut commencer à s'actualiser durant la première année de vie de l'enfant, bien qu'Erikson l'ait définie surtout en fonction d'un enfant ayant atteint quatre ou cinq ans :

> « (...) le courage d'envisager et de poursuivre des buts qui ont une valeur sans être inhibé par des fantaisies infantiles, défaitistes, par la culpabilité ou par la peur menaçante de la punition. » (Erikson, 1964a, p. 122)

Même s'il ne s'exprime que par gestes, l'enfant sait très bien, malgré son jeune âge, faire comprendre à sa mère l'objectif qu'il poursuit, c'est-à-dire ce qu'il désire ou l'objet qu'il convoite. La mère, désireuse d'actualiser cette force chez l'enfant, perçoit l'objet recherché et, s'il n'existe pas de contre-indication, encourage activement la démarche de celui-ci et fait en sorte qu'il puisse atteindre lui-même l'objet souhaité. Ce faisant, elle lui apprend la façon d'y arriver par la séquence d'actions à poser. Autrement dit, elle lui présente les moyens ou les techniques qui lui sont accessibles, les plus simples mais en même temps les plus adéquats pour atteindre le but.

Ainsi, par exemple, si l'enfant désire boire par lui-même son verre de lait, la mère l'aide en lui plaçant les mains autour de son petit verre de façon à ce qu'il parvienne à le porter à sa bouche ; si c'est la nourriture solide qu'il désire incorporer lui-même, elle lui apprendra à manier sa cuiller de façon à ce que la nourriture reste en place tandis qu'il la porte à sa bouche. Tout en l'aidant de cette façon, la mère encourage l'enfant à persister dans ses essais pour parvenir à ses fins. C'est ainsi que l'enfant apprend, sans se laisser rebuter par un premier essai infructueux, la séquence des gestes à poser pour atteindre un but. Il ressort clairement que l'intérêt manifesté par la mère est capital pour favoriser l'apprentissage de l'enfant.

L'actualité du Moi, à cet âge, réside dans la découverte, d'une part, de la séquence appropriée des actions à poser et, d'autre part, dans la découverte de la persistance nécessaire à apporter en la façon de faire pour atteindre l'objectif décidé.

Il existe des jeux éducatifs destinés à l'enfant d'un an qui, par leurs formes simples et leurs couleurs voyantes, constituent un univers d'essai tout à fait adéquat. En effet, les formes simples permettent la participation active de l'enfant et la perception de ces formes, orientée par les couleurs voyantes qui constituent d'excellents indices visuels de leur grandeur, invitent à la manipulation selon le jeu en cause, à un emboîtement par exemple. La mère, qui manifeste son intérêt à travers ces jeux, contribue à encourager l'activité du Moi de l'enfant.

4. La compétence

Cet univers d'essai que sont les jeux appropriés à l'âge de l'enfant sera un terrain tout à fait propice pour favoriser l'éclosion de la quatrième force, la compétence qui, selon Erikson, se définit ainsi :

> « La compétence est le libre exercice de la dextérité et de l'intelligence dans l'achèvement (*completion*) des tâches, qui n'est pas altéré par l'infériorité infantile. C'est la base d'une participation coopérative dans les domaines technologiques (technologies), et cette compétence, en retour, repose sur la logique des instruments et des habiletés. » (Erikson, 1964a, p. 124)

Dans des jeux appropriés, dans la manipulation d'objets susceptibles de retenir l'attention de l'enfant, bref, dans tout ce qui exige l'acquisition d'une certaine dextérité ou encore dans tout ce qui sollicite l'exercice des schèmes sensori-moteurs, les exercices répétés contribuent à lui donner des occasions de développer graduellement une certaine maîtrise, tout en lui permettant de découvrir une séquence d'actions orientées vers un but. Il s'agit donc de la maîtrise de techniques ou de moyens auxquels l'enfant recourt. C'est un début de dextérité qui le rend capable de mieux manipuler les objets et ainsi de découvrir une efficacité dans la tâche entreprise. L'enfant de cet âge peut s'absorber suffisamment longtemps, répéter fréquemment les mêmes actions pour en arriver à maîtriser une tâche donnée et, par conséquent, anticiper le succès. Ces exercices répétés éveillent l'intérêt du Moi dudit enfant et, si l'intérêt de la mère vient s'ajouter au sien, il découvrira alors, de par sa propre participation active, une première façon d'acquérir l'estime de soi. Également, son intelligence se développe grâce à l'exercice de plus en plus fréquent de ses schèmes sensori-moteurs, usage qui se conjugue avec son intérêt déjà marqué pour la répétition de séquences d'actions l'initiant à des habiletés techniques.

5. La fidélité

Mais comment les rudiments de la cinquième force, la fidélité, pourront-ils se cultiver à un âge aussi tendre ? Erikson (1964a) énonce ainsi cette force pour l'âge de l'adolescence :

« (...) la capacité de maintenir des loyautés[4] librement engagées malgré les contradictions inévitables des systèmes de valeurs. C'est la pierre angulaire de l'identité, et elle reçoit son inspiration des idéologies qui confirment ces valeurs et des compagnons qui les affirment. » (p. 125)

Cette force réussira à s'implanter au cours de la première année de vie de l'enfant pour autant qu'il y aura confirmation mutuelle entre la mère et l'enfant, c'est-à-dire dans la mesure où la mère accepte l'individualité de ce dernier et, partant, le reconnaît comme une nouvelle source d'énergie séparée d'elle-même, dans la mesure enfin où elle favorise le développement de l'activité propre dudit enfant.

Les recherches poursuivies par Mahler (1974) l'amènent à soutenir que le processus normal de séparation-individuation ne pourra s'accomplir que si la condition préalable à cette période précise de la croissance de l'enfant est remplie, à savoir : le renoncement de la mère à posséder le corps de l'enfant. La plupart des mères, ajoute-t-elle, reconnaissent d'elles-mêmes, tout en le déplorant, l'importance de ce renoncement quasi altruiste du corps de l'enfant, pour favoriser la croissance autonome de ce dernier. Toujours selon Mahler, il s'agirait ici d'un préalable capital à l'acquisition de l'estime de soi. L'enfant qui, dans son exploration du monde des objets qui l'intéressent, découvre cette estime de lui-même à travers la fierté qu'il ressent développe un narcissisme normal et un amour potentiel de l'autre : deux développements qui atteignent un sommet à cette période de sa vie. Souvent cela coïncide avec le moment où l'enfant se met à marcher — nouvel exercice qui actualise en lui une capacité d'exploration encore plus grande et qui lui fait atteindre un premier niveau d'identité de soi comme entité séparée de la mère.

Lorsque le jeune enfant reçoit cette confirmation de sa mère, c'est-à-dire quand, effectivement, elle l'encourage à développer des activités à sa taille, qui lui sont propres, il devient capable de s'engager réellement dans ces activités, d'y persister et de poursuivre sa démarche malgré les obstacles rencontrés. Un exemple frappant de cette confirmation se retrouve quand l'enfant apprend à marcher et qu'il déploie

4. Par loyauté, Erikson entend une fidélité à soi-même et aux autres de même qu'aux engagements antérieurs.

des efforts d'autant plus soutenus que la proximité et l'intérêt de la mère lui sont assurés.

Pour arriver à maîtriser des expériences nouvelles, l'enfant entreprend diverses tâches et s'y engage de façon sélective. Il en est ainsi quand il conquiert l'équilibre de son corps dans la marche et des capacités croissantes d'exploration du monde environnant. C'est lorsque l'enfant s'engage ainsi en présence de la personne choisie et donc investie d'un lien affectif unique qu'existe, selon Erikson (1964a, p. 140), une « unipolarité ». C'est aussi de cette unipolarité que vont surgir, dès cet âge-là, les premiers rudiments de la fidélité, condition essentielle pour son plein épanouissement dans les engagements futurs.

6. L'amour

Enfin, la dernière des forces vitales qui doit s'enraciner très tôt dans la vie de l'enfant est cette force de la vie humaine par excellence : l'amour. Erikson (1964a) la définit en ces termes :

> « La mutualité de la dévotion, à jamais capable de dominer les antagonismes inhérents au fait que la fonction (spécifique des partenaires en matière de procréation) est divisée. L'amour imprègne l'intimité des individus et constitue donc le fondement d'une attitude éthique. » (pp. 129-130)

Les racines de cette force, qui atteindra son apogée à l'âge adulte, s'alimentent dans la mutualité, préparation initiale au développement de l'amour et terrain pour les premières expériences de détente. C'est à travers ces expériences que le nouveau-né apprend à recevoir les soins de la façon dont la mère les prodigue ; il développe ainsi la première expérience d'un autrui amical. En recevant ce qu'on lui donne et, ce faisant, en apprenant progressivement à faire faire par le pourvoyeur ce qu'il désire, le bébé établit en lui les bases nécessaires à son rôle éventuel de « donneur ».

Les forces psychologiques au premier niveau

Procédons maintenant à une brève récapitulation de ce que sont, en réalité, ces rudiments de chacune des six forces vitales qui, lorsqu'ils sont présents, indiquent un premier niveau d'intégration. Ces rudiments se manifestent normalement vers la fin de la première année de vie et constituent, chez l'enfant, des principes de cohésion retrouvés d'ailleurs à tous les stades de développement ultérieurs.

Nous pourrons constater qu'à l'intérieur du processus d'organisation psychique du Moi, le premier stade de structuration psychique est atteint lorsque l'on peut percevoir de façon assez constante une unité fonctionnelle. Chez le jeune enfant, cette unité fonctionnelle est la capacité de réconcilier et de coordonner ses patrons de croissance psychologique, tant affectifs que cognitifs, avec les opportunités correspondantes offertes par le milieu ambiant ; pour le bébé, c'est l'univers maternel. C'est donc cette capacité qui rend significatives les expériences du jeune enfant et elles parviennent à lui devenir significatives quand l'unité fonctionnelle fait place à une certaine unité structurale.

Grâce aux schèmes sensori-moteurs du jeune enfant, le processus d'organisation psychique du Moi se manifestera chez lui par l'apparition des rudiments de chacune des forces vitales que l'on pourrait résumer ainsi :

1. L'espérance : la capacité de vivre un certain délai même en face d'un besoin urgent, celui qu'entraîne la faim par exemple, avec la certitude que ce désir sera réalisé.

2. Le vouloir : la capacité d'abord de percevoir les éléments d'une situation familière, par exemple le repas ; de juger ensuite de ce qui peut se faire, jugement orientant l'enfant vers certains choix relatifs à ses schèmes d'action. Ces choix sont devenus possibles grâce à un début de contrôle sur soi, c'est-à-dire grâce à l'acceptation libre de certaines contraintes imposant des limites à ses décisions d'agir.

3. La poursuite des buts : la capacité de décider d'un objectif à atteindre et aussi d'apprendre la façon d'y arriver, c'est-à-dire comment agencer la séquence d'actions pour parvenir au but.

4. La compétence : la capacité de démontrer une certaine efficacité dans les tâches entreprises, faisant preuve de l'acquisition graduelle d'une maîtrise des actions posées, et ce, au moyen de répétitions fréquentes avec anticipation du succès.

5. La fidélité : la capacité d'engagement sélectif face aux activités que l'enfant entreprend et auxquelles sa mère manifeste plus d'intérêt, confirmant ainsi la persistance qu'il sait démontrer malgré les obstacles rencontrés.

6. L'amour : la capacité de vivre des expériences de détente au sein desquelles l'enfant apprend à recevoir de la façon dont on lui donne et à faire faire à l'autre ce que lui désire.

Nous venons de voir comment les forces du Moi se développent, d'une part, grâce aux interactions provenant des facteurs de maturation interne selon les deux processus, primaires et secondaires et, d'autre part, grâce à l'expérience que lui procure l'alimentation des stimuli externes et internes selon un dosage approprié. Ces fonctions synthétiques et intégratives du Moi constituent ce processus d'organisation psychique dont la tâche est justement d'aménager l'expérience selon une certaine cohérence, processus qui repose primordialement sur la mutualité entre la mère et l'enfant.

Cependant, Mahler (1974) souligne, à partir d'observations faites au cours de ses recherches, que la « part du lion » dans ce processus d'adaptation revient en réalité à l'enfant. Elle en conclut ceci : le manque de capacité qu'est susceptible d'avoir l'enfant à extraire de son entourage ce dont il a besoin, peut l'empêcher de s'engager dans l'interaction symbiotique tellement capitale pour son développement futur ; par ailleurs, un certain don naturel dont il serait gratifié pourrait pousser le nouveau-né à développer précocement ses fonctions du Moi, au détriment de l'organisation psychique considérée dans son ensemble. Ces constatations viennent modifier considérablement le point de vue adopté jusqu'ici qui veut que l'établissement des relations objectales repose uniquement, dans la dyade, sur la contribution apportée par la mère (Blanck et Blanck, 1979, p. 21).

Quoiqu'il en soit, dès qu'il y a perte de mutualité, le développement du processus d'organisation psychique de l'enfant est affecté, que cela provienne de la façon dont la mère établit la relation avec l'enfant ou des facteurs de maturation interne de celui-ci, ou encore des deux à la fois. Et le développement de ce processus sera particulièrement affecté dans ce que l'on nomme unité fonctionnelle, fonction intégrative donnant lieu à une unité structurale.

Les malformations au premier niveau

Sans pour autant aborder ici le domaine par trop complexe de toutes les malformations qui peuvent s'opérer dans le développement psychique, nous relèverons assez rapidement certains mécanismes psychopathologiques et certaines déviations de caractère pouvant prendre racine à ce stade de développement.

En effet, si cette période de différenciation somatique entre l'enfant et sa mère ne s'établit pas à un degré suffisant, des malformations vont s'enraciner, soit dans l'organisation extérieure du comportement de l'enfant, soit dans le processus d'internalisation de sa vie psychique. D'une part, le comportement de l'enfant peut demeurer fragmenté, c'est-à-dire relié à des indices somatiques ou extérieurs. Un exemple d'indice somatique chez l'enfant pourrait être le comportement de « captation » dès qu'il a faim : plus tard, cela pourrait donner éventuellement lieu à la toxicomanie ou à l'alcoolisme. Un indice extérieur pourrait être : prendre ce qui attire son attention ou encore ne développer aucune « intentionnalité » ni aucune pensée avant d'agir — passage à l'acte (*acting out*) qui se retrouvera plus tard dans la formation du caractère antisocial ou dans la manifestation d'une carence affective prononcée ou, encore, par d'autres perturbations de caractère à noyau psychopathologique. D'autre part, cette désorganisation peut se manifester davantage par l'utilisation de défenses primitives, telles la projection, l'introjection, le retrait : mécanismes psychopathologiques de la psychose.

Un déséquilibre dans le fonctionnement du processus d'organisation du Moi à ce niveau peut aussi donner lieu à une fragmentation du Moi, typique dans les cas marginaux (*borderline*).

Du fait que l'enfant, à ce stade de développement, ne saurait, selon Greenspan (1979, p. 254) atteindre un certain équilibre autrement que par simples rythmes et mécanismes de rétroaction (*feedback*) et que, de plus, il subit ces rythmes dans le temps, il semble qu'il ne puisse lui-même rétablir cet équilibre après les perturbations vécues. Des états émotifs trop intenses, des stimuli extérieurs excessifs, des frustrations et des changements subits ne sont pas facilement tolérés, et ceci, parce que le processus d'organisation psychique encore à ses débuts est, par le fait même, trop vulnérable.

• 2 •

Le deuxième niveau d'organisation psychique

Les deuxième et troisième années de la vie

Pour reprendre l'évolution psychique de l'enfant, cette fois au cours de sa deuxième et troisième années de vie, nous esquisserons à grands traits les aspects les plus importants propres à cette étape. Remarquons d'abord la croissance rapide de sa musculature, maturation se manifestant, d'une part, et par un plus grand besoin d'activités physiques, et par un désir toujours plus accentué de manipuler, par lui-même, dans un sens donné, les objets inanimés qui l'entourent — maturation lui permettant, d'autre part, de faire l'apprentissage de la marche. Cet investissement de l'enfant dans sa propre productivité, là où il veut réussir ce qu'il a décidé de faire, est inversement proportionnel à l'hostilité déployée devant l'obstacle qui l'empêche d'atteindre le but qu'il s'est fixé. Si l'enfant, tout à fait enchanté par la découverte de ses propres capacités, voit, de plus, sa mère ou d'autres membres de son entourage admirer ce qu'il fait, il décidera de répéter indéfiniment cette activité particulière, tout en se sentant très fier de ce qu'il est capable de faire. Ajoutons aussi que l'enfant est aussi très content d'apprendre à imiter les gestes posés par la personne significative.

C'est vers cet âge aussi que l'enfant vit avec sa mère une expérience des plus marquantes : l'entraînement à la propreté. Nous allons utiliser cette expérience pour démontrer comment se constitue le deuxième niveau d'intégration des forces vitales du Moi.

La croissance rapide de la musculature de l'enfant et la consistance plus ferme de ses selles favorisent chez lui la découverte d'un plaisir libidinal dans d'autres zones érogènes, soit les zones anale et musculaire. Les modes d'organes qui se développent à partir de ces zones sont en réalité deux modes contradictoires, à la base de l'apprentissage de l'alternance : rétention et élimination. Ces modes rétentif et éliminatif se manifestent aussi bien dans les modalités sociales que l'enfant développe avec son entourage, surtout avec sa mère, et particulièrement lorsqu'elle l'éduque à la propreté. En fait, tout comme à la première année de vie, ces modes se généraliseront et deviendront des modes de comportement propres à l'enfant, mais ici, il s'agira pour celui-ci de décider lui-même s'il veut retenir ou laisser aller les objets qu'il manipule. Manifestement il sera porté à entasser les choses puis à les disperser ; à s'attacher à des objets puis à les rejeter.

Nous pouvons constater, à travers ces comportements, comment les processus primaires exprimés par des sensations, des besoins, des désirs, à partir de ce que l'enfant ressent dans son propre corps, laissent graduellement la préséance aux processus secondaires, c'est-à-dire à tout ce qui le porte vers la réalité. Ce changement apparaît d'autant plus que, chez l'enfant, s'accentue le développement de ses schèmes représentatifs, s'exercent aussi avec plus de vigueur ses intérêts et les fonctions du Moi, et cela, en interaction avec un entourage capable, de son côté, de procurer à l'enfant des occasions favorables de les développer.

En effet, concurremment avec ce que nous venons d'expliquer, le développement cognitif de l'enfant progresse et a maintenant accès à ses schèmes représentatifs qu'il met d'ailleurs de plus en plus en exercice, devenant capable, par le fait même, de se représenter ce qu'il fait. La différenciation de Soi par rapport à la différenciation de l'objet — le cas échéant : sa mère — se fait progressivement et davantage par la prise de conscience, toujours plus accentuée, de la séparation qu'il vit par rapport à elle. C'est alors que l'enfant semble avoir un plus grand besoin de la présence de sa mère pour lui faire partager les expériences et les habiletés qu'il découvre. Il s'agit ici de la phase de rapprochement décrite par Mahler (1974), où l'enfant s'ingénie à attirer l'attention de sa mère sur ce qu'il fait et où il manifeste son hostilité, s'il ne reçoit pas l'attention désirée. Graduellement, il s'intéressera davantage à une interaction sociale, à travers laquelle il apprend à imiter les gestes de cette mère, puis même à porter attention à ce que font d'autres enfants de son âge, souvent, en voulant faire tout comme eux et en désirant ce qu'ils possèdent.

À ce stade de croissance de l'enfant, c'est la mutualité, régnant entre celui-ci et sa mère, qui facilitera le plus l'évolution de ses forces vitales. Cette mutualité lui permet, en effet, d'exercer ses schèmes cognitifs, de vérifier la réalité selon sa façon à lui, d'être pleinement satisfait de sa productivité, de commencer à faire preuve d'une certaine adaptabilité et d'accéder ainsi, vers l'âge de trois ans, à ce que Mahler (1974) appelle la constance de l'objet. Ainsi, le premier processus de séparation et d'individuation étant terminé, la différenciation entre Soi et l'objet est maintenant réalisée. C'est ce qu'Erikson (1959), lui, nomme la bipolarité.

Le développement des forces psychologiques

Examinons maintenant, chez l'enfant d'environ trois ans, le degré de développement qu'atteint chacune des forces du Moi, surtout à cause de la mise en exercice de ses nouveaux schèmes cognitifs de représentation, autre mode de vérification de la réalité.

1. L'espérance

On a vu que, vers la fin de sa première année, l'enfant acquiert la capacité de vivre un certain délai dans le temps, ayant la certitude que ses désirs seront satisfaits. Nous avons donné, comme exemple, l'enfant qui, malgré sa faim, sait attendre la nourriture que lui apportera sa mère. Il devient capable d'accepter la *durée* imposée par la séquence d'actions nécessaires à la mère pour arriver à lui donner la satisfaction désirée. Et il peut accepter cette durée d'autant mieux que, par certains indices sensoriels (le maniement du biberon, l'eau du robinet, etc.), il voit sa mère commencer le travail et l'accomplir dans l'ordre habituel qu'il reconnaît. Il convient d'ajouter ici que l'enfant a acquis au préalable cette perception du temps par ses schèmes sensori-moteurs.

On a vu également que l'enfant, à deux et trois ans, fait preuve d'une grande productivité, occasion de découvrir ses capacités propres à travers les nombreuses activités suscitées par le milieu familial, dans une organisation du temps et de l'espace prévue à cet effet. Dans ce cadre spatiotemporel, progressivement, le jeune enfant devient capable de *se représenter* la séquence des actions posées. Lorsque au niveau sensori-moteur ces rapports entre la succession de ses actions et la durée du chemin parcouru auront été acquis, ils pourront alors être abstraits de leurs contextes particuliers, transposés dans les expériences concrètes que vit le jeune enfant et devenir graduellement généralisés, mais, cette fois, grâce à ses schèmes représentatifs. En d'autres termes, le jeune enfant devient capable de remplacer les actions réelles par les actions intériorisées ou virtuelles qu'il est à même de se représenter. Ainsi, la succession temporelle en arrive à se confondre avec l'ordre spatial de parcours et la durée avec la distance de déplacement.

La force d'espérance peut s'alimenter ici, d'où la nécessité de prévoir l'organisation d'activités quotidiennes pour aider l'enfant à actualiser cette force en devenant capable de se représenter ce « temps spatialisé ». Effectivement, les activités routinières, que sont lever, repas, toilette, coucher, etc., servent à l'enfant comme autant de points de repère dans le temps, à condition que ces activités se succèdent selon un horaire prévu, dans un espace précis et selon une façon de faire constante, c'est-à-dire selon le même déroulement séquentiel jour après jour. Cet ordre dans le temps, dans l'espace et dans la manière de faire se révèle certes une aide précieuse à l'enfant arrivé au stade de la représentation du temps vécu — qu'il apprend à conserver et qui est appelé à devenir une dimension de sa vie entière.

La capacité acquise de se représenter le temps est ce qui rend l'enfant capable de supporter l'absence de sa mère pendant un laps assez long, avec cette croyance durable qu'elle reviendra, étant donné qu'il a aussi acquis la « constance de l'objet ».

Cette dimension « temps » prendra donc toute son importance lors des interactions les plus significatives entre la mère et l'enfant, à ce stade de l'apprentissage à la propreté. S'il existe réellement une mutualité entre eux deux, la mère s'intéressera à observer le rythme de base de l'enfant en ce qui a trait à l'élimination de ses selles et, de son côté, l'enfant pourra décider lui-même du moment propice pour cette performance, à l'endroit précis correspondant aux attentes de sa mère. Même s'il doit se soumettre au mode rituel convenu entre les deux partenaires, on peut dire que l'enfant prend ici une première décision véritablement autonome puisqu'il décide d'agir sur son propre corps.

2. *Le vouloir*

Ce second niveau d'organisation psychique est la phase de croissance par excellence pour le développement de la force du vouloir chez l'enfant. Si, au cours de sa première année de vie, l'enfant a été encouragé à déployer une participation active dans les transactions quotidiennes avec sa mère, à partir des nombreux indices sensoriels que celle-ci lui fournit et que lui perçoit, il aura déjà appris à poser un jugement, à faire des choix, à prendre des décisions, toujours orienté par ces indices sensoriels. L'enfant est donc, par le fait même, préparé à actualiser cette force en intégrant maintenant, de façon graduelle, le mode d'organe rétentif-éliminatif surinvesti de libido anale. Et il le fera en accord avec les conditions de vie organisées par le milieu familial qui sait tenir compte de ses besoins. En effet, l'enfant a besoin d'explorer l'entourage dans des limites définies à l'avance et d'exercer sa musculature en manipulant, comme il en a lui-même décidé, des objets adéquats mis à sa disposition.

Cette période de croissance est d'une importance décisive pour l'apprentissage humain. Elle se traduira plus tard par une capacité de coopération dans les tâches et de collaboration avec d'autres personnes. En effet, cette force du vouloir aura toutes les chances de se développer, dans la mesure où l'enfant aura pu exercer cette activité du Moi, en manifestant un intérêt accentué pour tous les objets qui l'entourent, et où il sera guidé pour poser ses jugements, faire ses choix, enfin orienter ses décisions par le discernement judicieux des parents. Ceux-ci, tout en participant avec intérêt aux découvertes de l'enfant, sauront prévoir un temps délimité ainsi qu'un espace qui puisse favoriser ses ébats. En même temps, ils sauront, de manière ferme et stable, lui apprendre à modérer les excès de son activité débordante, en lui imposant les limites appropriées. C'est ainsi qu'ils feront accepter à l'enfant des façons de faire en accord avec les besoins de son milieu familial. Par des interventions pertinentes, accompagnées d'une attitude ferme et stable, la mère amènera l'enfant à agir dans un sens donné : c'est ainsi qu'elle attirera l'attention de son enfant sur un objet adéquat, puis lui enlèvera l'autre qu'il doit accepter de laisser aller.

Par les limites stables qu'elle impose dans le temps et dans l'espace, par les normes et les procédures qu'elle établit pour orienter les jugements, les choix et décisions de l'enfant, la mère apprend ainsi à l'enfant ce qui, dans les façons de faire, est accepté ou pas ; elle lui apprend à s'affirmer tout en s'imposant un certain contrôle, acceptant par là les limites inévitables de la réalité physique. L'enfant arrive alors à manifester une certaine coopération, en imitant les tâches remplies, soit par la mère, soit par les jeunes frères et sœurs, ou encore une certaine collaboration exercée avec les autres membres de la famille. Cette coopération et cette collaboration le rendent de plus en plus capable de juger, en tenant compte de certaines conditions de la réalité qu'il a appris à percevoir, discernement qui le conduit à faire des choix et à prendre des décisions, toujours plus en accord avec les conditions présentées par le milieu familial. Par ailleurs, l'intérêt, porté par les membres de sa famille à ses activités, confirme sa fierté. C'est ainsi que, progressivement, l'enfant apprend à choisir ce qui est nécessaire, acceptant du même coup l'inévitable.

3. *La poursuite des buts*

En abordant cette force, la poursuite des buts, rappelons tout d'abord que, vers la fin de la première année, l'enfant a déjà appris, pour parvenir à un but désiré, à poser une certaine séquence d'actions, surtout dans l'univers du jeu. Il sait donc faire preuve d'une certaine coordination de son équipement corporel, ce qui lui permet de poser les gestes voulus en regard de l'objectif poursuivi. L'enfant qui, les années suivantes, exécute les nombreuses activités vécues dans sa première année de vie, les répète en devenant, cette fois, graduellement capable de se représenter un objectif à atteindre. Il peut également faire converger ses efforts vers ce but, parce qu'il choisit des moyens sans cesse plus adéquats pour y parvenir.

Sa productivité augmentera d'autant plus qu'il aura la possibilité de se représenter à quel point son entourage, surtout sa mère, valorise les objectifs poursuivis, si elle sait lui manifester de l'intérêt lorsque, sans se laisser arrêter par les difficultés rencontrées, il parvient au but qu'il s'est fixé. Cet intérêt confirme l'enfant dans le choix de ses buts et l'encourage à déployer tous les efforts voulus pour les atteindre. À ce stade, l'éducation à la propreté chez l'enfant devient, pour sa mère, la préoccupation première. Tout en le sollicitant chaleureusement, elle le laisse lui-même décider du moment, pour atteindre cet objectif. Et c'est ainsi que l'enfant peut accomplir cette démarche de la façon appréciée par la mère, puisqu'il parvient à bien se représenter les moyens à prendre pour y arriver.

4. *La compétence*

Quant à la force « compétence », on se souvient que le jeune enfant a déjà acquis, à un an, une certaine efficacité pour parvenir, dans ses schèmes d'actions, à un objectif choisi ; il fait ainsi preuve d'un début de maîtrise de son équipement corporel dans des gestes fréquemment répétés. L'enfant parvient donc à anticiper le succès dans un secteur limité de ses activités. Dans ce qu'il décide de faire, c'est-à-dire dans ses nombreuses activités et surtout ses jeux, l'enfant devient graduellement capable d'anticiper le succès et de se représenter l'efficacité de sa démarche par rapport au résultat obtenu. Il développe, de cette façon, un intérêt accru vis-à-vis de la répétition d'exercices dont le but est d'acquérir une maîtrise toujours plus grande des moyens utilisés. Il parvient ainsi à éprouver un sentiment d'efficacité, base de sa fierté et début d'estime de soi. L'enfant commence alors à découvrir les possibilités instrumentales de son corps, celles de l'exercice de ses schèmes représentatifs, celles enfin que lui offre le monde matériel des objets qu'on lui laisse manipuler.

5. *La fidélité*

Déjà chez le jeune enfant, on a perçu ce sens de l'unipolarité : lien spécifique qui s'établit entre lui et sa mère et se manifeste par l'engagement sélectif qu'il sait faire, dans ses interactions vraiment significatives avec elle et dans des activités où elle montre réellement de l'intérêt. Vers la fin de la première année, cette unipolarité devient chez lui de plus en plus évidente et elle s'accroît de pair avec l'enchantement ressenti à mesure qu'il découvre, au contact de l'entourage, toutes ses capacités nouvelles.

L'enfant ressent alors, graduellement, le besoin de partager ces intérêts nouvellement acquis, surtout avec sa mère, devenue son objet affectif et dont il essaie de capter l'attention avec les façons d'agir apprises tout récemment. On reconnaît ici la phase de rapprochement, décrite précédemment, où la présence de la mère devient, pour l'enfant, la confirmation que ce qu'il fait est valable et, partant, prend un sens à ses propres yeux.

Cette estime qu'a l'enfant de lui-même, estime qui va s'intensifiant, constitue un rudiment essentiel à la découverte future de son identité. Également, il se sent bien dans ce qu'il entreprend en présence de l'autre et il apprécie la présence de l'autre en même temps qu'il découvre sa propre existence : c'est la bipolarité, début d'intégration de la représentation de Soi, dont il sera fier, à cause même de la présence de l'autre.

Ceci se fait, chez l'enfant, à l'aide de ses schèmes représentatifs et amène au terme du premier processus de séparation et d'individuation. La constance de l'objet est acquise et, selon Mahler (1974), la naissance psychologique est véritablement réalisée.

Cette confirmation de lui-même, par l'intérêt que lui démontre sa mère, engage le jeune enfant à poursuivre ses efforts dans ce qu'il entreprend, surtout là où il s'agit d'imiter les façons de faire de sa propre mère d'abord, puis de celles des autres enfants dans la famille. Et, tout en poursuivant ses efforts, l'enfant découvre graduellement sa propre place au sein de la famille en question.

6. L'amour

Enfin, cette étape vécue par l'enfant l'aide à découvrir la réciprocité qui, selon Erikson (1964a, p. 128), est la base même de la force d'amour. Cette découverte, l'enfant sera en mesure de la faire lorsqu'il percevra dans les personnes qui ont un sens pour lui, donc dans les membres de sa famille, une hospitalité à sa façon propre d'ordonner son univers et de les y inclure. En retour, cette hospitalité le rendra capable d'accueillir leur manière à eux d'agencer le monde, c'est-à-dire l'univers familial, et leur manière à eux de l'y introduire. Nous voyons qu'il existe ici une réciprocité d'affirmation sur laquelle l'enfant peut donc compter pour stimuler son « être », comme les membres de sa famille peuvent compter sur lui pour stimuler le leur. C'est ainsi que la réciprocité dans la collaboration s'apprend à cet âge très tendre et prépare déjà la capacité adulte d'aimer.

Les forces psychologiques au deuxième niveau

Le niveau d'intégration, atteint dans le processus d'organisation des forces vitales du Moi à la fin du deuxième stade de développement, se synthétise de la façon suivante :

1. La capacité que l'enfant acquiert, de se représenter la durée des activités routinières quotidiennes, d'accepter ainsi la dimension « temps et espace » dans le déroulement rituel de ses activités, pour parvenir au but désiré, malgré les urgences ressenties ; la capacité de vivre, dans un état de confiance, l'absence plus ou moins prolongée de la mère avec la certitude qu'elle reviendra. L'espérance réside ici dans la confiance que l'avenir comblera les désirs ardents ressentis.

2. La capacité, chez l'enfant, de se représenter les éléments de situations familières, de juger de ce qu'il faut faire, d'exercer librement des choix guidés par le discernement personnel acquis et, plus généralement, d'agir ainsi dans un sens donné, en accord avec les conditions de la réalité, c'est-à-dire selon les normes acceptées dans la vie familiale, en s'imposant un contrôle sur lui-même malgré de fortes impulsions qui le pousseraient à agir selon ses propres désirs dictés par ses modes de rétention et d'élimination — démarche qui développe le vouloir.

3. La capacité de se choisir des buts qui seront appréciés et partagés dans son milieu familial, donc sanctionnés par les membres de sa famille ; la capacité de se représenter l'agencement des actions à poser pour parvenir à l'objectif choisi — manifestation de la poursuite des buts.

4. La capacité de découvrir son efficacité dans plusieurs activités nouvelles, en utilisant les possibilités instrumentales de son corps, en exerçant ses schèmes représentatifs et en s'initiant aux possibilités fournies par le monde matériel des objets qu'il apprend à manier. L'enfant éprouve ainsi un sentiment d'efficacité — base même de la force de compétence.

5. La capacité de faire des choix engage sa participation, d'une façon déterminée, malgré les obstacles qui surgissent au cours de sa démarche productive. L'enfant adopte des manières de faire qui ont une importance aux yeux des membres de la famille. Ainsi — et c'est là le signe de la bipolarité — il devient capable de s'affirmer en présence des autres, découvrant, en même temps, une confirmation de ses façons d'agir par les personnes significatives ; il trouve, par le fait même, sa place comme membre de la famille. Ainsi grandit la fidélité.

6. La capacité de découvrir une réciprocité vécue où il y a place pour ordonner, à sa façon, son propre univers et y inclure les autres, sans pour autant se faire disparaître. Cela, en retour, rend l'enfant accueillant, puisque, dans leur manière d'agencer le monde qui l'entoure — son univers familial —, ces autres ont le souci de l'y introduire et, du même coup, lui font découvrir la bienveillance à son égard des personnes qui lui sont significatives. Cela actualise chez lui l'amour.

Observons jusqu'à quel point l'enfant peut faire montre d'une capacité de réconcilier et coordonner ses schèmes de croissance psychologique, tant affectifs que cognitifs, s'il rencontre dans son milieu familial des opportunités correspondant à son niveau de développement. Ce sont les qualités de chacune des forces vitales nouvellement acquises à ce stade de croissance et l'équilibre manifesté entre ces diverses composantes qui révèleront l'existence, chez l'enfant, d'un certain développement du processus d'organisation du Moi.

Les schèmes représentatifs

En d'autres termes, nous pouvons dire que l'enfant est parvenu à un certain niveau d'intégration de ces acquisitions, grâce à l'apport de ses schèmes représentatifs. En effet, ces schèmes, nouvellement développés chez l'enfant, lui donnent accès à un nouveau mode de vérification, ce qui relève, d'une part, de ses processus primaires, c'est-à-dire son monde intérieur avec ses sensations, sentiments, perceptions de lui-même (ces dernières l'amenant à la représentation de soi) et, relève, d'autre part, de ses processus secondaires, lesquels sont plutôt orientés vers le monde extérieur et le mettent en interaction avec la réalité phénoménologique. C'est ainsi que l'enfant s'insère dans une participation sociale avec les personnes significatives, membres de sa famille. Et c'est là qu'il apprend graduellement à se représenter leurs façons d'agir et à accepter d'en tenir compte. À ce niveau d'intégration du Moi, l'enfant devient capable de se tourner vers l'autre en déployant des initiatives pour chercher à lui plaire sans, pour autant, que ce soit à son détriment personnel.

Ce niveau d'intégration du Moi — d'une importance capitale pour la qualité de vie à venir — lui permet, tout en continuant de développer ses intérêts personnels, d'accéder à une réelle disponibilité aux autres. C'est dire ici que le processus d'organisation psychique du Moi aura graduellement intégré la libido prégénitale (c'est-à-dire orale et anale en termes psychanalytiques), permettant ainsi d'en arriver à découvrir plus de satisfaction à faire plaisir à l'autre (libido génitale) qu'à prendre plaisir pour soi au détriment de l'autre. Les processus primaires vont continuer alors de se développer en laissant toutefois la préséance aux processus secondaires qui, eux, sont orientés vers la réalité, particulièrement la réalité sociale partagée avec des personnes significatives.

Les malformations au deuxième niveau

Il reste que ce processus d'organisation psychique du Moi pourrait risquer, à ce stade de croissance de l'enfant, d'être entravé par un déficit paralysant, dont la cause proviendrait, soit de ses facteurs de maturation interne, soit d'expériences vécues dans son milieu familial, soit encore des deux à la fois. Comme l'exprime Erikson (1963, p. 75), c'est à ce stade crucial de régulation réciproque entre les adultes et l'enfant que celui-ci doit en réalité faire face à l'épreuve la plus lourde de conséquences. C'est pourquoi nous nous attarderons à retracer, à grands traits il est vrai, les effets négatifs qu'entraînent ces déficits.

Exercer, sur l'enfant, un contrôle extérieur trop rigide ou trop précoce, suivant l'éducation qu'on tient à lui donner, c'est limiter le développement de ses forces vitales par le fait qu'il ne pourra pas spontanément participer librement et activement à la maîtrise de son propre corps par l'exercice de sa musculature, et en particulier par la maîtrise de ses sphincters, ceci, à une étape précise où il manifeste une activité débordante. Cet empêchement, causé par des exigences trop précoces ou des contraintes trop rigides, accule donc l'enfant à une double rébellion et à une double défaite. Impuissant devant les poussées de sa libido anale et effrayé par l'hostilité que son mode d'organe et son mode de comportement développent face aux frustrations trop nombreuses provoquées par les exigences de son milieu familial, l'enfant se verra contraint de chercher satisfaction et d'établir un contrôle. Il y parviendra par une régression au niveau précédent, le niveau oral. Cette régression le poussera à chercher satisfaction dans son propre corps, sucer son pouce, par exemple, ou toute autre activité autoérotique qu'il aura pu découvrir. Cette régression le rendra, en même temps, beaucoup plus dépendant de sa mère et exigeant vis-à-vis d'elle. Une autre manifestation possible est ce que l'on nomme « progression factice », où l'enfant devient hostile et entêté, utilisant ses matières fécales (et plus tard des mots grossiers) comme munitions d'attaque. En définitive, il revendique une fausse autonomie, se disant capable de se passer de l'aide de qui que ce soit, en tout ce qui concerne sa productivité, alors qu'il n'a pas encore vraiment maîtrisé ce qu'il désire réaliser.

Plus la perte de mutualité entre l'enfant et son entourage familial s'accentue, plus manifestement pourront s'établir chez lui des fixations (ou même des arrêts de développement) à des zones érogènes, le poussant ainsi à rechercher des satisfactions autoérotiques, satisfactions qui traduisent une hostilité envers lui-même à cause des frustrations subies. Ces fixations peuvent donner lieu, plus tard, à un mode de captation active qui, bien que procurant une satisfaction, traduit une hostilité tournée contre lui-même au grand détriment de l'organisme : la toxicomanie et l'alcoolisme en sont les meilleurs exemples. Par ailleurs, il peut s'établir des fixations (ou des régressions) à des modes de comportement rigidifiés, donnant lieu à une structuration caractérielle, offensive ou défensive, selon le cas. D'autre part, ces interactions négatives, poursuivies par l'enfant avec son milieu et liées conjointement à ses impulsions libidinales, pourraient faire surgir, dans les fonctions défensives de son Moi, des mécanismes de défense qui laisseraient présager des tendances psychotiques ou profondément névrotiques. Plus tard, des mécanismes, telle la projection de son hostilité sur la figure d'autorité perçue comme toute-puissante et frustrante, peuvent donner lieu à des traits de caractère paranoïdes allant jusqu'au délire de persécution paranoïaque, selon que le processus d'intégration du Moi est plus ou moins affecté. Chose encore possible : des mécanismes d'isolation peuvent provoquer une coupure entre ce qui est ressenti, d'une part, et, d'autre part, ce qui est agi ou pensé ; de leur côté, des mécanismes d'annulation peuvent contraindre l'enfant, soit à poser un acte contraire à cet autre acte que lui considère mauvais, soit à répéter, à plusieurs reprises et de façon compulsive, un acte donné, de façon à bien contrôler les pensées hostiles qui l'accompagnent.

L'enfant qui a développé ces mécanismes d'annulation ne pourra donc pas déployer une participation de plus en plus active dans ses jeux et dans ses contacts avec le monde qui l'entoure, obsédé qu'il est par le besoin de répéter compulsivement des actes, selon un ordre rigoureux dans le temps, l'espace et les façons de faire. Et il s'impose cette répétition compulsive, afin d'établir un contrôle rigide sur lui-même, de peur justement de perdre le contrôle de son hostilité. Ce mode de rétention exagérée peut aussi bien, d'ailleurs, se retrouver au niveau des idées obsessives qu'à celui des actes compulsifs. Ainsi l'enfant développera une conscience précoce à partir d'introjections parentales précoces, surtout à partir de sa perception de la mère comme toute-puissante, obnubilant chez lui la représentation de Soi. L'enfant, dès lors, devient incapable de mener à bien son processus de séparation et d'individuation. Ces introjections parentales précoces paralysent le processus d'organisation psychique du Moi et donnent lieu à une fragmentation de ce Moi : l'enfant s'attache à une image de Soi idéalisée, magique et toute-puissante, concurremment avec l'imago parentale, tout aussi puissante et idéalisée. Selon Kohut (1971, p. 32), cette fragmentation du Moi se retrouve chez les sujets marginaux (*borderline*) où l'on peut déceler ce déficit paralysant dans les fonctions intégratives et synthétiques de leur Moi, mais sans pour autant que cette fragmentation réussisse à les paralyser totalement.

Par ailleurs, cette conscience précoce peut s'accompagner de sentiments de doute ; en d'autres termes, l'enfant peut s'imposer de revenir continuellement sur ce qui est fait ou pensé, pour s'assurer un contrôle complet sur ce qui aurait pu être mauvais ou sale et qu'il aurait pu laisser échapper. En outre, cette conscience précoce peut s'accompagner de sentiments de honte, alors qu'impuissant, l'enfant sent son corps exposé, pour ainsi dire, à la merci des regards réprobateurs de personnes de son entourage, lesquelles l'auraient découvert dans un état de perte de contrôle de soi (c'est-à-dire de ses sphincters). Ces sentiments de honte se rattachent à l'image corporelle : l'enfant souhaiterait se cacher, se sentant trop « petit », donc incapable de faire face aux exigences excessives qu'il croit percevoir de la part de l'entourage en question.

Si, par ailleurs, il advient une fixation au mode éliminatif, celle-ci peut donner lieu, soit à une structuration de caractère impulsif, celle où l'individu donne libre cours à ses impulsions anales empreintes d'ambivalence, soit à une névrose impulsive, laquelle conduit à une certaine perte de contrôle des impulsions hostiles, que suit alors une assez intense anxiété.

Sans aller plus loin, nous croyons avoir démontré clairement combien il est important d'orienter le développement de l'enfant. En effet, dès ce stade, entre deux et trois ans, peuvent se manifester des répercussions négatives, allant de la structuration caractérielle, défensive ou offensive, à la formation de névroses ou de psychoses. Il s'agit donc de prévenir tout déficit qui risque de paralyser ces fonctions intégratives et synthétiques du Moi, là même où prennent racine les composantes des forces vitales typiques à cette phase de croissance.

• 3 •

Le troisième niveau d'organisation psychique

De trois à six ans

Revenons au développement de l'enfant qui a maintenant atteint le troisième stade, soit à l'âge de trois à six ans. Soulignons comment alors le processus d'organisation psychique du Moi se développe le plus typiquement à ce stade. Nous l'avons vu précédemment, l'enfant a acquis, vers la fin de sa troisième année, un contrôle musculaire assez développé pour maîtriser lui-même ses sphincters, tout au moins de façon habituelle. Notons qu'il peut être encore plus ou moins vulnérable dans ce domaine selon sa relation avec l'objet affectif, cette acquisition de contrôle des sphincters étant encore liée à une relation positive avec sa mère. Par ailleurs, l'enfant marche avec facilité et assurance, de sorte qu'il peut apprendre à commander à son corps et à s'obéir à lui-même, tout en se déplaçant avec plus de liberté et dans un rayon d'action considérablement élargi.

C'est le début du stade proprement locomoteur et ambulatoire qui permet à l'enfant de dépasser le cadre familial, d'aller au coin de la rue, au parc ou à la basse-cour, à la maternelle, autant de lieux qui l'ouvrent à de nombreuses opportunités. L'enfant de trois ans a déjà appris à se représenter les façons de faire qui ont cours dans le milieu familial, surtout par identification avec sa mère, objet afffectif tout-puissant à ses yeux. De plus, il devient capable d'une certaine communication verbale, du fait qu'il peut mettre en exercice les schèmes cognitifs symboliques qui lui font découvrir la signification sociale des mots utilisés. Son langage va se perfectionner considérablement tout au long de cette période, car il interroge continuellement les personnes côtoyées à propos d'une foule de choses, essayant ainsi de comprendre tout ce qui stimule sa curiosité. Il s'intéresse particulièrement aux différences de taille, d'âge et de sexe, et aux rôles tenus par les personnes adultes.

Ces capacités nouvelles — que l'enfant acquiert et qui lui permettent de s'extérioriser, tant par la locomotion que par le langage — s'accompagnent souvent d'une imagination très vive et fantaisiste. L'enfant se voit jouer des rôles de toute-puissance et, à cet âge, il peut en arriver parfois à s'effrayer lui-même en dramatisant beaucoup. Ce stade est reconnu, d'abord et avant tout, comme le stade par excellence du jeu. Cet univers d'essai est celui où l'enfant peut dépenser le surcroît de vitalité propre à cet âge et développer simultanément ses forces vitales du Moi. De tels jeux procurent, en effet, à l'enfant des conditions simplifiées lui permettant, avec des compagnons de son âge, de jouer des rôles adultes. Les jeux permettent aussi à ces jeunes d'établir eux-mêmes des règles, tout en imitant les rôles adultes, et c'est bien ce qui, selon Erikson, les aide à « faire la conquête du monde extérieur » (1964a, pp. 120-121).

Déjà disposé, affectivement parlant, à une complète ouverture à l'autre, l'enfant recherche activement la conquête de son objet d'amour. Toutefois, les modalités pour y arriver seront différentes selon le sexe de l'enfant. Ce dernier fait effectivement, à cette phase, la découverte de sa zone génitale à partir de la perception d'une excitabilité intensifiée, source de satisfactions érogènes. Ceci contribue à stimuler sa curiosité sexuelle et lui fait remarquer les différences entre les sexes.

Le mode d'organe masculin

Chez le petit garçon, le mode d'organe qui domine alors est le mode « intrusif » et il se généralise à son comportement tout entier : l'intrusion dans l'espace par la vitesse avec laquelle il se déplace ; la pénétration dans l'inconnu à partir d'une curiosité vraiment dévorante ; l'intrusion par contacts, soit physiques en se ruant sur les autres, soit sociaux en posant incessamment des questions. Ce mode d'approche se manifeste tout particulièrement dans ses interactions avec sa mère, qui devient alors objet d'amour exclusif. Toute son affection génitale se concentre sur sa mère et l'enfant ressent, à ce moment-là, une première rivalité sexuelle envers la figure paternelle qui a conquis la mère. C'est ici que se joue la situation œdipienne, justement à cette période où l'enfant fait preuve d'une vulnérabilité très grande aux interdictions opérées par les figures parentales, puisqu'il perçoit ces dernières, soit comme objet d'amour, soit comme rival. Cette situation, que vit l'enfant, s'accompagne d'une vie fantasmatique très riche. Elle se révèle dans de nombreux rêves qui lui font peur ; en réalité ce sont des cauchemars où, inconsciemment, il cherche à réaliser ses désirs de conquête, avec les conséquences terrifiantes qui s'ensuivent.

Ce vécu de l'enfant ici brièvement tracé, peut donner lieu, selon le terme de Freud, à un « complexe d'Œdipe ». Ce complexe recèle des conséquences émotionnelles profondes, accompagnées de craintes magiques. En même temps, l'intériorisation d'interdictions parentales, source de sentiments de culpabilité, fait surgir une conscience sévère et rigide. L'instance psychique du Surmoi est donc, selon Freud, l'héritier du complexe d'Œdipe.

Chez l'enfant, cette conscience se révèle comme une voix intérieure qui oblige à une observation plus ou moins arbitraire de soi. Elle prend souvent, soit le sens absolu du « tout ou rien », soit encore celui de la loi vindicative du « œil pour œil », « dent pour dent », avec forcément les conséquences qui en découlent. Ce sera une inhibition généralisée ou un ressentiment profond envers les figures parentales qui n'ont pas su favoriser au garçon les opportunités d'identification libératrice avec l'image parentale du parent du même sexe. Ces opportunités, nous l'avons vu, se retrouvent dans les jeux, univers d'essai où se jouent les rôles parentaux essentiels à son âge. L'état d'anxiété, né de cette instance du Surmoi et source de sentiments de culpabilité, lesquels entraînent la peur de la punition, se manifeste chez le garçon par des craintes de castration, c'est-à-dire par la peur de perdre le membre même qui, pour lui, est la source de plaisir érogène.

Le mode d'organe féminin

Le mode d'organe qui se développe chez la petite fille, à cet âge, est un mode « inclusif ». Il se généralise à tout son comportement, surtout à ses façons de faire la conquête de son objet d'amour, le père. Elle se crée tout un arsenal de moyens pour attirer son attention : coquetterie dans le choix astucieux de ses vêtements et la façon de se comporter, discrimination sensorielle raffinée, traduite dans une voix modulée et par la douceur de ses gestes, autant de manifestations qui lui semblent plaire particulièrement à son père et qu'elle accompagne, en même temps, d'attitudes de générosité protectrice, tout en sollicitant l'admiration.

Parallèlement, la rivalité en regard de la figure maternelle se développe, et les sentiments de culpabilité qui s'ensuivent donnent lieu, comme chez le garçon, à la formation du Surmoi. Ce dernier, comme nous l'avons expliqué plus haut, fera surgir dans la conscience de la petite fille, des interdictions plus ou moins sévères, selon l'attitude plutôt positive ou négative des parents vis-à-vis de cet exécutoire essentiel que sont les jeux infantiles. C'est là que, par l'expérimentation des rôles, elle peut s'identifier à sa mère, étant assurée ainsi de l'approbation de ladite mère, en même temps que de l'admiration de son père.

À ce stade, l'une des tâches essentielles de ce processus d'organisation psychique du Moi est de filtrer ces antagonismes chez l'enfant ; antagonismes qui proviennent, d'une part, et par voie des processus primaires, des pulsions instinctuelles du Ça (se révélant, surtout à cet âge, dans sa vie fantasmatique souvent inconsciente) et, d'autre part, des sentiments de culpabilité qui proviennent du Surmoi et font surgir des interdictions sévères. Cette filtration sera d'autant plus efficace si les injonctions, quelle que soit leur origine (pulsions ou sentiments de culpabilité), sont transformées en activités voulues et décidées, le plus souvent, dans les jeux. Cette transformation s'opère au niveau de ce que l'on a identifié comme la frontière intérieure du Moi. Grâce au travail conjugué des mécanismes de défense appropriés et des fonctions synthétiques du Moi, ce qui avait été éprouvé comme impulsion du Ça devient docile et même agréable, et ce qui a été ressenti comme un fardeau écrasant se change en conscience tolérable, même bonne (Erikson, 1968, p.219). En fait, par les jeux enfantins reconnus légitimes et approuvés des parents, une intégration graduelle se fait au niveau de l'activité du Moi où les pulsions du Ça et les exigences du Surmoi en viennent à pouvoir s'allier à ce Moi.

En somme, pour conduire à la solution heureuse de la situation œdipienne, autant chez le petit garçon que chez la petite fille, et pour en favoriser chez l'un et chez l'autre l'intégration par le processus d'organisation psychique du Moi, une camaraderie de bon aloi entre père et fils et mère et fille doit exister. Et c'est dans une participation aux jeux intelligibles de l'enfant que cette camaraderie aura toutes les chances de se déployer. Les parents devront aussi se soucier de voir à ce que l'enfant ait un rôle à jouer dans le partage des activités de travail des adultes, ce qui ne peut qu'encourager ledit enfant à poursuivre des initiatives qui, déjà, laissent présager un avenir prometteur.

Cette étape décisive dans la vie de l'enfant laisse entrevoir une capacité d'adaptabilité tout à fait remarquable et dont il fait preuve dans toutes les acquisitions nouvelles qu'il poursuit. L'attention du bébé, au cours de la première phase de croissance, nous l'avons vu, était monopolisée quasi exclusivement par sa propre participation corporelle. Tout ce qui constituait son apprentissage se faisait au niveau somatique, en interactions gratifiantes avec sa mère. Au second stade, cette attention se transforme en intérêt très fortement marqué et progressif, se développant grâce à la découverte de sa propre productivité. Cette découverte sera proportionnelle aux nombreuses opportunités offertes par le milieu familial. Ces opportunités favoriseront chez l'enfant, d'une part, l'exercice de sa musculature en lui facilitant la manipulation d'objets adéquats, d'autre part, l'exercice de ses schèmes représentatifs.

Au troisième stade, c'est l'adaptabilité de l'enfant qui sera plus particulièrement développée, à partir de cette avidité de découvertes nouvelles, et étendue à tous les domaines. Il faut ajouter que l'enfant a maintenant à sa disposition un surcroît d'énergie qui lui permet d'aborder de nouvelles situations et de prendre des initiatives sans se laisser arrêter par des échecs inévitables. En fait, l'enfant, à ce stade, est toujours prêt à poursuivre de nouveaux objectifs, ou dans les activités partagées avec les figures adultes significatives, ou plus encore dans les jeux, cet univers d'essai partagé avec des compagnons de son âge.

L'intégration des forces vitales du Moi

À la suite de cet exposé assez sommaire de la troisième phase de croissance, examinons plus attentivement les qualités essentielles acquises par l'enfant de six ans en regard de chacune des forces vitales qui concourent au développement de son Moi. Chez l'enfant ayant terminé ce stade, nous pouvons observer une capacité plus grande de concentrer son attention sur les objectifs réalistes fournis par l'apprentissage scolaire. Il développe en effet un vif intérêt pour les notions fondamentales de la technologie : lire, écrire, compter « pour faire comme les grands ! » Il va sans dire que cette soif de connaître facilite considérablement l'insertion de l'enfant dans son nouveau contexte culturel qu'est l'école.

Précisons, dès maintenant, que le mode de vérification de la réalité propre à l'enfant s'est graduellement enrichi de schèmes intuitifs lui permettant, dès lors, d'anticiper la séquence d'actions à poser pour parvenir à l'objectif choisi ; auparavant, il ne pouvait se représenter que ce dont il avait fait l'expérience. Dès le début de cette troisième étape, l'enfant a déjà acquis la capacité de se représenter son action, plutôt que, simplement, d'agir de façon directe sur cette réalité ; il peut même en parler. Par la suite, il parvient à réfléchir sur l'organisation de ses actes plutôt que d'enregistrer simplement le succès obtenu. Il devient, en effet, capable de se représenter comment ses actes affectent toutes choses. Par l'exercice fréquent de ses schèmes représentatifs ou symboliques, surtout dans les divers jeux auxquels il s'adonne, l'enfant en arrive graduellement à disposer d'un potentiel qui lui permet, dorénavant, de saisir simultanément une série de trajets ou d'événements possibles à l'intérieur d'un même schème. Et ce, pour parvenir aux buts qu'il se fixe dans ses jeux ou dans ses imitations de l'adulte à travers des rôles qu'il imagine. Cette pensée représentative s'étend donc chez l'enfant, au-delà des objets concrets de son entourage. À partir d'imitations antérieures qui ont produit une image (premier signifiant), il peut maintenant évoquer, en pensée, l'anticipation d'actions futures. Par exemple, sa capacité d'élaborer un plan d'action, dans les jeux dont il prend l'initiative, facilite énormément sa capacité d'adaptabilité ainsi que l'avènement de la pensée intuitive.

Les schèmes intuitifs

Avec ses schèmes intuitifs, l'enfant peut différencier et coordonner les schèmes imagés — fonctionnement intuitif qui lui permet de se préoccuper des configurations représentatives de l'ensemble du jeu qu'il veut mener jusqu'au bout. Il devient capable de se représenter des sortes d'instantanés pris sur la réalité mouvante. C'est ainsi qu'il peut se concentrer sur quelques itinéraires parmi l'ensemble des trajets possibles. Alors cette pensée intuitive lui fournit une carte du réel (bien que celle-ci soit encore imagée) à l'aide de laquelle il peut se représenter diverses façons possibles de parvenir à l'objectif choisi. Et cette représentation, maintenant acquise, se fait grâce aux configurations représentatives qui sont autant d'intuitions susceptibles de régulations relativement constantes avec la réalité. Ainsi l'enfant, vers six ans, possède-t-il des schèmes intuitifs qui, bien qu'encore assez primitifs, l'enracinent dans un certain sens de la réalité du temps, de l'espace et de la causalité en actes, autrement dit, dans le sens de « ce que l'on peut atteindre » et de « ce que l'on peut partager » avec les autres, au moyen du langage. C'est ce nouveau mode de vérification de la réalité qui permet à l'enfant de s'adapter à la réalité nouvelle que représente pour lui le monde scolaire. En effet, il a maintenant développé les conditions préalables essentielles à l'apprentissage qui se fait à l'école.

Le développement des forces vitales du Moi

Exposons maintenant comment chacune des forces vitales du Moi se développe chez l'enfant de six ans. Nous nous contenterons toutefois d'un bref aperçu puisque, déjà à deux reprises, nous avons longuement détaillé ce développement.

L'enfant, à ce stade, a acquis la capacité de se situer dans une perspective temporelle, c'est-à-dire d'anticiper ce qui doit advenir à l'intérieur d'un cadre temporel perçu comme un ensemble. Au début, la capacité de l'enfant sera limitée et il ne pourra anticiper qu'une seule journée. Plus tard, ce cadre temporel s'étendra graduellement à une semaine. Cette représentation d'instantanés, à l'intérieur du déroulement d'une journée (et plus tard d'une semaine), fournit à l'enfant des points de repère qui lui permettent d'anticiper quelques itinéraires prévisibles dans son organisation temporelle. Le temps est certes encore perçu comme une intuition qui reste spatialisée, mais cette intuition est en mesure de rendre l'enfant capable d'introspecter le temps qui s'écoule, par exemple le long d'une activité à laquelle il se livre. L'enfant peut désormais faire le rapport inverse entre le temps et les vitesses, ce qui lui ouvre la voie à un emboîtement correct des durées. Quant à l'ordre de succession, l'intuition tend à anticiper ces durées et à les reconstituer selon l'ordre de déroulement même des faits vécus. C'est ainsi que l'ordre temporel commence à se dissocier de l'ordre spatial.

Le niveau d'intégration, atteint dans le processus d'organisation des forces vitales du Moi à la fin du troisième stade de développement, se résume ainsi :

1. Dès lors, l'enfant de cet âge peut, grâce à ses schèmes intuitifs, non seulement anticiper les durées, mais encore se situer dans un cadre temporel perçu comme un ensemble. Capable d'une certaine organisation temporelle à partir d'itinéraires sur lesquels il se concentre, l'enfant devient ainsi susceptible d'anticiper l'avenir avec plus de certitude. De cette façon autonome, il développe ainsi l'espérance.

2. Ayant eu de nombreuses occasions de découvrir des situations nouvelles, d'exercer de nouvelles initiatives et de poursuivre des objectifs nouveaux à l'occasion de jeux ou encore d'activités partagées avec des adultes, l'enfant devient capable de percevoir la configuration des éléments en cause, par exemple, le temps, l'espace et les différents agencements de moyens pour atteindre l'objectif recherché. Il est alors en mesure de faire un discernement beaucoup plus judicieux, avant de poser un jugement personnel, en vertu des choix de moyens ou techniques les mieux adaptés à l'objectif visé. Ce discernement permet nécessairement une mise à exécution plus adéquate. Cette affirmation de lui-même, comme exécutant décidé d'agir selon les conditions de la réalité, témoigne chez l'enfant de sa force de vouloir.

3. Au cours de cette phase de croissance, un surcroît de vitalité rend l'enfant plus actif et plus entreprenant, toujours prêt à aborder de nouvelles situations, à explorer des endroits inconnus, à poursuivre des objectifs nouveaux, à travers les jeux qui meublent la majeure partie de son temps. Il explore aussi de diverses manières les façons nouvelles d'agir ou les moyens nouveaux de parvenir au but fixé. Par-dessus tout, il cherche à expérimenter, dans ses jeux, des rôles d'adultes, afin de mieux se représenter ce que signifie pour lui ses rôles anticipés, c'est-à-dire ceux qu'il s'imagine devoir jouer plus tard. C'est ainsi que l'enfant fait graduellement la conquête du monde qui l'entoure, se préparant à entrer dans ce monde scolaire qui dépasse le cadre familial. Il découvre ce qu'il lui est possible d'atteindre à cause des choix d'objectifs accessibles, parce qu'il trouve en lui-même la capacité de prendre les moyens adéquats pour y parvenir, ce qui actualise la poursuite des buts.

4. L'enfant, à cet âge, est particulièrement intéressé à s'engager dans des jeux ou encore dans des tâches ayant un but bien déterminé. Il est capable de se concentrer sur les moyens qu'il découvre comme étant les plus adéquats pour parvenir aux buts qu'il s'est fixés. Il est prêt à répéter fréquemment lesdits jeux pour mieux maîtriser les techniques et ainsi parvenir à l'objectif désiré. Cette maîtrise des techniques le conduit à rechercher une efficacité dans ces jeux ou tâches qu'il entreprend toujours en anticipant le succès, ne se laissant pas rebuter par l'échec passager. C'est donc un sentiment d'efficacité qui se développe chez l'enfant, et l'intérêt réel qu'il manifeste envers l'apprentissage des techniques comme lire, écrire, compter, le prépare admirablement à découvrir en lui un sens d'efficacité pour l'apprentissage scolaire et exerce ainsi sa force de compétence.

5. À un tel âge, l'enfant manifeste un surcroît de vitalité qui le fait s'engager avec entrain dans tout ce qu'il entreprend. Il essaie, par ses jeux et ses interrogations, de comprendre les futurs rôles qui valent la peine d'être choisis. En s'associant avec des compagnons de jeu de son âge, il affirme ses choix de rôles, principalement en s'inspirant des « idéaux d'actions » qu'il découvre dans le milieu familial, surtout en prenant exemple sur le parent du même sexe considéré comme le prototype du « Moi idéal »... pour autant qu'il existe dans la famille une loyauté conjugale et familiale. C'est dans une telle atmosphère familiale que l'enfant sera à même de découvrir, grâce à la cohérence dans les façons d'agir des parents, là où cesse le jeu et là où commence le travail, quelles façons d'agir sont encouragées et lesquelles sont réprouvées. C'est à cette période de sa vie que l'enfant intériorise les dictées parentales qui deviennent la base d'un sentiment moral, sur laquelle se grefferont plus tard ses valeurs éthiques.

Ainsi l'enfant choisit ses idéaux d'actions et s'engage à les poursuivre en ses façons d'agir, tant dans les jeux que dans les tâches qu'il entreprend. Il s'engage d'autant plus que ces jeux et ces tâches sont confirmés par l'appréciation et l'encouragement des figures parentales ; également dans la mesure où ses parents lui offrent les occasions de les affirmer dans des activités partagées avec des compagnons de jeu. Déjà cet engagement, en regard d'idéaux d'actions qui orientent sa conduite, constitue chez l'enfant parvenu à ce stade la base de la force de fidélité future.

6. Nous l'avons vu, la situation œdipienne vécue par l'enfant révèle, à travers son premier choix d'objet d'amour, ce désir de possession exclusive du parent de sexe opposé en même temps que cette rivalité envers la figure parentale du même sexe. Toute son affection génitale se reporte sur cette personne choisie à qui il veut plaire totalement, même au prix de renoncer à ses propres désirs. Ce premier objet d'amour choisi par l'enfant devient le prototype essentiel qui lui permettra, plus tard, d'arrêter son choix sur la personne à qui il voudra véritablement faire le don de lui-même dans un engagement mutuel et avec laquelle il établira ainsi une réciprocité réelle.

C'est au prix du renoncement à la possession exclusive de cet objet d'amour que l'enfant parvient à s'identifier au rôle que détient le prototype du Moi idéal, c'est-à-dire la figure parentale du même sexe et, de là, à accepter sa propre identité psychosexuelle. Car, pour que la force vitale de l'amour puisse s'actualiser chez la personne, il est essentiel qu'elle puisse se reconnaître une identité bien établie.

Nous venons de décrire quel niveau peut atteindre, dans le processus d'intégration psychique du Moi, l'enfant de six ans, grâce aux qualités de chacune de ses forces psychologiques acquises à ce stade de développement. Ce processus d'intégration réussit à se concilier aussi bien les pulsions libidinales œdipiennes que les impératifs catégoriques du Surmoi, instance psychique qui se constitue surtout durant cette période de croissance. Le Moi, en plus d'être le régulateur psychique interne qui organise l'expérience, doit, en même temps, veiller à préserver cette organisation tant des impacts intempestifs des pulsions que des pressions indues dictées par une conscience tyrannique. C'est au niveau de la frontière intérieure du Moi que s'érigent ces barrières de protection que sont les mécanismes de défense, mis en place pour prévenir les affects d'anxiété qui laisseraient présager, à ce niveau de développement, un conflit intériorisé entre les trois instances psychiques : le Ça, le Moi et le Surmoi. Les mécanismes de défense ici en cause sont le refoulement, le déplacement des impulsions libidinales, enfin la rationalisation qui, elle, est en relation avec des sentiments de culpabilité provenant du conflit œdipien.

Les fonctions intégratives, aidées des fonctions défensives du Moi, réussissent à filtrer les injonctions de ces antagonismes en les conciliant avec les activités du Moi autonome et maintiennent ainsi un niveau d'équilibre entre les diverses composantes des forces vitales de ce Moi. Elles évitent, par le fait même, la formation névrotique qui proviendrait d'un conflit intrapsychique pouvant naître à ce stade.

Les forces psychologiques au troisième niveau

Parvenu à la fin de cette étape de croissance, revoyons brièvement comment les acquisitions nouvelles de l'enfant le disposent tout à fait à apprendre avec rapidité et avidité, à vouloir « faire comme les adultes » (c'est-à-dire à assumer les responsabilités irréversibles d'un travail plutôt que la libre expérimentation offerte par les jeux) et aussi comment ses acquisitions nouvelles le disposent à se conformer aux contraintes de la discipline plutôt que de laisser libre cours aux fantaisies de sa vive imagination ; comment enfin ses acquisitions lui permettent de participer aux activités planifiées par les adultes plutôt que de poursuivre des objectifs décidés uniquement par lui-même.

1. Avec le concours de ses schèmes intuitifs, lesquels l'aident dans l'anticipation des expériences à intégrer durant cette période, l'enfant se montre capable, par des réalisations qui lui sont propres, d'anticiper aussi l'avenir avec confiance, puisqu'il accepte le délai inévitable, c'est-à-dire la dimension « temps » nécessaire pour accomplir le travail qui lui fera atteindre l'objectif désiré (espérance).

2. L'enfant fait preuve d'un discernement de plus en plus judicieux dans le choix de ses façons de faire en regard du but à atteindre, dans ses décisions qui tiennent compte des contraintes inévitables dues au temps, à l'espace et aux lois inorganiques dictées par les outils et le matériel utilisés, dans l'acceptation des limites que lui imposent le rôle assumé selon la règle du jeu et la présence des autres participants (vouloir).

3. L'enfant démontre énormément d'entrain et d'ardeur à poursuivre un objectif, ainsi que de la concentration et de la persévérance pour découvrir et choisir les moyens les plus adéquats pour parvenir à l'objectif recherché (poursuite des buts).

4. L'enfant ressent une certaine fierté lorsque, ayant anticipé le succès d'une tâche entreprise, il parvient à maîtriser cette expérience. Du même coup, elle devient significative pour lui puisque c'est en la réalisant qu'il se découvre de plus en plus efficace et grâce au perfectionnement qu'il apporte dans les moyens et les techniques utilisés. Ces expériences, lorsque répétées assez fréquemment, font découvrir, à l'enfant un sentiment d'efficacité (compétence).

5. L'enfant démontre de la loyauté dans sa façon de s'engager face à des idéaux d'actions que l'exemple familial met en valeur (fidélité).

6. Enfin, l'enfant renonce à la possession exclusive de l'objet d'amour pour s'orienter résolument vers des tâches adultes qui laissent présager l'accomplissement de toute une gamme de capacités dont il disposera pour arriver à découvrir sa propre identité : base essentielle à l'actualisation de la force d'amour.

Les malformations au troisième niveau

Il est à remarquer que l'équilibre, qui doit se retrouver au niveau de l'acquisition de chacune de ces composantes du processus d'organisation psychique du Moi, peut se trouver compromis à cause de pressions envahissantes des stimuli intérieurs, provenant à la fois des fantasmes œdipiens inconscients et des sentiments de culpabilité d'un Surmoi punitif et trop sévère, ou encore d'exigences trop fortes de la part des figures parentales. Les conséquences de ce déséquilibre se manifesteront, éventuellement, par une fixation exagérée à l'objet d'amour, fixation qui se traduira par des fantasmes œdipiens, inconscients parce que refoulés, accompagnés de sentiments de culpabilité. Ceci deviendra cause d'un état affectif d'anxiété qui se répercutera plus tard en symptômes névrotiques, allant même jusqu'à la psychonévrose de type hystérique, selon la gravité du déficit qui a paralysé chez l'enfant les fonctions intégratives du Moi.

En effet, c'est beaucoup plus tard que se révèlent ces entités psychopathologiques, au moment où la personne aura à faire face à un engagement envers un partenaire : ce sera alors la manifestation d'une inhibition prenant la forme d'impuissance ou de frigidité sexuelle. Par ailleurs, ces états d'angoisse peuvent aussi bien se traduire — et c'est souvent le cas — par des phobies ou encore par des malaises psychosomatiques. Des manifestations d'inhibitions plus ou moins généralisées se font jour lorsque ces personnes ont à prendre des initiatives en assumant des responsabilités en accord avec leurs capacités. D'autres, par ailleurs, auront le sentiment que leur valeur personnelle tient essentiellement aux activités prestigieuses qu'elles se verraient accomplir dans l'avenir, ce qui les amène à négliger d'apprécier ce qu'elles font actuellement.

Le conflit œdipien peut même donner lieu à des régressions encore plus sérieuses, surtout si, déjà antérieurement, la conscience précoce est apparue. Telles personnes pourront faire preuve d'un conformisme exagéré qui, au fond, répond à des impératifs catégoriques provenant d'une conscience « inconsciente » primitive, cruelle et rigide. Ce conformisme s'accompagne de ressentiments durables contre les figures d'autorité, lesquelles, à leurs yeux, seraient munies d'une force arbitraire. Il s'ensuit alors des sentiments de vengeance envers les figures d'autorité, sentiments qui peuvent faire naître le désir de les supprimer ou de les exclure de leur vie.

◆ 4 ◆

Le quatrième niveau d'organisation psychique

La période de latence de six à douze ans

Nous voici parvenus à ce stade de croissance psychologique de l'enfant que l'on appelle « période de latence » et qui se situe entre six et douze ans. Ce terme signifie que les pulsions violentes sont normalement apaisées. L'enfant normal, à ce stade, n'est pas sous l'influence de pressions provenant de stimuli intérieurs, source de bouleversements aux stades précédents. Conséquemment, il est davantage apte à développer librement de nouvelles capacités. Bien que cette phase de développement, allant de six à douze ans, soit généralement considérée comme un seul et unique stade, nous devons quand même souligner que, vers huit ans, une acquisition nouvelle se fait au niveau de l'aspect cognitif, et il s'agit là d'une acquisition vraiment décisive. En effet, chez l'enfant de cet âge, la structuration ou l'organisation des schèmes cognitifs ouvre un mode nouveau de vérification de la réalité qui se répercutera dans l'émergence de qualités nouvelles pour chacune des forces psychologiques du Moi.

Les schèmes intuitifs articulés

L'enfant de six à huit ans, nous l'avons déjà mentionné, est encore lié au niveau des schèmes intuitifs à des représentations préopératoires. Toutefois, ces schèmes intuitifs sont devenus articulés, c'est-à-dire susceptibles de régulations représentatives relativement constantes. Par exemple, cette régulation représentative habilitera l'enfant à dissocier graduellement l'ordre dans le temps de l'ordre dans l'espace, c'est-à-dire qu'elle le rend capable de faire une relation dans l'ordre temporel, tout en la dissociant de la relation qu'il peut faire dans l'ordre spatial. Il s'agit ici d'une phase intermédiaire entre la pensée préopératoire et la pensée opératoire, phase qui implique le passage de la non-conservation à la conservation[1] des relations d'ordre temporel ou spatial qui permet, vers huit ou neuf ans, une articulation croissante. C'est donc à cet âge que l'enfant atteint le stade des opérations concrètes, c'est-à-dire qu'il devient capable d'une certaine logique, bien que celle-ci porte uniquement sur les objets manipulables.

Attardons-nous quelque peu à comprendre le sens du mot « opération » selon Piaget (1959). Il s'agit ici d'une action intériorisée et réversible, qui donne à l'enfant la capacité de faire un lien logique entre deux variables qu'il peut inverser. Par exemple, l'enfant peut maintenant se rendre compte que l'addition des nombres est nommément la même opération que la soustraction, mais en sens inverse. Il devient capable de coordonner des opérations dans le sens de la réversibilité et dans le sens du système d'ensemble. Ainsi, il peut procéder à une sériation, par exemple, ordonner une série de bâtonnets allant du plus petit au plus grand, parce qu'il devient capable d'un système, c'est-à-dire de comparer les éléments entre eux, alors qu'avant il n'y allait que par tâtonnements. Observons,

1. Le concept de conservation est d'importance capitale dans la construction des structures cognitives élaborées par Piaget, mais aussi dans la formation de toute structure. Ce concept est celui qui rend compte du caractère intégratif que l'on retrouve d'un stade à l'autre. Par exemple, l'objet permanent qui se construit au niveau sensori-moteur sera « un élément intégrant des notions de conservation ultérieure », en d'autres mots, c'est parce que l'enfant aura appris à conserver « la permanence de l'objet » qu'il pourra à un stade ultérieur conserver une collection d'objets ou un ensemble. (Piaget, 1947)

telle que l'a décrite Piaget, la façon de procéder de l'enfant qui a atteint ce stade des schèmes opératoires concrets et à qui on demande de sérier les bâtonnets par ordre de grandeur. Son premier geste en abordant la tâche sera de comparer les bâtonnets entre eux jusqu'à ce qu'il ait trouvé le plus petit, qu'il pose alors sur la table : ensuite, il cherche le plus petit de ceux qui restent et le posera à côté du premier ; ensuite, le plus petit de tous ceux qui restent et le posera cette fois à côté du second. Chaque élément étant à la fois plus grand que tous ceux qui sont déjà posés et plus petit que tous ceux qui restent, on voit là l'application du schème de réversibilité dans une relation d'ordre de grandeur.

Les schèmes opératoires concrets

Lorsque l'enfant accède à ce stade des opérations concrètes, un tournant fondamental se manifeste dans son développement. Il devient capable de conserver les concepts appris et de les appliquer à des champs d'objets manipulables de plus en plus vastes. Du fait qu'il peut maintenant procéder à des groupements[2] par la logique, soit la logique des nombres parce qu'il peut dénombrer matériellement en manipulant les objets, soit la logique des classes parce qu'il peut réunir les objets ayant une qualité commune dans une même classe, soit encore la logique des relations puisqu'il peut combiner les objets suivant leurs relations d'ordre, ascendant ou descendant, l'enfant devient à même de manifester une adaptabilité bien plus grande, puisque, désormais, il peut faire lui-même les transformations qui s'imposent, selon un système d'actions cohérent et coordonné.

C'est ainsi que ce système cognitif cohérent et intégré rend le jeune capable d'organiser lui-même le monde des objets autour de lui. Il peut structurer le présent en termes du passé, sans effort et sans contradiction. À partir d'un point de repère actuel et réel, il peut planifier ses démarches en vue

2. Le groupement réalise pour la première fois l'équilibre entre l'assimilation des choses à l'action du sujet et l'accommodation des schèmes subjectifs aux modifications des choses.

d'un objectif plus complexe et plus éloigné, avec une certitude logique. C'est donc pour l'enfant un progrès décisif, dans sa façon d'appréhender la réalité, qui lui permet d'envisager une multitude de points de vue et qui se traduit, au niveau des qualités qu'il a nouvellement acquises, par une nouvelle configuration des forces psychologiques de son Moi.

L'intégration des forces psychologiques

1. Vers l'âge de neuf ans, et de plus en plus dans les trois années subséquentes, le jeune démontre une capacité de planifier l'organisation de son temps lorsqu'il a à remplir un objectif visant un but qu'il s'est lui-même fixé et qui nécessite plusieurs périodes d'exécution. Il peut de plus en plus anticiper le futur avec une certitude logique puisqu'il devient capable, dans l'organisation de son temps, d'initiatives et de choix selon la réalité objective. Si un délai, causé par un imprévu quelconque, se présente lors de la mise en exécution de son projet, il peut lui-même retransformer son organisation temporelle et ainsi faire preuve d'une plus grande adaptabilité, tout en ayant la certitude de pouvoir atteindre l'objectif désiré (espérance).

2. Ce jeune fait preuve d'un discernement beaucoup plus judicieux puisqu'il envisage une situation en tenant compte de tous les éléments de cette situation considérée comme un ensemble. Et il fait des liens entre ces éléments pour arriver à porter un jugement personnel. Par exemple, compte tenu de ses habiletés, il choisit d'utiliser des techniques plus adéquates que celles dont il s'était servi précédemment afin de parvenir à une productivité plus qualitative. Il peut, alors, proposer plus d'une solution pour résoudre un problème et il s'affirme lui-même par les décisions autonomes qu'il prend dans les tâches. En face d'inévitables limitations de temps, d'espace et de moyens disponibles, il s'affirme aussi quand il tient compte des lois inorganiques des instruments et de la logique à atteindre, comme il s'affirme en face des responsabilités qu'il doit assumer, surtout lorsqu'il s'agit d'une opération avec d'autres jeunes de son âge (vouloir).

3. Le jeune de cet âge s'engage à poursuivre les objectifs qui lui sont proposés, pour autant que les activités impliquées exigent de sa part une élaboration de moyens d'exécution qui réponde à des normes qualitatives de production. Ces normes, précision et exactitude, sont des qualités appréciées autant chez les adultes qui instruisent que chez les jeunes de son âge qui participent à ces mêmes activités. Le jeune est alors en mesure de jouer un rôle qui lui permet de mettre en valeur les habiletés techniques acquises, tout en coopérant avec d'autres jeunes pour atteindre un objectif commun. À l'intérieur de ces rôles, assumés et maintenant expérimentés, il peut de mieux en mieux anticiper et planifier ses initiatives personnelles tout en tenant compte, et de l'objectif à poursuivre en commun, et des limites qu'impose la coopération avec des compagnons de travail. Plus les objectifs proposés sont en rapport avec l'éthique de production de son contexte socioculturel, plus le jeune s'engagera avec ardeur dans la démarche à poursuivre pour atteindre les buts sanctionnés (poursuite des buts).

4. À cet âge, précisément, le jeune découvre que ce qui, à l'expérience, s'est avéré efficace en regard de l'emploi de sa propre coordination physique et des mécanismes de sa propre pensée, peut aussi l'être pour le maniement du matériel et dans la coopération apportée dans ses rencontres avec d'autres. Toutes ces expériences d'apprentissage, procurées et par son milieu de vie et par son milieu scolaire, apportent au jeune une nouvelle vérification de soi dans une productivité plus concrète dont les conséquences seront durables. Les activités scolaires sont particulièrement propices à lui faire découvrir des habiletés techniques conduisant à des réalisations concrètes comme à des effets durables. De plus, ces habiletés scolaires stimulent le jeune à découvrir de nouvelles techniques et de nouveaux agencements « moyens-but » pour obtenir une production de qualité ; en d'autres termes, à appliquer des normes qualitatives à sa tâche, qu'elle soit individuelle ou de groupe. À travers ces expériences fréquemment répétées et constamment réussies, le jeune découvre ses habiletés techniques et l'efficacité de ses schèmes cognitifs. Grâce à ces derniers, il peut désormais mieux planifier les tâches entreprises, mieux anticiper le succès et évaluer lui-même, dans les tâches qui sont siennes et selon des critères qualitatifs, tant la démarche à poursuivre que le résultat obtenu. C'est ainsi que le jeune développe un sentiment d'efficacité qui le fait graduellement accéder à un sens de compétence.

5. L'enfant, qui maintenant utilise ses schèmes opératoires concrets, possède une capacité de conservation accentuée. Cette conservation lui permet de s'engager de façon beaucoup plus cohérente face à des valeurs de rendement comme la précision, l'exactitude, la véracité. Elle lui permet de s'engager également, avec un sens grandissant du devoir, dans les responsabilités qu'il assume, soit comme exécutant, soit comme collaborateur avec d'autres participants. D'une part, l'enfant est en mesure de percevoir plus clairement ce qui provient de ses propres sentiments et désirs ainsi que de ses habiletés techniques particulières, habiletés dont il a pris conscience ; d'autre part, il perçoit aussi les occasions offertes par le milieu et qu'il sait saisir, témoignant ainsi d'un engagement de qualité dans des responsabilités de coopération avec ses pairs. Il fait preuve maintenant d'une loyauté de plus en plus engagée dans la façon dont il s'acquitte de ses tâches, ayant intériorisé les divers valeurs et idéaux d'action déjà cités, confirmés par les adultes qui l'instruisent et affirmés par les compagnons avec qui il coopère (fidélité).

6. À travers les expériences productives qu'il est appelé à vivre et à mesure qu'il se découvre lui-même capable d'assumer les tâches entreprises et les responsabilités partagées, le jeune acquiert cette vision de soi qui le rend apte à coopérer avec d'autres participants dans le partage du travail. De plus, il apprend à prêter assistance à des compagnons qui auraient besoin de son aide, et c'est ainsi que, par le fait même, il apprend à se rendre disponible aux personnes de son entourage. Ce partage des responsabilités et cette disponibilité à la collaboration préparent la voie à la réciprocité, base même de l'amour.

Les perturbations à la période de latence

L'enfant normal qui traverse la période de latence n'a pas généralement à subir de pressions indues qui proviendraient, soit des pulsions libidinales et agressives, soit des impératifs catégoriques d'un Surmoi, soit des deux à la fois. Il est ainsi libre de participer pleinement à la découverte de toutes les possibilités instrumentales de son corps, de son intelligence et du monde matériel qui l'entoure. Par contre, il peut devenir paralysé dans ses performances physiques et intellectuelles, soit par des facteurs de provenance interne, soit par des conditions externes, c'est-à-dire celles de son milieu familial ou scolaire qui s'avèrent inadéquates, causes de blocage dans l'apprentissage et qui développent chez l'enfant un sentiment d'infériorité ou d'inadéquation. Le jeune perd alors confiance en ses propres possibilités instrumentales : celles de son corps et il se considère comme possédant un équipement corporel inférieur à celui des autres, celles de son intelligence et il désespère de parvenir à utiliser les schèmes cognitifs qui lui feraient découvrir la logique des instruments et des techniques. L'enfant, en réalité, se sent mal équipé et dépassé face aux défis à relever dans les activités d'apprentissage auxquelles il est confronté. Il ressent de plus en plus une certaine aliénation de soi en regard des tâches à accomplir et il fait un retrait stratégique plutôt que de s'associer à ses compagnons de classe ; il ne parvient pas à s'identifier « avec ceux qui savent des choses et savent faire des choses » (Erikson, 1959, p. 87).

Nous ne voulons pas nous attarder plus longuement aux applications qui découlent de ces données. Elles appartiennent au domaine de l'éducation et nous en traiterons dans un chapitre entièrement consacré à ce sujet.

L'enfant qui, au cours de cette étape de croissance, a participé très activement aux nombreuses opportunités offertes par le milieu ambiant et a réussi à intégrer ces expériences productives et donc à actualiser ses forces vitales, est maintenant apte à faire face à la période cruciale de transition qui englobe la puberté et l'adolescence.

• 5 •

Le cinquième niveau d'organisation psychique

La puberté et l'adolescence — douze à dix-huit ans

C'est au moment où le jeune a découvert ses habiletés techniques et le sens d'un travail bien fait qu'il atteint ce stade crucial de transition entre l'enfance et la vie adulte, stade tellement décisif pour la découverte de son identité : la puberté et l'adolescence. De fait, il est d'usage de parler de cette phase de la vie du jeune comme la « crise de l'adolescence ».

La crise de l'adolescence

Attardons-nous quelque peu à énumérer les différents problèmes que rencontre le jeune à cette étape. Tout d'abord, il est important de noter que la rapidité de la croissance de son corps, doublée de la révolution physiologique interne qui l'éveille à la vie sexuelle pour lui permettre de parvenir à sa maturité génitale physique, s'accompagnent d'une très grande remise en question de toutes ses acquisitions antérieures, acquisitions qu'il doit alors se réapproprier à nouveau. La puberté nous fait assister à un réveil de comportements et d'attitudes infantiles, découlant de crises antérieures qui remontent aux premières années de la vie du jeune. L'égocentrisme et l'ambivalence se manifestent en même temps que le jeune accède à une reviviscence « du stade infantile génital et locomoteur, avec sa tendance à la manipulation auto-érotique, au débordement de l'imagination et à l'ardeur du jeu » (Erikson, 1968, p. 243). Et on verra ce réveil régressif déclencher les injonctions d'un Surmoi suffisamment rigide et punitif pour vouloir contenir ces impulsions libidinales.

Nous percevons alors cette alternance entre l'impulsivité et la timidité compulsive typique du jeune adolescent ou de la jeune adolescente. Assailli par ces pulsions intérieures, provenant à la fois des poussées instinctuelles et des impératifs catégoriques d'une conscience tyrannique, le Moi de l'adolescent — ce régulateur psychique interne — se protège contre ces pressions indues. En même temps, il cherche, au moyen d'une participation active, à organiser l'expérience et à découvrir sa propre identité, et ce, par l'actualisation de ses forces psychologiques. Ayant le sentiment de vraiment vouloir vivre une continuité et une unité, le jeune se préoccupe de ce qu'il apparaît être aux yeux des autres, puis établit des comparaisons entre le comment les autres se le représentent et ce qu'il pense être lui-même. Il essaie de rattacher ses propres capacités, ainsi que les rôles qu'il a joués par le passé, à des rôles incarnés dans l'actuel des personnes qui deviennent pour lui des prototypes idéaux. Ces personnes, significatives à ses yeux, lui ouvrent une perspective qu'il est à même de percevoir comme vraiment nouvelle et de son temps. Il se choisit alors des idoles qui jouent le rôle de gardiens d'une identité dont il est à la recherche, jusqu'à ce qu'il puisse en arriver à se choisir lui-même ses propres idéaux d'action durables.

Le deuxième processus de séparation-individuation

C'est ici que se situe le deuxième processus de séparation-individuation (Blos, 1978, p. 141) où, dans un premier temps, le jeune en quête de son identité individuelle se doit de combattre les liens de dépendance avec les « objets-infantiles », c'est-à-dire avec les figures parentales auxquelles il s'était jusqu'ici identifié, d'où sa répudiation souvent agressive des parents et des figures d'autorité. Ce besoin de répudier ses identifications infantiles ira en s'atténuant dès que le jeune se sera choisi de nouveaux prototypes idéaux, en d'autres mots, des personnes significatives. Ces objets d'admiration envers lesquels il s'engage spontanément lui inspirent des idéaux d'action offrant un débouché à sa loyauté et à son énergie.

Cependant, cette quête de l'identité chez le jeune ne se limite pas à sa seule identité individuelle, car à son âge, il a besoin de s'engager dans une vie de groupe ; là il apprend à se découvrir lui-même comme membre d'un groupe et toute la dimension sociale vient nécessairement s'ajouter. Il effectue donc des tâches et joue des rôles en interaction avec un groupe de pairs. Ensemble, ils parviennent à affirmer certaines valeurs justement animées par ces idéaux d'actions capables de faire appel à leur sens de solidarité en face d'un projet commun. Cette vision de soi, dont le jeune prend conscience en effectuant des tâches et en jouant les rôles sociaux que lui offre cette vie de groupe, l'aide à mettre à profit les capacités antérieurement développées. Cette recherche idéologique chez l'adolescent révèle, au fond, une recherche de cohérence intérieure que garantit un choix de valeurs durables — valeurs qui donnent un sens à l'existence.

Chez l'adolescent, le développement de ce sentiment d'identité suppose la capacité de se représenter tout un éventail de possibilités qui l'appellent progressivement à des choix irréversibles — choix « d'engagements personnels, professionnels, sexuels et idéologiques » (Erikson, 1968, p. 155).

Les schèmes opératoires formels

Les schèmes cognitifs que l'adolescent développe à ce stade de sa croissance le préparent bien à cette crise d'identité. Effectivement, les schèmes opératoires formels qu'il acquiert lui donnent accès à la pensée hypothético-déductive, donc à la capacité de construire un système de relations fort complexes, offrant des solutions avec des combinaisons multiples de variables. En outre, ces schèmes permettent au jeune de penser désormais en termes de probabilités, ce qui peut l'aider à envisager des solutions (potentielles) susceptibles d'intégrer des éléments de l'histoire passée, les événements présents et les aspirations futures. Le jeune peut, dès lors, accéder à une plus grande adaptabilité et il devient capable « d'évoquer systématiquement toute l'échelle des possibilités alternatives qui pourraient exister à un moment donné » (Bruner, 1960, p. 37), sans pour autant avoir recours aux vérifications concrètes qui lui étaient nécessaires au stade antérieur.

Cette nouvelle structure cognitive débute vers l'âge de 12 ans, pour atteindre son équilibre vers 15 ans. Grâce à ses schèmes opératoires formels, le jeune adolescent peut désormais assimiler une grande variété de stimuli ; il peut s'adapter à n'importe quelle nouvelle situation dans le monde impersonnel, c'est-à-dire au niveau du cognitif, sans avoir à faire une nouvelle accommodation : il est clair qu'il s'agit ici d'un système à considérer comme une totalité qui s'autorégularise.

Bien que, du côté de l'aspect affectif, les choses se passent différemment, on peut tout de même dire que cette capacité nouvelle, acquise par le jeune, lui facilitera l'assimilation et l'intégration d'une variété de désirs, de prohibitions, de sentiments et de pensées, tout ceci dans un contexte de relations interpersonnelles appropriées à l'adolescence.

En plus d'être un nouveau mode de vérification de la réalité, cette nouvelle structure cognitive offre toutes les caractéristiques d'un état d'équilibre de niveau supérieur (Greenspan, 1979, p. 329), c'est-à-dire :

1) son champ d'application est très étendu ;
2) sa mobilité est très grande, puisqu'elle n'est pas limitée aux représentations passées, mais qu'il peut considérer les représentations futures ainsi qu'un large éventail de possibilités probables ;
3) la permanence de tel ou tel stimulus particulier peut être assurée ;
4) la stabilité qualifie cette structure, puisqu'il s'agit d'un système d'interrelations conçu comme une totalité qui s'autorégularise.

Ces schèmes opératoires formels contribuent donc à donner un sens de permanence, tant aux sentiments qui se rattachent à des représentations internes qu'à ceux qui sont attribués à des personnes significatives choisies. Ainsi l'adolescent est-il davantage capable de conserver un système de représentation de soi en face de situations nouvelles qui pourraient venir troubler ce système, surtout à un moment de grande frustration ou lorsqu'il est envahi par des sentiments de colère. Cette structure cognitive aide à conserver, non seulement une représentation de soi assez permanente et stable, mais encore les représentations d'objet (c'est-à-dire la représentation des autres comme étant autres), même lorsqu'il survient des situations difficiles dans les relations interpersonnelles : une séparation par exemple, ou encore des états affectifs assez intenses.

Ainsi donc, cette structure cognitive fait partie intégrante du processus d'organisation psychique du Moi et facilite les fonctions de synthèse et d'intégration de celui-ci. Ces deux fonctions se retrouvent dans les qualités nouvelles qui caractérisent les forces autonomes de ce Moi à ce stade de développement.

L'intégration des forces psychologiques

Voyons précisément ces nouvelles acquisitions qui se construisent à l'adolescence.

1. L'espérance. Au cours des cinq années que dure ce stade, le jeune est de plus en plus amené à assumer des rôles qui comportent pour lui des occasions de faire des choix engageant son avenir. D'une part, il se sent avoir davantage confiance en lui-même pour prendre ses propres décisions et y demeurer fidèle. D'autre part, sa propre perspective dans le temps subit une transformation, si bien que le jeune fait maintenant face au présent selon une configuration nouvelle. Il est capable de se situer en regard de son propre passé, perçu dans sa vérité historique, et d'entrevoir l'avenir en accord avec les choix qu'il fait. Ses choix se précisent progressivement, de sorte que, peu à peu, le jeune se prépare à incarner le rôle qu'il aura éventuellement à tenir dans la société actuelle. Il est désormais en mesure d'organiser son temps par lui-même et, objectivement, selon les buts qu'il poursuit. Il devient capable, et de façon de plus en plus réaliste, d'une projection dans sa vie future, en continuité avec sa vie actuelle. Il a le sentiment d'être identique à lui-même à travers le déroulement du temps et la continuité dans ses engagements démontre une constance dans ses attitudes personnelles en regard des options et des valeurs qui orientent son avenir. C'est ainsi que, progressivement, le jeune adolescent découvre le sens qu'il veut donner à sa vie. Et il a foi et confiance en son avenir.

2. Le vouloir. Tout au long de son adolescence, le jeune est appelé à entrer dans un champ d'action assez étendu qui l'amène à poser plusieurs choix décisifs. Il s'agit tout d'abord du choix des études à entreprendre pour s'acheminer de façon plus définitive vers une carrière professionnelle. Ici, le jeune doit prendre une option qui repose sur le discernement judicieux, tant de ses intérêts personnels que des aptitudes qui lui sont propres. Une affirmation de soi va toujours s'intensifiant chez le jeune, au fur et à mesure qu'il assume des responsabilités comportant des choix d'objectifs en accord avec une échelle de valeurs qu'il est maintenant à même d'intérioriser dans sa vie personnelle.

En même temps, il précise graduellement son choix d'identité sexuelle, ce qui se traduit par une accentuation de virilité ou de féminité, selon le sexe. Le garçon et la fille prennent progressivement conscience des différences psychologiques qui existent entre les deux sexes. Et cette affirmation de soi, dans les choix comme dans les responsabilités assumées, peut faire découvrir au jeune adolescent (à la jeune adolescente) son style personnel. Plus le jeune s'affirme dans ses choix et dans ses décisions, plus il fait montre d'une discrimination réfléchie, puisqu'il sait faire la part des choses : distinguer le possible, l'inévitable et l'accidentel devant les limites imposées forcément par la réalité. Il devient capable de poser un jugement personnel et d'affirmer ses options avec plus de constance, autant dans les responsabilités assumées que dans les échanges avec ses compagnons. Enfin, cette constance se traduit en regard des valeurs qu'il a choisies et il est capable de les affirmer en présence des adultes devenus pour lui personnes significatives. En face de l'avenir, l'adolescent veut de plus en plus ce qui est possible, renonce à ce qui est impossible et croit qu'il a voulu l'inévitable.

3. La poursuite des buts. Tout au long de ce stade de l'adolescence, le jeune, sollicité par les nombreuses occasions fournies par le milieu, offre sa participation tout en faisant preuve d'une prise en charge responsable. Il oriente sa conduite selon des valeurs reconnues par l'entourage significatif et, progressivement, il les intériorise. L'intégration que le jeune fait de ses expériences le rend apte à prendre les initiatives voulues pour créer lui-même les occasions de se rendre responsable. On peut donc dire qu'il s'affirme de plus en plus en face du choix des objectifs qu'il veut poursuivre. Réfléchissant sur les diverses possibilités qui s'offrent à lui pour lui permettre de parvenir au but recherché, l'adolescent est maintenant en mesure de choisir la démarche la plus adaptée à ses aptitudes personnelles, tout en tenant compte de ses limites. Il expérimente des rôles qui supposent des tâches de plus en plus variées en regard d'objectifs de plus en plus complexes, ceci, non seulement dans le domaine des études ou des loisirs, mais encore dans celui du travail, de la culture, de la communauté, etc. Il fait preuve d'une constance à toute épreuve dans les responsabilités entreprises, vis-à-vis de ses compagnons et aussi des adultes qui lui font confiance, car il adhère dorénavant à ses idéaux d'action. Il est très conscient des valeurs en jeu ainsi que des conséquences qui en découlent. C'est donc personnellement qu'il s'engage dans les fonctions et les rôles personnels qu'il assume, et c'est avec un style de plus en plus personnel que, d'ailleurs, il s'en acquitte. Enfin, l'adolescent se sent responsable de ses études qui l'acheminent vers sa carrière professionnelle ; il se sent graduellement responsable du choix qu'il fait d'une échelle de valeurs qui oriente le sens qu'il veut donner à sa vie.

4. La compétence. L'adolescent apprend peu à peu à reconsidérer les habiletés techniques qu'il a découvertes au cours du stade précédent. Il les perçoit maintenant comme des aptitudes personnelles avec lesquelles il peut désormais compter devant le choix qu'il aura à faire d'une carrière professionnelle. Dans la mesure où le jeune a acquis antérieurement un sentiment d'efficacité qui, maintenant, s'intériorise de plus en plus en un sens de compétence, il peut désormais subir un échec sans pour autant remettre en cause sa valeur personnelle. Au contraire, il sait profiter de l'occasion pour s'accorder un temps de réflexion lui permettant de faire une évaluation plus objective de l'adéquacité des moyens utilisés pour parvenir au but recherché. Compte tenu de ses aptitudes et de ses limites et en fonction de cette nouvelle évaluation, il peut réviser sa méthode de travail. L'expérience que l'adolescent acquiert à partir de succès et d'échecs l'aide à préciser des choix qui supposent un engagement de plus en plus irréversible sur la voie d'une carrière professionnelle. Par ailleurs, ces diverses responsabilités assumées par le jeune et qui lui font graduellement acquérir un sentiment et un sens de compétence lui laissent, par le fait même, entrevoir son identité future dans le monde du travail. Vers la fin de son adolescence, ayant de plus en plus affirmé son style personnel à l'intérieur de sa productivité, le jeune se sent de plus en plus prêt à faire face aux pressions d'un milieu de travail occasionnel, soit l'été pendant les vacances, soit encore à d'autres moments durant l'année. En assumant là ses responsabilités, il peut demeurer identique à lui-même, rester capable d'initiatives et d'adaptabilité, en tenant compte des conditions socioéconomiques de ce milieu de travail. Après avoir acquis dans divers milieux des expériences qui lui ont fourni les occasions d'affermir son identité à titre de « travailleur responsable », l'adolescent parvient à intérioriser toujours davantage son sens de qualification et se sent capable de remplir un rôle social.

5. La fidélité. L'adolescence est ce stade par excellence où le jeune apprend à découvrir son identité personnelle et sociale, mais, pour y arriver, il doit vivre dans « une structure sociale qui accorde à son groupe d'âge la place dont il a besoin et dans laquelle on a besoin de lui » (Erikson, 1964b, p. 33) ; c'est dire qu'il doit s'insérer dans des organisations communautaires qui favorisent la prise de responsabilités appropriées à ce groupe d'âge. Le jeune perçoit cette communauté, dans laquelle il s'insère, comme un processus vivant qui inspire la loyauté comme il la reçoit, conserve la fidélité comme il l'attire, honore la confiance comme il l'exige. En même temps, le jeune devra rencontrer des représentants du monde adulte qui incarnent des valeurs, donc des personnes qui deviennent pour lui objets d'admiration, qui l'inspirent et qui le font adhérer à ce choix de valeurs. Car il faut bien se rappeler que les valeurs ne se transmettent que par des échanges entre les générations, où des adultes deviennent des personnes significatives aux yeux de l'adolescent et sont choisies par lui parce qu'elles mettent en pratique, « soit la précision technique, soit une méthode de recherche scientifique, une interprétation convaincante de la vérité, un code d'honneur, un type de vérité artistique ou un mode d'authenticité personnelle » (Erikson, 1968, p. 248). En réalité, ces représentants du monde adulte inspirent des modes de vie qui, aux yeux du jeune, « en valent la peine ».

Cette force vitale qu'est la fidélité, et qui se développe chez le jeune adolescent, est effectivement la pierre angulaire de son identité individuelle. Elle coïncide avec cette vision de soi qu'il acquiert en effectuant des tâches et en jouant des rôles en interaction avec un groupe de pairs qui affirment certaines valeurs, confirmées par des adultes qui les incarnent, dans une participation active à la réalisation de projets communs.

La force de fidélité se révèle chez le jeune dans cette recherche de cohérence intérieure que garantit un choix de valeurs durables, capables d'inspirer un sens à l'existence. Or, le choix des valeurs oriente désormais sa conduite, qu'il s'agisse de l'exactitude des méthodes scientifiques et techniques, de l'adhésion à la véracité des récits historiques, de la loyauté à la règle du jeu, de l'authenticité d'une production artistique, de la sincérité des convictions et de l'honnêteté des engagements, enfin du sens du devoir et de l'altruisme dans le dévouement. L'adolescent pose ses jugements personnels en adhérant à ce code d'éthique. Une échelle de valeurs susceptible d'inspirer le jeune est bien celle qui est contenue dans la règle d'or que l'on retrouve dans la Bible, en saint Matthieu (7, 12) : « Tout ce que vous désirez que les autres fassent pour vous, faites-le vous-mêmes pour eux. »

Tout en assumant diverses responsabilités, le jeune vit des expériences qu'il intègre graduellement. Ainsi, il découvre une « vision de soi » qui ne se dément pas, quels que soient les milieux côtoyés. En effet, son identité personnelle se raffermit, surtout par un engagement personnel qui va toujours s'accentuant. À mesure qu'il adhère à des valeurs, il les intériorise graduellement. Le jeune adolescent en arrive ainsi à manifester, en même temps qu'une loyauté envers les autres, une fidélité aux options librement choisies.

Par ailleurs, une évolution progressive de la conscience se manifeste chez l'adolescent, évolution qui le fait s'engager de plus en plus consciemment et librement vers des valeurs éthiques. Antérieurement, ces dernières pouvaient être liées aux injonctions parentales — partie intégrante de son Surmoi, nous l'avons vu. Désormais, le jeune adhère à des principes de son choix au nom desquels il s'engage à fond. Ces principes font de plus en plus appel à la logique universelle et à la constance, dernier stade du jugement moral, selon Kohlberg. (1966, p. 7)

6. L'amour. L'amour, selon Erikson (1964a, p. 127), en évolution tant chez l'individu que dans l'enchaînement des générations, est en réalité la tendresse reçue depuis la naissance jusqu'à l'adolescence et qui se transforme en une faculté de dévouement et d'attention aux autres durant toute la vie adulte. Pendant les premières années de cette phase, l'adolescent manifeste, il est vrai, un certain égocentrisme accompagné de sentiments ambivalents. Il faut voir là les reliquats de crises antérieures, vécues au cours des trois premières années de vie. Mais, par la suite, cet égocentrisme s'efface pour laisser place à un altruisme sans effort, à un dévouement sans restriction et à un engagement authentique au service des autres.

L'identité du moi qui s'affermit chez le jeune adolescent, c'est-à-dire cette confiance qu'il acquiert d'une correspondance dans l'esprit des autres avec l'identité et la continuité intérieure qui sont siennes (Erikson, 1968, p. 50), coïncide avec une intégration plus accentuée de sa force de fidélité. Il devient capable de se choisir un ami, de son sexe tout d'abord, avec qui il s'engage, partageant avec lui une certaine mutualité d'identité. Le choix d'un ami (chez l'adolescente, d'une amie) repose sur un partage d'affinités ou d'intérêts, à moins que l'amitié découle d'une complémentarité qui ne peut qu'enrichir les échanges.

Puis, vers 15 ou 16 ans, l'adolescent parvient à établir un certain dialogue, plus intime, avec une personne de l'autre sexe, qu'il choisit. Avec elle, il peut discuter, à la recherche d'une définition de sa propre identité en échangeant l'un et l'autre des « représentations de soi » assez confuses. Cette confrontation mutuelle et cette réflexion à deux parviennent à clarifier cette identité.

C'est à cette même époque que l'adolescent devient capable d'échanges interpersonnels avec un adulte significatif lui inspirant confiance (autre que les parents, puisque l'adolescent a besoin de confirmer son individualité en se séparant de sa famille). Ces échanges interpersonnels portent, le plus souvent, sur les attitudes profondes suscitées et exprimées dans des situations qui impliquent des valeurs. C'est là que le jeune a à faire un choix engageant son avenir et où il a besoin de la confirmation donnée par l'adulte digne de confiance qui incarne ses idéaux d'action.

Grâce à ses schèmes opératoires formels, le jeune a maintenant accès à une réflexion qui porte sur des énoncés verbaux, ce qui facilite les échanges mutuels avec quelques amis de son âge et aussi avec un maître capable de l'inspirer. Ces échanges contribuent à polariser son système de valeurs, lui faisant ainsi entrevoir un sens à l'existence. Et ces expériences de mutualité, dans une identité partagée, le préparent à établir, dans la réciprocité, une intimité en même temps qu'un dévouement qui se traduiront plus tard par un engagement mutuel — composantes essentielles de la force de l'amour.

Le sentiment d'identité à l'adolescence

Vers la fin du stade de l'adolescence, l'intégration des forces vitales du Moi autonome se traduit par un bien-être psychosocial qui apporte au jeune une prise de conscience de son sentiment d'identité positive. Voici les manifestations de ce bien-être psychosocial chez le jeune :

1) Il a le sentiment d'être bien dans sa peau, de se sentir chez lui dans son corps.
2) Il a le sentiment de savoir ce qu'il veut devenir et de connaître les moyens pour y parvenir.
3) Il a l'assurance intérieure d'être reconnu par les personnes significatives.

Perturbations

En revanche, c'est aussi au stade de l'adolescence que peut se présenter une formation systématique de symptômes, dus à des conflits intrapsychiques ou à des refoulements significatifs, dont l'origine remonte aux premières années de vie, ou encore à des carences ou à des déviations qui, elles, se traduisent par une malformation caractérielle. Il faut cependant distinguer nettement la crise normative de l'adolescence des manifestations cliniques de ces crises psychopathologiques, c'est-à-dire névrotiques ou psychotiques selon la profondeur de la régression, ou de la structuration révélant une malformation caractérielle. Durant cette crise normative, le jeune, débordant d'énergie et aux prises avec des angoisses ravivées, suscitant de nouveaux conflits en face de choix irréversibles, laisse apparaître des symptômes assez semblables. Nous n'avons pas l'intention de nous arrêter à ces distinctions. Elles ont été amplement explicitées par Erikson (1968) et Lemay (1973, 1976, 1979) et elles exigeraient de nous une élaboration dépassant de beaucoup le cadre de cette étude.

Vers la fin du stade de l'adolescence, le processus d'organisation psychique du Moi atteint un niveau tel que l'intégration des forces psychologiques, conduisant à une nouvelle synthèse, offre une forme supérieure d'équilibre, d'où vient l'identité de l'adolescent. Cette identité de l'adolescent, tant individuelle que psychosociale, est assez bien définie pour lui garantir désormais une autonomie personnelle, à travers des conditions de vie future favorables à son épanouissement.

◆ 6 ◆

Interlude théorique

Avant de procéder à l'élaboration de ce que peut être le cheminement de la personne à travers les différentes phases de la vie adulte, il serait peut-être utile ici de clarifier quelques questions théoriques, afin de jeter un éclairage sur les applications cliniques que nous tenterons d'aborder par la suite.

Durant cette étape de transition, que nous venons de décrire, un second processus d'individualité fait faire à l'adolescent une nouvelle séparation psychologique d'avec ses expériences d'enfance, vécues dans le cadre protecteur de la famille et le préparant à entrer dans la condition de vie adulte. C'est à l'occasion de cette séparation psychologique que l'adolescent doit concilier tous ses schèmes de croissance, cognitifs et affectifs, avec les engagements sélectifs et irréversibles que nécessite la prise en charge de sa vie d'adulte — engagements personnels, professionnels, sexuels et idéologiques. En d'autres mots, toute l'affectivité et les impulsions personnelles aussi bien que les autodéfenses d'une part et, d'autre part, les forces psychologiques comme les aptitudes découvertes au cours des stades précédents, doivent trouver un sens en regard des opportunités concrètes offertes tant par le domaine professionnel que dans sa vie affective. Tout ce que l'adolescent a appris à reconnaître en lui-même doit maintenant être aussi reconnu par les personnes significatives de son entourage. Toutes les valeurs qui lui ont été inculquées antérieurement doivent être rechoisies à titre personnel et se retrouver encadrées dans un certain système de valeurs.

Le processus d'organisation psychique du Moi opère simultanément sur trois fronts chez l'adolescent qui, à ce stade, est confronté par des sollicitations autant intérieures qu'extérieures.

Précisons d'abord ce qu'est la frontière intérieure du Moi où s'établit progressivement un système de protection contre les pressions des stimuli internes, système qui se tient constamment en éveil et dont la tâche est de filtrer et synthétiser les impressions, émotions, souvenirs ou impulsions qui, chez l'adolescent, tentent de pénétrer sa pensée ou de réclamer son activité. Ces mécanismes de défense inconscients monopolisent une certaine énergie psychique. En effet, à mesure que le niveau d'intégration du Moi se consolide, ces structures défensives peuvent changer de fonction et servir de moyens d'adaptation (Hartmann, 1958, p. 51). Par exemple, l'intellectualisation, typique à l'adolescence, et dont la fonction est de tenir en respect les impulsions trop menaçantes, est un mécanisme de défense qui peut se transformer plus tard en une facilité de théorisation des expériences, facilité qui sert alors à traduire une généralisation en termes transmissibles.

De leur côté, les fonctions intégratives et synthétiques du Moi sont en place pour filtrer les injonctions qui proviennent de ces pressions intérieures, donc, d'une part, des impulsions libidinales du Ça et, d'autre part, des impératifs catégoriques du Surmoi. Elles transforment activement ces impulsions libidinales en décisions volontaires qui, elles, se traduisent en forces humaines acquises. D'une façon tout aussi active, elles intègrent précisément, par le truchement des forces vitales, ces pressions qui émanent du Surmoi. Nous avons compris ici que les fonctions intégratives et synthétiques du Moi constituent le deuxième front et que celui-ci est l'organisation épigénétique des forces psychologiques longuement décrites à chacun des stades développés plus haut.

Quant aux frontières extérieures, par contre, nous y verrons surtout les fonctions cognitives en exercice pour vérifier la réalité. Ces fonctions constituent, en quelque sorte, un mode de vérification d'une telle réalité.

Ainsi donc, à l'intérieur du cadre de référence théorique unifié, tel que nous le concevons, le processus d'organisation psychique du Moi développe simultanément les frontières intérieures et extérieures du Moi, tout en exerçant les fonctions intégratives et synthétiques retrouvées dans les forces vitales. Mais le niveau d'équilibre, qui se stabilise à chacun des stades de croissance, intègre aussi à son tour l'apport des deux modes d'organisation cognitive dont nous avons déjà parlé : les processus primaires et les processus secondaires. Ces deux modes d'organisation cognitive se conjuguent pour traduire la réalité en image intérieure. Et cette image intérieure, à son tour, doit maintenir en équilibre, stable et indéfectible, deux aspects qui, selon Noy (1979, p. 190) sont nommément : 1) la représentation expérientielle de la réalité, c'est-à-dire ce qui se rattache à sa propre personne ; 2) la représentation conceptuelle de la réalité, c'est-à-dire la réalité vue à travers sa facette objective. Lorsqu'un ajustement optimal de ces deux aspects se retrouve chez le jeune, assurant ainsi un équilibre cognitif continuellement mis au point, un sens de la réalité est alors vécu de façon significative et saine. Cependant, il est important de souligner que la primauté doit tout de même être accordée aux processus secondaires, lesquels, chez le jeune, se manifestent par une capacité de réflexion (ou abstraction réfléchissante) progressive, au fur et à mesure que se développent une autonomie de pensée et une liberté de choix.

Par ailleurs, nous constatons que ce processus d'actualisation des forces autonomes du Moi se compose des éléments suivants : les intérêts du Moi (tels que définis par Hartmann, 1950, p. 91), les structures cognitives, les valeurs et l'idéal du Moi. Ces divers éléments intègrent des idéaux d'action assimilés durant l'enfance et l'adolescence, mais ils sont toujours sujets à révision. Ces éléments contribuent en substance à définir l'identité du jeune.

Ce concept d'identité, énoncé pour une large part par Erikson (1968) et auquel nous nous sommes déjà référée, est fort complexe puisqu'il recouvre de multiples facettes, mais, par ailleurs, il s'agit d'un concept clinique tellement riche en applications qu'il mérite ici une attention toute particulière.

Le concept d'identité[1]

Nous avons déjà décrit comment le jeune parvient à développer les diverses représentations de soi, à tous les stades de sa croissance, grâce à des interactions avec des personnes significatives du milieu où il évolue, pourvu qu'elles sachent reconnaître et accueillir ses attentes. Ainsi, les deux processus d'individuation-séparation, celui de la troisième année de vie et celui de l'adolescence, constituent-ils des étapes majeures pour l'établissement de l'identité, puisque l'un comme l'autre contribuent largement à former chez le jeune des représentations de soi, tant de croissance personnelle que d'enracinement de la personne à l'intérieur d'elle-même.

Quelques considérations théoriques s'imposent, avant de récapituler brièvement comment cette identité de soi peut se construire chez le jeune, à partir de l'intégration de certaines expériences vécues de façon vraiment significative, dans un entourage favorable à son épanouissement et à chaque stade de son développement.

Cette identité de soi, Erikson (1968) la définit comme l'intégration des « images de soi » et des « images de rôles » (p. 211) chez la personne qui, répondant aux sollicitations de la part de son milieu, assume des activités précises, lesquelles contribuent justement à édifier une « représentation de soi » (p. 209). Mais comme les défis à relever changent à chaque stade de croissance, selon les attentes du milieu, chaque étape de vie comportera aussi une représentation de Soi changeante qui demande à être synthétisée et avec la représentation de soi antérieure et avec celle qui est anticipée. Soulignons que cette représentation de soi est préconsciente et que seul l'exercice d'activités précises peut en amener une prise de conscience.

1. Voir au chapitre 17 la description des différentes facettes de l'identité de soi.

C'est pourquoi, afin d'arriver à une prise de conscience plus poussée de cette identité de soi, le Moi de la personne doit accepter de refaire alliance avec une personne qualifiée, démarche qui comportera une séquence d'activités précises concordant avec les stades de croissance. Cette démarche permet à la personne aidée de resynthétiser les diverses représentations de soi acquises ou non antérieurement, solidifiant de cette manière la croissance personnelle et l'enracinement de la personne en elle-même dans son identité de soi.

Erikson (1968) nous dit aussi que cette formation de l'identité comporte un autre aspect qu'il nomme « identité du moi ». Il souligne particulièrement comment, dans la fonction de synthèse, une des frontières du Moi intègre la réalité sociale transmise à l'individu au cours d'une succession de crises de croissance. L'identité du moi a pour tâche de « tester, sélectionner et intégrer les images de soi dérivées des crises psychosociales de l'enfance à la lueur du climat idéologique de la jeunesse » (Erikson, 1968)[2].

En d'autres mots, cette identité de soi doit s'intégrer avec succès dans un ensemble de rôles qui garantissent une reconnaissance sociale[3].

Par ailleurs, cet auteur nous apporte une autre précision théorique, cette fois, à propos des concepts « Je », « Soi » et « Moi » que nous considérons comme très utile et dont nous comptons nous servir pour clarifier, tant notre cadre de référence théorique que les applications qui en découlent.

Commençons par le « Je ». Ce dernier est absolument conscient, donc l'individu n'est vraiment conscient que dans la mesure où il peut et veut dire « Je ». Ce n'est rien moins « qu'une assurance verbale suivant laquelle je sens que je suis le centre de la conscience d'un univers d'expérience, là où j'ai une identité cohérente, là où je suis en possession de

---

2. L'identité du moi pourrait se caractériser par le sentiment réellement atteint, mais toujours sujet à révision, de la « réalité de soi » dans la réalité sociale (Erikson, 1968, p. 210)

3. Pour résumer, l'identité de soi porte donc plutôt sur l'aspect individuel de la représentation de soi, tandis que l'identité du moi souligne l'aspect psychosocial, c'est-à-dire l'identité en tant que membre d'un groupe, d'une communauté sociale et de la société en général.

tous mes esprits et suis capable de dire ce que je voie et ce que je pense — en un mot, que je suis en vie, que je *suis* vie » (Erikson, 1968).

« Le “Je” est le noyau même de la conscience de soi, c'est-à-dire de la capacité qui, somme toute, rend possible l'analyse de Soi. C'est précisément le “Je”, cette conscience de soi, qui peut faire preuve d'autonomie personnelle à l'aide de la pensée autonome, par voie d'abstraction réfléchissante. » (Noy, 1979, p.201) Comme nous l'avons souligné au début de cet ouvrage, ce « Je » conscient (en rapport avec l'existence même de l'individu capable d'une analyse de Soi), a été totalement ignoré par la théorie psychanalytique traditionnelle. Or, quant à nous, nous attachons au contraire une très grande importance à cette prise de conscience par le « Je », tout au long de la démarche de croissance personnelle de chaque individu.

Par ailleurs, le Soi (*Self*), utilisé dans le sens de « représentation de soi »comme l'a fait Hartmann (1950, p. 85), est un Soi changeant, selon l'intégration progressive des diverses expériences vécues de façon significative à chaque stade de développement. Nous venons de le mentionner, cette représentation de Soi est dans l'ensemble préconsciente, et ce n'est qu'à force d'activités précises que le « Je » peut en prendre conscience ; encore faut-il qu'avec l'agrément de son Moi, il ait fait la démarche voulue pour cette prise de conscience. Pour expliciter davantage, appliquons ce concept au « Soi corporel » : ce que pense le « Je », quand il perçoit la participation active de son corps dans des expériences vécues précisément pour favoriser cette prise de conscience, c'est-à-dire pour rendre présent son corps dans l'expérience, voilà bien ce qui constitue le « Soi corporel ». Or, pour que la configuration de cette représentation de soi puisse être raisonnablement cohérente, une continuité génétique doit se retrouver dans les diverses images de Soi. Ces images de Soi résultent d'identifications à des personnes significatives, lesquelles se perçoivent à travers une imitation du comportement. De telles identifications doivent s'intégrer au propre processus d'organisation psychique de l'individu, tout au long des divers stades de son enfance. Ainsi, par l'activité du processus d'organisation psychique du Moi, une séquence de synthèses successives culmine en une représentation de soi cohérente, dont le résultat est un sentiment d'identité de Soi. Ce sentiment est à la base de l'enracinement de l'individu en lui-même — pour autant que le « Je » perçoit ses « Soi » comme continus dans le temps et uniformes dans leur substance.

Quant au concept du « Moi », nous l'avons déjà défini à quelques reprises. Nous ne pouvons trop souligner, cependant, l'importance à attacher à la partie inconsciente du Moi. En effet, à la frontière intérieure du Moi, ce système de protection qu'est son processus d'organisation psychique l'aide à filtrer et à synthétiser les injonctions antagonistes des pulsions du Ça et des impératifs du Surmoi.

Les diverses représentations de soi

La première partie de cet intermède théorique nous amène à considérer la séquence des diverses représentations de soi. Telles qu'elles se manifestent en concordance avec les stades de croissance, elles doivent être successivement synthétisées, pour que le jeune puisse parvenir à une identité de soi cohérente.

1. Au cours de la première année de vie, les expériences les plus significatives pour le bébé sont celles qu'il a vécues en mutualité avec sa mère (pourvoyeuse de soins adéquats), lesquelles ont été des stimuli pour solliciter sa participation corporelle et lui faire ressentir ainsi un bien-être corporel au sein d'un tel univers maternel digne de confiance. Cette activité précise de participation corporelle constitue l'expérience qui permet la prise de conscience du Soi corporel — élément de base de la représentation de soi telle que décrite plus haut. Et ce Soi corporel se constitue par synthèses renouvelées tout au long des divers stades de croissance.

2. Les diverses expériences vécues par l'enfant — toujours par une participation corporelle très active de sa part et grâce aux nombreuses occasions offertes par un univers familial favorable à son épanouissement, lui font découvrir sa propre « productivité », tout au long de ses deuxième et troisième années de vie. Cette découverte de sa productivité, faite à même son activité propre, est la base fondamentale de l'estime de soi. Ces expériences significatives, fréquemment répétées, constituent les éléments d'un Soi productif qui se traduit, chez l'enfant, par une certaine fierté dans une affirmation de soi, quand il se sait reconnu par un milieu où il se sent accueilli.

3. Au troisième stade, l'enfant acquiert progressivement, d'une part, un Soi corporel de plus en plus développé, grâce à une maîtrise corporelle plus grande, manifestée d'ailleurs par l'exubérance locomotrice typique à cet âge et, d'autre part, un Soi productif s'affirmant de plus en plus par des initiatives dans les jeux partagés avec des compagnons de son âge. C'est donc fort de ces acquisitions, provenant de son Soi corporel et de son Soi productif, que l'enfant devient capable de faire preuve d'une adaptabilité aux divers changements offerts par le milieu ambiant. Cette adaptabilité se manifeste aussi en tenant compte de la présence significative des figures parentales, représentant, pour lui, soit l'objet d'amour, soit le prototype de son sexe. Alors, il devient capable de faire plaisir à d'autres et il fait preuve de disponibilité envers l'autre, même au prix de certains renoncements personnels. C'est plus particulièrement à ce stade que toutes ces expériences, vécues de façon significative, — surtout avec des enfants de son âge dans cet univers d'essai qu'est le jeu — développent chez l'enfant un « Soi adaptatif » et un « Soi social ». Grâce au premier, il décide de tenir compte des changements qu'apporte la coopération avec d'autres dans les jeux, tandis que le « Soi social » l'ouvre à la présence et aux désirs de ces autres personnes, lesquels prennent la préséance sur ses propres désirs.

Ainsi, nous pouvons résumer les rudiments des divers « Soi », qui entrent dans la composition d'une représentation de soi cohérente. Ils sont déjà constitués avant l'âge scolaire : le « Soi corporel » démontre l'acquisition d'une certaine maîtrise corporelle ; le « Soi productif » laisse voir une certaine fierté dans l'affirmation de soi lors de la poursuite d'initiatives dans les jeux ; le « Soi adaptatif » fait preuve d'une certaine adaptabilité face aux divers changements suscités par le rayon de l'entourage qui va s'élargissant ; enfin, le « Soi social », grâce au perfectionnement de son langage et grâce à un intérêt de plus en plus accentué pour les jeux, cherche activement à prendre contact avec les adultes et les enfants de son entourage et se dispose à renoncer à des désirs personnels pour faire plaisir à l'autre.

4. La période de latence est particulièrement favorable à l'intégration graduelle de ces diverses images de Soi dans une représentation de soi plus cohérente, et il vient s'y ajouter une nouvelle dimension, appelée « sens de l'industrie » c'est-à-dire se sentir capable de faire des choses, de les faire bien et même parfaitement. L'enfant se perçoit alors comme travailleur qui désormais apprend à gagner la reconnaissance des autres en produisant des choses.

5. Ayant dépassé cet âge où l'écolier acquiert une certaine fierté à se servir de son apprentissage technologique, l'adolescent sent maintenant le besoin de lier cette compétence technologique au sentiment de l'identité : à la fois sentiment de l'identité de soi, c'est-à-dire d'une personne dégagée peu à peu des expériences infantiles et sentiment de l'identité partagée, c'est-à-dire psychosociale, expérimentée dans des rencontres avec une communauté de plus en plus agrandie. Cette recherche de l'identité, à l'adolescence, nous apparaît évidente devant cet acharnement que le jeune met à définir et redéfinir les autres et lui-même, jusqu'à ce qu'il ait assuré la permanence et la continuité de certains traits essentiels à une définition de soi. Cette recherche d'identité chez l'adolescent se traduit par la recherche d'une cohérence intérieure et grâce à une idéologie qui polarise un ensemble de valeurs fondamentales incarnées par des personnes significatives. Une confirmation mutuelle s'établit entre le jeune et ces personnes, celles-ci pouvant le faire surtout en lui assignant, à l'intérieur de cadres idéologiques, de tâches et de rôles dans lesquels il peut « se reconnaître comme il se sent reconnu par eux ». Ces rituels de confirmation par la société dans laquelle « l'adolescent s'insère, grâce à ces personnes significatives, sont d'une grande importance pour le processus indispensable de sa *vérification de soi* et de sa *vision de soi* au sein des structures sociales de son milieu socioculturel ».[4] En effet, c'est dans le processus historique même où il

4. Erikson (1968). C'est nous qui soulignons.

doit s'insérer que le jeune peut déceler une promesse idéologique, c'est-à-dire entrevoir un futur prévisible, structuré par une image idéologique du monde.

L'adolescent parvient ainsi à une identité de Soi assez bien établie, en même temps qu'à une identité du Moi, donc à une identité psychosociale où il se sent prendre sa place, dans ce que l'histoire lui a imparti comme milieu. Simultanément et dans la même mesure, il se perçoit reconnu par cette société dans la manière dont elle assimile les forces de solidarité qu'il porte en lui. C'est alors que la personne qui, hier, était encore un adolescent engagé avec fidélité à trouver son champ d'application, est maintenant prête à assumer ses propres responsabilités, quand elle accepte un code d'éthique qui oriente désormais sa conduite et prend sa place d'adulte dans la société actuelle.

L'identité psychosexuelle

Mais la formation de l'identité comporte aussi une composante psychosexuelle : l'adolescent affirme, de plus en plus, une polarisation des différences sexuelles, c'est-à-dire une accentuation dans les traits particulièrement identifiés à son sexe par rapport aux caractéristiques propres à l'autre sexe. Le jeune homme prend ainsi graduellement conscience de son identité psychosexuelle, en situant toujours de façon nettement supérieure la masculinité par rapport à la féminité. Parallèlement, la jeune fille accentue ses caractéristiques féminines par rapport aux traits masculins. Anticipant son développement futur, chacun précise le genre d'homme ou de femme qu'il adviendra. On peut, certes, affirmer qu'une identité psychosexuelle bien définie est une condition du développement normal de l'intimité psychosociale.

Le jeune, ayant consolidé son identité psychosexuelle et adhérant désormais à un code d'éthique qui le rend apte à assumer des responsabilités adultes, est capable d'exercer des fonctions de chef où il doit commander, comme à remplir des tâches où il doit savoir obéir. Le jeune se prépare ainsi à jouer plus tard un rôle parental, étant capable de prévoir, à long terme, les responsabilités qui incombent à un tel rôle.

◆ 7 ◆

L'entrée dans la vie adulte

De dix-huit à vingt-huit ans

Parvenu à une maturité tant affective que cognitive, le jeune adulte fait preuve d'une identité du moi reconnue par la capacité de s'engager dans une réalité sociale. Il démontre ainsi une solidarité envers ses idéaux d'action partagés avec une communauté où il a choisi de s'insérer et avec laquelle il partage de tels idéaux.

Avant d'élaborer l'étude des forces vitales particulières à l'âge adulte, ces forces qu'Erikson (1964a, p.127) identifie aux trois stades de l'amour, précisons quel niveau d'autonomie personnelle est atteint à cette étape de vie. Ensuite, nous démontrerons comment cette identité du Moi fait preuve, chez l'adulte, d'une intégration de plus en plus poussée, au fur et à mesure des responsabilités plus fortes assumées à l'intérieur d'un engagement toujours plus irréversible face aux tâches vitales croissantes particulièrement à chaque phase de la vie adulte.

La pensée autonome

« L'entrée dans la vie adulte », en termes psychologiques, suppose effectivement cette capacité d'autonomie de la pensée, c'est-à-dire l'aptitude à s'auto-observer en réfléchissant sur ses propres pensées et ses propres actions. Ainsi armé, le jeune adulte peut faire preuve de contrôle personnel et se montrer en mesure de délibérer, devant des choix engageants ainsi que devant les décisions à prendre, en tant que personne responsable de ses actions. Cette expérience de contrôle personnel et de responsabilité est la base même d'une adhésion à un code d'éthique qui oriente les pensées, les sentiments et les comportements : c'est le « Je », centre d'observation de la conscience et du vouloir. Dans les termes d'Erikson (1972, p. 222), cette capacité de dire « Je » suppose qu'en pleine possession de mes moyens, c'est-à-dire susceptibles de dire ce que je vois et ce que je pense, je puisse donner l'assurance verbale d'un engagement authentique cohérent avec une prise de conscience de soi.

Notre autonomie personnelle n'est vraiment jamais acquise de façon permanente. Elle est maintenue grâce à l'effort, toujours renouvelé, de protéger ses propres frontières des impulsions, sentiments, désirs ou encore de toutes autres exigences provenant de Soi, lesquels peuvent envahir et paralyser partiellement une telle autonomie. Elle peut aller même jusqu'à utiliser une part de cette pensée autonome au service de ces exigences égocentriques chez une personne par ailleurs normalement équilibrée. Ajoutons qu'un tel envahissement de l'autonomie se retrouve chez la personne normale, mais elle existe constamment dans les névroses et dans tout autre état psychopathologique.

Ainsi ce combat continuel entre la pensée autonome et les injonctions intérieures paralysantes crée-t-il un état d'équilibre à la frontière entre les deux systèmes, que sont les processus secondaires et les processus primaires, se rapproche et s'éloigne dans un continuel va-et-vient, selon l'énergie relative des diverses forces en présence.

La place exacte des frontières varie d'une personne à l'autre, et aussi chez la même personne, suivant les différentes périodes de sa vie. Selon Noy (1979, p. 208), la pensée autonome peut prendre de l'étendue, au point qu'elle prolonge ses frontières au-delà du territoire appartenant habituellement aux processus primaires, de telle façon qu'elle le recouvre, intégrant, par le fait même, ce qui provient de ces processus ; c'est ce qui explique, par exemple, le phénomène de la créativité artistique. En effet, la combinaison de la pensée propre aux processus secondaires, enrichie par des éléments propres aux processus primaires, peut résulter en une productivité qui relève d'un talent artistique, au sens vrai du mot.

Par ailleurs, cette autonomie de la pensée doit, tout aussi bien, se protéger des pressions indues imposées par la réalité extérieure, d'où qu'elles viennent, soit d'un groupe autocratique ou encore d'une situation-piège. Cette dernière peut influencer la personne au point où elle produit une sorte d'envoûtement, annihilant toute capacité de décision personnelle. Mais, hâtons-nous d'ajouter que, même si cette pensée autonome ne peut totalement faire abstraction des pressions que créent certains intérêts personnels ou certaines conditions de la réalité extérieure, elle peut quand même maintenir une distance psychologique optimale, c'est-à-dire préserver suffisamment l'autonomie personnelle pour que l'individu reste en mesure de prendre des décisions libres, responsables et appropriées à son contexte de vie.

Il va sans dire que cette pensée autonome résulte d'un haut degré d'équilibre entre chacune de ces forces vitales que sont les composantes du processus d'organisation psychique du Moi — état d'équilibre qui assure à la personne une certaine inviolabilité en face des stimulations excessives, tant intérieures qu'extérieures, auxquelles elle pourrait être soumise. Elle lui assure aussi une harmonisation de ses moyens d'adaptation avec les possibilités offertes par un environnement en perpétuelle expansion, des engagements pris vis-à-vis des responsabilités assumées et, enfin, du sens qu'elle a choisi de donner à sa vie. C'est donc un Moi fort qui est, en réalité, la précondition de la liberté. Erikson (1964a, p. 157) définit ce Moi fort comme se manifestant, tantôt par l'effort par lequel l'inévitable se réalise, tantôt par la volonté de choisir ce qui est la nécessité même, et ceci, alternativement. Le Moi peut donc être considéré comme le gardien de l'individualité de l'homme, c'est-à-dire de son indivisibilité et de son intériorité.

Les engagements du jeune adulte

L'étape de transition qui s'étend de la fin de l'adolescence à l'entrée réelle dans la vie de jeune adulte, étape qui dure environ cinq années, constitue en réalité un moratoire psychosocial. Celui-ci vient s'interposer pour permettre à la jeune personne de consolider son identité du Moi. Or, elle y arrivera en intégrant toute une combinaison d'expériences qui réclament, de sa part, un engagement simultané dans divers secteurs de sa vie, et ce, à un certain niveau de conscience de soi, afin d'assurer des prises de décisions libres et responsables.

1. Avec un partenaire choisi de l'autre sexe

Examinons brièvement les divers engagements auxquels le jeune adulte doit répondre, ainsi que les prises de conscience de soi qu'ils supposent. En premier lieu, celui-ci devra s'engager dans une certaine intimité physique avec un partenaire de l'autre sexe qu'il se choisit, intimité non pas purement sexuelle, mais de nature à lui fournir l'occasion de parfaire son identité psychosexuelle par une polarisation des différences relatives au sexe. Il s'agit là, véritablement, d'une confrontation vécue dans une mutualité de vérification, chacun se retrouve en l'autre en se livrant soi-même et cette intimité physique a aussi pour effet d'accentuer, chacun selon son sexe, les façons différentes de réagir. On peut donc affirmer que cette fusion et cette différenciation, qui se font jour dans une identité partagée, favorisent la solidification de l'identité psychosexuelle, propre au jeune adulte comme à la jeune adulte, assurant, plus tard, à l'un et à l'autre, cette capacité de s'abandonner corporellement dans l'union sexuelle avec le partenaire sélectionné, sans crainte aucune de perdre son identité.

Mais, pour que cette capacité d'union sexuelle existe dans une véritable mutualité hétérosexuelle, pour qu'une fusion à l'autre puisse se vivre dans un abandon réel de soi sans recherche égocentrique, le jeune adulte doit avoir atteint une certaine maîtrise corporelle. Et celle-ci s'étant manifestée par l'intégration de tous ses modes d'organes prégénitaux, il peut alors décider de s'abandonner corporellement, avec confiance, au conjoint choisi, selon le mode d'organe spécifique à son sexe. C'est dans cette capacité de vivre son corps et de le maîtriser, grâce à des prises de conscience successives, que se manifeste, de façon non équivoque, l'autonomie personnelle, laquelle facilite la régulation de deux êtres qui, dans un abandon confiant réciproque, parviennent ainsi à une union sexuelle satisfaisante pour l'un comme pour l'autre partenaire. Cependant, cette autonomie est vraiment acquise que dans la mesure où l'identité psychosexuelle est bien établie chez les deux conjoints. Par ailleurs, cette autonomie personnelle peut tout aussi bien permettre au jeune adulte de renoncer à l'activité génitale, lorsque d'autres engagements l'exigent, sans pour autant affecter son équilibre psychique. De l'avis d'Erikson (1963), la psychanalyse a parfois mis trop exagérément l'accent sur la génitalité dans le sens d'un besoin essentiel pour la santé sexuelle. Et voici comment il l'exprime : « Un être humain devrait être capable *en puissance* d'atteindre la mutualité dans l'orgasme génital, mais il devrait aussi être capable de supporter la frustration sur ce sujet sans régression particulière, chaque fois que des considérations de loyauté et de réalité le demandent. » (p. 265)

2. *Dans un choix professionnel*

Avant de s'engager plus à fond dans une mutualité hétérosexuelle, le jeune a besoin d'établir graduellement une identité professionnelle en faisant, parmi les nombreuses possibilités offertes, des choix déterminants en prévision de son avenir. Ces choix reposent sur ses propres aptitudes, découvertes grâce à une productivité de plus en plus qualitative, dans les domaines qu'il choisit de privilégier. En effet, le jeune adulte fait preuve d'une plus grande concentration, dans l'utilisation de tous les moyens qui lui sont accessibles, pour parvenir à une spécialisation dans la profession choisie, celle-là même qui concrétise à ses yeux son identité dans le monde du travail. Et, ce faisant, il rencontre les exigences inhérentes aux possibilités offertes par la réalité socioéconomique dans laquelle il doit s'intégrer.

Au long de cette étape de transition, le jeune adulte a tout de même besoin d'une certaine confirmation de la part de sa famille, de son entourage immédiat et de toute personne ou groupe qui ont un sens pour lui : confirmation de son choix professionnel comme étant convenable et souhaitable à leurs yeux, confirmation du rôle social qu'il envisage comme moyen de s'affirmer en toute liberté, dans son style personnel, en regard des responsabilités personnelles assumées, et comme lui permettant d'être reconnu par le milieu professionnel sélectionné, selon le code d'éthique propre à ce milieu.

Pour que son choix professionnel devienne décisif, le jeune adulte doit faire preuve de confiance en lui-même et en ses propres aptitudes, confiance aussi en l'avenir quand il accepte le délai qu'exige une préparation adéquate pour pouvoir assumer une spécialisation. Il doit faire un discernement judicieux de ce qui lui est accessible selon ses potentialités, renoncer à ce qui est impossible et enfin s'engager résolument dans cette préparation professionnelle, comme ayant voulu ce qui lui convient.

3. Dans une définition psychosociale

Le choix professionnel que fait le jeune adulte correspond à ses idéaux d'actions, qui lui sont significatifs et qui lui font entrevoir un rôle à poursuivre en accord avec le système de valeurs qu'il a intégré. Il anticipe le succès dans une carrière professionnelle qui, tout en lui donnant l'occasion de faire preuve de productivité personnelle et de compétence professionnelle, lui assure les moyens économiques pour assumer ses responsabilités de conjoint et de chef de famille, à l'intérieur d'une répartition conjointe de responsabilités parentales. C'est ainsi que son style personnel se précise et que sa créativité, tant professionnelle que personnelle, s'exprime avec authenticité dans toutes les fonctions assumées ainsi que dans les échanges avec les personnes et les groupes qu'il est à même de côtoyer.

Chez le jeune adulte, cette créativité et ce style personnels se manifestent dans une capacité d'adaptabilité. Et c'est grâce à elle qu'il devient capable, tout en affirmant ses options personnelles avec constance, de coopération dans le travail avec des collègues professionnels ne partageant pas nécessairement son échelle de valeurs et de collaboration avec des personnes auxquelles il s'associe pour un projet commun. Sa propre définition psychosociale est suffisamment consolidée pour qu'il accepte les conditions historiques changeantes de son milieu socioculturel et économico-politique. Dans ce contexte, il y trouve un rôle qui lui procure une sécurité émotionnelle, en même temps qu'une sécurité économique, cette dernière lui permettant d'envisager la responsabilité de fonder sa propre famille. Son estime de soi grandit en même temps que sa conviction d'être en mesure de faire une démarche efficace, au sein d'un avenir collectif, à même la réalité sociale actuelle.

4. *Dans un projet commun*

Cet engagement simultané, le jeune adulte le prend dans les divers aspects de sa vie : intimité physique avec une personne de l'autre sexe, choix professionnel décisif, définition psychosociale assez bien établie. Il se prépare ainsi à cette rencontre tellement significative avec une personne de l'autre sexe, dans une identité partagée et choisie activement par lui, à la suite de ces échanges de plus en plus constants et engageants, au sein desquels s'est opéré l'approfondissement d'une connaissance mutuelle.

Au cours de tels échanges interpersonnels, une attention et une disponibilité réciproques, empreintes de tendresse, confirment ce jeune homme et cette jeune fille dans leur propre individualité, où chacun se sent reconnu par l'autre comme il se découvre lui-même. Progressivement, dans cette confirmation, se développe un engagement mutuel. Par la suite, ce lien intime, basé sur l'expérience d'un dévouement réciproque, débouche sur un projet commun : style de vie partagée où la répartition des tâches et des responsabilités se fait avec le plus grand souci d'une valorisation mutuelle.

Ainsi donc l'amour, toujours selon Erikson (1964a), « est la mutualité de la dévotion à jamais capable de dominer les antagonismes inhérents au fait que la fonction de procréation est divisée. Il imprègne l'intimité des individus et constitue le fondement d'une attitude éthique. » (p. 129) En matière de procréation, les différences au niveau des fonctions spécifiques des partenaires s'accentuent ; par ailleurs, il n'y a aucune différence entre l'homme et la femme dans l'intégration des forces vitales du processus d'organisation psychique. Toutefois, quand de jeunes adultes ont atteint le niveau d'intégration propre à leur âge, en tant que conjoints ils parviennent tous deux à établir une mutualité dans leur vie de couple, tout en assurant l'identité individuelle de chacun. Car la génitalité, en intégrant les élans de la sexualité à ceux de l'amour, met en relief l'une de ces mutualités essentielles où l'énergie et les potentialités d'un partenaire activent, dans la même mesure, l'énergie et les potentialités de l'autre. Ainsi, un homme est d'autant plus homme qu'il sait rendre une femme plus femme, et vice versa. Tant il est vrai que c'est par le caractère unique de leur différence que deux êtres sont capables de mettre en valeur leur unicité respective. (Erikson, 1964a, p. 234)

Cet amour génital réciproque oriente vers l'avenir, car il implique un projet partagé, c'est-à-dire un mode de vie où le cycle de travail, de procréation et de récréation est mis en commun, selon un accord mutuel, pour assurer une vie familiale cohérente et favoriser ainsi l'éducation des enfants.

5. *Dans une vocation professionnelle ou religieuse*

Par ailleurs, au cours de ce moratoire psychosocial, le jeune adulte, qui atteint une identité assez consolidée pour assurer une fidélité à ses engagements, est tout aussi apte à choisir une vocation autre que celle du mariage. Il peut adhérer à un projet de vocation qui implique un dépassement de soi et l'invite à poursuivre des valeurs transcendantes, faisant appel à ses capacités de générosité et de dévouement. C'est ainsi qu'il peut décider librement de se consacrer exclusivement à une vocation professionnelle ou religieuse, renonçant à ce choix mutuel du conjoint pour s'engager totalement, soit dans une mission choisie au service des humains, soit en réponse à l'appel de Dieu pour témoigner « à temps plein » de la valeur absolue du Royaume instauré en Jésus-Christ. (Rulla, Imoda, Ridick, 1978, p. 5)

Un tel engagement définitif, de la part du jeune adulte, implique une totalité dans le don de soi et exige une initiative vraiment personnelle à partir de la découverte de valeurs transcendantes qui, elles, donnent un sens à sa vie et unifient l'ensemble de sa personnalité.

Cette exigence de totalité dans une vocation religieuse est exprimée en des termes non-équivoques par Erikson (1968) : « Les quelques-uns qui orientent leur visage résolument vers la divinité devront éviter tout autre amour excepté celui de la fraternité, à moins qu'ils ne soient disposés à renoncer... » (p. 221)[1].

Mais n'oublions pas que « chaque acquisition qui en précède une autre est indispensable à celle qui suit et chaque acquisition ultérieure apparaît dans un ordre de valeurs plus élevé que la précédente » (Erikson, 1964a, pp. 224-225). Le jeune adulte qui choisit le don total doit donc avoir vécu des expériences antérieures d'engagement dans le concret de la vie quotidienne, c'est-à-dire dans les menues réalités de la vie au service des autres et dans un travail qui exige une collaboration avec d'autres. Alors, le sens éthique englobe et dépasse la contrainte morale et la vision idéale pour témoigner d'un engagement concret dans des relations significatives avec des personnes choisies et dans des associations de travail.

Ainsi la formation de l'identité, tant individuelle qu'à titre de membre d'un groupe, doit-elle être assez bien définie chez le jeune adulte, pour qu'il puisse faire le choix qu'implique un tel renoncement. Cette option suppose, au préalable, une certaine familiarité avec la réalité du travail et de l'amour, dans le sens d'une capacité d'engagement réel. Ce n'est

1. Erikson ne termine pas sa phrase.

qu'alors que ces expériences éthiques pourront être transcendées véritablement.

Comme l'adolescent a besoin de conditions privilégiées pour la première prise de conscience de son identité de soi, ainsi le jeune adulte, qui choisit une nouvelle identité reliée à une vocation, a besoin de rencontrer des conditions privilégiées pour l'aider à prendre conscience du cheminement intérieur, essentiel à l'intégration des expériences significatives vécues à cette nouvelle étape de vie. Pour faciliter ces prises de conscience, trois moyens indirects sont proposés par Marcel Légaut (1976) : le silence et le recueillement, la communication en profondeur avec une personne dont la présence est un témoignage vivant de cette identité anticipée et l'entrée dans le rayonnement spirituel d'une véritable communauté qui incarne ces valeurs transcendantes (pp. 54-56).

Le défi de la vingtaine

Le jeune adulte, ayant fait un choix décisif qui l'engage véritablement à assumer de nouvelles responsabilités, planifie et organise les conditions de son existence pour les adapter aux « menues réalités de la vie », tant dans le domaine professionnel que dans le mode d'existence partagé avec son conjoint. Et c'est ainsi que, en accord avec celui-ci, le cycle de travail, de procréation et de récréation est mis en commun chacun assurant, dans ce partage, une valorisation mutuelle.

À cette époque de vie, c'est-à-dire au cours des cinq ou six années à venir, le jeune adulte doit assumer les nombreuses responsabilités familiales et professionnelles qui absorbent toute l'énergie psychique dont il dispose. En effet, il doit faire preuve d'une productivité qualitative et d'une adaptabilité assez souple pour relever les défis rencontrés dans ses divers engagements. Il doit, surtout, se ménager un équilibre dans la distribution de ses énergies, de façon à ne pas se laisser accaparer par une « productivité dans le travail au point de perdre sa capacité d'être une créature aimante » (Erikson, 1968, p. 136). Pour le jeune adulte, le défi majeur à relever durant cette phase de vie est de découvrir son style personnel et culturel, à l'intérieur même du mode de vie où il doit désormais concilier de multiples relations, dont l'importance varie de l'une à l'autre : relations de concurrence, de coopération, de production et surtout de procréation. C'est à cette étape qu'il éprouve le « besoin qu'on ait besoin de lui », ce qui donne lieu à la force vitale de « générativité ». (Erikson, 1964a, p. 130) Ainsi cette mutualité dans l'amour pousse-t-elle le jeune adulte à élargir progressivement l'éventail des intérêts de son Moi, en même temps qu'à attacher un investissement libidinal à ce qui est engendré, puisque l'identité partagée avec le conjoint fait adopter une vision nouvelle de la vie, désormais exprimée par « nous sommes ce que nous aimons ». (Erikson, 1968, p. 138)

À cette époque actuelle de l'histoire, à cause des prises de conscience plus lucides accompagnant le progrès, tant dans les domaines des sciences et des techniques que dans celui de la connaissance de soi, une redéfinition de l'identité des sexes s'impose, mais c'est là une question qui déborde le cadre de notre sujet. Nous nous contentons de souligner, à la lumière de l'évolution actuelle qui change effectivement les relations entre les sexes, qu'il est nécessaire d'établir un nouvel équilibre dans la répartition des responsabilités de l'homme et de la femme et surtout de leur rôle de père et de mère en regard de l'éducation des enfants.

À ce stade de la vie où commence l'âge adulte, avec cette capacité de recevoir et de donner amour et sollicitude, la formation de l'identité chez la femme la conduit-elle, par le seul fait de sa configuration somatique qui abrite un espace intérieur destiné à donner naissance à l'enfant, à un engagement biologique, psychologique et éthique ? Cette question, élaborée par Erikson (1968), souligne que la disposition à cet engagement, qu'il soit combiné avec une profession ou qu'il soit oui ou non réalisé dans une réelle maternité, est au cœur même du problème de la fidélité féminine. Il ajoute : « Le fait qu'une femme, quoiqu'elle puisse être par ailleurs, ne puisse jamais renier sa féminité, crée des rapports spécifiques entre son individualité, son existence somatique et ses potentiels sociaux et exige que l'identité féminine soit étudiée et définie à sa propre lumière. » (Erikson, 1968, p. 290)

Toutefois, comme nous l'avons déjà mentionné, le Moi gardien de l'individualité de la personne utilise des mécanismes communs aux deux sexes. Ainsi, quel que soit le sexe, l'autonomie personnelle de chacun est assurée, l'un et l'autre étant habilités à choisir un style de vie en accord avec les engagements choisis.

L'expérience de la générativité

Au cours de cette troisième décennie, de 18 à 28 ans, le jeune adulte établit et guide généralement la génération qui suit. Pour assumer ses responsabilités, il pourvoit aux soins requis par les enfants ; il leur prête l'assistance nécessaire, créant en même temps les conditions de vie les plus favorables à leur épanouissement, compte tenu des changements historiques actuels. Bien que, pour la plupart des personnes de cet âge, ce soit à travers leur condition de parents qu'ils aient à faire l'expérience particulière de la générativité, il existe d'autres formes d'entreprises et de créations altruistes qui peuvent tout autant solliciter la productivité et la créativité d'adultes ; ceux-ci deviennent, alors, à même de faire bénéficier les générations futures du produit de leurs œuvres.

Ainsi la sollicitude, selon Erikson (1964a, p. 131) est-elle ce souci toujours plus grand de faire vivre ce qui a été engendré par l'amour, la nécessité ou la fatalité. L'homme ressent ce besoin de transmettre à la génération qui le suit tout ce que son intelligence crée, tous dons particuliers ; bref, tout ce qui lui tient à cœur, il a le souci de le partager. Plus il reçoit cette autovérification d'être nécessaire à quelqu'un par sa propre productivité, plus il est inspiré par la mutualité qu'il vit avec la génération montante à travers la transmission de ses propres idées ou de ses propres œuvres auxquelles il est attaché, et plus il sent ses forces vitales actualisées.

◆ 8 ◆

Les sept phases de la vie adulte

Pour prendre conscience de son cheminement et l'orienter, l'adulte a besoin de se rendre présent aux diverses facettes de son identité. Il doit se donner la capacité de faire le lien entre sa façon de vivre les expériences et sa façon de les concevoir. L'ajustement qu'il peut alors effectuer assure sa poursuite d'une équilibration progressive tout au long de sa vie[1].

Les étapes d'une phase de vie adulte

1. À chaque nouvelle phase de sa vie adulte[2], l'individu, en intégrant ses expériences, donne lieu à de nouvelles configurations de soi et de ses liens avec son entourage et les autres. Par les prises de conscience issues de son questionnement et de sa recherche, il anticipe les voies à choisir pour accentuer

---

1. Pour aider la personne à se rendre présente à ses diverses expériences pour mieux les intégrer, le concept-charnière de représentation qui est exposé au prochain chapitre de ce livre a été mis au point. Cheville ouvrière du cadre de référence de l'actualisation des forces vitales humaines, il permet de faire le lien entre la théorie et la pratique et vise à favoriser chez une personne la perception de son cheminement à la fois dans ses diverses facettes et dans son unicité.
2. Le texte qui suit est tiré de l'ouvrage de J. Guindon *Prendre sa vie en main, l'enjeu de la vingtaine*, p. 180-187.

le développement de son autonomie et relever à sa façon le défi de la phase en cours.

2. L'adulte, par ses décisions où il fait des choix et des renoncements, découvre progressivement les points de repère et les indices de ses forces vitales. Dans des expériences qui ont du sens pour lui, il apprend à se voir sous ses diverses facettes. Il différencie la représentation qu'il se fait de lui-même en lien avec la représentation qu'il se fait de son entourage et des autres.

3. L'adulte apprend à utiliser ses points de repère et les indices de ses forces vitales par ses décisions dans les divers secteurs de sa vie. Ainsi, il se les approprie en les intégrant de façon consciente dans ses expériences et en poursuivant un ajustement approprié entre sa perception de la réalité et sa façon de la vivre. Chacune des facettes de son identité se transforme dans l'interaction avec le sens qu'il cherche à donner à sa vie.

4. Vers la fin de chaque phase, l'adulte consolide ses découvertes par l'usage qu'il en fait et parvient à une stabilité dans ses décisions d'actualiser ses forces vitales, une cohésion structurale dans la poursuite d'un équilibre harmonieux entre les facettes de sa personnalité et le sens qu'il donne à sa vie, et une coloration affective positive où l'estime de soi nourrit l'ouverture à l'entourage et aux autres.

Des phases successives et des défis spécifiques

Prenant conscience de ses forces vitales et les actualisant au niveau cognitif tout autant qu'affectif, l'adulte effectue tout au long de son cycle de vie des changements qui touchent chacune des facettes de son identité. Il y trouve une nouvelle intégration qui donne lieu à une représentation de soi et des autres plus différenciée. Cette intégration continue des expériences au cours de la vie adulte donne naissance à des phases successives. Le sens donné au défi spécifique de chacune et non le contenu des défis relevés ou des tâches assumées favorise le cheminement vers la liberté intérieure.

Les sept phases de la vie adulte soulignent les défis spécifiques successifs qu'un individu doit relever s'il veut favoriser chez lui l'acquisition de l'autonomie psychique tout au long de son existence. La recherche faite et celle en cours montrent comment il opère son parcours d'une façon qui lui est unique et tient compte de son histoire personnelle. Ces phases apparaissent comme les relais ou les paliers d'une croissance qui se déroule comme des spires dans le prolongement les unes des autres. Chacune constitue une nouvelle synthèse appuyée sur les acquis des précédentes.

Première phase de la vie adulte, de 18 à 28 ans

Le jeune adulte se sent responsable de prendre sa vie en main. Majeur, il adhère à un code d'éthique qui lui permet d'orienter ses options et sa conduite. Il commence à réaliser la prise en charge de sa vie et, pour ce faire, il s'insère dans la société par un travail qui lui demande de faire le choix d'une profession ou d'un métier. Le jeune renonce graduellement au soutien financier et moral de sa famille. Il a besoin d'accomplir des réalisations concrètes et d'en voir le sens. Son travail l'ouvre à son entourage et aux autres et l'aide ainsi à faire le choix de sa vocation pour préciser davantage le sens qu'il veut donner à sa vie. Après avoir choisi de gagner lui-même sa vie, il clarifie ce qu'il veut en faire.

Deuxième phase de la vie adulte, de 28 à 38 ans

Après les essais de la vingtaine, l'adulte peut mettre l'accent non sur l'action mais sur l'orientation même de sa vie. Cette phase constitue un tournant décisif qui marque le début d'un processus d'intériorisation. Ses prises de conscience naissent de sa réflexion plutôt qu'à l'occasion d'un événement ou d'une réalisation concrète.

La réflexion prend préséance sur les expériences ou les stimuli opérés par l'entourage. L'individu manifeste une autonomie nouvelle. Au lieu d'avoir besoin des réalisations pour valider ses engagements, il oriente au départ ses prises de responsabilités par les valeurs qu'il a fait siennes. Se donnant du temps pour intérioriser, il en retire le sentiment d'une maîtrise de soi et d'une liberté intérieure en train de grandir. À partir du sens découvert, il choisit la façon dont il veut harmoniser son travail et son choix vocationnel. Il gère son existence par des engagements plus intériorisés.

Troisième phase de la vie adulte, de 38 à 48 ans

Par son apprentissage de l'intériorisation, l'adulte parvenu au mitan de son existence devient capable d'élargir son regard à l'ensemble de son cycle de vie. Cette vision de sa trajectoire complète lui en rend possible la prise en charge par des engagements à plus longue portée. Il en accepte le début, le parcours et la fin encore à venir. Par le sens donné à son cheminement.passé, il précise comment orienter le reste de sa vie

Il apprend à renoncer à ses attentes face aux autres. La solitude dont il fait ainsi l'apprentissage lui devient un atout et un lieu de croissance où il s'ouvre davantage à l'entourage. Il la perçoit comme un lieu de découverte et d'alimentation intérieure. Il se voit comme le seul à pouvoir assumer sa vie et lui donner sens. Il ne songe pas à la recommencer. Il en voit les acquis et cherche à conserver et à améliorer ce qui peut servir sa croissance tout en renonçant à ce qui ne la sert plus. L'importance du travail diminue au profit de la personne.

Ces prises de conscience l'aident à se représenter, dans le cours d'une histoire qui est la leur, ses parents, son conjoint, ses enfants, ses collègues ou les autres personnes avec qui il entre en relation. Sa capacité de solitude lui donne accès au plus intime de lui-même tout en le rendant apte à partager une intimité psychique avec des personnes qui lui sont proches. La phase de vie où ils sont parvenus l'aide à mieux comprendre leurs comportements et leur dynamique. Alors qu'auparavant il tirait beaucoup de la présence d'un mentor, sa capacité de laisser tomber les attentes face aux autres lui permet à son tour d'exercer le même rôle.

La quatrième phase de la vie adulte, de 48 à 58 ans

Par sa capacité de solitude, l'adulte atteint un niveau d'intériorité qui prend le pas sur l'immédiateté de l'expérience. Cette phase constitue un autre tournant décisif dans l'existence de l'adulte. Il apprend à relativiser les événements et à les voir dans une perspective embrassant tous les éléments de la réalité. Sa représentation de soi différenciée en lien avec celle plus affinée de l'entourage lui permet de remettre les événements dans leur contexte sans en exagérer ou diminuer l'importance. Il resitue les personnes dans leur cheminement avec les forces et les limites qui sont les leurs à l'intérieur de leur contexte familial, social, culturel, économique, politique, historique et religieux.

Le regard du quinquagénaire sur sa contribution personnelle passée s'affine. Il voit mieux comment il s'est inséré dans ses divers engagements. Prenant conscience de la qualité de ses expériences, il en dégage ce qui peut servir la croissance et le mieux-être des personnes, spécialement celles des générations suivantes. Son apport spécifique se traduit par la communication des fruits de son apprentissage. Rendre ainsi disponibles les fruits de ses réalisations mûris par sa méditation lui fait découvrir peu à peu l'aspect universel de son expérience. Cet amour de sagesse l'incite à faire profiter davantage les autres de ses acquis. Il entame les années les plus fructueuses de sa vie avec le sentiment d'être animé d'un second souffle. Laissant à ceux qui le reçoivent le choix et la façon de l'utiliser, il reconnaît ce qu'il a de meilleur à donner et veut le léguer en héritage.

La cinquième phase de la vie adulte, de 58 à 68 ans

Situant les événements et les personnes dans une perspective qui donne son importance à tous les éléments de la réalité, l'adulte raffine sa perception de l'entourage humain et de ce qui peut contribuer au bien-être physique et psychique de ce dernier. Sa capacité de relire les situations et d'en jauger le juste poids lui permet d'entrevoir les facteurs favorables ou non à l'éclosion et au développement des lignes de force et des limites du contexte socioculturel.

Le défi du sexagénaire ne consiste plus à partir de son expérience pour en partager les fruits, mais à déceler les besoins de son entourage humain pour y répondre. Son apport devient celui d'une personne-ressource qui n'est pas d'abord préoccupée par l'immédiat ni par les acquis de son apprentissage de vie. Il n'a plus de preuves à se donner. L'intériorisation prend de plus en plus le pas sur l'exécution et alimente une liberté intérieure qualifiée par la façon dont il a relevé les défis des phases de vie précédentes. Il atteint un niveau d'intériorité qui aiguille toutes ses décisions importantes.

Il s'arrête à découvrir les besoins les plus importants à combler autour de lui afin de s'engager à y répondre au meilleur de ce qu'il peut donner. Si les besoins décelés font appel à ses compétences, l'adulte s'en servira pour apporter sa contribution. Sinon, il saura se donner l'apprentissage nécessaire pour atteindre son but. Aux yeux du sexagénaire, la priorité revient aux besoins humains, non aux normes, et il manifeste un intérêt désintéressé à tout ce qui suscite la croissance des personnes.

Quand intervient la retraite, l'adulte se retire d'une fonction et non d'une contribution personnelle. Il se donne la possibilité de choisir davantage ses activités et de prendre en main de nouveaux défis. Aux générations suivantes, il laisse l'opportunité d'un apprentissage dans ces rôles auxquels il renonce et qu'elles rempliront avec leurs talents et leurs compétences. Pour sa part, il voit autrement la façon de vivre et de donner sens à ses dernières décennies. Il organise son travail de façon à favoriser d'abord la croissance des personnes, spécialement les plus jeunes qu'il incite volontiers à prendre des responsabilités.

La sixième phase de la vie adulte, de 68 à 78 ans

Le septuagénaire regarde avec les yeux du présent dans le rétroviseur de son parcours. L'attention portée aux besoins de son entourage et sa façon d'y répondre l'ouvrent à la dimension universelle de son itinéraire et lui fait prendre conscience des liens entre ses engagements et la période historique où s'est déroulée sa vie. Il se souvient comment il a cherché à percevoir les signes des temps et à en tenir compte dans l'orientation de ses réalisations. En embrassant les phases qui ont tracé successivement son histoire, il perçoit les liens qui en nouent la continuité et jette un regard neuf sur le sens qu'il a donné à sa vie. Il voit comment dans le présent il a assumé le passé pour entrouvrir l'avenir.

Le septuagénaire évoque comment il a apporté sa contribution dans l'interaction avec son milieu. Sans gommer ses limites, il apprécie comment il a vécu ses expériences, ses forces vitales, ses réussites et même ses échecs pour servir sa croissance. Le sens donné à sa vie est né de la façon dont chacun de ces éléments ont été vécus dans la quête continue d'une liberté intérieure. Ce regard contemplatif sur le trajet parcouru lui donne comme une vision en enfilade de son existence. Le septuagénaire Marcel Légaut donnait à cette expérience le nom d'activité du resouvenir qui « lie entre eux les événements, les situations, les rencontres de notre histoire » et « les fait voir comme en perspective, traçant à travers leur compréhension renouvelée et leur encastrement mieux saisi par le dedans, la flèche d'un devenir unique ».

Les généralisations que l'adulte dégage de cette rétrospective de son histoire nourrissent chez lui la force de sagesse. Il perçoit en lui et en chacun, dans sa trajectoire et dans celle des autres, dans sa période historique et dans celle du monde, une dimension universelle. Son regard ouvre des pistes d'espérance pour les générations suivantes et prévient contre des voies où la croissance ne prendrait pas racine.

La septième et dernière phase de la vie adulte, de 78 ans à la conclusion

Par son regard rétrospectif, l'adulte perçoit l'unification à laquelle le sens donné à son existence lui a permis de parvenir. En bout de piste, il entretient le sentiment d'avoir accompli sa vie. Le couple d'octogénaires, Erik et Joan Erikson témoignent de cet âge comme celui d'une « maturation finale » qui traduit « un sens d'intégrité, un sens de plénitude, de cohérence intérieure personnelle ». Un autre, Jean Guitton, affirme pour sa part : « Toute vie s'éclaire rétrospectivement à la lumière de ses dernières phases. » Ce passage ultime pointe une sagesse où les phases précédentes trouvent leur achèvement.

L'octogénaire dégage l'essentiel de son histoire et lui donne préséance sur son histoire même. Ses souvenirs et son exercice de mémoire lui servent à y réfléchir et à l'illustrer. Le vieillard éprouve une grande sérénité à vivre le défi de sa dernière phase. Cette sérénité ne va pas sans humour comme l'affirme Erikson : « Je ne peux pas imaginer un vieillard sage qui ne peut pas rire. » Et Françoise Dolto dans ses derniers moments répétait à ceux qui l'approchaient : « Je veux de l'amour et de l'humour. Ce n'est rien de grave, je suis paisible. C'est juste une fin de vie qui se déroule. »

De cet essentiel qui l'a fait vivre, le vieillard peut décider de faire de la mort « sa mort ». Il en reconnaît l'importance pour lui-même afin de partir dans une décision libre. Le sens qu'il donne à sa mort constitue son dernier apport personnel. Il en voit la valeur pour ceux qui restent et répond ainsi à leur besoin de prendre conscience que toutes les phases de la vie, y compris la dernière, peuvent prendre sens et s'éclairer les unes les autres dans la perspective d'une croissance continue.

◆ DEUXIÈME PARTIE ◆

De la théorie à la pratique

• 9 •

Le processus de « représentation de soi en interaction avec la représentation de l'entourage et des autres »

Notre modèle théorique, longuement développé dans les chapitres précédents, retrace — dans un seul cadre de référence théorique — les divers niveaux d'organisation psychique. De cette élaboration conceptuelle, nous tirons une composante qui, « cheville ouvrière », facilite le lien entre la théorie et la pratique. Il s'agit du processus de la « représentation de soi en interaction avec la représentation de l'entourage et des autres ». Cette composante permet une généralisation qui se retrouve dans toutes les applications subséquentes. Ce que nous nommons la « représentation de soi » en interaction avec la « représentation de l'entourage et des autres » se traduit en psychanalyse sous les termes de « représentation de soi » par rapport à la « représentation de l'objet ».

Ainsi le processus, par lequel se construit graduellement cette représentation de soi en interaction avec la représentation de l'objet, se fait selon une séquence de constructions successives, apportant des élaborations constantes de configurations nouvelles, et ce, à chaque stade de développement.

Nous avons vu dans le processus d'organisation psychique comment, à chaque niveau d'intégration, des constructions successives donnent lieu à des nouvelles formes d'équilibre. Nous avons vu également comment des représentations de soi propres à chaque stade émergent de ces configurations.

Pour conceptualiser ce processus de la représentation de soi, nous nous inspirons du « processus d'équilibrations progressives », tel que Piaget (1975) le préconise dans la démarche d'acquisition de toute connaissance. Nous voulons parler plus précisément du concept « d'équilibrations majorantes » mis de l'avant par cet auteur. Ce concept suppose un passage d'équilibre rudimentaire à un état d'équilibre supérieur. Il en résulte autant de formes d'équilibre, chacune en progrès sur les précédentes, dans la façon d'intégrer les connaissances acquises. C'est ainsi que ces équilibrations majorantes corrigent et complètent les formes précédentes d'un niveau d'équilibre antérieur.

Ces équilibrations majorantes impliquent deux processus fondamentaux, constituant les composantes de tout équilibre cognitif : d'une part,

> « l'assimilation ou l'incorporation d'un élément extérieur (objet, événement, etc.) en un schème sensori-moteur ou conceptuel du sujet... et, d'autre part, l'accommodation, c'est-à-dire la nécessité pour l'assimilation de tenir compte des particularités propres aux éléments à assimiler. » (Piaget, 1975, p. 12)

Le processus de la représentation de soi que nous développons fait appel à ces composantes de l'équilibre cognitif, mais il exige une autre dimension, c'est-à-dire un équilibre entre deux modes d'organisation déjà explicités : les processus primaires et les processus secondaires. En d'autres termes, pour assurer l'intériorisation de la représentation de soi, on doit retrouver cet équilibre qui résulte d'un ajustement optimal entre, d'une part, la représentation de la réalité expérientielle — ce qui se rattache à sa propre personne — et, d'autre part, la représentation conceptuelle de la réalité — la réalité vue à travers sa facette objective (Noy, 1979).

Quand un ajustement donne lieu à une forme d'équilibre stable entre la représentation de la réalité expérientielle et la représentation conceptuelle de la réalité objective, surgit une nouvelle synthèse qui comporte une représentation de soi plus différenciée, mieux intégrée et même consolidée, en concordance avec le stade de développement atteint ou encore avec l'étape de vie assumée. Cette synthèse intègre la représentation antérieure de soi et rend capable de projeter la représentation de soi anticipée.

Nous voudrions préciser maintenant les éléments constitutifs de la représentation de soi, élaborée dans le chapitre précédent. Ces éléments, avons-nous dit, se sont construits par une succession de formes d'équilibre, allant d'un niveau plus rudimentaire à un autre plus qualitatif, ce passage impliquant un progrès sur les formes précédentes.

Comme nous l'avons déjà souligné, la représentation de soi est, dans l'ensemble, préconsciente. Le « Je » ne peut en prendre conscience qu'au moyen d'activités précises et encore faut-il qu'avec l'agrément de son « Moi », il ait fait la démarche voulue pour cette prise ce conscience.

Voilà pourquoi nous allons préciser cette démarche, laquelle se fait au moyen d'un ajustement entre la représentation de la réalité expérientielle et la représentation conceptuelle de la réalité objective.

L'ajustement constant entre les deux représentations

Le processus de la représentation de soi suppose un ajustement, sans cesse révisé, aux situations dans lesquelles de nouveaux milieux, de nouvelles responsabilités à assumer, des rôles différents à jouer, mettent la personne en situation de faire une nouvelle synthèse. La représentation de soi se construit grâce à cet ajustement de plus en plus nuancé, ajustement entre la représentation de la réalité expérientielle et la représentation conceptuelle de la réalité objective. Car, chaque fois que se profilent, dans le vécu d'une personne, des choix irréversibles, incluant des responsabilités majeures avec les défis inhérents à ces engagements, doivent se réaliser une nouvelle synthèse et un ajustement nouveau, en d'autres termes, une forme supérieure d'équilibre impliquant une nouvelle configuration des « quatre Soi » (corporel, productif, adaptatif et social).

Cette représentation de soi a avantage à connaître cette revision constante chez tout individu. Car plus les prises de conscience proviennent d'une forme supérieure d'équilibre entre les éléments constitutifs que sont les « Soi » corporel, productif, adaptatif et social, plus elles sont des prises de conscience qualitatives de la représentation de soi, plus alors les décisions sont autonomes et appropriées en regard des responsabilités à prendre et des défis à relever, ce qui constitue la démarche d'analyse de soi.

Pour ce faire, le cheminement doit favoriser la prise de conscience de chacun des éléments constitutifs. Les prises de conscience de soi, si elles sont différenciées, c'est-à-dire si elles suivent une séquence, la séquence des « quatre Soi », corporel d'abord, productif ensuite, enfin adaptatif et social, vont permettre une représentation de soi plus différenciée et mieux intégrée. Ce n'est qu'en favorisant la différenciation entre les « Soi », qu'une nouvelle configuration peut émerger, suscitée par un choix professionnel ou vocationnel, par exemple.

Si, à cause d'un certain arrêt partiel de développement ou d'un conflit intrapsychique, la représentation de soi n'a pas atteint une forme supérieure d'équilibre, il est tout à fait indiqué de favoriser des expériences privilégiées intensifiant la représentation de la réalité expérientielle, tel que notre expérience clinique nous l'a confirmé.

1. Représentation du Soi corporel

Avant de se servir de la conceptualisation des quatre « **Soi** », l'auteure a employé d'autres concepts qui, à l'expérience, se sont révélés trop larges, trop généraux et plus éloignés de la personne. Dans un premier écrit (Guindon, 1969) sur la rééducation des jeunes délinquants, l'auteure a d'abord parlé des **étapes** suivantes avant de parler des **Soi** : 1) l'*acclimatation* (à l'internat) ; 2) l'acquisition du *contrôle* de son comportement extérieur ; 3) la qualité à atteindre dans la *production* des activités ; 4) la *personnalité*, c'est-à-dire la découverte et la prise de conscience de lui-même et du style qui lui est personnel.

Des notes de cours (10 octobre1979) ont ensuite décrit les quatre **axes** présentés comme des angles de vision du vécu de la personne qui révèle la qualité de son moi autonome : 1) le *corps vécu ;* 2) la *productivité ;* 3) l'*adaptabilité* (face aux changements) ; 4) les *rencontres significatives* (ouverture aux autres). Les quatre axes ont ensuite cédé la place aux quatre **Soi** présentés (1982) comme les éléments constitutifs du concept de « la représentation de soi en interaction avec la représentation de l'entourage et des autres » : 1) le *Soi corporel ;* 2) le *Soi productif ;* 3) le *Soi adaptatif ;* 4) le *Soi social.*

Une recherche subséquente (1987) a développé un concept plus fonctionnel et plus proche de la personne. Elle a donné lieu au concept de l'**identité de soi** qui, en interaction avec le sens que chacun donne à sa vie, unifie les facettes de la personnalité. On peut lire à la fin de ce volume une présentation de ces cinq facettes de l'identité de soi. Ainsi le Soi corporel devient 1) *l'identité corporelle.* Le Soi productif devient 2) *l'identité d'exécutant.* Le Soi adaptatif devient 3) *l'identité individuelle.* Le Soi social se précise dans 4) *l'identité psychosexuelle* et 5) *l'identité psychosociale.*

Rappelons-nous que l'apprentissage somatique fait par l'enfant, au moment où ses propres schèmes de représentation ne sont pas encore développés, résulte d'une synchronisation entre ses rythmes de base (sommeil, réveil, faim, mouvements musculaires) et les conditions de vie organisées par le pourvoyeur de soins, synchronisation plutôt favorisée par l'observation et l'initiative de ce dernier.

Cet apprentissage somatique, qui se fait à un niveau préconscient chez tout individu, doit être réapproprié par l'adulte grâce à l'acquisition d'une représentation plus différenciée et mieux intégrée de ses rythmes de base, de ses modalités sensorielles et de détente, et, plus particulièrement, de ses indices somatiques se repérant par ses appareils de seuil de tolérance (fatigue, faim, douleur, température, décharge motrice, etc.).

Cette représentation du Soi corporel se construit par des prises de conscience faisant accéder progressivement à des formes supérieures d'équilibre, permettant à l'adulte de se réapproprier l'apprentissage somatique fait au premier niveau et de le réintégrer dans une nouvelle configuration, aboutissant ainsi à une nouvelle synthèse.

Afin de favoriser une certaine différenciation de son Soi corporel et, dans un premier temps, de faire prendre conscience de la fréquence et de l'intensité de sa participation corporelle dans sa vie actuelle, et ce, dans une perception globale et non différenciée, l'individu, en thérapie par exemple, est amené à retracer, à l'intérieur d'une semaine, son mode de vie régulière : d'abord, la fréquence et la durée des activités qui ont exigé une participation corporelle assez intense, comparativement à des activités comportant une station immobile et une concentration psychique, ensuite, la répartition de ces activités comparativement aux périodes inactives de détente et de sommeil.

Cette première prise de conscience de la répartition de ses dépenses d'énergie psychique et physique, du rythme et de l'alternance de ses périodes d'activités, ainsi que des moments de détente et de repos vécus, permet de déceler le degré d'équilibre atteint dans la distribution des dépenses d'énergie apportant un bien-être corporel et la nécessité, s'il y a lieu, de procéder à certaines modifications de son mode de vie pour atteindre un équilibre harmonieux.

En revoyant le déroulement de son régime de vie hebdomadaire, l'individu est amené à prendre conscience de la régularité ou non de ses rythmes biologiques ; cycle sommeil-réveil surtout dans les moments de transition d'un état à l'autre, rythme respiratoire, façon d'incorporer la nourriture et fonction d'élimination (ou de défécation). Le rythme de base peut aussi se percevoir dans la façon habituelle du client de s'acquitter d'activités routinières, telles la toilette, la marche, le ménage.

Afin d'accentuer cette différenciation du Soi corporel, la personne est encouragée à vivre certaines activités décidées et choisies expressément à cause de la participation globale corporelle qu'elles exigent, par exemple, la natation, la marche, le jogging, etc., ou d'autres exercices physiques favorisant aussi une prise de conscience de son corps. Dans une démarche entreprise pour intensifier la découverte de soi, la personne est appelée à décrire précisément toute la participation corporelle exigée par ces activités, telles que vécues du début à la fin, en notant la façon de commencer, la durée et les indices somatiques perçus : le rythme cardiaque et respiratoire, la perception des seuils de tolérance à la fatigue, à la température, à la douleur et à la décharge motrice.

Par ailleurs, en utilisant des expériences vécues qui ont été sources de détente pour lui, l'individu apprend progressivement à percevoir et à se représenter les modalités de détente qui lui sont plus particulières et accessibles, soit par certaines de ses modalités sensorielles, sources de satisfaction, telles que manger, boire, regarder, toucher, entendre, respirer, soit par des sensations kinesthésiques provenant de mouvements d'équilibre et soit par les décontractions musculaires.

Grâce à l'intégration graduelle de ces expériences vécues, favorisant précisément une différenciation du Soi corporel à partir des indices somatiques perçus, les décisions prises en regard de l'organisation de son régime de vie seront plus appropriées. Elles seront le fruit d'une représentation de soi plus qualitative ou d'un ajustement optimal entre, d'une part, la représentation de la participation corporelle, c'est-à-dire la perception qu'a l'individu de ses indices somatiques et, d'autre part, la représentation conceptuelle qu'il se fait de cette participation corporelle vue sous sa facette objective, c'est-à-dire en regard de l'objectif fixé, des techniques ou des moyens utilisés, du temps et de l'espace prévus.

En d'autres termes, une forme supérieure d'équilibre est atteinte quand il y a un ajustement optimal entre cette représentation de la réalité expérientielle, perçue par l'individu grâce à ses appareils de seuil, à ses modalités sensorielles, et la représentation conceptuelle de la réalité vue sous sa facette objective, c'est-à-dire la représentation qu'il se fait des responsabilités à assumer, dans l'engagement professionnel et vocationnel choisi et dans son mode de vie à organiser.

Un des indices les plus significatifs de l'acquisition d'une forme supérieure d'équilibre est la capacité de prendre en charge son Soi corporel avec responsabilité et liberté. Cette autonomie dans la prise en charge de son corps est aussi essentielle que l'autonomie acquise dans sa productivité, son adaptabilité et sa participation avec d'autres.

2. Représentation du Soi productif

Selon le point de vue épigénétique, un second niveau, le Soi productif, émerge du premier niveau d'équilibre que constitue le Soi corporel. Et, ainsi, une nouvelle configuration se dessine.

À ce niveau de développement, l'enfant est capable, à partir d'indices décelés dans sa participation corporelle, de se représenter la réalité expérientielle, c'est-à-dire la façon de faire qui est la sienne, et il peut aussi se représenter conceptuellement la réalité objective, c'est-à-dire se représenter la manière générale de faire, la séquence d'actions à poser pour parvenir à un but. L'intégration des « Soi » corporel et productif permet à l'enfant d'atteindre un niveau d'équilibre de la représentation de soi où celle-ci est différenciée de la représentation qu'il perçoit être celle de l'entourage.

Ce deuxième élément constitutif de la représentation de soi, le Soi productif, permet de parvenir progressivement à reconnaître sa propre productivité et constitue ainsi un des points les plus décisifs dans le processus d'acquisition d'une meilleure connaissance de soi. Pour y parvenir, l'individu doit faire des expériences d'apprentissage suscitant en lui un vif intérêt et exigeant aussi, de sa part, une participation corporelle.

Ainsi la personne peut être invitée à choisir, soit d'exécuter une activité artisanale qu'elle désire apprendre et dont la technique est simple, soit d'apprendre une technique précise mais peu compliquée dans une activité physique.

Pour intensifier cette représentation différenciée du Soi productif, il est important d'établir des points de repère, afin de bien orienter la personne dans le choix d'une activité d'apprentissage qui puisse le mieux favoriser la découverte de sa propre démarche productive.

L'expérience d'apprentissage facilitera d'autant plus la représentation de sa propre productivité que l'activité choisie comportera les éléments suivants :

- un objectif précis, peu compliqué, facilement accessible ;
- une ou des technique(s) suggéré(es) pouvant être perçue(s) d'emblée avec une séquence logique d'actions facile à concevoir ;
- une démarche d'apprentissage susceptible de se réaliser
  - — dans un cadre temporel limité (pas plus de trois périodes) ;
  - — dans un cadre spatial stable et délimité.

Ayant convenu, avec la personne, du but poursuivi au moyen de ces expériences d'apprentissage, ayant précisé avec elle les conditions les plus propices pour parvenir à ce but, on l'invite, alors, à vivre tout simplement cette expérience d'apprentissage à travers l'activité décidée, et, par la suite, à la relater telle qu'elle a été vécue.

Avant d'exécuter cette activité d'apprentissage, l'individu s'est d'abord représenté ce qu'il conçoit devoir accomplir, puisqu'il a précisé l'objectif poursuivi, la ou les technique(s) à utiliser selon une séquence logique d'actions, le temps prévu pour l'accomplir et l'espace utilisé pour l'exécuter.

En racontant cette expérience d'apprentissage, il parvient graduellement à retracer tous les gestes posés, puisqu'il décrit exactement chacune des actions exécutées selon sa façon personnelle de les accomplir jusqu'à la fin de la tâche, atteignant ainsi l'objectif convenu.

De telles activités d'apprentissage deviennent des expériences privilégiées pour faire différencier le Soi productif et le faire mieux s'intégrer dans une représentation de soi cohérente et qualitative. La personne devient elle-même capable de constater comment se fait l'intégration d'une expérience d'apprentissage, comment l'autonomie, qui se traduit dans des décisions personnelles, est le fruit d'un ajustement graduel entre les deux représentations de la réalité conceptuelle, d'une part, et expérientielle, de l'autre.

Ainsi, lorsqu'il y a correspondance ou ajustement entre la représentation de la réalité telle qu'elle a été vécue selon le déroulement des actes exécutés grâce à une participation corporelle — réalité expérientielle — et la représentation conçue d'avance sous sa facette objective, c'est-à-dire tout ce qui est prévu d'avance par la personne, l'objectif à atteindre, le déroulement logique de la démarche, le cadre spatiotemporel et la durée prévus, une différenciation du Soi productif s'accentue et, ainsi, en facilite graduellement l'intégration à l'ensemble de la représentation de soi qui se traduit par une nouvelle configuration.

La consolidation du Soi productif, qui ne se construit qu'à partir de l'intégration du Soi corporel, est capitale dans la démarche d'acquisition d'une identité de soi. Cette dernière a maintenant atteint un niveau de permanence et de stabilité, lequel se retrouve désormais dans toutes les formes supérieures d'équilibre qui se construisent subséquemment. Elle permet à la personne d'envisager un élargissement du rayon de son entourage dans ce processus de la représentation de soi en interaction avec la représentation de l'entourage et des autres. Cette perspective implique des conditions changeantes, dans ses expériences d'apprentissage et de productivité, dans son mode de vie et également dans la représentation de son mode de participation avec les personnes côtoyées dans les divers milieux de vie et de travail.

Ce niveau d'intégration de l'identité de soi n'est atteint qu'au moment où la personne est capable, de façon stable et continue, de prendre des décisions appropriées au cours de sa démarche d'apprentissage, décisions issues de l'ajustement entre ces deux représentations, expérientielle et conceptuelle. Il en résulte une maîtrise graduelle de l'expérience d'apprentissage qui s'intègre alors véritablement, contribuant ainsi à l'acquisition d'une plus grande autonomie.

En d'autres termes, si un ajustement se réalise de manière stable entre ces deux représentations, expérientielle et conceptuelle, une nouvelle forme d'équilibre est acquise, qui résulte en une représentation du Soi productif.

C'est alors que sera consolidé ce qu'Erikson (1968) appelle « l'identité de soi » ou ce que Margaret Mahler (1975) nomme « l'individuation », étape de très grande importance, puisque c'est à ce moment seulement que commence l'autonomie, libératrice des pressions externes susceptibles de mettre en cause ce premier niveau de « représentation de soi différenciée de l'entourage ».

En effet, il est très important, avant de différencier et d'intégrer les « Soi » adaptatif et social, de différencier et de consolider — et ce, à toutes les étapes du développement — l'identité des Soi corporel et productif.

Ayant atteint cette forme supérieure d'équilibre dans la représentation du Soi productif, l'individu est maintenant en mesure de faire face à des changements dans les situations d'apprentissage, de relever des défis nouveaux, de vivre des conditions spatiotemporelles différentes, tout en faisant preuve d'une véritable adaptabilité, c'est-à-dire de prendre des décisions personnelles face aux changements à effectuer dans ses propres façons de procéder et de tenir compte des conditions changeantes de la réalité objective, sans remettre en cause son identité de soi.

3. Représentation du Soi adaptatif

À un moment de son développement épigénétique, l'enfant parvient au troisième niveau d'équilibre ; il est maintenant en mesure de faire un ajustement lui permettant de faire preuve d'adaptabilité. Ce degré d'autonomie se manifeste par des décisions supposant un ajustement entre deux représentations : l'enfant est capable de se représenter, par lui-même, les changements à apporter dans sa façon de faire, pour tenir compte de la représentation des changements suscités par la façon de faire de l'autre, soit par une règle de jeu, soit par une convention déjà acceptée, soit par une observation de la réalité objective.

L'étape de ce processus consiste à alimenter d'une façon privilégiée cette différenciation du Soi adaptatif, pour rendre la personne capable d'une adaptabilité plus qualitative, à base même d'autonomie.

Pour favoriser cette différenciation du Soi adaptatif, il importe d'orienter la personne dans le choix des expériences à vivre et de lui permettre de relater ses expériences, afin de lui faciliter les prises de conscience dans les différents secteurs de sa vie. Ces secteurs seront abordés selon une certaine séquence et selon la progression des difficultés, des défis à relever.

En premier lieu, l'individu est invité à s'impliquer dans un univers d'essai, dans des activités de loisirs, des jeux individuels ou des passe-temps ; là, ses décisions d'effectuer des changements dans ses façons de procéder ne comportent pas de véritables risques ni des conséquences ayant une portée réelle.

De cette façon, la personne sera davantage en mesure de relever ces défis progressifs. Les décisions de procéder à des changements seront le fruit, d'une part, de la représentation qu'elle se fait de la réalité phénoménologique et, d'autre part, de la représentation des changements qu'elle apporte dans ses propres façons de procéder.

Ces défis progressifs peuvent prendre plusieurs formes. De tels changements peuvent être suscités par :

- un nouvel objectif ;
- une nouvelle technique ;
- un nouvel instrument ou outil ;
- un nouveau matériau ;
- un nouveau cadre temporel ;
- un nouveau cadre spatial dans la réalité phénoménologique.

La perception de ces défis à relever entraîne aussi des changements dans le rythme habituel de la personne,

- par une dépense d'énergie plus intense ;
- par une concentration psychique accrue ;
- par une dextérité manuelle plus développée ;
- dans le tonus musculaire et nerveux.

En décrivant ses expériences vécues dans le domaine des loisirs, l'individu décèle comment ses décisions deviennent de plus en plus adéquates vis-à-vis des défis rencontrés. Ces décisions manifestent l'ajustement progressif qui se fait entre la représentation de la réalité, telle que vécue par la personne, et la représentation de la réalité phénoménologique.

Également, de telles prises de conscience disposent l'individu à mieux se représenter les diverses façons, qui lui sont accessibles, pour faire face aux différents changements survenant dans son milieu de travail.

Par ailleurs, les défis les plus difficiles à relever sont les défis qui impliquent des changements dans l'organisation du régime de vie d'un individu. En effet quand les conditions de travail et/ou de vie affectent les rythmes biologiques, c'est-à-dire apportent des irrégularités dans le cycle de sommeil-réveil, dans le rythme de l'élimination, dans les heures de repas, ils passent souvent inaperçus mais ils exigent pourtant une dépense d'énergie accrue, s'ils ne sont pas clairement identifiés.

Il y a aussi la condition affectant le cadre habituel de vie, parce qu'ils apportent des modifications majeures dans l'alimentation des stimuli sensoriels, visuels et/ou auditifs, par exemple des bruits inusités ou un silence prolongé. En effet, tous les changements qui ont des répercussions sur le mode de vie, les façons de se nourrir et l'apport de mets non familiers, des lieux d'aisance plus rudimentaires, des us et coutumes étrangères à la manière de vivre, etc., tous ces changements exigent un certain degré d'adaptabilité.

Les niveaux d'adaptabilité progressent chez l'individu selon sa capacité de faire un ajustement graduel et de plus en plus nuancé entre, d'une part, la représentation des changements comportant la réalité phénoménologique et, d'autre part, la représentation des changements à effectuer soi-même en choisissant de les vivre de la façon la plus appropriée.

Le degré de pressions exercées sur l'individu par les stimuli extérieurs, changements impliqués dans la réalité phénoménologique, varie selon que ces changements sont prévus ou imprévus. Quand ces changements sont prévus à l'avance, l'individu dispose d'un certain délai qui peut favoriser chez lui un certain ajustement entre les deux représentations et de la réalité expérientielle et de la réalité phénoménologique. Mais, lorsque ces changements sont imprévus, le délai accordé pour faire cet ajustement sera très court, d'où la nécessité d'avoir atteint une forme supérieure d'équilibre pour accéder à une plus grande mobilité dans l'ajustement de ces deux représentations.

De plus, la représentation que l'individu se fait des changements appréhendés, — soit comme des contraintes inévitables, soit comme des limites imposées ou, plutôt, comme des occasions privilégiées, — et la représentation qu'il se fait de sa propre façon de procéder, lorsqu'il est confronté par expérience à de tels changements, traduisent le degré d'adaptabilité dont il peut faire preuve.

À une étape ultérieure, cette différenciation du Soi adaptatif va permettre à l'individu de prendre des décisions autonomes, fruit d'un ajustement optimal entre la représentation qu'il a de lui changeant ses manières de s'y prendre et la représentation qu'il se fait des changements à opérer dans ses façons de s'accommoder à la réalité objective. Il perçoit cette dernière sous deux facettes : la « réalité phénoménologique » et la « réalité sociale », ce qui donne lieu au Soi social.

Selon les termes d'Erikson (1964a), la « réalité phénomènologique » est le monde de l'expérience des phénomènes, ce monde étant perçu avec un minimum de « distorsion et un maximum de validité "coutumière" en accord avec l'état de la technique et de la culture » (p. 165).

4. Représentation du Soi social

La réalité sociale est le mode de participation partagée avec d'autres, que ce soit au niveau des tâches et des responsabilités, dans le jeu, dans le travail, dans un projet de vie, dans des idéaux d'action partagés en commun et dans les rencontres significatives vécues comme membre d'un groupe ou à un niveau interpersonnel, avec une personne choisie, inspirant confiance.

Dans la réalité phénoménologique, nous incluons tous les changements qui peuvent survenir et qui exigent de l'individu une nouvelle accommodation, soit dans

- les objectifs poursuivis,
- les matériaux employés,

- les outils utilisés,
- les techniques préconisées,
- les conditions spatiotemporelles définies par l'entourage.

Par ailleurs, le Soi social inclut, dans les activités d'apprentissage ou dans l'organisation des conditions de vie, la dimension de la réalité sociale telle que définie plus haut, avec toutes les acquisitions de plus en plus complexes que suppose ce mode de participation partagée avec d'autres, et ce, à des niveaux différents. Ainsi, cette différenciation du Soi social, dans les étapes ultérieures de la vie, se fait à l'aide de prises de conscience graduelles, donnant lieu à des décisions personnelles, fruit d'un ajustement progressif entre la représentation que l'individu se fait de lui changeant ses façons de faire et la représentation qu'il se fait également des changements à apporter dans sa propre participation avec d'autres, en vue de favoriser la coopération dans le travail et la collaboration avec la personne ou le groupe. Cette différenciation du Soi social conduit à une intégration, de plus en plus qualitative, de cette dimension, dans une configuration nouvelle qui unifie davantage l'identité de soi et l'identité psychosociale en une représentation de soi cohérente. Cette représentation de soi se concrétise par le sentiment, toujours sujet à révision, d'avoir atteint la « réalité de soi » dans la « réalité sociale » (Erikson, 1964a).

Quand la réalité sociale s'ajoute à ce que nous venons de différencier relativement au Soi adaptatif, c'est-à-dire quand les changements proviennent du mode de participation de l'individu avec d'autres participants, le dernier élément constitutif de la représentation de soi émerge : c'est le Soi social.

La différenciation du Soi social, dans le processus d'acquisition de l'autonomie, repose sur la participation active et engagée de la personne, participation qui se manifeste par des prises de décision personnelles, en vue de favoriser vraiment une réelle intégration des expériences vécues en interaction avec d'autres.

Si le langage peut être un moyen par excellence de communication et de partage avec d'autres, il peut s'avérer aussi un handicap dans cette démarche. Il peut en être ainsi quand la parole de l'autre prend une importance telle aux yeux de l'individu qu'elle inhibe toute initiative personnelle. Elle devient alors l'unique point de référence qui fait poser des actes, empêchant ainsi l'individu de recourir à son propre discernement pour s'affirmer dans une décision personnelle. Piaget (1957) a clairement explicité cet aspect, dans son livre *Le Jugement moral chez l'enfant*, quand il parle d'hétéronomie, l'antithèse de l'autonomie, au moment où le jugement moral de l'enfant est lié à la « parole adulte ».

Pour accroître cette connaissance de soi, base de l'autonomie, la personne est incitée à participer à des expériences partagées avec d'autres, mais dans une démarche qui respecte la même séquence décrite pour différencier le Soi adaptatif.

L'univers d'essai que sont les jeux demeure un champ propice pour des expériences favorisant des prises de conscience de son mode de participation avec d'autres. Les jeux entre deux partenaires peuvent fournir des occasions favorables de différenciation de Soi social. Il est possible d'y découvrir toutes les décisions personnelles prises relativement aux diverses façons de procéder pour atteindre l'objectif, qui est de mieux coopérer ensemble, afin de parvenir au but souhaité et, surtout, de faire les changements qui s'imposent pour correspondre aux façons de faire de l'autre, tout en respectant la règle du jeu.

En relatant les expériences qu'elle vit dans une coopération partagée avec le partenaire, la personne est graduellement aidée à découvrir l'adaptabilité dont elle fait preuve, mais elle y parvient surtout à cause de l'ajustement progressif de ses deux représentations, expérientielle et conceptuelle, ajustement qui se concrétise par des décisions de plus en plus appropriées.

Les expériences de jeux d'équipe peuvent également servir à faire prendre conscience de la façon personnelle de son rôle comme membre d'une équipe.

Et ainsi, la personne, prenant conscience de ses différentes façons de coopérer dans les jeux, devient plus habile à se représenter son adaptabilité dans son milieu de travail, là où elle partage des tâches ou des responsabilités communes, parfois dans des fonctions officielles, là où elle assume des responsabilités vis-à-vis d'un groupe ou vis-à-vis de l'ensemble d'un organisme.

Ces diverses prises de conscience permettent à l'individu d'être davantage en mesure de se représenter ses multiples façons de se comporter à l'endroit des figures d'autorité dans son milieu de travail, en regard de la représentation qu'il se fait des différents comportements de ces mêmes figures d'autorité. Si cette différenciation du Soi social s'intègre d'une manière assez stable dans le domaine des loisirs et dans le milieu de travail, la personne accède à une meilleure représentation de soi et elle peut ensuite aborder la différenciation de son Soi social dans son milieu familial ou dans son milieu de vie.

Car le milieu de vie n'est généralement pas le lieu le plus propice d'expériences pour susciter chez l'individu cette différenciation de son Soi social. Cette difficulté provient souvent de conditions telles qu'il en découle une absence d'organisation assez structurée des diverses responsabilités réparties entre les personnes composant ce milieu de vie. Une telle situation est due, tantôt à une certaine familiarité avec les tâches routinières de la vie commune qui ne comportent plus de défis nouveaux à relever, tantôt à une absence ou à une perte du sens donné à un projet de vie ensemble qui n'est pas vécu vraiment, ni alimenté par des échanges réciproques significatifs, source d'inspiration mutuelle, ce qui exige une identité assez bien délimitée de la part de chacun des partenaires.

Une autre prise de conscience construit la différenciation du Soi social : elle consiste en l'accentuation de certains traits ou modes de comportement particulièrement identifiés à son sexe, par rapport aux caractéristiques propres à l'autre sexe, c'est-à-dire le mode intrusif chez l'homme et le mode inclusif chez la femme. Ces modes de comportement confirment l'identité psychosexuelle.

Enfin, cette représentation du Soi social ne s'accomplit qu'au moment où l'individu identifie, en partageant ses expériences vécues, quelle est son échelle de valeurs et comment ces valeurs s'incarnent dans un code d'éthique inspirant ses décisions. Il a pris conscience de ses idéaux d'action qui se manifestent à travers sa participation avec d'autres personnes et qui orientent le sens qu'il choisit de donner à sa vie.

Les quatre Soi

Quand ce processus de la représentation de soi est poursuivi au point où les quatre Soi sont tour à tour différenciés et intégrés dans une représentation de soi stable et cohérente, une forme supérieure d'équilibre émerge et laisse entrevoir une synthèse nouvelle, que peuvent identifier les caractéristiques suivantes, déjà mentionnées d'ailleurs.

Le champ d'application de cette synthèse est très étendu. Il englobe tout le sens donné à la vie, ce sens qui oriente la conduite d'un individu, c'est-à-dire sa façon d'assumer ses responsabilités et ses choix les plus significatifs dans sa vie, tant personnelle, professionnelle, que vocationnelle. Cette forme d'équilibre démontre une grande mobilité où la configuration actuelle, caractérisant la représentation de soi, intègre les représentations de soi du passé et de l'avenir, et inclut un large éventail de possibilités. De plus, la permanence et la stabilité, qui caractérisent aussi cette représentation de soi cohérente, se manifestent par un sentiment atteint de la réalité de soi dans la réalité sociale, sentiment toujours sujet à révision.

Ce processus d'équilibrations majorantes sur lequel repose, d'une part, le processus d'organisation psychique, notre modèle théorique, et, d'autre part, le processus de « représentation de soi en interaction avec la représentation de l'autre et des autres » permet une généralisation qui se retrouve dans chacune des applications subséquentes.

En effet, la conceptualisation du processus de représentation de soi oriente la démarche à suivre dans les autres processus : éducatif, de formation, d'intervention clinique et de psychothérapie. Nous voyons maintenant les applications possibles, dans ces mêmes secteurs, selon l'actualisation des forces psychologiques.

◆ 10 ◆

Applications et implications de la représentation de soi en interaction avec la représentation de l'entourage et de l'autre

Nous en sommes maintenant aux diverses applications cliniques de notre conceptualisation théorique. En guise d'introduction, il nous apparaît utile de revenir à ce concept-charnière entre la théorie et la pratique : « la représentation de soi en interaction avec la représentation de l'entourage et de l'autre ». Il sert de modèle ou d'instrument pour analyser le matériel clinique recueilli dès les premières rencontres. Cette brève analyse donne déjà lieu à une première évaluation permettant au thérapeute avisé d'entrevoir les implications qui en découlent.

À partir de cette conceptualisation, certains points de repère et certains indices observables aident le thérapeute, au tout début des entretiens, à mieux saisir la différenciation, l'intégration et la consolidation de la représentation de soi. Il est en mesure d'esquisser une première évaluation pour repérer la forme d'équilibre atteinte dans ce processus à partir de la configuration actuelle de sa « représentation de soi en interaction avec la représentation de l'entourage et des autres ». De là, il peut inférer les déficits qui se traduisent actuellement dans ses transactions avec l'entourage et dans son mode de participation avec les autres ou qui sont susceptibles de paralyser le processus thérapeutique entrepris.

Les points de repère, découverts à partir de notre pratique professionnelle, nous apparaissent s'articuler en deux aspects différents. En premier lieu, nous observons la « différenciation » de chacun des éléments constitutifs de la représentation de soi, par exemple la différenciation du Soi corporel ; en second lieu, nous nous attardons aux caractéristiques qui laissent entrevoir l'intégration graduelle et la consolidation de ces éléments constitutifs dans une configuration d'ensemble de la représentation de soi, en l'occurrence les indices d'intégration du Soi corporel dans la synthèse renouvelée de la représentation de soi.

Le Soi corporel

Le thérapeute doit d'abord porter attention au régime de vie du client et surtout à ses rythmes de base tels qu'il les vit — en vue de déceler la répartition actuelle de ses énergies psychiques et physiques et d'en arriver éventuellement à un certain bien-être corporel. Quand le thérapeute veut ainsi découvrir la répartition des énergies de son client, il doit porter attention à la qualité de participation exigée par les responsabilités de ce dernier. C'est-à-dire observer le rapport existant entre sa concentration psychique et sa participation corporelle ; il doit aussi tenir compte de l'alternance entre ses périodes d'activité physique en vue de récupération et ses moments de détente et de repos, tels qu'ils se retrouvent dans l'organisation de son mode de vie actuel. Il observe également la régularité ou l'irrégularité dans les cycles de sommeil-veille, dans l'incorporation de la nourriture ou dans la fonction d'élimination, toujours dans son régime habituel de vie.

À partir des expériences vécues et décrites par le client, le thérapeute essaie de repérer certaines expériences génératrices de détente, afin d'identifier les moyens de détente accessibles à cette personne. Par exemple, quelles sont les modalités sensorielles utilisées, soit par captation active, soit par réception passive, qui procurent cette gratification ? Ces sources de détente apportent-elles une « alimentation » appropriée provenant non seulement de l'incorporation de la nourriture mais aussi de stimuli sensoriels, visuels, auditifs, tactiles et kinesthésiques ? Les activités choisies en vue d'une participation corporelle favorisent-elles le système musculaire dans sa globalité par des exercices de contraction-décontraction des muscles ? Procurent-elles une récupération d'énergie et, partant, une détente musculaire ?

Par ailleurs, le thérapeute peut facilement percevoir le mode général de participation engagée du client quand ce dernier décrit sa façon de vivre les activités physiques. En effet, il est important de s'attarder à lui faire décrire comment débute sa participation, quelles en sont l'intensité, la fréquence et la durée. Tient-il compte de ses indices somatiques, tels le rythme cardiaque et respiratoire, la perception de ses seuils de tolérance à la fatigue, à la température, à la décharge motrice ou même à la douleur ?

Le thérapeute doit observer l'écart qui existe entre, d'une part, la façon dont l'individu anticipe l'organisation de ses activités physiques : objectif poursuivi, moyens ou techniques à utiliser, séquence prévue dans le déroulement des activités (début, fin, durée anticipée), s'il y a lieu, espace à parcourir, et, d'autre part, la manière dont il a vécu l'expérience de participation corporelle. Plus l'écart est grand entre ces deux constatations, plus le client fait preuve d'une absence de différenciation dans la représentation de son Soi corporel.

Dans un second temps, après quelques rencontres, le thérapeute peut déceler la capacité d'intégration dont fait preuve le client par rapport aux points de repère énumérés précédemment. Ainsi le thérapeute, ayant porté un intérêt marqué aux indices somatiques éprouvés par le client, peut aider celui-ci à modifier l'écart constaté entre l'organisation de ses activités physiques telles qu'il les concevait et la façon dont il peut les vivre. S'il y a un début d'ajustement entre ces deux constatations, il s'amorce alors une certaine représentation de son Soi corporel, au moyen de l'intégration de ses propres expériences, devenues significatives à ses yeux, puisque partagées avec le thérapeute et modifiées en accord avec les indices repérés et convenus entre les deux participants.

Afin d'évaluer s'il y a un processus d'intégration et de consolidation de la représentation de soi dans chacun des quatre éléments constitutifs, nous utilisons les trois propriétés, mentionnées par Kohut (1971), qui servent à déceler une telle intégration. Ce sont :

1) la cohésion structurale,
2) la stabilité temporelle,
3) la coloration affective de la représentation de soi (voir Stolorow et Lochmann, 1980, p. 19).

Pour induire un premier niveau d'intégration dans la représentation du Soi corporel, il faut retrouver les indices suivants dans la participation fonctionnelle active et engagée de l'individu et correspondant aux trois propriétés déjà nommées.

1. Une certaine cohérence dans ses décisions en vue de favoriser l'acquisition d'un certain bien-être corporel, laissant entrevoir une plus ou moins grande *cohésion structurale* dans la représentation du Soi corporel.

2. Ses décisions tiennent compte progressivement de ses propres rythmes de base, de ses modalités de détente et de ses seuils de tolérance à la fatigue, etc., pour réaménager une meilleure répartition de ses énergies dans ses conditions de vie. On observe alors une *stabilité temporelle* dans ses décisions et par voie de conséquence, dans la représentation du Soi corporel.

3. L'intérêt que l'individu manifeste à modifier l'organisation de ses conditions de vie, par sa participation active et son engagement, et qui indique une *coloration affective* positive en regard du Soi corporel.

Le Soi productif

Pour faire une première évaluation de ce deuxième élément constitutif de la représentation de soi, le thérapeute procède de façon analogue. Il s'attarde à faire décrire une expérience d'apprentissage où l'individu s'est véritablement engagé avec intérêt. Il lui fait d'abord préciser comment lui-même avait conçu l'expérience, l'objectif poursuivi, les techniques à utiliser et la précision de leur séquence ainsi que les limites du cadre spatiotemporel. Puis il lui fait raconter l'expérience d'apprentissage telle qu'elle a été vécue. Le thérapeute peut ainsi constater la concordance entre les anticipations prévues et l'expérience elle-même. Si l'écart entre les deux est important, il est évident que l'individu a besoin d'être aidé à différencier son Soi productif.

Après plusieurs rencontres, le thérapeute, vivement intéressé par les expériences d'apprentissage dans la démarche de productivité nécessitant explicitement une participation corporelle, sera en mesure de constater l'intégration et la consolidation du Soi productif en observant les indices suivants dans la participation engagée de l'individu.

1. Une certaine cohérence dans les décisions prises par l'individu à partir des points de repère déjà mentionnés oriente sa démarche de productivité et indique l'acquisition d'une certaine organisation ou *cohésion structurale* dans la représentation du Soi productif.

2. La *stabilité temporelle* dont fait preuve l'individu, en prenant peu à peu des décisions plus appropriées, indique un ajustement graduel entre les conditions anticipées d'apprentissage et la démarche de productivité vécue.

3. Par ailleurs, la représentation du Soi productif, émergeant de ces prises de conscience durant sa démarche de productivité, apporte une *coloration affective* positive et, en conséquence, accroît l'estime de soi.

Le Soi adaptatif

Quant au troisième élément constitutif de la représentation de soi, le Soi adaptatif, c'est en observant la façon dont son client fait face aux divers changements suscités dans sa vie que le clinicien est en mesure d'évaluer l'adaptabilité de ce dernier. Ces changements proviennent, soit de ses propres décisions, soit des exigences de l'entourage, ce qui survient fréquemment. Ces changements peuvent alors être perçus par l'individu comme une contrainte à subir ou même comme une imposition émanant de pressions extérieures indues. Bref, il est important d'observer les diverses façons de réagir du client devant les changements prévus ou imprévus, dans son milieu de travail, dans la réorganisation de son régime de vie entraînant des répercussions sur ses rythmes de base, sur la redistribution de ses dépenses d'énergie et de ses moments de récupération.

Toutefois, l'intégration et la consolidation graduelles du Soi adaptatif ne sont observables que lorsque le niveau d'intégration des deux premiers éléments (le Soi corporel et le Soi productif) a atteint un degré tel que sont acquises la cohérence (cohésion) et la permanence (stabilité temporelle). Ce niveau d'intégration se caractérise aussi par une coloration affective positive pour tout ce qui a trait à l'identité de soi, ce qui permet de poursuivre l'identité psychosociale, sans une remise en question du « noyau de base de l'identité ».

Le Soi social

Pour amorcer une première évaluation du mode de participation de l'individu au sein des interactions avec les personnes significatives dans son entourage, soit au travail, soit dans sa vie communautaire ou dans sa vie de famille, il serait important d'observer comment il fait ses choix dans ses expériences vécues, quelles décisions il prend et quelles conséquences en découlent. De telles observations dévoilent le degré d'autonomie atteint, de même que les obstacles à surmonter pour acquérir une représentation du Soi social plus différenciée et, par voie de conséquence, mieux intégrée.

Pour que le thérapeute soit en mesure d'orienter ses propres interventions en connaissance de cause, il va sans dire que cette première esquisse d'évaluation des divers « Soi », constituant la représentation de soi, doit se poursuivre tout au long du déroulement du processus entrepris.

Les malformations et la représentation de soi

Parallèlement à cette ébauche d'évaluation du niveau d'intégration atteint dans la représentation de soi, il est tout aussi important, sinon plus, de repérer les indices de psychopathologie qui sont sources de déséquilibres et de déficits paralysants dans le processus d'intervention entrepris.

À partir des apports théoriques les plus récents (Blanck et Blanck, 1979 ; Kernberg, 1976 ; Kohut, 1977 ; Mahler, 1974 ; Stolorow et Lochmann, 1980) et des implications cliniques d'importance cruciale pour la pratique, nous nous attardons quelque peu à souligner comment la conceptualisation des différents niveaux de développement — parce qu'elle précise le processus de différenciation, d'intégration et de consolidation des représentations de soi et de l'objet — apporte une compréhension beaucoup plus approfondie de la psychopathologie.

En effet, une telle conceptualisation permet de distinguer entre la psychopathologie qui est le produit d'un conflit intrapsychique, selon la théorie psychanalytique, et la psychopathologie qui est le reliquat d'une carence, d'un déficit ou d'un arrêt partiel de développement. De cette distinction découlent des implications majeures dans les diverses façons d'intervenir du clinicien qui doit tenir compte à la fois du « noyau pathologique » spécifique du client, affectant plus ou moins sérieusement le processus de représentation de soi, et, par voie de conséquence, des diverses étapes à franchir dans le déroulement de ce processus pour assurer une certaine acquisition d'autonomie personnelle.

En utilisant notre modèle théorique du processus d'organisation psychique et de représentation de soi, les applications cliniques en sont facilitées, car nous avons clairement souligné l'importance du degré de structuration psychique, lorsque la synthèse est consolidée.

Une ligne de démarcation, comportant d'importantes répercussions dans le domaine de la psychopathologie, s'observe sous deux facettes :

1. En termes d'évolution dans le processus de représentation de soi, la naissance psychologique de l'individu, selon le concept de Mahler, indique véritablement la démarcation, puisque son individualité est acquise au point où, malgré une séparation physique, il peut se représenter psychiquement la constance de l'objet.

2. Corrélativement, une constance dans la représentation de soi est acquise, ce qui constitue — de façon stable et permanente — le noyau de base de « l'identité de soi ».

Le conflit intrapsychique et la représentation de soi

En premier lieu, nous abordons très brièvement le domaine bien connu de la psychopathologie à base de conflit intrapsychique, c'est-à-dire les psychonévroses hystériques et obsessives-compulsives, qui ne peuvent se retrouver que lorsque le troisième niveau d'organisation psychique a été atteint. Ainsi le conflit intrapsychique présuppose la formation des trois instances psychiques, le Ça, le Moi et le Surmoi de même qu'un certain minimum de consolidation entre leurs fonctions (Storolow et Lochmann, 1980).

On identifie habituellement les manifestations cliniques de ces conflits intrapsychiques à partir d'indices qui permettent de reconnaître :

— la principale source d'anxiété, soit instinctuelle, soit provenant de sentiments de culpabilité ;
— les symptômes physiques et psychiques manifestés ;

— les mécanismes de défense spécifiques à la psychonévrose.

Toutefois, dans l'optique du processus de représentation de soi, nous voulons étudier les répercussions de ces conflits intrapsychiques pour en tirer quelques implications dans la pratique professionnelle.

L'individu qui souffre d'une psychonévrose due à un conflit intrapsychique a atteint un niveau d'organisation psychique qui lui fait différencier, intégrer et consolider sa représentation de soi et, corrélativement, sa représentation du thérapeute comme une personne-objet différenciée et séparée de lui. Ce patient conserve des frontières bien délimitées entre le thérapeute et lui, bien que, dans le phénomène de transfert, il puisse le choisir comme cible, afin de déplacer sur lui des affects et des désirs conflictuels inconscients déjà ressentis dans le passé envers les figures parentales.

Malgré ces phénomènes transférentiels, l'individu reste toujours en mesure d'identifier les qualités réelles du thérapeute. Il peut manifester de l'appréciation, de l'admiration et du respect pour lui, en tant que thérapeute et, en même temps, reconnaître ses défauts et ses limites, en tant que personne, ce qui montre bien qu'il le considère comme un objet séparé de lui.

Un tel client peut collaborer réellement à la poursuite de l'objectif convenu entre les deux participants et accepter de s'astreindre aux modalités convenues pour y parvenir. C'est à cette collaboration que nous nous référons lorsque nous parlons d'une alliance thérapeutique établie entre le thérapeute et son client.

Reconnaître cette capacité de collaboration réelle de la part du client aide le thérapeute à choisir l'orientation du travail clinique à entreprendre et les modalités susceptibles d'aider l'individu dans l'intervention clinique proposée.

Les mécanismes de défense

Si nous considérons le développement de chacun des mécanismes de défense en relation avec le processus de représentation de soi, plutôt que de les considérer exclusivement en relation avec les phases psychosexuelles, les mécanismes de défense traditionnels représentent l'aboutissement de toute une série d'étapes dans leur développement (Stolorow et Lochmann, 1980).

Selon notre approche, le thérapeute identifie les mécanismes de défense dont le but est de protéger l'équilibre psychologique, il n'analyse pas les résistances provenant de ces mécanismes, mais favorise plutôt les fonctions intégratives et synthétiques du Moi autonome qui, elles, supplantent les fonctions inconscientes du Ça et du Surmoi. Nous nous rallions à la conceptualisation théorique de Storolow et Lochmann (1980) ; selon eux, la présence de tels mécanismes indique que les représentations de soi et de l'objet ont été différenciées, intégrées et consolidées (p. 173).

Dans notre processus thérapeutique, basé sur l'actualisation des forces psychologiques du Moi autonome, le thérapeute énonce clairement l'objectif à poursuivre avec le client, en s'alliant sans équivoque au Moi autonome de ce dernier, afin de favoriser ainsi ses fonctions synthétiques et intégratives qui impliquent, nécessairement, la différenciation, l'intégration et la consolidation de la représentation de soi.

Dans ce processus, le clinicien propose au client une démarche où il partage les expériences significatives actuellement vécues pour favoriser chez lui des prises de conscience de cette représentation de soi. L'intégration graduelle de ces expériences vécues se fait selon une séquence qui facilite l'acquisition d'une représentation de soi cohérente, unifiée et stable. Une telle représentation de soi est la garantie ultime d'une autonomie personnelle.

Ainsi, le thérapeute, ayant établi une relation à base d'empathie avec son client, l'aide à percevoir les nuances diverses de ses expériences actuelles plutôt que les scénarios répétitifs provenant de sa vie fantasmatique, ce que le client est porté à retrouver dans sa vie actuelle. Le clinicien n'encourage donc pas la régression, mais signale plutôt l'enrichissement des découvertes nouvelles. Par le fait même, il fait accéder le patient à une forme supérieure d'équilibre dans sa représentation de soi, laquelle, dans ses choix personnels, se concrétise par une plus grande capacité d'engagement à assumer des responsabilités tout en jouissant d'une plus grande liberté intérieure.

Arrêt partiel de développement

Nous pouvons, maintenant, nous attarder à l'autre versant de la psychopathologie qui est de formulation très récente (Stolorow et Lochmann, 1980), puisqu'elle découle directement de la psychologie psychanalytique du développement déjà mentionnée et dont le chef de file est Mahler (1974). Elle apporte un éclairage nouveau qui permet de beaucoup mieux comprendre les psychopathologies provenant des reliquats d'une carence affective, d'un développement déficitaire ou d'un arrêt partiel de développement.

Dans toutes ces malformations psychopathologiques, l'individu n'a pas atteint le troisième niveau d'intégration du processus d'organisation psychique. Un tel individu subit un « arrêt » partiel dans la structuration de la représentation de soi et de la représentation de l'objet. Donc, cette structuration est demeurée incomplète, inégale et partiellement avortée. Conséquemment, les structures subséquentes de représentation de soi demeurent vulnérables à une dissolution régressive.

Les reviviscences régressives reposent sur des configurations archaïques indifférenciées et non-intégrées que Kohut (1977) désigne sous le nom de « soi-objet ». Il se réfère à ce concept d'un objet archaïque qui est vécu comme non complètement distingué du Soi et/ou qui sert à restaurer et à maintenir le sens de « Soi » (voir Stolorow et Lochmann, 1980, p. 5).

Par ailleurs, le degré de sévérité de ces malformations est évalué en se référant aux trois propriétés déjà utilisées pour juger l'intégration et la consolidation de chacun des éléments constitutifs, les « quatre Soi dans la représentation de soi », en l'occurrence :

— la cohésion structurale,
— la stabilité temporelle,
— la coloration affective.

Ainsi le degré de gravité de la psychopathologie sera proportionnel

— au degré de structuration déficitaire de la représentation de soi
— à la vulnérabilité de cette configuration que constitue la représentation de soi
— à l'urgence de la menace de décompensation narcissique.

Nous empruntons à Stolorow et Lochmann (1980) les mêmes indices qu'ils ont utilisés pour évaluer la gravité de la perturbation narcissique. Pour compléter la compréhension de cette nouvelle formulation de la psychopathologie, il nous faut recourir à plusieurs concepts qui ont été explicités par ces auteurs.

Tout d'abord, leur définition fonctionnelle du narcissisme recouvre plusieurs entités nosologiques traditionnelles et elle est considérée plutôt comme une dimension de la psychopathologie. Cette définition fonctionnelle est formulée ainsi : « L'activité mentale est narcissique pour autant que sa fonction est de maintenir la cohésion, la stabilité et la coloration affective positive de la représentation de soi. » (Stolorow et Lochmann, 1980, p. 19) Les auteurs ajoutent que cette définition fonctionnelle apporte une clarification dans la compréhension de plusieurs aspects du narcissisme, par exemple : la perversion narcissique, les relations d'objet narcissique, le narcissisme dans le processus de développement, la relation de l'activité narcissique à l'estime de soi, le narcissisme en terme diagnostique et enfin le narcissisme normal ou pathologique.

Chez les patients souffrant de ces malformations psychopathologiques, il peut se rencontrer des activités sadomasochistes qui démontrent le rôle important que joue l'agression tournée, soit contre l'objet, soit contre soi. Des études récentes (Kohut, 1971, Rochlin, 1973) suggèrent que l'agression est une réponse singulièrement humaine à des blessures narcissiques. Elle peut servir aux efforts de l'individu pour réparer sa représentation de soi endommagée. Des expressions primitives et violentes d'agression, tournée contre soi ou contre l'objet, se retrouvent chez les individus plus vulnérables narcissiquement, c'est-à-dire ceux qui ont une représentation de soi plus précaire et plus fragile. Pour eux, une blessure narcissique est une menace réelle de fragmentation et de désintégration de la représentation de soi. Chez de tels patients, ces différentes formes d'expression de l'agression sont au service de la survie de la représentation de soi vulnérable.

Ces formulations récentes apportent une compréhension nouvelle dans les domaines théorique, clinique et thérapeutique.

Diagnostic différentiel

Ainsi l'individu souffrant de malformations aussi sérieuses établit une relation assez particulière avec le clinicien. Il va sans dire qu'il ne considère pas le thérapeute comme un objet séparé de lui, mais, selon les termes de Kohut (1971) comme un « soi-objet », c'est-à-dire qu'il se sert du thérapeute comme d'un « soi-objet » archaïque idéalisé ou dans lequel il se mire, de façon à maintenir un sens de cohésion de soi et ainsi prévenir des sentiments de morcellement de soi (p. 4).

La relation établie par le clinicien doit être à base d'empathie, afin de permettre une démarche progressive d'« internalisation » de l'image différenciée du thérapeute, vu comme une présence compréhensive. Éventuellement, l'individu devient capable d'une auto-observation et l'empathie permet alors l'établissement d'une alliance thérapeutique (Stolorow et Lochmann, 1980, p. 176).

C'est cette relation thérapeutique que Kohut (1977, p. XIV), nomme le « transfert narcissique », car l'individu n'est en mesure d'identifier ni les qualités réelles du thérapeute ni les siennes. Mais il est très sensible à la moindre manifestation de manque d'empathie de la part du thérapeute et il y réagit comme à une blessure narcissique intolérable. Il sera aussi très vulnérable à toute « séparation » de la part du thérapeute, laquelle pourrait provoquer des manifestations régressives massives ou des expressions soudaines d'agression.

Si nous envisageons les manifestations de l'aspect défensif en relation avec le processus de représentation de soi déjà mentionné, nous utiliserons plutôt ce que Stolorow et Lochmann (1980, p. 45) nomment les « préstages de défense » et qui se forment avant la consolidation des représentations de soi et de l'objet. Dans le processus thérapeutique, ces arrêts de développement se manifestent surtout par des interférences qui touchent spécifiquement la différenciation entre Soi et objet de même que l'intégration de ces représentations.

Stolorow et Lochmann (1980) précisent d'importantes différences entre les mécanismes de défense reconnus traditionnellement et les préstages de défense. À ce niveau de développement, ces préstages peuvent adopter les formes suivantes :

— *le déni* qui tient à l'incapacité d'enregistrer, et même d'affirmer, la réalité d'un événement, ce qui est différent du mécanisme de défense de déni des fantasmes sexuels ou agressifs ;

— *l'idéalisation et la « grandiosité »*, dues à un arrêt de développement, sont basées sur l'incapacité d'enregistrer et d'affirmer les qualités réelles du Soi et des objets ;

— *la projection et l'incorporation*, à ce stage, sont dues à l'indifférenciation des représentations de soi et d'objet, de même qu'à la confusion des frontières entre le Soi et l'objet ;

— *la fragmentation* est due à l'incapacité d'intégrer les images d'objet et de Soi avec des colorations affectives contrastantes, par exemple, les images de la bonne mère et de la mauvaise mère. Ainsi l'alternance, rapide et fluide, d'images contradictoires en relation avec le même objet extérieur manifeste un arrêt de développement, du fait que la fragmentation, à ce niveau, est l'incapacité d'intégrer en une seule représentation des images affectivement contrastantes.

En considérant les malformations psychopathologiques à partir du processus de représentations de soi et de l'objet et en tenant compte des préstages de défense tels que décrits précédemment, nous sommes plus en mesure de comprendre les manifestations psychopathologiques suivantes :

— les psychoses, dont les précurseurs des défenses sont la projection et l'incorporation et, pour certaines d'entre elles, la fragmentation, par exemple, dans la paranoïa ;

— plusieurs phénomènes cliniques qui, souvent peu compris, tels le narcissisme, le masochisme et le sadisme, l'idéalisation et la « grandiosité », les préstages de défense de la projection, l'incorporation et la fragmentation, ainsi que l'hypocondrie, la dépersonnalisation et les perversions, ont reçu un éclairage nouveau de Stolorow et Lochmann (1980) dans le livre intitulé *Psychoanalysis of Developmental Arrests.*

Grâce à ce nouveau point de vue, nous pouvons mieux poser un diagnostic différentiel entre les désordres psychotiques, les graves désordres de caractère et ceux de la personnalité narcissique ainsi que les cas marginaux.

◆ TROISIÈME PARTIE ◆

Les applications diversifiées

• 11 •

Réflexions sur l'éducation découlant de notre modèle théorique

Après avoir longuement détaillé le processus d'organisation psychique qui assure, sous l'égide du Moi autonome, l'épanouissement de la personnalité chez l'individu, il nous est maintenant facile d'anticiper l'objectif principal de l'éducation.

En effet, notre expérience nous porte à considérer qu'en éducation l'objectif principal réside dans la création de conditions qui soient les plus favorables au développement de l'autonomie personnelle de l'enfant, afin de permettre l'actualisation des forces psychologiques de celui-ci, selon les stades de développement de sa personnalité.

Cet objectif principal englobe nécessairement bon nombre d'objectifs secondaires, il est vrai, et ce sont d'ailleurs ceux-là que l'on met facilement de l'avant, dès qu'il s'agit d'éducation : transmission de l'héritage de la culture et du savoir, préparation à l'insertion dans une société en perpétuel changement, etc.

Bien entendu, chacun de ces objectifs secondaires a son importance, mais, à notre avis, l'acquisition de l'autonomie personnelle a préséance sur tout autre objectif, dans le développement de la personnalité de l'enfant. Tout d'abord, nous rappellerons assez sommairement les conditions essentielles à la formation de cette autonomie personnelle.

Envisageons en premier lieu la condition qui nous apparaît la plus essentielle, c'est-à-dire la qualité des interactions constantes entre l'adulte et l'enfant, où l'un et l'autre trouvent réciproquement une satisfaction réelle dans des échanges de plus en plus significatifs. La mutualité qui se développe ainsi entre les participants, telle qu'explicitée par Erikson (1964, p. 231), est la base même de l'actualisation des forces vitales humaines propres à chacun des partenaires.

Cette réciprocité entre l'adulte et l'enfant évolue en accord avec les divers stades de développement des forces autonomes de ce dernier. De pair avec cette évolution, une organisation adéquate des conditions du milieu de vie apportera à ce dernier une alimentation de stimuli appropriés favorisant sa participation active et l'amenant graduellement à prendre des décisions, au fur et à mesure que se développent une perception plus différenciée de l'entourage et une capacité de poser des jugements personnels. Et c'est l'exercice de ce jugement personnel qui permettra à l'enfant de maîtriser progressivement les aspects de la réalité qui l'entoure, avec l'aide du discernement judicieux de l'éducateur.

L'observation participante

Toutefois l'éducateur ne peut arriver à ces discernements judicieux que s'il observe constamment l'enfant dans ses expériences vécues, alors que ce dernier fait des découvertes et des acquisitions graduelles, alimentées par un intérêt réel dans ses propres réalisations. Cette observation de la part de l'éducateur sera d'autant plus judicieuse qu'il sera à l'affût, dans le comportement de l'enfant, des indices propres à chacune des forces psychologiques, selon le niveau de développement atteint. On peut dire que cette observation qualitative suscite, chez l'éducateur, une créativité toujours renouvelée, lui faisant découvrir les défis les plus appropriés pour solliciter la participation active de l'enfant. Ainsi, l'éducateur qui manifeste de l'enthousiasme devant les découvertes faites par l'enfant éveillera, chez ce dernier, une fierté et une estime de soi essentielles à la formation d'une identité positive.

Cependant, pour devenir cet observateur participant capable de relire les expériences vécues en interaction avec l'enfant, et de se trouver ainsi l'agent de l'actualisation des forces chez celui-ci, l'adulte devra forcément s'engager de plus en plus. Pour qu'un tel engagement puisse vraiment tourner au bénéfice du jeune, l'éducateur devra avoir acquis un minimum de représentation de soi, ce qui le dispose à se découvrir lui-même à travers ses interactions avec l'enfant. Dans ce sens, l'on peut dire que l'enfant éduque l'adulte autant qu'il est éduqué par lui.

En effet, seul l'adulte qui prend intérêt à toujours se découvrir davantage à travers toutes ses interactions avec le jeune, qui reste perméable à la découverte et même à l'émerveillement que suscite l'épanouissement des forces vitales humaines chez ce dernier, à chacun des niveaux de son développement, seul cet adulte est susceptible de devenir vraiment significatif aux yeux de l'enfant et d'être choisi par lui comme objet affectif.

Mais pour accéder à cet objectif, c'est-à-dire pour en arriver à se sensibiliser à l'autre, tout en demeurant soi-même, l'éducateur doit avoir atteint, grâce à une représentation de soi assez intégrée, une certaine identité personnelle qui se manifestera par un engagement aux valeurs de vie : capacité d'aimer qui se traduit par un respect des autres et de soi-même, capacité de s'ouvrir véritablement aux autres et, surtout, à la génération nouvelle, en créant, pour les enfants dont il est responsable, les conditions propres à assurer l'épanouissement personnel de chacun.

Nous voudrions maintenant, dans une brève récapitulation, décrire ce que pourront être, d'une part, les conditions adéquates pour qu'un milieu de vie puisse apporter une alimentation de stimuli appropriés aux premiers stades du développement de l'enfant et, d'autre part, les interventions éducatives de la part des adultes qui assument la fonction d'éducateur et qui auront à créer ces conditions.

Les conditions de vie génératrices de stimuli

La séquence des stades de développement et les composantes des forces psychologiques se retrouvent chez tout enfant et nous les connaissons bien. Cependant il est impératif d'ajouter, ici, que ce processus d'organisation psychique se développe de façon tout à fait personnelle et individuelle, chacun ayant son rythme et son style bien particuliers. Nous n'avons pas l'intention de nous arrêter aux idiosyncrasies qui caractérisent l'histoire personnelle et unique de chaque individu, mais nous tenons à souligner l'importance capitale de l'observation participante, outil privilégié de l'éducateur pour tenir compte des particularités propres à chaque enfant et perçues à travers les éléments communs à l'actualisation des forces psychologiques chez tout individu. En effet, la connaissance de cette séquence dans la croissance des forces vitales humaines ne nous dispense aucunement de nous attarder à cette façon « unique » dont chaque être humain vit ce processus d'organisation psychique. Bien au contraire, à l'instar du développement psychologique, de nature encore plus complexe, nécessitera-t-il une observation individualisée et continuelle, afin de pouvoir répondre adéquatement à la façon très personnelle dont l'enfant vit ses diverses expériences.

Pour que ce processus d'organisation psychique puisse démarrer dans les conditions les plus favorables, c'est à la mère, première éducatrice, que revient, à l'intérieur de sa propre organisation de vie, de donner la préséance aux soins à apporter à l'enfant au cours de sa première année. En effet, l'enfant se sentira accueilli dans un univers sécurisant, à cause même de la disponibilité dont la mère — ou tout autre pourvoyeur de soins — saura faire preuve, de la continuité avec laquelle elle apportera ces soins aussi bien que les stimuli appropriés à la croissance de son enfant, démarche vécue à l'intérieur de cette mutualité d'échanges dont nous parlions plus haut. Conséquemment, l'enfant se sent bien, il ressent un bien-être corporel dans ce milieu sécurisant, polarisé par la présence de la mère. Cette dernière étant perçue comme la source de toutes satisfactions et de sécurisation exogène, elle deviendra pour l'enfant l'« univers maternel », c'est-à-dire une « totalité soignante ». Toutefois, la globalité de cette perception s'atténuera graduellement, laissant place à une différenciation de plus en plus marquée. En effet, vers le second stade de croissance, (c'est-à-dire vers trois ans), le premier processus de séparation-individuation pourra prendre forme dans la mesure où le milieu présentera des conditions encourageant la participation active de l'enfant sans limites arbitraires, selon le discernement judicieux de la mère et des autres membres de la famille. C'est alors que l'enfant pourra développer une certaine fierté dans une participation corporelle active, encouragée par les personnes significatives de son entourage qui ont su lui organiser un milieu en accord avec son activité corporelle souvent débordante. C'est ainsi que, fier de sa propre productivité, il se découvrira devenir quelqu'un aux yeux de ces mêmes personnes, ce qui donnera lieu à sa véritable naissance psychique en tant que personne séparée de l'univers maternel.

Au troisième stade, l'organisation du milieu devra encourager les jeux de l'enfant pour permettre à ce dernier de découvrir le monde des compagnons de jeu et le monde des adultes, puisque cet univers d'essai qu'est le jeu favorise l'expérimentation des rôles joués en interaction avec les autres.

Ces multiples découvertes préparent l'enfant à effectuer le passage important du milieu familial au milieu scolaire. En effet, ces diverses expérimentations de rôles — ainsi que les interactions fréquentes avec les compagnons de jeu — font vivre à l'enfant une adaptabilité qui le prépare aux changements de milieu, de personnes et de régime de vie.

Nous avons longuement parlé déjà des différentes acquisitions que peut faire le jeune, tant en période de latence qu'à l'adolescence, grâce à une participation active dans son milieu scolaire. Cependant, pour mieux faire ressortir ces aspects considérés comme essentiels, lorsqu'il est question de les appliquer au domaine de l'éducation, nous opposerons, en un court parallèle, les ressemblances et les différences entre les quelques écoles de pensée qui, en plus de l'école traditionnelle, sont les mieux connues en éducation.

Toutefois, nous aimerions auparavant souligner les quatre caractéristiques du processus d'organisation psychique du Moi autonome à chaque stade du développement et qui devront toujours constituer les pôles de référence d'un équilibre harmonieux, dans l'organisation de conditions de vie adaptées aux différents niveaux de développement.

Le Soi corporel

Pour maintenir un équilibre harmonieux entre la dépense d'énergie physique et psychique, pour favoriser un ressourcement d'énergie indispensable à tous les niveaux de développement, les conditions de vie doivent faire appel à un certain degré de participation corporelle et assurer ainsi une mise en forme physique et psychique au jeune, en lui offrant des expériences de satisfaction susceptibles d'apporter, en plus de celles que procurent la nourriture et le sommeil, une certaine détente corporelle. Il s'agit là d'un aspect essentiel, surtout en pleine période de développement physique, et cet aspect peut facilement être oublié. Posons-nous la question suivante : « À l'heure actuelle, comment l'équipement corporel est-il vécu dans l'ensemble des conditions de vie ? De plus, comment permet-on au jeune de prendre conscience de sa participation corporelle dans ses activités, pour l'aider à accéder ainsi à une représentation de son Soi corporel ? »

Le Soi productif

Quand il s'agit de l'épanouissement de toute la personnalité de l'enfant, demandons-nous quels sont les intérêts que l'éducateur éveille et cultive chez ce dernier, quels défis il lui lance, sollicitant de sa part une participation engagée dans une démarche productive, capable de lui faire découvrir ses propres forces vitales et acquérir ainsi la fierté et l'estime de soi.

Le Soi adaptatif

À partir de l'organisation de ses conditions de vie, observons les changements vécus par le jeune pour favoriser chez lui un certain équilibre de ses forces vitales. Ces changements sont-ils ressourçants ou exigent-ils une dépense d'énergie au-delà de ce qui serait souhaitable ? L'adaptabilité, dont le jeune doit faire preuve, est-elle au détriment de sa propre productivité ? Les changements sont-ils prévus ou imprévus, imposés par le milieu ou décidés par l'enfant lui-même ? Est-il en mesure, en relevant les défis que ces changements suscitent, de les intégrer ou doit-il être aidé pour y faire face, surtout lorsque ces changements sont inévitables et, quelquefois même, imprévus ? Autant de questions qu'un éducateur averti doit se poser pour être en mesure de guider ce jeune dans l'actualisation de ses propres forces vitales, au moyen de l'intégration de ses expériences vécues.

Le Soi social

Un dernier aspect, capital en ce qui concerne l'épanouissement personnel à tous les niveaux de développement et encore plus décisif au temps de l'enfance et de la jeunesse, est bien celui des rencontres significatives qui, dans les différents milieux de vie fréquentés par le jeune, interpellent et sollicitent sa participation active. Il s'agit ici d'interactions qui seront pour lui vraiment enrichissantes, capables de l'ouvrir aux autres et de le faire se découvrir lui-même.

Se sent-il accueilli dans les milieux qu'il fréquente : d'abord la famille, puis le groupe communautaire ou le voisinage ? Peut-il recourir à des adultes, devenus pour lui assez significatifs pour être, au besoin, des pourvoyeurs adéquats, des modèles d'identification, enfin des personnes qui, tout en recevant les confidences du jeune, seront en mesure de l'aider à découvrir ces forces qui l'animent et, partant, sa propre identité ? Fraternise-t-il avec des jeunes de son âge de façon à ce que ces échanges, poursuivis dans les conversations, les jeux ou le travail puissent lui apporter une certaine représentation de soi ? N'oublions pas que la coopération vécue dans les jeux et dans les tâches, ainsi que la collaboration suscitée par toutes ces expériences, facilitent aussi cette représentation de soi.

Présentés assez sommairement, voici les questions et les points de vue les plus essentiels qui doivent devenir des pôles de référence lorsqu'il est question d'aider le jeune à découvrir les conditions de vie les plus en mesure de favoriser un équilibre harmonieux, propice à l'actualisation de ses forces autonomes.

La transmission des valeurs

Il vaut la peine, à notre avis, de souligner à nouveau cette dimension tellement capitale pour des éducateurs, la transmission des valeurs, qui ne peut s'opérer que par une qualité d'échanges entre les générations. Pour amorcer ce point de vue, nous citons Bettelheim (1972) :

> « L'enfant n'apprend à distinguer le bien du mal que dans la mesure où il est entouré d'êtres humains exemplaires qui sont si attirants à ses yeux qu'il veut les imiter pour former sa personnalité et ses valeurs à l'image de ceux qu'il admire et auxquels il s'identifie. » (p. 103)

Et il ajoute : « Afin de réussir avec nos enfants, nos vies personnelles doivent être d'une nature telle que nous puissions désirer que nos enfants nous prennent pour modèles et désirent nous surpasser. » (p. 104)

Le jeune ne peut donc assimiler des valeurs que si nos milieux de vie, d'abord la famille, puis l'école et peut-être d'autres groupes communautaires, accordent une signification essentielle et durable à ces valeurs, c'est-à-dire pour autant que le jeune trouvera ces valeurs dans une façon de vivre partagée entre les adultes et les jeunes, et par les jeunes entre eux, car vivre des valeurs, c'est en faire l'expérience. La découverte d'une valeur constitue en effet une expérience vraiment significative pour le jeune dans la mesure où il pose lui-même certains actes orientés vers cette option, où il reçoit la reconnaissance de pairs adhérant à la même valeur, ou d'adultes significatifs à ses yeux et en mesure de le confirmer dans ce choix.

Cependant, dans une société aussi changeante et pluraliste que celle à laquelle nous sommes confrontés à notre époque et où, avec une rapidité fulgurante, nous subissons l'impact d'un « déphasage culturel », passant d'une culture stable à des bouleversements assez spectaculaires, qui nous obligent à nous resituer continuellement, bref, dans un tel contexte socioculturel, quels points de repère peuvent être adoptés par l'éducateur pour favoriser l'éclosion des forces humaines chez le jeune ?

Il nous est toujours possible de nous référer au code d'éthique que nous propose la règle d'or, dont la formulation peut varier selon le niveau d'exigence. Pour correspondre au niveau le plus élevé, on pourra choisir : « Tout ce que vous désirez que les autres fassent pour vous, faites-le vous-mêmes pour eux. » (Mt 7, 12)[1] À un niveau d'évolution moindre, on choisira : « Ce que vous ne voulez pas que les hommes fassent pour vous, veillez à ne pas le faire à leur égard. »

Devant la perplexité de l'éducateur aux prises avec le contexte actuel, retenons quelques questions qui pourront aider à transmettre les valeurs essentielles à l'acquisition de l'autonomie personnelle.

— Lors d'expériences vécues et partagées avec le jeune, dans quelles circonstances et face à quels événements l'éducateur soulève-t-il le problème des valeurs et comment l'aide-t-il à mieux percevoir cette dimension importante ?

— L'éducateur provoque-t-il des moments privilégiés d'échanges entre les jeunes et lui pour relire de façon significative les expériences vécues dans cette optique ?

— Quand et comment l'éducateur fait-il appel à la conscience de l'enfant pour orienter sa conduite face à des prises de responsabilités ?

— Quand et comment amenons-nous le jeune à faire un choix face aux valeurs ?

---

1. Traduction de la *Bible de Jérusalem*.

— Cherchons-nous à connaître ce qui a suscité le choix du jeune lorsque certaines valeurs sont impliquées et entrent en conflit à ses yeux ?

— À la suite d'un échange significatif avec le jeune en regard d'un choix face à des valeurs, lui laissons-nous prendre sa décision en respectant ainsi son autonomie grandissante ?

— Dans les groupes qu'il fréquente, par exemple à l'école, à la paroisse, à l'institution, l'adolescent trouve-t-il des occasions d'exercer un choix en regard de ses responsabilités personnelles et selon les valeurs que les éducateurs veulent transmettre ?

— L'esprit qui anime ces groupes traduit-il un appel impératif à poursuivre et à vivre des valeurs fondamentales et universelles tels la justice, l'honnêteté, la solidarité, le travail, l'amour et la sollicitude ?

— L'adolescent a-t-il des occasions précises de vivre un authentique échange avec la génération qui le précède, de manière à consolider son espérance fondamentale et à déployer les nouvelles forces de croissance qu'il détient ?

Quelques écoles de pensée en éducation

Avant de faire le parallèle entre certaines écoles de pensée qui, à l'heure actuelle, influencent l'éducation et la nôtre, nous utiliserons une citation d'Ackerman (1972) qui, bien que trop caricaturale, servira tout de même de point de départ à ce qui va suivre :

> « Les diverses philosophies éducatives semblent se polariser entre une soumission primordiale au cœur ou à la tête. En un sens, les dichotomies entre ordre-discipline et liberté, punition et compréhension-amour, autorité-contrôle et autonomie reflètent cette scission fondamentale entre le cœur et la tête. Un enfant doit-il être dirigé en partant de la tête vers le cœur ou en partant du cœur vers la tête ? » (p. 217)

Et il ajoute : « La question n'est-elle pas plutôt de garder ensemble le cœur et la tête et de tendre toujours à garder l'équilibre entre les deux ? » (p. 217)

A.S. Neill

L'école de pensée, perçue comme la plus radicale en ce qui concerne l'action éducative aujourd'hui, est basée sur le postulat cher à J.-J. Rousseau (1769), à savoir que l'enfant a tout ce qui lui est nécessaire pour devenir un être bon : « Il a une sagesse et un réalisme innés ; s'il grandit loin de toute suggestion adulte, il développera tout le potentiel qui est le sien ». Cette position radicale, exposée par A.S. Neill (1960) dans *Libres enfants de Summerhill*, suscite encore un intérêt universel, et le livre intitulé *Pour ou contre Summerhill*[2] représente un éventail à peu près complet des idées actuelles relatives à l'éducation et à la formation, parce qu'on y trouve la contribution de plus de quinze penseurs connus qui se sont prononcés sur les principes énoncés par Neill. En voici quelques-uns, tirés de *Pour ou contre Summerhill*, et que nous nous contenterons de résumer très succinctement. Selon Neill :

1. L'enfant est naturellement bon, sagace et réaliste.
2. Le droit de la jeunesse, c'est de jouer, et c'est là la voie royale qui mène au savoir.
3. Les connaissances acquises de manière conventionnelle, dans les livres, séparent le cœur de la tête et aliènent l'enfant de ses émotions.
4. L'enfant ne peut s'épanouir et devenir un être complet que dans une atmosphère d'affection et de liberté.
5. La relation entre maître et élève doit être empreinte d'une sincérité et d'une honnêteté qui ne supportent pas de compromis.
6. Vous faites ce que bon vous semble tant que vous ne gênez pas la liberté des autres.
7. La répression est néfaste et les névroses sont le résultat de la répression sexuelle.
8. L'acquisition du savoir dépend d'un mobile intérieur personnel plutôt que d'un mobile imposé de l'extérieur.

2. Ackerman, N.W. et al, *Pour ou contre Summerhill*, Payot, 1972.

Cette philosophie de l'éducation, telle que l'a exposée Neill, révèle toutefois des contradictions et des paradoxes sérieux que plusieurs auteurs ont pris soin de souligner. Nous ne citerons ici que Bettelheim (1972) :

> « La philosophie de Neill est d'une naïveté charmante, mais, manquant de sophistication en matière de psychologie. (...), celui-ci reste ignorant des raisons qui font son succès. Neill est avant tout un éducateur et Summerhill est un succès (...) parce qu'il est avant tout une extension de sa personnalité. » (p. 89)

Mais nous ne nous attarderons pas sur la pauvreté de la conceptualisation théorique de Neill, laquelle a été écrite « avant que la psychologie du moi ne devienne la pierre angulaire de la théorie et de la pratique psychanalytiques » (p. 89).

Bien que ce soit surtout la personnalité de Neill comme éducateur qui soit à la source du succès de son œuvre éducative, soulignons quelques points de similitude entre nos propres principes éducatifs et ceux qu'il a formulés, en prenant soin de nuancer ses assertions et en les commentant là où il y a lieu.

1. L'acquisition du savoir dépend plus d'un mobile intérieur (nous dirions d'un intérêt réel du Moi de l'enfant) que d'un mobile imposé de l'extérieur.

2. La relation entre maître et élève doit être empreinte d'une sincérité et d'une honnêteté qui ne supportent aucun compromis. (Nous sommes tout à fait d'accord.)

3. L'enfant ne peut s'épanouir et devenir un être complet (selon nous, actualiser toutes ses potentialités) que dans une atmosphère d'affection (pour nous, de réelle mutualité et de respect réciproque dans les échanges entre adulte et enfant) et de liberté (si l'on veut dire : là où on encourage la participation active et les décisions personnelles, selon le niveau de responsabilité que le jeune est en mesure d'assumer).

A. Maslow et C. Rogers

Laissons de côté cette prise de position assez radicale de Neill, qui « semble sacrifier la tête au cœur » (Hechinger, 1972, p. 34), pour aborder une école de pensée qui se rapproche de cette conception où l'importance de l'affectivité est mise en évidence. C'est celle des psychologues humanistes, dont Maslow (1968) et Rogers (1967) sont les représentants les plus renommés. L'orientation humaniste est effectivement basée sur le postulat qui veut que ce que l'homme peut ultimement devenir soit déjà en lui à l'état potentiel, depuis le moment de sa conception.

Selon les tenants de cette école de pensée, le rôle de l'éducateur consisterait à rechercher et à permettre l'épanouissement de ce potentiel toujours présent en tout être humain. Ceux-ci se soucient du processus du « devenir », celui par lequel chaque personne se découvre ultérieurement.

Mais laissons Rogers (1967) exprimer lui-même sa pensée à propos des applications pédagogiques qu'il en tire :

> « Il doit être clair que l'enseignant placera sa confiance fondamentale dans la tendance de ses étudiants à s'affirmer eux-mêmes. L'hypothèse sur laquelle il veut construire est que les étudiants, qui sont en contact effectif avec la vie, désirent apprendre, veulent mûrir, cherchent à trouver, espèrent maîtriser, désirent créer. Il jugera que sa fonction consiste à développer une relation personnelle avec ses étudiants et un climat dans sa classe tels que ces tendances naturelles arrivent à leur pleine maturité. » (p. 210)

Cette psychologie humaniste emprunte un langage semblable à celui de la « doctrine du Moi réel à découvrir et à actualiser ». En effet, ses tenants affirment — et nous citons ici Maslow (1968) — « que le rôle de l'éducateur est bien d'aider la personne à découvrir ce qui est déjà en elle plutôt que de lui enseigner, de manière préconçue, ce que quelqu'un d'autre a déjà décidé à l'avance » (pp. 691, 693).

Lorsque Maslow (1968) écrit que le rôle de l'éducateur est d'aider la personne à découvrir ce qui est déjà en elle plutôt que de façonner celle-ci, on peut être d'accord pour autant qu'il s'agit d'adultes, mais on ne peut plus l'être quand il s'agit d'éduquer un enfant. Comme nous l'avons déjà explicité, le processus d'organisation psychique, qui englobe non seulement l'aspect affectif, mais aussi tout le cognitif, nécessite une alimentation de stimuli appropriés pour chacun des stades de développement. Cette alimentation doit provenir des conditions de vie offertes par le milieu et des interventions adéquates de la part de l'éducateur, dans le but d'actualiser chez l'enfant chacune de ses forces psychologiques. Il s'agira donc de proposer au jeune des défis proportionnés à ses capacités, encourageant de sa part une participation active, exprimée par des décisions personnelles, dont il est en mesure d'assumer les responsabilités.

Il va sans dire que, lorsqu'il s'agit de l'éducation de l'enfant, on ne peut guère recommander de façon universelle l'approche totalement non-directive. Mais, à l'occasion, elle peut très bien servir, surtout pour faire le contrepoids à une attitude trop directive de la part de parents portés à concevoir l'éducation de façon par trop autoritaire : « Les parents commandent, les enfants écoutent ».

S'il est basé sur une solide conception théorique, un mode d'approche, favorisant l'équilibre entre l'aspect cognitif et l'aspect affectif (entre la tête et le cœur) sans que l'un ne soit au détriment de l'autre, permettra à l'éducateur d'offrir des sollicitations extérieures et des interventions éducatives appropriées, susceptibles d'éveiller et d'accroître les intérêts de l'enfant, surtout de celui aux prises avec des problèmes provenant, soit de pressions intérieures inconscientes, soit d'un milieu familial en conflit ou désorganisé, soit encore — ce qui est souvent le cas — des deux à la fois. Une connaissance approfondie du processus d'organisation psychique selon les stades de développement permettra à l'éducateur, tout en respectant le rythme de croissance du jeune, d'alimenter ce processus en lui proposant des défis appropriés à son niveau d'évolution. Il ne s'agit pas d'imposer arbitrairement ce que quelqu'un d'autre a déjà décidé à l'avance, ni non plus de laisser à l'enfant la totale responsabilité de découvrir seul sa voie, sans l'aide effective d'un éducateur averti.

J. Holt et T. Gordon

Deux autres disciples bien connus de cette école de pensée, John Holt (1964) et Thomas Gordon (1976, 1979), ont largement disséminé ces idées dans le domaine de l'éducation. Gordon a publié deux volumes intitulés *Parents effica-*

ces (1976) et *Enseignants efficaces* (1979), qui sont fort populaires et très répandus.

Notre conceptualisation théorique est très différente de cette école de pensée, puisque cette dernière ignore toutes les découvertes psychanalytiques de l'inconscient, les stades épigénétiques du développement de la personnalité et l'évolution de l'aspect cognitif. Il existe toutefois plusieurs points de convergence entre notre approche éducative et la leur.

En effet, nous retrouvons, dans les deux approches, l'importance de la relation affective entre l'adulte et l'enfant, la recherche de l'épanouissement du potentiel de l'être humain, le souci du processus du « devenir » — celui par lequel la personne se découvre intérieurement et cherche à atteindre sa pleine maturité —, enfin la découverte et l'actualisation du « Moi réel », le but fondamental étant la réalisation de soi-même.

Cependant nos divergences sont encore plus nombreuses, car, bien que nous attachions beaucoup d'importance au point de vue affectif dans ce qui touche la croissance personnelle, nous n'allons pas jusqu'à croire qu'en excluant l'aspect cognitif, le point de vue psychosocial et tout le contexte du milieu dans lequel le jeune évolue, cet aspect affectif puisse à lui seul garantir le développement de la personnalité, surtout s'il s'agit de l'enfant ou de l'adolescent.

Si ce mode d'approche peut être bénéfique pour des adultes ayant déjà atteint un niveau suffisant de maturité, parce qu'il leur facilite une prise de conscience de ce qui, en eux, est déjà développé, il en va autrement pour ce qui concerne les jeunes en plein développement et qui ont besoin d'être guidés pour favoriser l'intégration de leurs expériences et l'actualisation de leurs forces psychologiques.

J. B. Watson et B. F. Skinner

Pour faire contraste, abordons maintenant l'école de pensée propre à la psychologie behavioriste qui, pour plusieurs, représente l'antithèse de la conception neillienne de l'éducation. Nous n'esquisserons qu'à grands traits les points les plus saillants de cette conception behavioriste, notre court parallèle n'ayant pour but que de situer notre conception par rapport à quelques autres écoles de pensée assez répandues. À l'origine, le behaviorisme, selon les termes mêmes de Watson (1929), fondateur de cette école, postule que, si un conditionnement était appliqué de façon adéquate au nouveau-né ou au jeune enfant, les psychologues pourraient prédire l'évolution psychologique de chaque individu et pourraient même organiser à l'avance cette évolution. Actuellement, le néo-behaviorisme proposé par B.F. Skinner (1971), qui repose sur le même principe que le précédent (Watson), s'attache plutôt à l'étude du « conditionnement opérant », lequel se définit par un ensemble de contingences qui renforcent une réponse prévue à l'avance. Ainsi, selon les termes mêmes de Skinner (1971), « une formulation adéquate de l'interaction entre un organisme et son milieu doit toujours spécifier trois choses : 1) les circonstances dans lesquelles la réponse survient ; 2) la réponse elle-même ; 3) les conséquences renforçantes » (p. 24). L'expression « contingences de renforcement » désigne l'ensemble des interrelations entre ces trois éléments. Ainsi, le comportement engendré par un ensemble donné de contingences peut-il être expliqué, sans faire appel à des états ou à des mécanismes internes qui, de l'avis de Skinner, seraient purement hypothétiques.

Cette conception behavioriste voit en l'homme un récepteur d'influences extérieures ; il s'ensuit que les tenants de cette conception font porter l'étude du comportement humain sur la découverte des renforcements les plus efficaces pour produire le comportement désiré et sur les façons les plus productives d'utiliser ces renforcements. Skinner croit que, si l'on contrôle soigneusement les conditions de cet enseignement, on peut diriger et prévoir le comportement futur. L'apprentissage se fait donc par associations et conditionnement : l'enfant accumule des associations, un conditionnement et des habitudes qui deviennent des automatismes.

Cette sorte d'acquisition du savoir n'a au fond que très peu de rapport avec les qualités spéciales et uniques de l'élève. Dans cette approche mécaniste, c'est souvent le maître qui décide, d'avance, ce qui doit être appris ; l'élève n'est que l'élément réceptif qui doit être façonné par un enseignement. Ce genre d'acquisition peut assez souvent refléter les buts que s'était proposés l'éducateur, mais elle ignore, dans sa majeure partie, les valeurs et les buts de l'élève. C'est ce que nous dit Eda Lashan (1972). Et elle ajoute que 90 % des enfants ne connaissent que cette forme d'acquisition du savoir : « une longue manœuvre répétitive en vue d'une acquisition de techniques spécifiques et d'un enregistrement mental des faits. L'éducateur est un conférencier, un conditionneur, un renforceur et un patron. » (p. 119)

Comme l'ont fait les tenants de l'école behavioriste, nous nous sommes attardée à découvrir et à étudier les défis susceptibles de stimuler l'apprentissage chez le jeune. Mais, contrairement à eux, il ne s'agit pas — dans notre processus éducatif — d'un conditionnement axé sur le rendement, mais du choix de défis les mieux appropriés à l'actualisation de chacune des forces vitales du Moi autonome, et ce, à chaque niveau de développement. En effet, il est important de bien spécifier que notre étude porte sur la « qualité » de l'alimentation des stimuli les plus adéquats pour favoriser l'acquisition de l'autonomie personnelle. Elle tient compte de ce que nous connaissons du processus d'organisation psychique assurant l'équilibre harmonieux entre toutes les composantes de la personnalité humaine Il ne s'agit donc pas seulement du niveau du développement de l'enfant, mais aussi de son rythme de croissance et de sa façon très personnelle et unique de vivre ce processus de croissance.

Le reproche que l'on adresse au behaviorisme de ne pas se soucier des qualités spéciales et uniques de l'enfant, donc de concevoir ce dernier comme un élément purement réceptif à façonner par un enseignement, ne peut vraiment s'appliquer à notre façon de concevoir l'éducation. Au contraire, nous ne cessons de souligner l'importance capitale de la participation active du jeune, participation découlant des décisions personnelles qu'il apprend à faire, à la mesure de ses capacités d'assumer des responsabilités. À partir de ses intérêts personnels, des habiletés et des aptitudes qu'il apprend à découvrir en lui-même, le jeune relève les défis qu'il se pose, ou que lui propose l'éducateur, selon son niveau de développement. Or, ce dernier ne parviendra vraiment à découvrir le processus de croissance propre à l'enfant que par l'observation participante dans l'expérience partagée avec le jeune.

Il est donc clair que l'apprentissage que nous favorisons chez l'enfant n'est nullement basé sur les associations et le conditionnement, mais, bien plutôt, à partir des défis appropriés pour son âge, sur les expériences qu'il est appelé à vivre et sur l'actualisation de ses schèmes cognitifs selon le stade de développement atteint. Il deviendra ainsi peu à peu capable de généralisations et, par voie de conséquence, d'autonomie. Dans une telle perspective, nous sommes bien loin de l'enregistrement mental des faits et de l'acquisition de techniques particulières faits par le truchement d'une longue manœuvre répétitive ou par celui de renforcements extérieurs, ce qui prive l'enfant de cette découverte tellement enrichissante et si pleine d'intérêt qu'est « la joie d'apprendre pour apprendre ». Et cette joie d'apprendre est bien, en effet, la motivation interne essentielle à l'acquisition de l'adaptabilité, composante qui met l'enfant en mesure de se situer personnellement dans le contexte social, économique, politique et culturel, en constante évolution et dans lequel il est appelé à vivre.

L'école de pensée behavioriste, qui se réclame d'un déterminisme extérieur aussi accentué, est évidemment aux antipodes de notre propre conception qui repose « totalement » sur le développement de l'autonomie personnelle de l'individu. Malgré cette différence totale, on nous dit que plusieurs éducateurs nous identifient à cette conception behavioriste après lecture de notre premier volume *Les étapes de la rééducation — des jeunes délinquants et des autres*. Nous avons eu beaucoup de mal à concevoir comment on avait pu faire un tel rapprochement, mais, à y réfléchir, nous croyons que cette façon de voir provient de la tendance à polariser ou à dichotomiser les approches éducatives entre intervention et non-intervention, entre directivité et non-directivité, entre discipline et liberté, entre punition-conséquences des actes et compréhension-amour, entre autorité-contrôle et autonomie.

Notre approche éducative, découlant de notre expérience clinique et de notre conceptualisation théorique, ne peut facilement, de toute évidence, se situer dans l'une ou l'autre de ces philosophies éducatives. Nous n'avons pas, en effet, opté pour l'aspect affectif au détriment du cognitif ni inversement ; au contraire, nous avons considéré le développement intégral de l'enfant sous ces deux aspects, tenant compte en même temps de toutes ces autres influences qui marquent sa croissance. D'une part, il y a celles qui proviennent des pressions internes : injonctions souvent inconscientes des pulsions ou encore des impératifs catégoriques du Surmoi ; d'autre part, toutes celles que véhiculent les conditions du milieu de vie et qui sont loin d'être toujours favorables à l'épanouissement de l'enfant.

L'école psychanalytique

Pour compléter le parallèle entre notre approche et quelques écoles de pensée les plus actuelles qui influencent les philosophies éducatives, il serait peut-être bon de préciser certains points de vue émanant de l'école de pensée psychanalytique et, surtout, de faire le point sur ses conséquences possibles dans les divers domaines de l'éducation.

Reportons-nous tout d'abord aux débuts de la psychanalyse, à Vienne. Ekstein et Motto (1969) retracent — dans un article — la ligne de démarcation qui existait à l'époque entre l'éducation et la psychanalyse. Thérapeutes et éducateurs, formés ensemble, cherchaient ce que la psychanalyse pouvait apporter à l'éducation. Il en a découlé une certaine fusion entre psychothérapie et éducation, et conséquemment, une confusion dans ces deux domaines. Ces mêmes auteurs ajoutent qu'il doit justement exister une ligne de démarcation très claire entre psychothérapie et éducation, non pas tellement en regard de la compréhension que l'on cherche à avoir de l'enfant, mais en tout ce qui a trait à la différenciation de fonction, du but des méthodes d'application. Bettelheim (1950), de son côté, souligne que psychanalystes et éducateurs ont fait preuve d'un engouement trop exclusif pour les méthodes de traitement psychanalytique, dont le but est de rendre conscient l'inconscient, et ont négligé, par le fait même, la conception psychanalytique qui englobe le développement intégral de l'homme, de l'enfance jusqu'à sa maturité. Des éducateurs ont ainsi transposé à l'éducation d'enfants normaux, en les gardant presque intactes, les méthodes de thérapie psychanalytique conçues pour adultes névrotiques, alors que ces méthodes sont le contraire de ce qui convient en éducation. On peut même dire que le but de la psychanalyse, formulé par Freud (1953), à savoir : « Où était le Ça, là sera le Moi »[3] en a été oublié.

La théorie psychanalytique du Moi est toutefois venue modifier et élargir cette conceptualisation théorique qui, jusque là, avait été presque exclusivement dominée par la théorie de l'inconscient, et ce, en s'intéressant non seulement aux conflits intrapsychiques, mais aussi à l'adaptation psychosociale (Hartmann, 1950, Erikson, 1964a).

Jusqu'à tout récemment, aucune théorie de l'apprentissage n'avait été formulée dans l'école psychanalytique. La psychologie psychanalytique du Moi ne l'avait pas encore abordée. Or, ce n'est sans doute pas pure coïncidence si, pour combler cette carence, les psychanalystes ont développpé un intérêt marqué pour l'épigénèse cognitive, telle que conçue par Piaget (1975). Les développements théoriques tout récents de Greenspan (1975) et de Noy (1979) viennent, de leur côté, apporter un nouvel éclairage sur le développement cognitif intégré à la conception psychanalytique.

Depuis une trentaine d'années déjà, nous avons été nous-même préoccupée par cette recherche d'un cadre de référence théorique du développement humain, suffisamment intégral pour en retirer des applications orientées, au début, vers de jeunes inadaptés et généralisées, ensuite, dans le domaine de l'éducation. Récemment, nous avons envisagé une nouvelle formulation théorique et nous avons adopté — comme point de vue nouveau — ce « processus d'organisation psychique chez la personne humaine de la naissance à la mort ». C'est ce qui nous permet de généraliser les applications qui en découlent, non seulement pour l'enfant et l'adolescent, mais tout autant pour l'adulte à travers toutes les phases de son existence. Cette optique concorde avec le point de vue de l'éducation permanente qui, à notre avis, doit, comme son nom l'indique, se poursuivre la vie durant.

---

3. Voir Bettelheim, 1969, p. 1.

◆ 12 ◆

Le processus de formation selon notre modèle théorique

L'élaboration de notre modèle théorique est le fruit, en quelque sorte, d'une longue expérience dans le domaine de la formation d'un grand nombre de cliniciens provenant d'une dizaine de professions reliées aux sciences humaines. Ces derniers désiraient approfondir leurs connaissances dans le développement de la personnalité humaine pour améliorer leur aide à des clientèles de plus en plus diversifiées. Continuellement alimentée par les stimuli des nombreuses et fort pertinentes questions de ces professionnels d'expérience, nous avons dû, d'une part, réviser et reformuler notre conceptualisation théorique pour l'accommoder aux problèmes nouveaux soulevés par leur pratique professionnelle et, d'autre part, colliger les données recueillies à partir de l'étude des nombreux cas cliniques discutés pour en extraire des généralisations inductives, qui, en retour, ont orienté et enrichi notre modèle théorique.

Origine du processus de formation

C'est ainsi que la formulation du processus d'organisation psychique a graduellement mûri par un constant dialogue d'où surgissaient les remises à jour théoriques en réponse aux problèmes envisagés. Par ailleurs, cette conceptualisation, ayant partie liée avec le processus de formation, a progressivement influencé ce dernier au point où les retombées, découlant de ces remises à jour tant théoriques que pratiques, ont été intégrées dans la démarche de formation offerte aux professionnels.

Nous en sommes arrivée à concevoir ce processus de formation comme une démarche de « prises de conscience » successives de la part du professionnel, le rendant apte à refaire de nouvelles synthèses qui l'habilitent à intégrer, et ce, durant toute sa vie professionnelle, les expériences cliniques auxquelles il participe. Ce processus d'intégration continuelle le qualifie pour continuer à refaire par lui-même de nouvelles synthèses à la lumière de ses diverses expériences cliniques.

Une telle conception diffère assez radicalement de celle d'une formation traditionnelle consistant à intégrer des acquisitions intellectuelles, voire même notionnelles. Elle repose plutôt sur un postulat de base qui nous paraît essentiel et qui peut s'énoncer ainsi, en termes très généraux :

> La personne qui apporte l'aide à d'autres est vraiment la cheville ouvrière sur laquelle repose, de toute évidence, la qualité des transformations opérées chez la personne aidée.

Par conséquent, l'adhésion à ce postulat de base influence profondément, non seulement les objectifs généraux poursuivis dans la formation, mais oriente résolument le processus de celle-ci, en attachant une importance capitale à la démarche d'intégration accomplie par la « personne » elle-même au cours de son cheminement.

Nous n'avons pas l'intention d'élaborer le processus de formation en décrivant chacune des étapes, puisque analogiquement il se rapproche beaucoup du processus d'organisation psychique, mais nous soulignerons principalement les objectifs généraux poursuivis dans tous les programmes de formation basés sur notre conception. Nous décrirons brièvement les modalités qui nous apparaissent, à ce jour, les plus appropriées pour parvenir aux objectifs proposés et qui peuvent être utilisées de façon générale, même si ce processus de formation peut viser des objectifs spécifiques différents.

Nous référant au processus de la représentation de soi en interaction avec la représentation de l'entourage et des autres et aux applications qui en découlent, mentionnés précédemment, nous ne retracerons que très brièvement les points de repère les plus importants à souligner dans cette démarche que l'on retrouve dans plusieurs des programmes mis en application actuellement à l'Institut de formation humaine intégrale de Montréal.

Nous terminerons en précisant, pour chacun des programmes mentionnés, les objectifs spécifiques et leurs modalités particulières.

Les objectifs généraux

Un des objectifs majeurs de ce processus de formation est d'assurer, chez la personne en formation, l'intégration de la théorie dans la pratique. Pour y parvenir — c'est le deuxième objectif — la personne en formation doit acquérir une représentation de soi selon une identité spécifique en interaction avec une représentation qu'elle se fait de l'autre, c'est-à-dire la personne aidée, selon un processus dont la séquence lui est connue.

Plus cette représentation de soi (selon son identité spécifique) est intégrée, plus la personne aidante est en mesure de préciser ses diverses interventions auprès de la personne aidée, interventions émanant d'une représentation de l'autre plus qualitative et mieux différenciée, ce qui constitue le troisième objectif.

Le quatrième objectif sera atteint lorsque les interventions seront le fruit d'une mutualité entre la personne aidante et la personne aidée, se concrétisant par une prise en charge à base d'autonomie de la part de la première, c'est-à-dire une prise en charge orientée par les points de repère provenant d'une solide conceptualisation théorique. Il est important que ces points de repère soient intégrés par la personne aidante au moyen de prises de conscience tirées de ses propres expériences personnelles et professionnelles. Une telle intégration assure la cohérence dans ses modes d'intervention.

L'intégration de ces points de repère consolide une représentation de soi permettant à la personne aidante de mieux reconnaître et identifier, chez la personne aidée, les déficits paralysants susceptibles d'entraver le processus d'actualisation des forces psychologiques de celle-ci. Elle y parvient en étant généralement libre d'interférences personnelles dues à des éléments de contre-transfert, interférences qui peuvent facilement brouiller la communication avec la personne aidée. Ce cinquième objectif nous apparaît important si la personne aidante cherche à faire accéder la personne aidée à des formes supérieures d'équilibrations, en sachant discerner les interventions les plus appropriées, compte tenu des contre-indications suscitées par les déficits paralysants déjà détectés.

Toutefois, la poursuite de ces cinq objectifs, orientant le processus de formation selon notre modèle théorique, ne peut se réaliser qu'au prix d'un engagement personnel assez poussé de la part des responsables de formation qui interviennent auprès de groupes ou d'individus en formation. Car ce processus de formation se déroule au moyen d'interactions actualisantes continuelles entre tous les participants qui s'inspirent mutuellement par ces échanges. Ce dialogue constant repose, non seulement sur le respect du rythme et du style d'apprentissage de chaque participant, mais aussi sur sa concordance avec son propre niveau d'expérience. C'est ainsi que les responsables de formation, tout en apportant le fruit de leur intégration personnelle sur les plans tant théorique que pratique, se laissent interpeller par les remises en question soulevées par les personnes en formation. Inspirés par le désir de partager avec la génération montante les fruits de leur propre cheminement, les responsables, lorsque confrontés à des problèmes nouveaux, considèrent ces remises en question comme des occasions privilégiées les incitant à des remises à jour enrichissantes découlant d'une nouvelle réflexion.

D'autre part, les personnes poursuivant cette démarche sont encouragées à participer très activement à leur propre formation, à base de prises de conscience et de découvertes tant au plan personnel que professionnel, s'intensifiant et se qualifiant au fur et à mesure de leur intégration de synthèses nouvelles qui comportent des formes supérieures d'équilibrations. C'est la garantie la meilleure de l'instauration d'un processus de formation à base d'autonomie persistant tout au long de leur carrière professionnelle.

Modalités d'application

Pour atteindre ces objectifs, nous devons en premier lieu prêter une attention spéciale à la configuration particulière d'un bon nombre d'éléments qui entravent cette démarche d'apprentissage. Nous avons à exercer un discernement judicieux afin de choisir les modalités d'application les plus susceptibles de répondre à ces expectatives. Énumérons quelques-uns de ces éléments, présents dans tout processus de formation :

1) l'atmosphère, ou le climat psychologique à créer dans le groupe, à base de respect de chacun des individus, tant dans son rythme de participation que dans son style d'apprentissage ;

2) l'engagement et le style d'animation des responsables de formation, basés sur l'accueil du cheminement du groupe et de chacun de ses membres de même que sur la disponibilité dont ils font preuve, en sachant réviser au besoin les défis proposés dans la démarche de formation entreprise selon les points de repère convenus ;

3) la motivation des participants à s'engager dans un tel processus et à assurer la continuité de leur participation ;

4) la perception du groupe à titre de soutien dans le but d'encourager le cheminement particulier de chacun de ses membres ;

5) un cadre de référence théorique assez intégré qui permet la compréhension de la démarche de chaque participant, respecte le rythme et le style d'apprentissage de chacun, alimente les forces psychologiques par des stimuli appropriés et selon les points de repère spécifiques à chacune des étapes de la formation, fait enfin accéder la personne à des niveaux supérieurs d'organisation psychique.

Attardons-nous maintenant à décrire ce processus de formation. Nous soulignerons particulièrement la phase d'ouverture. Quant aux autres étapes, nous n'en relèverons que les points saillants susceptibles de nous intéresser.

Phase d'ouverture

Durant la phase d'ouverture, les responsables de formation cherchent à établir une certaine mutualité entre les participants et eux-mêmes en vue d'engager et de favoriser leur participation par un accueil chaleureux, les disposant ainsi à répondre aux diverses sollicitations qui font appel à leur contribution individuelle.

Dans cette perspective, les responsables s'ingénient, dès le début de la première rencontre, à créer une atmosphère de groupe accueillante, imbue de respect pour le rythme de participation de chacun. Ainsi, ils proposent des modalités de présentation permettant à chacun d'être identifié selon ce qu'il désire communiquer au groupe, et cela, de façon à ce que cette présentation ne constitue pas pour lui un défi trop exigeant.

Une des modalités fréquemment utilisée est la suivante : chaque participant est invité à interviewer en quelques minutes un membre qu'il ne connaît pas dans le groupe, à le présenter ensuite en identifiant à tout le moins son expérience de travail, à formuler ses expectatives en ce début de processus, bien que chacun soit vraiment laissé libre de s'exprimer ou non sur ce point, car se révéler ainsi devant le groupe, à une première rencontre, peut constituer un défi trop grand pour certains membres.

Puis les responsables de formation exposent les objectifs généraux poursuivis dans la démarche à entreprendre et les modalités d'application utilisées pour y parvenir. Ce faisant, ils engagent un dialogue avec les participants en les encourageant à poser toutes les questions qui surgissent dans leur esprit, pour clarifier et comprendre les objectifs proposés et leur participation anticipée.

Ce dialogue, qui s'établit entre les personnes en formation et les responsables, vise à mettre en évidence les rôles dévolus à chacun, le degré de participation active à laquelle tous sont conviés selon l'entente initiale. Il constitue un premier pas vers l'alliance contractuelle qui s'amorce entre les partenaires. Cette alliance repose principalement sur l'acceptation, de part et d'autre, des buts poursuivis et des modalités pour y parvenir.

Si nous précisons davantage les responsabilités partagées entre les responsables de la formation et les personnes qui entreprennent cette démarche, nous soulignons en premier lieu que la responsabilité de la direction de ce processus incombe aux responsables, puisqu'ils ont intégré les processus d'organisation psychique et de représentation de soi. Ils sont donc en mesure de fournir les points de repère spécifiques aux diverses étapes du processus de formation. Ils se doivent aussi de créer les conditions adéquates pour en favoriser le déroulement, en précisant d'abord les objectifs à atteindre et les modalités à convenir. Ils assurent la continuité des rencontres et aident à répartir les dépenses d'énergie en proposant des défis appropriés.

En outre, les responsables prévoient un mode d'évaluation continue tant pour déceler le cheminement de chaque individu que pour détecter les déficits paralysants qui peuvent entraver le déroulement de ce processus de formation. En cas de besoin, ils doivent savoir intervenir efficacement pour aider les participants à dépasser les phases inévitables de résistance. Ils sont aussi responsables des modifications à apporter pour mieux accompagner la démarche du groupe, tout en veillant à ce que ces changements soient bénéfiques pour chacun. Quand les participants ont acquis une synthèse comportant une forme supérieure d'équilibration, qui leur assure désormais la capacité d'intégrer, de façon assez autonome, les expériences subséquentes de leur vie professionnelle, responsables et participants reconnaissent la phase finale de ce cheminement puisque les critères d'intégration attestent l'atteinte des objectifs.

Quant aux responsabilités qui incombent aux membres du groupe, elles peuvent se résumer ainsi : conformément à l'alliance contractuelle à laquelle ils ont adhéré, ils s'engagent à respecter les modalités convenues (participer activement à des expériences privilégiées susceptibles de favoriser l'actualisation de leurs forces psychologiques et, partant, acquérir ainsi, chacun pour soi, une représentation de soi plus intégrée et mieux différenciée de la représentation de l'autre) ; ils acceptent de poursuivre cette démarche de formation avec persévérance jusqu'à l'atteinte des objectifs prévus, faisant alors preuve d'autonomie personnelle et d'une capacité d'intégrer désormais par eux-mêmes leurs propres expériences professionnelles.

Caractéristiques de chacune des étapes de formation

Ayant bien précisé préalablement les conditions de ce processus de formation et ayant délimité assez clairement les responsabilités partagées entre les responsables et ceux qui entreprennent cette démarche, nous soulignerons certains points spécifiques à chacune des étapes pour assurer l'efficacité du cheminement de chacun des participants.

Dès le début, une attention spéciale est accordée à la démarche même de la personne en formation en sollicitant sa participation active dans des activités privilégiées, c'est-à-dire spécifiquement choisies et décidées en regard d'objectifs précis. Ces activités se font entre les rencontres prévues et visent à faire découvrir à l'individu sa participation corporelle. En fait, il poursuit cette activité dans le but de parvenir non seulement à une récupération de son énergie et, par là, éprouver une détente, mais aussi d'en arriver progressivement à une représentation de son Soi corporel.

À la rencontre suivante, il est appelé à partager cette expérience telle qu'il l'a vécue, à la revivre en précisant d'abord le contexte où elle s'est déroulée, c'est-à-dire le temps et l'espace utilisés, l'objectif recherché et la démarche poursuivie. Il décrit alors la série d'actions posées et tout particulièrement les mouvements dans son corps, de même que les modalités sensorielles stimulées à cette occasion. Dans un deuxième temps, à l'aide de questions appropriées, il est amené à se représenter sa participation active pour qu'il découvre les différentes décisions prises au cours de cette activité.

Ce partage d'expériences se fait, soit en groupe, soit de façon interindividuelle avec un autre participant. En groupe, tous sont invités à revivre intérieurement leur propre expérience à l'occasion de la relecture d'une activité vécue par celui qui choisit de le faire devant le groupe. À cette occasion, on invite le participant à prendre conscience de sa manière bien personnelle de vivre son corps dans cette activité décidée par lui comme dans ses manières de récupérer de l'énergie et, par le fait même, de se détendre. Grâce aux expériences vécues et partagées, ses découvertes lui servent de points de repère pour nuancer ses décisions ultérieures, laissant entrevoir ainsi un ajustement de plus en plus satisfaisant de ses conditions de vie parce qu'il apprend peu à peu à rendre présent son corps dans de telles décisions.

Par la suite, la personne en formation est appelée à jouer le rôle de l'intervenant en vue de favoriser chez un autre en formation la prise de conscience de son Soi corporel.

Parce qu'ils prennent conscience de leur propre participation corporelle dans des expériences actuelles, les individus en formation parviennent progressivement à se représenter comment ils se réapproprient activement et consciemment ce processus d'équilibrations. Ils le font grâce à des décisions appropriées concernant la répartition de leurs dépenses d'énergie en vue d'accéder à la récupération et, par là, à la détente. Ils deviennent en mesure de mieux intégrer le premier niveau du processus d'organisation psychique tel qu'il se vit chez l'enfant durant sa première année de vie.

Les personnes en formation découvrent ainsi à quel point l'adulte doit décider lucidement d'être son propre « pourvoyeur de soins ». Lui seul peut se réapproprier cet apprentissage somatique. Il acquiert ainsi une représentation plus qualitative de son Soi corporel parce que mieux différenciée des conditions offertes par l'entourage, c'est-à-dire par des personnes qui procurent ces soins dans le contexte de vie actuelle.

Après avoir mis en évidence — dans leur propre expérience — les indices corporels qui révèlent l'acquisition d'un réapprentissage somatique, il devient plus facile, pour les personnes en formation, d'identifier les indices corporels qui, chez le bébé, manifestent un apprentissage somatique grâce à la mutualité établie avec sa mère ou son pourvoyeur de soins. Il leur devient plus facile alors de constater qu'un premier niveau d'organisation psychique est atteint chez le bébé. À partir de leur démarche personnelle, ils peuvent saisir davantage qu'un premier niveau d'équilibration apparaît lorsqu'un ajustement optimal ou une synchronisation s'observe entre les besoins éprouvés par l'enfant et la qualité de soins prodigués par la mère. Les indices alors décelés dans la participation corporelle de l'enfant annoncent les rudiments de chacune des forces psychologiques de ce premier niveau d'organisation psychique. Si le sujet en formation adhère à cette optique, il accepte de l'expérimenter dans sa démarche personnelle.

De telles prises de conscience font découvrir aux participants la nécessité d'attacher une importance particulière, dès le début du cheminement proposé, à l'acquisition de ce processus d'équilibrations qui se concrétise dans une répartition harmonieuse des dépenses d'énergie en tenant compte du contexte actuel dans lequel il est appelé à vivre. En retraçant les forces psychologiques de ce premier niveau d'équilibration, où ses décisions personnelles visent d'abord la façon de vivre son corps, et ce, sans attacher d'importance aux conditions de vie souvent imposées par l'entourage, l'individu se reconnaît être en mesure de prendre progressivement de telles décisions. C'est là le fondement même sur lequel reposent tous les autres niveaux d'équilibrations.

Déficits paralysants spécifiques à la première étape

Enrichis par la découverte de ce processus d'équilibrations, les participants sont mieux habilités à envisager l'apparition de malformations lorsqu'il y a perte de mutualité entre la mère et l'enfant, ou lorsque se manifeste une carence relationnelle.

Par l'étude des diverses malformations propres à ce premier niveau d'organisation psychique, il devient plus facile de retracer les vulnérabilités actuelles et ainsi de déceler les indications et les contre-indications qui doivent orienter le choix des interventions appropriées. De telles interventions, si elles sont adéquates, peuvent actualiser les forces psychologiques des individus. Ce processus d'équilibrations se reconstruit dans la mesure où la participation active de l'individu est sollicitée par une prise en charge de la part de l'intervenant, selon la séquence qui se retrouve dans les premiers niveaux d'organisation psychique et qui, basée sur une mutualité établie, facilite une représentation de soi intégrée, différenciée de la représentation de l'entourage et de l'autre.

Les autres étapes

Ainsi la démarche poursuivie par le participant, selon la séquence décrite plus haut, se retrouve à chacun des divers niveaux d'intégration de cette représentation de soi, exprimée par une qualité spécifique de chacune des forces psychologiques qui, elles, sont enrichies de l'apport des schèmes cognitifs particuliers à l'étape de développement.

Mais, avant de terminer la description générale du processus de formation qui se retrouve dans les divers programmes déjà mentionnés, il serait peut-être utile de souligner certains aspects importants touchant plus particulièrement les éléments constitutifs de la représentation de soi autre que le Soi corporel.

Ainsi, pour faciliter les prises de conscience du Soi productif, il est essentiel que le choix d'une activité concrète sollicite la participation corporelle, le corps devenant un « instrument à utiliser » pour arriver à maîtriser les techniques nécessaires pour atteindre cet objectif. En effet, la représentation du Soi corporel, déjà acquise, habilite davantage la personne à reconnaître ses façons « bien à elle », surtout lorsqu'elle utilise ses mains par exemple, pour réaliser une démarche personnelle de productivité. Une telle démarche confirme à ses propres yeux une représentation de son Soi productif, à partir de son Soi corporel sans se référer aux conditions de l'entourage et à la participation des autres, défaisant souvent ainsi les « images de soi » inculquées par l'éducation et l'entourage.

De même lorsque la représentation du Soi corporel et du Soi productif est suffisamment intégrée, la séquence à suivre pour proposer des défis accessibles à la personne en formation doit tenir compte de plusieurs éléments, ce qui facilite la prise de décision de changer ses propres façons de faire pour s'adapter à l'entourage, tel que souligné dans un chapitre précédent.

Le Soi adaptatif consiste à décider des changements que la personne accepte de faire dans ses propres façons de procéder pour tenir compte, non seulement des exigences de l'entourage mais aussi des façons de procéder des autres, et ce, soit à cause du système de valeurs auquel la personne adhère, soit par une ouverture de plus en plus qualitative à son entourage. Le Soi adaptatif se confine surtout au comportement extérieur, aux événements ou aux expériences ponctuelles en interaction avec d'autres participants. Par contre, le Soi social dépasse ces limites pour apprendre à connaître l'autre en tant qu'autre, c'est-à-dire à s'intéresser à la connaissance de la « personne même ». Cette connaissance de l'autre ne peut s'approfondir que s'il y a une représentation de soi vraiment bien intégrée, résultant en une connaissance de soi-même en tant que personne grâce à la pensée autonome.

En accordant une attention particulière aux aspects énumérés précédemment et en se référant au modèle théorique de même qu'au processus de représentation de soi en interaction avec la représentation de l'entourage et de l'autre, les divers niveaux d'organisation psychique sont mis en évidence, à tour de rôle, par les mêmes modalités déjà décrites. On démontre ainsi comment l'actualisation des forces psychologiques accède progressivement à une forme supérieure d'équilibration où l'individu peut désormais intégrer ses propres expériences de façon tout à fait autonome. C'est aussi grâce à ces modalités que le participant apprend à intégrer le contenu théorique dans sa pratique professionnelle.

Programmes de formation spécifiques

Le processus de formation, tel que décrit dans sa conception globale en regard des objectifs généraux et des modalités d'application, se retrouve dans chacun des programmes particuliers. Ceux-ci, cependant, comportent des aspects qui leur sont spécifiques. Des objectifs et des défis respectifs, qui déterminent des dimensions nouvelles, devront s'intégrer dans le processus d'équilibrations de chaque participant, selon son choix professionnel ou vocationnel décidé en toute lucidité.

Formation des bénévoles

Nous aborderons maintenant très brièvement les aspects spécifiques de chacun de ces programmes de formation. Voici d'abord la formation du bénévole qualifié :

— soit au service des jeunes en difficulté ;

— soit auprès des personnes du troisième âge les plus démunies.

Le processus de formation de ces bénévoles vise à les rendre aptes à faire acquérir de l'autonomie aux personnes qu'ils choisiront d'aider, actualise leurs forces psychologiques en leur proposant des défis appropriés, selon une séquence précise. En conséquence, les modalités spécifiques de cette démarche de formation consistent à faire vivre à ces bénévoles, dans des stages organisés à cet effet, des expériences partagées avec les personnes à aider, expériences planifiées par les bénévoles en accord avec les points de repère relevant de l'actualisation des forces psychologiques.

Chaque bénévole est invité, par le moyen de la supervision collective, à revivre et à intérioriser ces expériences pour déceler, dans ses propres interventions, celles qui contribuent à construire entre le bénévole et la personne aidée cette mutualité génératrice d'autonomie chez cette dernière.

Le bénévole, qui se destine à travailler auprès de jeunes en difficulté, doit s'attarder à approfondir les stratégies éducatives adéquates et les critères d'un choix d'interventions appropriées pour actualiser leurs forces psychologiques, malgré les perturbations dans leur comportement provenant des malformations spécifiques dont ils souffrent. Selon notre modèle théorique, une étude de ces déficits précise les indications et les contre-indications à retenir pour actualiser leurs forces par des interventions pertinentes de la part du bénévole.

Par ailleurs, le bénévole qui a choisi d'aider la personne du troisième âge à maintenir son autonomie en actualisant ses forces psychologiques, quel que soit le degré de paralysie psychique et/ou physique dont elle souffre, doit être en mesure de discerner comment solliciter adéquatement le peu d'énergie disponible pour aider cette personne à récupérer de telles forces dans les domaines qui lui sont accessibles. Il va sans dire que le bénévole doit connaître les effets du vieillissement susceptibles d'affecter, tant psychologiquement que physiquement, la personne âgée et faire en sorte d'actualiser et de maintenir son autonomie malgré ces déficits paralysants.

Formation professionnelle

Nous n'aborderons pas ici la formation des psycho-éducateurs qui se consacrent à la rééducation des inadaptés, puisque nous en avons déjà traité dans un livre précédent[1]. Toutefois le processus de formation décrit ici pourrait être mis en application et favoriser ainsi l'acquisition d'une identité professionnelle encore mieux définie.

Quant à la formation des psychothérapeutes, leur spécialisation requiert, en plus d'une formation professionnelle de base dans les professions destinées à un travail clinique auprès d'une clientèle spécialisée, trois années de pratique professionnelle avant d'être admis à ce processus de formation. Le psychothérapeute peut vouloir acquérir une formation selon l'actualisation des forces psychologiques, soit en intervention clinique, soit en psychothérapie. Le processus de formation mis en application sera sensiblement le même quant à la démarche de formation et au modèle théorique utilisé. Par ailleurs, il se distingue quant aux objectifs poursuivis, soit par le processus thérapeutique auprès du client, soit dans les modalités d'interventions employées ; souvent aussi il se différencie par le fait de desservir des clientèles aux caractéristiques fort différentes.

Dans le processus de formation de l'intervenant clinique, on accorde une importance plus grande au travail d'évaluation dès la première rencontre avec le client, puisque l'entente contractuelle à court terme doit se faire dès cette entrevue initiale. De plus l'intervention clinique, contrairement au processus thérapeutique, ne se déroule pas selon des étapes prévues en regard d'un objectif à long terme, débouchant sur la découverte de l'identité personnelle et psychosociale de l'individu. C'est un mode d'intervention qui se précise par l'apport conjoint du client et du thérapeute quant à l'objectif à déterminer, les modalités à utiliser, la fréquence et la durée des rencontres et selon une entente contractuelle entre les deux participants.

Les modes d'intervention seront plus ou moins actifs et diversifiés selon les données de l'évaluation clinique faite à la

1. Guindon, *Les étapes de la rééducation*, N.E., Sciences et Culture, 1995.

première rencontre. Ils peuvent aussi, avec l'accord du client, inclure l'apport de personnes impliquées d'une façon quelconque dans la vie de ce dernier, par exemple tels membres de sa famille, de son milieu de travail ou même d'un groupe communautaire auquel il adhère.

Mais ces modes d'intervention reposent toujours sur le même modèle théorique, c'est-à-dire l'acquisition de l'autonomie par le client, et ce, même si la participation de l'entourage est sollicitée.

Nous n'élaborerons pas davantage les aspects spécifiques de cette formation puisque, dans un chapitre subséquent, nous expliciterons le processus d'intervention clinique. Il en sera également de même pour le processus thérapeutique et, à cette occasion, nous préciserons les apports particuliers caractérisant le thérapeute qui actualise les forces psychologiques de son client tout en l'habilitant à tenir compte des déficits paralysants qui entravent ce processus.

Formation psychoreligieuse

Avant de terminer ce chapitre, nous voulons nous attarder quelque peu au processus de formation destiné aux responsables de formation des communautés ou des ordres religieux, des membres du clergé et des agents pastoraux qui assument l'éducation de la foi.

Notons d'abord que l'objectif spécifique de ce programme est de former des responsables de formation qui ont eux-mêmes le mandat de faire poursuivre une démarche de formation aux personnes ayant choisi une vocation spécifique, soit dans le ministère sacerdotal ou pastoral, soit dans une vocation religieuse.

Considérons, en tout premier lieu, les différentes implications d'un tel choix vocationnel pour le cheminement de la personne qui veut donner un tel sens à sa vie et, de ce fait, atteindre un certain « dépassement » d'elle-même pour réaliser sa vocation en acceptant librement les renoncements exigés par ce choix.

Pour exprimer les exigences imposées par un tel choix, nous emprunterons quelques passages de Frankl (1967) et de Rulla, Imoda et Ridick (1978).

Frankl, s'opposant aux écoles freudienne et rogérienne qui prônent le subjectivisme des valeurs, exprime dans des termes clairs comment le dépassement de soi-même est une caractéristique de la personne humaine.

> « Si les valeurs et les significations étaient simplement quelque chose qui surgit du sujet lui-même, c'est-à-dire si elles ne provenaient pas d'une sphère située au-delà et au-dessus de l'homme, elles perdraient aussitôt leur qualité d'exigences. Elles ne pourraient plus représenter pour l'homme un défi réel, elles ne seraient jamais capables de lui faire rassembler toutes ses forces. Si ce que nous sommes responsables de réaliser doit conserver son caractère d'obligation, il nous faut alors le considérer dans son caractère objectif. » (Frankl, 1967, p. 64, note 4)

Rulla, Imoda et Ridick (1978) mettent en relief la distance qui existe désormais entre les idées admirables de liberté personnelle, de responsabilité, d'initiative proposées par Vatican II et la capacité des individus à les mettre en pratique. Ils ajoutent : « Le simple fait de donner une plus grande liberté personnelle ne rend pas automatiquement les personnes vraiment libres ; déléguer des responsabilités ne rend pas automatiquement responsable et encourager les initiatives ne garantit pas un usage réfléchi de l'initiative. » (p. 207)

Dans un ouvrage précédent, Rulla (1971, p. 216) soulignait l'importance d'un processus de formation pour les individus embrassant une vocation sacerdotale ou religieuse, processus dirigé par des éducateurs spécifiquement formés pour le faire. Il ajoutait :

> « L'utilité de la liberté et de la responsabilité est directement proportionnelle à la psychodynamique des personnalités individuelles ; si la psychodynamique est incapable de tirer profit des nouvelles possibilités (c'est-à-dire liberté, responsabilité, initiative, etc.), il en résultera plus de mal que de bien. » (Rulla, Imoda et Ridick, 1978, p. 208)

À son point de vue, et nous sommes entièrement d'accord, l'homme est intrinsèquement caractérisé par le dépassement de soi plutôt que par la réalisation de soi et cela vaut, non seulement pour les prêtres et les religieux, mais pour tout chrétien et toute forme d'engagement vrai dans cette orientation ou dans une autre.

Ainsi le dépassement de soi-même et le détachement qui sont « la voie royale tracée par le Christ et l'amour de Dieu et du prochain » (Rulla, Imoda et Ridick, 1978, p. 212) exigent quelquefois des renoncements qui ne vont pas toujours de pair avec ce que l'on nomme « la réalisation de soi-même ».

Ils soulignent aussi une distinction importante : « Percevoir un appel qui provient d'un ensemble de valeurs n'est pas la même chose que la capacité de les intérioriser. »

À notre avis, l'actualisation des forces psychologiques, telle qu'élaborée dans le processus de formation proposé, rend l'individu capable d'assimiler et d'intérioriser les valeurs spirituelles et ainsi, de donner un sens à sa vie conforme à l'idéal vocationnel choisi, en devenant capable d'un amour désintéressé et d'un don qui n'exige pas de retour.

Nous référant, dans un chapitre précédent, au passage qui traite du dépassement de soi par choix vocationnel, nous avons précisé les préalables assurant l'engagement véritable dans un choix vocationnel de même que les conditions privilégiées pour actualiser les forces psychologiques d'un sujet. Le processus de formation devrait permettre d'intégrer ses valeurs spirituelles dans ses expériences quotidiennes et d'accéder de plus en plus à une autonomie réelle, manifestée par une liberté empreinte de responsabilité.

Ayant précisé les éléments les plus importants qui orientent l'objectif spécifique de ce programme, il nous semble important d'ajouter que les responsables de formation, au cours de leur propre cheminement dans cette démarche de formation, doivent chercher à découvrir quelles sont les conditions les plus susceptibles d'alimenter les forces psychologiques de leurs sujets, conditions qui doivent progressivement évoluer pour leur offrir des défis appropriés selon le niveau d'équilibration atteint. De tels défis deviennent graduellement moins nécessaires à mesure que l'autonomie du sujet se développe au point où il devient lui-même capable d'organiser, par décision personnelle, les conditions les plus favorables pour vivre pleinement sa vocation. Lorsqu'un sujet manifeste une réelle cohérence dans les décisions prises en accord avec le sens qu'il a choisi de donner à sa vie et si, de plus, il fait preuve d'une stabilité temporelle dans ses décisions, il a atteint une forme supérieure d'équilibration et une nouvelle synthèse qui assurent et garantissent dorénavant son autonomie personnelle.

◆ QUATRIÈME PARTIE ◆

Les applications cliniques

• 13 •

L'intervention clinique

Les conceptualisations théoriques sur lesquelles reposent la très grande majorité des diverses écoles de pensée dont nous parlerons au chapitre 15, les processus thérapeutiques et les techniques qui en découlent, ne s'appliquent qu'à une clientèle qui recherche de l'aide et offre donc sa collaboration au thérapeute.

Ainsi les processus thérapeutiques, qui s'inspirent de près ou de loin de la psychanalyse, théorie du conflit intrapsychique, ne peuvent s'adresser qu'à une clientèle ayant atteint le troisième niveau d'intégration psychique, c'est-à-dire qui est en mesure de se représenter soi-même différencié du thérapeute vu comme une personne autre et avec laquelle il entre en contact. Malgré l'élargissement récent de son cadre de référence théorique par les apports de Mahler (1974), Kohut (1971), Stolorow et Lochmann (1980), Blanck et Blanck (1979), etc., ce processus thérapeutique, compte tenu des implications tant financières que de longue durée, ne sera accessible qu'à une clientèle restreinte avec de rares professionnels hautement spécialisés.

Quant aux tenants de processus thérapeutiques reposant sur l'école de pensée d'actualisation de soi, tels Rogers (1959), Maslow (1968), Gendlin (1979), etc., leur méthode non-directive est centrée sur le client motivé à croître personnellement.

Ils ne peuvent pas atteindre une clientèle qui souffrant, entre autres, de carence relationnelle et émotive, est incapable de décider d'aller chercher elle-même l'aide dont elle a besoin, ce besoin étant en deçà du niveau d'intégration exigé pour une telle démarche.

Les processus thérapeutiques inspirés par l'école de pensée behavioriste reposent sur une modification du comportement humain qui, par la création de situations déterminantes, souvent aux dépens de l'acquisition d'une certaine autonomie quelque relative qu'elle puisse devenir chez l'individu, suscite et consolide des automatismes rigidifiés, tout à fait contraires à l'actualisation des forces vitales humaines. Or ces processus thérapeutiques, pourtant basés sur un déterminisme extérieur, exigent aussi la collaboration de l'individu pour un rendement efficace.

Quant au processus thérapeutique découlant de la thérapie de la réalité, dont les principes ont souvent été appliqués avec succès en éducation, il restreint ses interventions au niveau verbal ou écrit, exigeant ainsi de ses clients une collaboration au moins au deuxième, sinon à un troisième niveau d'intégration.

Notre cadre de référence théorique, par contre, a été expressément conceptualisé pour rejoindre des clientèles non motivées, qui nécessitaient tout un milieu organisé à titre de « pourvoyeur de soins », en vue d'actualiser les forces vitales de ces individus qui souffraient de déficits paralysant leur croissance humaine au premier niveau de développement. Le processus de rééducation, selon les conditions exigées pour actualiser les forces autonomes et pour refaire le processus d'organisation psychique à partir du premier niveau, peut être appliqué même aux clientèles les plus démunies, non seulement dans un centre de rééducation institutionnel mais aussi selon des modalités très diversifiées. L'intervention clinique, décrite ci-après, peut être utilisée dans tout un réseau de services professionnels cliniques offerts à des milieux fort différents, où se retrouve l'apport interdisciplinaire d'équipes multiprofessionnelles.

Une telle flexibilité dans les diverses applications repose nécessairement sur une conception particulière de la croissance humaine. Le processus d'organisation psychique qui élabore le développement humain relève de l'interaction d'influences vraiment significatives entre, d'une part, l'individu selon son niveau de développement tenant compte des déficits paralysants qui peuvent surgir et, d'autre part, l'entourage prêt à créer les conditions favorables au développement de la personne et à sa rééducation si elle s'impose, en lui en fournissant les possibilités.

Comme l'application du processus de rééducation du jeune délinquant selon l'actualisation des forces du Moi a fait l'objet d'un premier livre, les conditions d'applications dans un centre de rééducation ont été longuement explicitées. Nous n'évoquerons ici que quelques-unes des nombreuses applications qui peuvent, non seulement être conçues, mais aussi réalisées dans des situations et pour des clientèles fort diverses.

Applications diverses

1. Ce même modèle théorique a inspiré la conceptualisation d'une ressource alternative entre, d'une part, le centre de rééducation institutionnel et, d'autre part, l'intervention d'un praticien « social » qui aide le jeune par des rencontres individuelles : nous nous référons à un centre pour adolescents qui a mis en application cette approche, le Centre Mariebourg.

Le programme rééducatif, dans ce centre, est conçu pour aider des jeunes adolescents, garçons ou filles, aux prises avec des problèmes de comportement, soit dans le milieu scolaire et/ou dans le milieu familial, par une prise en charge vraiment individualisée selon les besoins du jeune, tout en le laissant demeurer dans ces milieux. Cette prise en charge, souvent faite par des bénévoles qualifiés, est sous la supervision de professionnels spécialisés dans cette optique. Elle consiste en une approche clinique individualisée de cinq à six heures par semaine. À l'aide d'activités adéquatement préparées pour faire vivre à ces jeunes une participation corporelle appropriée, avec des défis gradués en vue de leur faire découvrir et se représenter leur Soi corporel et leur Soi productif, ces jeunes consolident leur propre identité de soi. Ils acquièrent une autonomie personnelle au point où ils peuvent faire preuve d'une adaptabilité suffisante pour que leur mode de participation avec les pairs, les figures d'autorité et les équipes auxquelles ils adhèrent, devienne un échange et un apport mutuellement enrichissants.

Plus d'une quarantaine de programmes de prévention pour les jeunes en difficulté, mésadaptations sociales et/ou handicaps physiques, ont été mis en place. Des bénévoles qualifiés pour appliquer ces programmes préventifs ont été formés selon la même conception, par l'Institut de formation humaine intégrale de Montréal (IFHIM) et l'Association des bénévoles qualifiés au service des jeunes (ABQSJ).

2. Mentionnons entre autres les interventions cliniques auprès des parents des jeunes délinquants de Boscoville. Une collègue, formée selon l'actualisation des forces psychologiques, a mis en pratique, durant trois années consécutives, ce mode d'approche auprès de parents d'adolescents délinquants.

Elle a réussi à engager ces parents dans une démarche thérapeutique malgré le manque de motivation de ces personnes, souvent désespérées devant les comportements délinquants répétés de leur fils. La thérapeute entreprenait cette intervention clinique avec les parents selon les termes d'une entente contractuelle de rencontres, entente renouvelable suivant les besoins et à la demande des parents. Le premier objectif qu'elle poursuivait durant cette démarche était de « briser le mode de comportement rigidifié » des parents à l'endroit de leur fils délinquant, mode de comportement répété en vue d'éviter les conflits interpersonnels avec ce dernier et de sauvegarder un équilibre « apparent » de leur propre personnalité.

Un appel aux forces psychologiques de ces personnes permettait de défaire leur façon stéréotypée de répondre à ces pressions extérieures suscitées par le comportement délinquant de leur garçon. Ainsi, une telle intervention rendait les parents capables de prendre des décisions appropriées dans des situations conflictuelles, lors des rencontres avec leur fils à Boscoville ou à la maison. Ces décisions appropriées consistaient à remettre au jeune la responsabilité de ses actes. Car, depuis fort longtemps, le fils avait appris à exploiter, à son profit, les événements et les situations conflictuelles et surtout les défaillances de l'autorité parentale pour satisfaire son propre principe de plaisir.

En s'intéressant aux parents dans leurs expériences vécues comme personnes, en actualisant ainsi chacune de leurs forces psychologiques dans certaines expériences où ils avaient pris particulièrement de l'initiative et des décisions personnelles devant les défis présentés, le thérapeute a pu vraiment rejoindre nombre de parents. Nous citons un extrait d'un article publié à ce sujet :

> « Nous observons toute la puissance d'intégration et de généralisation contenue dans ce cheminement partagé, dans ce regard posé ensemble sur un vécu annonçant si souvent des processus de changement. » (Desmarais, 1978, p. 55)

Ces interventions, à court terme surtout, d'une durée de dix rencontres, continuées selon les mêmes termes de l'entente initiale, à la demande des parents, ont permis à ces derniers de se découvrir avec des forces, en eux-mêmes, dont ils ne soupçonnaient pas la présence.

Les changements, constatés durant la démarche thérapeutique, se sont observés non seulement dans leurs contacts avec leur fils mais aussi dans leurs relations avec les autres enfants de la famille, dans leurs relations conjugales, de voisinage ainsi que dans leur milieu de travail. Les parents se sont vus changer dans plusieurs dimensions de leur vie et, pour certains d'entre eux, dans le domaine des valeurs, découvrant alors un autre sens à donner à leur vie.

Des parents qui se sont engagés dans cette démarche thérapeutique ont gracieusement prêté leur concours à une recherche évaluative effectuée plus tard. Les résultats de cette recherche, non encore publiée, semble confirmer l'apport de l'actualisation de leurs forces psychologiques, puisque bon nombre (80 %) de ces sujets ont conservé les acquisitions antérieures. Ces parents qui, de leur propre aveu, avaient entrepris le cheminement en pensant « que ça ne donnerait rien », ont dit avoir acquis « plus d'assurance en eux, être plus ouverts, se sentir mieux et plus libérés ».

3. À la demande d'une équipe multidisciplinaire composée de médecin, travailleur social, infirmière et aumônier, qui dispensent leurs services dans un département d'oncologie (services interne et externe) d'un hôpital pour les patients atteints de cancer, l'IFHIM a offert une session de sensibilisation à ce mode d'intervention clinique pour tous les membres de l'équipe qui entrent en contact avec le patient et sa famille. Cette sensibilisation visait à aider à l'actualisation des forces psychologiques du patient pour l'habiliter à mieux faire face à sa maladie. Cette application a permis des résultats encourageants.

4. Voici maintenant quelques-unes des applications en cours dans le programme de formation à l'intervention clinique tel que dispensé à l'IFHIM. Ce programme est offert à des cliniciens d'expérience (minimum de trois années), provenant de diverses professions, qui cherchent un perfectionnement dans leurs interventions cliniques. Ces dernières s'adressent à une clientèle non apte à s'engager dans un processus thérapeutique de longue durée qui exige une motivation et une collaboration de la part du client. Ce programme semble répondre à un besoin urgent autant pour les professionnels dispensant leurs services dans des organismes parapublics que pour la clientèle souvent démunie qui en dépend.

Le mode d'intervention clinique requiert, de la part des professionnels qui l'exercent, un réel engagement, manifesté par un intérêt authentique et désintéressé à cette clientèle démunie, un profond respect pour la personne, quels que soient son comportement ou ses malformations, ainsi qu'une croyance inébranlable dans la croissance des forces humaines malgré les déficits, les carences ou les arrêts de développement les plus sérieux.

L'intervention clinique

L'intervention clinique, telle que nous la concevons, ne s'applique pas seulement à la clientèle décrite plus haut. Elle peut aussi aider les personnes qui ne désirent pas s'engager dans un processus thérapeutique à long terme. Ce sont souvent des individus qui sont confrontés à des choix irréversibles, c'est-à-dire profession vocation, divorce, responsabilités, échecs ou encore problèmes situationnels, qui exigent d'eux trop d'énergie psychique.

Quelquefois les événements font surgir un conflit intrapsychique latent. C'est alors qu'une intervention clinique appropriée peut dispenser le client d'entreprendre une thérapie prolongée. Ces interventions peuvent être aussi à long terme, mais elles se font par étapes et il y a une renégociation des ententes contractuelles pour entreprendre les étapes subséquentes. Une décision personnelle de la part du client avec le consentement du thérapeute est alors exigée. Cet engagement (renouvelé de la part des deux participants en précisant l'objectif poursuivi et les modalités convenues dans un cadre temporel limité) favorise la poursuite du processus et facilite des prises de conscience enrichissantes, surtout si la motivation intérieure laisse à désirer.

De plus, l'intervention clinique peut préparer et motiver un client à décider personnellement de s'engager dans un processus thérapeutique à long terme et, selon les modalités proposées par le thérapeute, à poursuivre comme objectif la découverte de son identité personnelle et psychosociale.

L'intervention clinique est, en fait, un mode d'intervention plus spécifiquement planifié, ayant des objectifs précis et déterminés par l'apport conjoint du client et du thérapeute dont les modalités, la fréquence et la durée doivent avoir fait l'accord des deux participants. Ces ententes contractuelles sont renouvelables autant de fois que nécessaire.

Les modalités convenues consistent généralement en des entrevues individuelles. Elles peuvent inclure, toujours avec le consentement du client, des rencontres occasionnelles avec des personnes impliquées d'une façon quelconque dans la vie du sujet, par exemple, des membres de la famille (conjoint, enfants, frères, sœurs, etc.) ou du milieu de travail ou encore d'un groupe communautaire et ce, avec ou sans la présence du client.

La première entrevue

À partir des points de repère décrits pour l'analyse des données d'une première entrevue selon le processus de représentation de soi, plus particulièrement le Soi corporel et le Soi productif sous l'aspect de la différenciation de ces deux éléments en relation avec la représentation de l'entourage, nous pouvons déceler des indices révélateurs. Nous observons les diverses façons de réagir du client face aux changements survenus dans ses différents milieux de vie, le travail et la famille, et son mode de participation avec les personnes de son entourage.

Le contenu de cette rencontre initiale permet d'esquisser une première évaluation selon les trois propriétés suivantes, déjà citées :

- — la cohésion structurale du Soi corporel et du Soi productif, tous les deux intégrés et consolidés en une identité de soi bien délimitée,
- — la constance dans sa propre représentation de soi et de l'objet,
- — la stabilité temporelle et une coloration affective positive.

S'il y a déficit, carence ou arrêt de développement dans la représentation de soi, nous pouvons inférer que l'individu n'a pas atteint le troisième niveau d'intégration et il est alors essentiel d'obtenir de l'entourage des conditions favorables pour mener à bien une intervention clinique à court terme. Il est aussi nécessaire de prévoir, dans les ententes contractuelles faites avec le client, des modalités de collaboration avec l'entourage.

Si, par ailleurs, le client est aux prises avec un conflit intrapsychique présentant un état d'anxiété avec symptômes et mécanismes de défense, il peut être aidé par des modalités convenues en entrevues individuelles — et cela malgré les pressions indues exercées par l'entourage — puisque son organisation psychique atteint le troisième niveau, permettant ainsi aux fonctions intégratives et synthétiques de son Moi autonome de s'actualiser sans l'apport pourtant souhaitable de l'entourage.

À mesure que le contenu de la première entrevue se révèle à lui, un clinicien d'expérience peut savoir d'emblée si les objectifs proposés par le client sont accessibles ou s'il faut les modifier en tenant compte du niveau d'intégration atteint. Si, au contraire, le matériel clinique dévoilé n'est pas suffisamment significatif aux yeux du clinicien, il peut suggérer une deuxième rencontre avant de préciser les objectifs avec le client. Quand le but est fixé, les deux participants doivent convenir des modalités, soit l'entrevue individuelle exclusivement, soit l'entrevue avec l'apport de contacts ou de rencontres occasionnelles de personnes-ressources qui dans l'entourage sont aptes à lui offrir les occasions souhaitées. La date de cette intervention, l'heure, la fréquence, la durée, et les honoraires, s'il y a lieu, doivent être prévus : ces modalités font partie de l'entente contractuelle, renouvelable sans changement ou modifiée avec le consentement des deux parties.

Les problèmes techniques de l'intervention clinique

Abordons maintenant les problèmes techniques soulevés par la diversité des applications à des clientèles dont les problèmes sont très différents. De plus, il est bon de se rappeler que l'organisation psychique de chacun des individus, bien qu'elle évolue selon une séquence épigénétique de stades, comporte aussi des idiosyncrasies propres à l'histoire individuelle de chacun. C'est pourquoi Freud (1913) lui-même, commentant la complexité de la mise en pratique de techniques appropriées dans le processus thérapeutique, la compare à une partie de dames.

> « Il est facile, ajoute-t-il, de formuler les règles du jeu, de décrire la phase d'ouverture et même de discuter sur la façon de terminer la partie. Mais ce qui arrive durant la partie est sujet à des variations infinies. » (Freud, 1913)

Dans le processus d'intervention clinique, l'utilisation de certaines techniques peut être préconisée partiellement à partir de la conceptualisation théorique déjà exposée, selon une séquence en relation avec le processus de représentation de soi en interaction avec la représentation de l'objet. Par ailleurs, leur usage et la qualité des interventions stratégiques dépendent en grande partie de la compréhension plus approfondie de ce qui se passe chez le client non seulement au niveau conscient, mais aussi au niveau inconscient.

Si le clinicien doit être préoccupé du contenu conscient apporté par le client, il doit saisir également le sens que peuvent avoir chez lui des comportements symptomatiques, des attitudes émotives manifestement transférentielles reportées sur le thérapeute, des mécanismes de défense ou des précurseurs de tels mécanismes, des états affectifs imprévisibles dans le contexte de la vie actuelle, des blocages répétitifs, etc.

Toutes ces manifestations cliniques servent aussi au thérapeute à prévoir son intervention pour ne pas laisser envisager des défis trop complexes durant cette phase difficile. Il aidera le client à redistribuer ses dépenses d'énergie et surtout à apprendre à récupérer, par un ajustement plus différencié, l'alternance des moments de détente et de repos, ainsi que ceux impliquant une participation corporelle régénératrice d'énergie par rapport aux activités et responsabilités exigeant une concentration psychique et, par voie de conséquence, une forte dose d'énergie psychique.

Toutes ces mises en garde nous semblent essentielles avant de procéder à la description très sommaire d'un cas d'intervention clinique. Il va sans dire que la présentation en est très simplifiée, ne citant que certains contenus plus significatifs et les conclusions qui peuvent en découler.

Présentation de cas

La personne choisie pour illustrer la démarche d'intervention clinique est présentée à cause des changements assez spectaculaires qui se sont manifestés à l'intérieur de dix rencontres en moins de trois mois.

Une dame, âgée de 45 ans, plutôt grande mais très maigre, a été recommandée par une amie qui a fait le premier contact téléphonique, insistant pour qu'une entrevue soit accordée de façon assez urgente à cause de l'état plutôt alarmant de la personne en cause. Cette dame était mariée à un homme d'affaires très occupé mais, par ailleurs, il régnait une très bonne entente entre les deux conjoints, le mari étant considéré par sa femme comme un homme rempli de délicatesses pour elle et très compréhensif. Ses trois enfants, deux garçons et une fille, étaient tous partis du foyer et elle se retrouvait seule à la maison.

La cliente ne décida d'appeler elle-même pour fixer la date de son entrevue que lorsqu'elle fut assurée par son amie que le thérapeute attendait son téléphone et pouvait sûrement la recevoir.

Lors de l'entrevue, dès son arrivée, elle s'excuse de déranger le thérapeute puisqu'elle sait que c'est une personne très occupée. Elle parle de façon saccadée et s'assoit sur le bord du fauteuil. Elle commence à raconter que rien ne va plus. Elle a perdu tout intérêt dans les diverses activités. Elle ne se sent pas capable de prendre des décisions. Elle a perdu le peu d'appétit qu'elle avait. Elle néglige complètement les tâches journalières et reste couchée une bonne partie de la journée. Elle ajoute qu'elle ne se reconnaît pas, elle qui était toujours si propre et si régulière dans son travail quotidien, toujours prête à temps.

Elle ne se sent plus la force de faire quoi que ce soit, d'autant plus qu'elle a perdu le sommeil, restant éveillée des nuits presque entières malgré les nombreuses pilules prescrites par le médecin. Elle est envahie par toutes sortes de peurs, par exemple, celle de devenir folle, surtout lorsqu'elle souffre intensément de migraines. Elle a peur de poser des gestes qui lui seraient dommageables. Elle est portée à s'identifier aux personnes qui subissent des malheurs, même quand elle les connaît à peine. Récemment, en apprenant le suicide d'une personne connue, elle a craint de faire la même chose.

Elle est dans cet état depuis près d'un an, date où sa fille lui annonçait son mariage ; mais son état s'est aggravé, surtout depuis le mariage de cette dernière, il y a six mois. Elle craint que sa fille ne soit pas heureuse en ménage. Elle se fait beaucoup de soucis pour elle et toutes sortes d'idées à ce propos lui trottent dans la tête ; elle ne peut plus les chasser.

Elle ajoute que le mari de sa fille n'avait pas d'emploi au moment du mariage, car il venait de graduer à l'université. Depuis, il a trouvé une bonne position, mais ses peurs sont toujours là.

Elle raconte plusieurs autres peurs qui l'assaillent et elle demande au thérapeute s'il croit qu'elle peut s'en sortir.

Le thérapeute lui propose alors de faire une démarche avec elle, comportant dix rencontres hebdomadaires d'une heure chacune, à journée fixe, pour qu'ensemble ils puissent découvrir comment retrouver ses forces et parvenir à un meilleur équilibre dans la dépense de ses énergies. Elle racontera les expériences vécues durant la semaine, surtout celles auxquelles elle aura participé et qui auront été décidées d'un commun accord comme les plus favorables à la découverte de ses forces psychologiques.

Le thérapeute lui demande de décrire son régime de vie habituel et pendant qu'elle décrit ses activités journalières, il essaie de découvrir les activités physiques qui sont susceptibles de l'intéresser davantage et où, par sa participation corporelle, elle pourrait récupérer de l'énergie et se détendre un peu physiquement.

Le thérapeute cherche alors à lui faire rappeler les activités artisanales auxquelles elle a déjà été intéressée, spécialement celles qui comportaient une participation manuelle. Elle énumère le crochet, le tricot, la couture et l'art culinaire, mais elle ajoute qu'elle n'a plus aucun intérêt pour cela, elle se sent trop fatiguée et incapable d'effort.

Avant de terminer l'entrevue, le thérapeute précise que le premier objectif à poursuivre est de trouver une façon de se détendre musculairement au moyen d'une activité physique, la marche, la natation ou tout autre exercice physique qu'elle choisira.

Elle dit qu'il y a un centre récréatif tout près de chez elle ; elle peut essayer de prendre des cours de natation.

Le contenu de cette première entrevue nous fournit suffisamment d'indices cliniques pour esquisser une première évaluation qui sera corroborée au cours des entrevues subséquentes.

Cette personne est aux prises avec un conflit intrapsychique à base œdipienne, déclenché par l'événement du mariage de sa fille, à laquelle elle s'identifie. Sa vie fantasmatique l'envahit, ce qui manifeste un état d'anxiété assez intense. Elle se plaint de nombreuses peurs et de symptômes somatiques, tels que migraine, insomnie, perte d'appétit. Elle fait montre d'une inhibition généralisée ; elle est incapable de prendre des décisions. Les mécanismes de défense, d'identification, de déplacement et de dramatisation sont évidents. Mais cette cliente est capable d'une représentation de soi différenciée de son mari, qu'elle décrit comme un objet d'amour bien délimité. Elle se préoccupe de la personne du thérapeute en le rencontrant.

Tous ces indices révèlent que cette patiente a atteint le troisième niveau d'intégration, laissant présager un Moi autonome assez fort malgré la gravité des symptômes manifestés.

La deuxième entrevue

Dès la deuxième entrevue, elle dit avoir fait des démarches auprès du centre récréatif, mais elle n'a pas été acceptée au cours de natation, son inscription arrivant trop tard. Très déçue, elle n'a pas fait d'autres activités. Elle se plaint des mêmes symptômes et les mêmes comportements se sont répétés durant la semaine. Tout de même le thérapeute lui fait décrire les quelques activités accomplies, notamment les mets cuisinés, en attachant de l'importance à la façon dont elle a procédé et la durée de ces activités. Elle mentionne aussi la marche faite à l'invitation de son mari.

Il a été convenu qu'elle choisirait des activités physiques facilement accessibles, même à l'intérieur de la maison, afin de prendre conscience de son corps par sa participation corporelle. Elle est amenée à décider de faire des exercices physiques pendant de très courtes durées, au moment de la journée jugé le plus propice. Si elle décidait d'entreprendre une activité artisanale, elle devrait choisir un objectif très simple qui exigera au plus trois périodes d'activité d'une heure chacune.

Les autres entrevues

Elle entre en souriant à la troisième entrevue : « Ça s'est amélioré ! » Elle est heureuse de décrire les activités physiques pratiquées quotidiennement vers la fin de l'après-midi. Elle a porté attention à son corps pour la première fois de sa vie et elle s'est sentie se détendre quelque peu. Elle a eu moins de difficulté à dormir. Elle a commencé un travail au crochet, très simple et qui se fait en moins de trois heures.

Le clinicien lui demande de décrire, du début à la fin, les actions posées en essayant de se rappeler l'heure où elle a commencé, la façon dont elle s'y est prise et l'heure où elle a terminé pour chacune des périodes d'activité durant la semaine.

À l'entrevue suivante, elle apporte tous les travaux d'artisanat terminés et elle est très fière de décrire tout ce qu'elle a produit. L'intervenant étudie avec elle l'organisation de son régime de vie, les décisions prises et les changements déjà opérés, par exemple, les sorties pour les courses et comment elle décide à l'avance de ce qu'elle veut acheter. Elle découvre que cette démarche se déroule telle que prévue, sans excès de fatigue physique.

Dans les entrevues subséquentes, elle découvre peu à peu comment aménager sa semaine en regard des activités journalières et elle apprend à les entrecouper par des sorties quelconques. Elle profite d'une invitation de son mari pour l'accompagner dans une ville étrangère. Elle se crée elle-même des occasions de sortir et elle est surprise de retrouver de l'intérêt dans ce qu'elle fait.

Elle reprend la couture à son rythme et choisit un patron de robe assez simple (ce qui, pour elle, est différent puisqu'elle ne choisissait auparavant que des coupes compliquées) et elle décide de ne jamais coudre plus d'une heure à la fois. Elle prend graduellement conscience de sa façon à elle de produire et elle tente de diversifier davantage ses activités en les partageant en périodes d'une heure, ce qui ne la fatigue pas.

À la cinquième rencontre, elle commence à se représenter comment elle peut équilibrer ses dépenses d'énergie. Elle ne souffre plus de migraine. Elle est de plus en plus intéressée à toutes sortes d'activités. Elle ajoute que son mari est très heureux de constater des changements chez elle en si peu de temps.

Elle a accepté une invitation d'une amie d'enfance qu'elle ne voyait plus. Cette visite l'a enchantée et détendue. Elle se promet alors de créer elle-même d'autres occasions de rencontres de personnes qu'elle apprécie, ajoutant qu'elle n'a jamais pris cette initiative ; elle attend toujours d'être invitée. Souvent même elle refusait les invitations qui sont alors devenues de plus en plus rares.

À la septième entrevue, elle est confiante d'avoir trouvé les moyens voulus pour ne « pas se laisser aller comme avant ». Elle est fière de raconter les différentes initiatives prises, surtout celle d'avoir demandé à sa fille mariée, en visite chez elle, de s'occuper du repas du soir pendant qu'elle allait rejoindre quelques amies pour une parade de mode dans une ville voisine.

Elle signale qu'elle a pris du poids pour la première fois depuis très longtemps, car elle aime manger maintenant. Elle a profité de l'occasion pour renouveler sa garde-robe et cela de sa propre initiative. C'est la première fois depuis son mariage qu'elle achetait une robe et un costume de très bonne qualité sans l'approbation de son mari. « Il est tout heureux d'une telle initiative », ajouta-t-elle en riant.

De plus, elle a encouragé son mari à faire l'achat d'une roulotte pour voyager avec lui puisque c'est un intérêt qu'ils partagent tous les deux. Elle refusait cet achat depuis plus de quatre ans, disant qu'elle ne l'utiliserait pas.

À la dernière rencontre, elle a été en mesure de récapituler plusieurs décisions importantes et surtout les moyens découverts pour équilibrer ses dépenses d'énergie psychique et physique, changeant ainsi ses rythmes de base. Le cycle sommeil-réveil s'est rétabli ; elle dort maintenant huit heures sans s'éveiller trop souvent. Elle ne prend plus aucune pilule depuis plus d'un mois. Son appétit est revenu et elle prend ses repas plus régulièrement. Elle a appris à organiser l'horaire de sa semaine, entrecoupant ses périodes d'activités routinières, d'occupations qui l'intéressent, de sorties et de rencontres sociales avec des amies. Elle décide aussi de ses moments de détente pour la lecture et/ou des longues marches avec son mari, le soir. Pour elle, les exercices physiques pratiqués à la fin de l'après-midi font maintenant partie de son régime de vie habituel.

La voilà en possession de moyens pour garder son équilibre puisqu'elle a découvert l'importance de ses propres décisions et elle constate qu'il lui revient de prendre sa vie en main et de cultiver ses intérêts personnels puisqu'elle a le loisir de le faire. Elle est confiante de pouvoir poursuivre seule sa propre démarche.

Commentaires

Cette patiente était aux prises avec un conflit intrapsychique, causé par des fantasmes œdipiens inconscients qui ont été ravivés à l'annonce du mariage de sa fille. Elle s'identifie à cette dernière, surtout au moment où débute sa propre ménopause. Elle est envahie par une vie fantasmatique manifestée par des peurs de toutes sortes concernant le mariage de cette fille, peur de devenir folle, etc. Les symptômes qui apparaissent sont les migraines, l'insomnie, la perte d'appétit et une inhibition généralisée. Les mécanismes de défense, tels l'identification, le déplacement et la dramatisation, ne réussissent pas à conserver son équilibre psychique. Ce sont donc des manifestations d'un conflit névrotique déclenché par un événement actuel durant une période plus vulnérable, la ménopause.

L'objectif convenu entre la cliente et le thérapeute a été de chercher à rétablir un équilibre dans les dépenses d'énergie physique et psychique, en accordant un souci particulier à la participation corporelle pour récupérer de l'énergie et parvenir ainsi à une détente musculaire.

Sa première découverte — organiser des activités de courte durée pour ne pas dépenser trop d'énergie à la fois et choix d'objectifs proportionnés au temps prévu — lui a fait prendre conscience de la dimension « temps » et d'un délai plus court pour atteindre l'objectif prévu sans dépasser son seuil de fatigue.

Cet ajustement graduel qu'elle est parvenue à faire entre ce qu'elle prévoyait réaliser et ce qu'elle réalisait en fait, sans se fatiguer, lui a redonné confiance dans ses propres décisions.

Par ailleurs, elle a découvert un intérêt à se représenter ses différentes façons de procéder à mesure qu'elle partageait ses expériences de productivité avec un thérapeute réellement attentif à ses manières d'agir. Son attention a été plus éveillée et ses occupations, plus diversifiées (crochet, tricot, couture et art culinaire).

Elle a accepté peu à peu les invitations, a décidé elle-même des sorties. Elle a aussi découvert un plaisir réel à participer à des rencontres amicales et elle a progressivement pris des initiatives en ce sens.

À la fin de ses dix rencontres, elle se sentait capable de maîtriser l'organisation de ses propres activités et de son régime de vie, se représentant les moyens de le faire en tenant compte de son degré de participation corporelle, pour récupérer de l'énergie à partir d'une prise de conscience des indices dans son corps (Soi corporel).

Sa démarche de productivité l'a de nouveau intéressée quand elle a appris à en décider l'organisation et la durée, selon l'énergie dont elle disposait, sans dépasser son seuil de fatigue, et à choisir des objectifs en ce sens (Soi productif).

Elle est fière de partager ses « techniques » artisanales et culinaires. Cette représentation de sa propre démarche de productivité lui a apporté une estime de soi.

Au fur et à mesure que ces expériences vécues se sont intégrées, elle est devenue plus consciente de son identité de soi (intégration du Soi corporel et du Soi productif). Elle s'est avérée capable de faire face à certains changements, sorties, et elle a accepté l'achat d'une roulotte en prévision de voyages à effectuer avec son mari (Soi adaptatif).

Petit à petit, elle témoigne de l'intérêt à participer à des rencontres sociales, puis elle décide de prendre l'initiative d'inviter elle-même certaines amies (Soi social).

Un nouvel équilibre est refait, où chacun des quatre éléments constitutifs de la représentation de soi concourt à former une nouvelle synthèse, ce qui oriente ses propres décisions et laisse voir une façon cohérente d'agir (cohésion structurale). Elle fait preuve progressivement d'une stabilité temporelle dans l'organisation de son programme de vie dans les cinq dernières rencontres. La coloration affective de sa représentation de soi est positive. Elle est très fière de constater qu'elle a pris du poids en se préoccupant de son bien-être corporel. Elle est heureuse d'avoir choisi de renouveler sa garde-robe de sa propre initiative, pour la première fois sans l'approbation de son mari et cela, depuis son mariage.

Elle est confiante de pouvoir dorénavant organiser sa vie et prendre les moyens déjà expérimentés pour conserver et maintenir un équilibre harmonieux dans la distribution de ses énergies (consolidation d'une synthèse renouvelée).

L'objectif convenu est donc maintenant atteint et l'autonomie acquise démontre que les fonctions intégratives et synthétiques de son Moi autonome sont redevenues actualisées. Ainsi, ce principe régulateur lui apporte l'assurance de maîtriser elle-même l'organisation de ses conditions de vie.

• 14 •

Le processus thérapeutique

Remarques générales

La conceptualisation du processus thérapeutique découlant de notre modèle théorique est analogue à celle du processus d'organisation psychique, puisque chacune des formes d'équilibre, en progrès sur les précédentes et caractérisant les divers niveaux d'intégration, en constitue les étapes.

Dans le déroulement de ce processus, le client est amené à revoir, avec l'aide appropriée du thérapeute, ces diverses formes d'équilibre selon la même séquence hiérarchique en vue de favoriser, par des prises de conscience, la découverte de son identité du Moi et de son identité psychosociale.

En d'autres termes, la démarche thérapeutique comporte l'acquisition graduelle d'une représentation de soi de plus en plus différenciée de la représentation de l'autre et de l'entourage, grâce à des configurations nouvelles et à des synthèses renouvelées selon la progression des phases du processus thérapeutique. Cette représentation de soi est de mieux en mieux intégrée et même consolidée malgré les déficits paralysants, provenant soit d'un conflit intrapsychique, soit d'un arrêt de développement dans la représentation de soi à cause des prises de conscience renouvelées par le « Je », au moyen d'activités et d'expériences décidées et vécues avec l'agrément de son Moi.

Ces prises de conscience renouvelées se font par les fonctions intégratives et synthétiques du Moi selon les diverses étapes du processus thérapeutique. C'est ainsi que nous pouvons retracer l'intégration graduelle de chacune des forces vitales qui constitue le processus d'organisation psychique à la fin de chacune des étapes, puisque la synthèse se consolide en intégrant de façon cohérente chacune de ces forces psychologiques.

Par ailleurs, lorsque se vit une phase de transition entre deux étapes, au moment où émerge une configuration nouvelle, d'anciennes peurs de fragmentation peuvent resurgir temporairement. Elles proviennent soit d'une vie fantasmatique issue d'un conflit intrapsychique, soit de reviviscences régressives reposant sur des configurations archaïques indifférenciées ou non intégrées. Mais, à mesure que cette configuration nouvelle des forces vitales s'intègre et se consolide, une cohésion structurale se manifeste, créant une nouvelle forme supérieure d'équilibre de représentation de soi, produisant une stabilité temporelle dans les décisions prises et, par voie de conséquence, une estime de soi accrue.

La conceptualisation du processus de la représentation de soi déjà élaborée étant analogue à celle du processus thérapeutique, nous allons pouvoir procéder maintenant à l'application du processus thérapeutique, en insérant des commentaires appropriés, s'il y a lieu, pour en expliquer et en justifier le déroulement.

L'application du processus thérapeutique

Attachons-nous d'abord à considérer comment le thérapeute doit envisager le déroulement de ce processus, c'est-à-dire :

— l'objectif poursuivi,
— les modalités à convenir,
— les responsabilités à partager entre les deux participants.

Dans l'optique du thérapeute, le but de la thérapie est de faire acquérir au client une plus grande autonomie personnelle en actualisant ses forces psychologiques à l'aide des fonctions intégratives et synthétiques de son Moi. Dès le début du processus, il cherche à faire une alliance thérapeutique avec son client en faisant appel précisément à ces fonctions intégratives et synthétiques de son Moi, qui agissent en lui comme régulateur psychique interne.

Les interventions du thérapeute sont donc orientées vers l'épanouissement de la personnalité de l'individu, malgré les interférences qui surviennent durant ce cheminement, interférences provenant soit des pressions de stimuli internes (vie fantasmatique envahissante, reviviscences régressives), soit des pressions de stimuli externes dues à un milieu familial perturbé ou à un milieu de travail exigeant. Il arrive souvent que l'individu soit aux prises avec des pressions à la fois des stimuli internes et des stimuli externes. Ce n'est que par une relation empreinte d'empathie avec le thérapeute que la personne peut dépasser ces interférences et s'engager plus activement dans des activités qui lui révéleront ses forces psychologiques.

Il est primordial pour le thérapeute d'établir une relation à base de « mutualité » avec son interlocuteur. Rappelons ici le concept de base de la théorie d'Erikson (1964a, p. 231), qu'il définit comme des interactions mutuelles d'influences positives entre l'individu en voie de développement et l'entourage accueillant qui lui fournit les éléments essentiels au développement de sa personnalité. Cette mutualité, qui existe, par exemple, entre la mère et l'enfant durant la tendre enfance de ce dernier, donne lieu à « un échange de détente d'une importance capitale pour la première expérience d'un autrui amical ».

D'une façon analogue le thérapeute cherche, dès la première entrevue, à faire vivre au client une expérience où il se sent accueilli tel qu'il est, dans toute sa personne, quel que soit le problème auquel il est confronté. L'intérêt du thérapeute pour la « personne » du client le rejoint vraiment pour autant que la qualité des interactions au cours de ce premier entretien favorise la mutualité.

Considérons maintenant les indices que le thérapeute se doit d'observer pour établir, dès la première entrevue, cette mutualité si fondamentale au processus thérapeutique. Il porte une attention toute particulière à la façon dont s'exprime le client, non seulement au contenu, mais aussi au rythme du débit (accélération, lenteur, hésitations, silence ou débit sans interruption) et au langage corporel qui traduit cette expression. Tout en respectant le rythme du débit du client, le thérapeute s'insère graduellement dans l'entretien pour que s'amorce un début de dialogue avec le client si ce dernier est porté à parler sans interruption. Si, par ailleurs, il s'exprime très peu, s'attendant à ce que le thérapeute prenne en charge quasi exclusivement le contenu de l'entretien, ce dernier doit faire appel à la participation active du premier, non seulement par des questions appropriées l'encourageant à participer, mais en modifiant un tant soit peu son rythme de participation, par exemple, en intercalant de courts moments de silence pour inciter la personne à s'exprimer si elle en est capable.

Dans cette rencontre entre client et thérapeute, le premier doit se sentir écouté avec beaucoup d'empathie de la part du professionnel dont la disponibilité à son égard est entière. Cet intérêt manifeste du clinicien à l'endroit du patient fait vivre à ce dernier l'expérience qu'il vaut la peine d'être écouté. Cette expérience s'enregistre beaucoup plus chez lui que tout énoncé verbal en ce sens de la part du thérapeute.

Quant à l'observation des indices qui font saisir le langage corporel du client, soulignons de prime abord les modalités visuelles de ce premier contact. Cherche-t-il à capter activement l'attention du thérapeute par sa façon de le regarder, ou essaie-t-il d'éviter le regard de ce dernier ? Ces modalités visuelles changent-elles selon les thèmes abordés durant l'entrevue ? Son rythme respiratoire est-il accéléré au début pour se modifier et ralentir au cours de l'entretien ? L'état de malaise peut se manifester par une tension musculaire, qui se traduit par une contraction évidente dans la posture du client, dans un débit verbal saccadé, par des gestes stéréotypés incontrôlés, tels que toussoter fréquemment, brandiller les jambes, manipuler des objets inconsciemment, etc., pour faire place à une certaine détente faisant disparaître peu à peu ces gestes incontrôlés.

Le contenu apporté par le client, surtout à la première entrevue, est d'une importance capitale pour analyser le matériel clinique recueilli et pour esquisser une première évaluation. La séquence des thèmes abordés, les mots et les phrases utilisés par le client, le contenu des interactions verbales entre les deux participants, tout cela accompagné des autres indices déjà soulignés, aide à mieux comprendre ce qui se passe chez le patient. Pour saisir plus en profondeur son organisation psychique et les malformations qui s'y retrouvent, il est essentiel pour le clinicien de procéder à une conceptualisation diagnostique qui oriente ses interventions. Il ne cherche pas trop vite à préciser un diagnostic selon des catégories cliniques bien délimitées, mais il utilise plutôt les données élaborées dans le processus de représentation de soi.

Comme nous l'avons déjà vu, la conceptualisation du processus de représentation de soi tient compte, d'une part, d'une approche centrée sur la croissance psychique de l'individu et d'autre part, elle permet d'identifier les malformations et le niveau d'intégration, d'où le déficit paralysant tire son origine.

Notons que le choix adéquat et la qualité des techniques d'intervention du thérapeute résident en très grande partie dans la compréhension en profondeur de ce qui se passe chez le client et qui se manifeste, au niveau conscient, dans son expression verbale, non-verbale et dans son comportement actuel et au niveau inconscient, c'est-à-dire dans son organisation intrapsychique. Pour vraiment saisir ce qui se vit chez le client, le thérapeute doit avoir atteint, dans son propre processus de croissance personnelle, une représentation de soi intégrée et différenciée de l'autre au point où il peut être réellement disponible au vécu du patient et ainsi être assez libre vis-à-vis de ses propres pressions internes et de ses besoins, pour être en mesure d'intervenir adéquatement auprès de son interlocuteur. Il doit avoir vécu lui-même, au préalable, un processus qui l'a conduit à une connaissance approfondie de lui-même à un point où il peut ainsi être habilité à prendre en charge le cheminement de croissance d'un autre sans que ses propres interférences provenant d'un contre-transfert puissent intervenir au détriment du processus de croissance de son client.

Ayant acquis une représentation de soi assez bien intégrée, le clinicien est donc capable de délimiter les propres frontières de son Moi par rapport à celles de son client et il n'intervient, dans la démarche thérapeutique de cette personne, que par rapport à elle, sans apporter le contenu de ses propres expériences personnelles, de ses besoins affectifs, ou de ses désirs inconscients, lesquels distrairaient le client de son propre cheminement.

Ainsi préparé, le thérapeute est en mesure d'établir une alliance thérapeutique avec le patient en faisant appel, dès le début du processus, aux fonctions intégratives et synthétiques, par analogie avec le premier niveau d'intégration du processus d'organisation psychique.

Les attentes du thérapeute

Récapitulons brièvement les expectatives du thérapeute lorsqu'il entreprend une première rencontre avec un client. Tout d'abord, il désire amorcer une relation de « mutualité » avec lui. Pour ce faire, il centre son intérêt sur la « personne tout entière » aux prises avec des « problèmes » dans le « cadre actuel » de sa vie.

En effet, nous croyons important de souligner que l'intérêt du thérapeute doit se porter sur la personne tout entière et non seulement sur le problème vécu. Car, très souvent, le client a tendance à croire que seul son problème intéresse le professionnel puisque ce problème motive sa venue. Durant cet entretien initial, le thérapeute doit lui transmettre clairement le message qu'il s'intéresse à « sa personne » qui, dans le cadre de sa vie actuelle, est aux prises avec ses problèmes mais aussi avec ses forces psychologiques pour y faire face.

C'est en portant intérêt à la vie actuelle sans un retour au passé que le thérapeute favorise l'actualisation des forces vitales chez l'individu, forces qui se développent selon les étapes du processus thérapeutique et en accord avec l'orientation prévue par le thérapeute. Cette croissance personnelle ne se poursuit que par une participation réellement engagée du client dans des activités particulièrement choisies et décidées par lui. Bien qu'il sollicite ainsi une participation active du client au processus thérapeutique, le thérapeute conserve la responsabilité et la direction de la thérapie afin de favoriser, chez son interlocuteur, cette autonomie personnelle par une représentation de soi bien intégrée.

Le clinicien cherche à établir une alliance thérapeutique avec le client en convenant avec lui de l'objectif à poursuivre dans la démarche entreprise ensemble et des modalités à utiliser pour y parvenir. Afin que le client ne soit pas obligé d'accéder, sur-le-champ et aveuglément, aux propositions faites, tous deux conviennent d'une période d'essai de cinq à dix rencontres pour permettre à ce processus de débuter. Le client décide alors en connaissance de cause s'il veut poursuivre l'objectif proposé en revoyant, avec l'aide du thérapeute, comment les modalités convenues ont été vécues. Ainsi, il est en mesure d'adhérer le plus lucidement au processus entrepris, sans en limiter la durée, mais en acceptant de le poursuivre jusqu'à ce que l'objectif soit atteint.

Les responsabilités du thérapeute

Résumons maintenant les responsabilités partagées entre le thérapeute et le client dans le processus thérapeutique que nous préconisons.

Le thérapeute doit assumer la responsabilité de la direction de la thérapie. Sa formation l'a préparé à le faire puisqu'il connaît le processus d'organisation psychique et de représentation de soi et, par voie de conséquence, les étapes à suivre dans le déroulement du processus thérapeutique. De plus, il peut anticiper les résistances que le patient devra surmonter. Ayant identifié les déficits spécifiques susceptibles de paralyser ce processus entrepris et cela, grâce à ses connaissances en psychopathologie, il se doit d'établir avec son client une alliance thérapeutique à base de mutualité, en lui proposant :

— l'objectif à poursuivre ;
— les modalités à utiliser.

Les formes de cette entente contractuelle doivent couvrir les aspects suivants :

— la personne doit apporter les expériences vécues durant la semaine, plus particulièrement celles auxquelles elle a participé activement, afin d'actualiser ses forces psychologiques selon l'angle de vision convenu avec le thérapeute ;
— le respect mutuel d'une continuité dans les rencontres en ce qui a trait à :
  • la journée, l'heure et le lieu ;
  • la durée (généralement de 50 minutes) ;
  • les honoraires convenus ;
  • la procédure prévue en cas d'absence ;
  • la période de vacances anticipée ;
— il propose une période d'essai de 5 à 10 rencontres pour permettre au client de décider en toute connaissance de cause d'une entente contractuelle à long terme.

En outre, le thérapeute est responsable de faire une évaluation continue afin de bien orienter le processus thérapeutique et discerner judicieusement les interventions, qui actualisent les forces psychologiques du client. Après la première entrevue, il esquisse une première évaluation. Les hypothèses qui en découlent doivent être confirmées ou infirmées par les indices cliniques observés au fur et à mesure qu'il approfondit sa connaissance du client. Il doit l'aider à dépasser les résistances inévitables qui s'interposent dans le processus de croissance personnelle.

Si, pour des raisons objectives, les modalités convenues doivent être modifiées, il doit s'assurer que ces changements ne seront pas au détriment du processus en cours.

Souvent, à la suggestion du client et de l'avis des deux participants, l'objectif prévu étant vraisemblablement atteint, ils conviennent d'une date pour terminer le processus. Car les critères d'intégration et de consolidation indiquent une représentation de soi unifiée et cohérente traduisant ainsi une autonomie personnelle ce qui est l'objectif convenu. Fréquemment la date choisie par les deux partenaires coïncide avec une période prévue pour les vacances.

Les responsabilités du client

Elles se résument de la façon suivante :

— Il doit prendre conscience de l'alliance thérapeutique proposée par le thérapeute en termes :
  - de l'objectif à poursuivre : l'acquisition d'une autonomie personnelle à base de la découverte de soi ;
  - des modalités à respecter.

— Il participe activement durant la semaine à des expériences susceptibles de favoriser l'actualisation de ses forces psychologiques et il les partage avec le thérapeute pour les intégrer et mieux se connaître à travers ce vécu.

— Il respecte, après les avoir acceptées, les ententes contractuelles proposées par le thérapeute, telles qu'énumérées précédemment.

— Il poursuit sa démarche thérapeutique jusqu'à l'atteinte de l'objectif convenu d'un commun accord avec le thérapeute et propose à ce dernier une date pour terminer les rencontres. Il se sent alors en mesure d'assumer pleinement sa vie de façon autonome, en accord avec le sens qu'il a lui-même choisi de lui donner.

Mise en garde

Avant d'illustrer la mise en application du processus thérapeutique, il nous semble essentiel de souligner que, si certains extraits d'entrevues mettent en relief les étapes de ce processus, démontrent certaines résistances et leurs effets, il est impossible de reconstituer d'une façon continue les interactions significatives entre le thérapeute et son client. De plus, vouloir le faire serait au détriment de l'application de ce processus qui souligne l'importance, pour le thérapeute, de vivre ce processus thérapeutique d'une façon tout à fait unique, selon le cheminement individuel de chacun de ses clients. Car, par une compréhension de plus en plus approfondie au fur et à mesure que se déroulent les rencontres, le thérapeute aide son client à acquérir une autonomie basée sur une représentation de soi de mieux en mieux intégrée.

Par ses connaissances sur le processus d'organisation psychique tel que proposé dans notre modèle théorique, le clinicien connaît, dans ses grandes lignes, la séquence des étapes de ce processus. Mais la façon de vivre cette démarche avec le client, compte tenu des diverses résistances propres à chaque individu, est tout à fait unique. On ne peut donc proposer une méthode qui s'appliquerait uniformément à tous les individus.

La connaissance de la séquence du processus de représentation de soi et des forces psychologiques qui s'actualisent, selon les niveaux d'intégration, d'une forme rudimentaire d'équilibre à des formes supérieures d'équilibration, n'autorise pas à conclure à un processus qui se déroulerait assez automatiquement et laisserait de côté l'essentiel qu'est la relation de mutualité entre thérapeute et client où les interactions d'influences significatives sont la source même du processus de découverte de soi.

Le travail du thérapeute ne peut reposer sur des formules magiques qui se concrétiseraient dans l'application de techniques d'intervention selon une méthode définie à l'avance. Au contraire, il doit être à l'écoute de son client et de lui-même, conservant tout au long de ce cheminement le souci d'une évaluation continue par des observations qu'il conceptualise régulièrement. Cette évaluation continue vise à préciser les défis à encourager, les obstacles à surmonter, les contraintes à accepter pour apprendre graduellement au client à faire un ajustement optimal entre la représentation de la réalité objective, telle qu'il la conçoit, et la représentation de la réalité expérientielle, c'est-à-dire telle qu'elle est vécue. À mesure que l'ajustement entre ces deux représentations devient de plus en plus qualifié, le client sent grandir sa maîtrise de lui-même par des décisions personnelles responsables, libres et appropriées à son contexte de vie ; le travail du thérapeute est alors terminé.

Pour illustrer ce que nous venons de dire, nous présentons le résumé d'une première entrevue avec un client qui, lui, était très motivé pour entreprendre le processus thérapeutique.

Illustration d'une première entrevue

Un jeune professionnel, célibataire de 28 ans, demande de poursuivre une psychothérapie pour apprendre à se mieux connaître en vue de s'engager définitivement dans un état de vie. Il se dit continuellement accaparé par son travail d'organisateur communautaire et de responsable de formation du personnel. De plus, il cumule des fonctions de responsabilité dans plusieurs sortes d'activités sociales et il s'avère incapable de refuser toute personne qui sollicite sa participation.

Il ajoute aussi qu'il se sent mal à l'aise dans sa propre famille. Pour lui, c'est une vraie corvée d'aller chez ses parents. Sa mère surtout ne semble jamais satisfaite de ce qu'il peut faire à la maison et elle exige toujours plus sans considérer sa fatigue ou son intérêt pour la tâche demandée. Il ne sait pas ce qui cause ce malaise entre sa mère et lui mais il ajoute qu'il y a sûrement un problème à ce niveau. Il ressent souvent des malaises : maux de tête, élancements dans le bras gauche et difficultés à digérer. Il souffre un peu d'insomnie quand il est préoccupé par son travail.

Mais son problème le plus profond à ses yeux est sa propre orientation psychosexuelle. Il se dit porté à établir de bonnes relations avec les femmes ; il a au moins deux bonnes amies avec qui il échange assez en profondeur. Du côté des hommes, il n'a pas de véritables amis mais des connaissances. Pourquoi ne peut-il s'engager véritablement au niveau interpersonnel en vue d'aboutir à un choix définitif ? Il se demande quelquefois s'il est normal parce qu'il peut avoir des fantasmes sexuels autant vis-à-vis des hommes que des femmes. C'est là ce qui le préoccupe le plus.

Le client a débité ses problèmes tout d'une traite dès qu'il a perçu que le thérapeute s'attendait à ce qu'il exprime ses raisons de demander une psychothérapie. Auparavant, il était entré dans le bureau affichant un sourire anxieux, commentant le fait d'une assez longue attente avant d'obtenir un rendez-vous et qu'à son dernier appel téléphonique, il avait un peu insisté. Il était donc très heureux d'être reçu. Puis il pose immédiatement la question : « Par où dois-je commencer ? »

Le thérapeute constatant la forte motivation du client lui propose alors de faire avec lui un cheminement qui l'aidera à se découvrir lui-même et, en apprenant à se connaître davantage, à déceler plus précisément le sens qu'il veut donner à sa vie et à décider alors des moyens pour y parvenir. Il opine de la tête et répond immédiatement : « D'accord ! »

Le thérapeute convient alors avec lui des modalités prévues pour cette démarche. Il s'agit de partager les expériences vécues durant la semaine, particulièrement celles qui favorisent cette découverte de soi selon l'angle de vision convenu ensemble. D'un commun accord, ils fixent alors la journée et l'heure, puis le thérapeute spécifie la durée de l'entrevue, la procédure en cas d'absence, la période prévue de ses vacances et enfin les honoraires professionnels.

Le client acquiesçant sans hésitation aux modalités proposées, le thérapeute ajoute que, généralement, une période de cinq à dix rencontres permet à la personne de découvrir en le vivant les implications de ce processus. Elle est alors plus en mesure de décider d'une démarche à long terme en vue d'atteindre le but proposé. Il rétorque immédiatement qu'il a bien réfléchi avant de faire sa demande, qu'il est prêt à l'entreprendre sérieusement, quelle qu'en soit la durée, pour aboutir à une meilleure connaissance de lui-même.

Le thérapeute lui demande alors de décrire l'organisation de sa vie actuelle en suivant le déroulement d'une semaine régulière, par exemple, la semaine qu'il vient de vivre.

« Ouf ! dit-il, je ne sais pas si je vais me souvenir de tout cela... Je sais qu'elle est très chargée, comme d'habitude ! »

Le client énumère alors ses nombreuses activités selon les jours de la semaine. Quel est son cycle de sommeil-veille? sa façon de prendre ses repas ? Le thérapeute cherche à découvrir les activités impliquant une participation corporelle et les moments de détente et de loisirs durant ce laps de temps.

Le client constate qu'il n'a eu aucune activité sollicitant une participation corporelle, aucun moment de détente réelle, si ce n'est le sommeil et, même là, quelques périodes d'insomnie d'une heure ou deux parce que trop fatigué pour « pouvoir arrêter la machine », comme il dit.

Il est convenu de regarder ensemble la distribution de ses dépenses d'énergie et de ses moments de récupération.

Après cette première rencontre, une première évaluation a été ébauchée.

Évaluation clinique du client

À partir de cette première évaluation, le thérapeute est en mesure d'orienter le processus thérapeutique en tenant compte des indices cliniques provenant de deux niveaux d'observation. D'une part, il cherche à favoriser l'actualisation des forces psychologiques au niveau conscient en aidant le client à intégrer des expériences plus particulièrement orientées vers l'acquisition d'une représentation de soi mieux différenciée. D'autre part, il observe les indices cliniques provenant du niveau inconscient : manifestations de transfert, recrudescence des mécanismes de défense, des symptômes ou des comportements symptomatiques, et il modifie ses interventions pour accorder le rythme de progression de ce processus avec l'énergie disponible du client.

Tout au long du déroulement de ce processus thérapeutique, cette double préoccupation du thérapeute lui permet de doser les défis à relever dans les expériences entreprises de façon à favoriser chez le client les fonctions intégratives du moi. Rappelons ici que l'alliance thérapeutique ne s'établit entre le thérapeute et son client qu'à la condition de faire appel aux fonctions intégratives et synthétiques de son Moi, régulateur psychique interne.

Comme nous l'avons déjà souligné, l'orientation de ce processus thérapeutique suit une séquence d'étapes correspondant aux différents niveaux des processus d'organisation psychique et d'acquisition graduelle d'une représentation de soi mieux intégrée.

Points de repère à chaque étape

Cette conceptualisation nous permet de préciser certaines conditions présentes à chacune des étapes de ce processus et ces conditions servent de points de repère au clinicien pour orienter la démarche thérapeutique. Il s'agit de :

— préciser l'objectif particulier à poursuivre spécifiquement, qui correspond à la séquence des niveaux d'organisation psychique ; exemple : à la première étape, favoriser la représentation du Soi corporel ;

— découvrir et favoriser les expériences les plus susceptibles de faire différencier, intégrer et consolider les divers éléments constitutifs de la représentation de soi ;

— signaler les interactions les plus significatives entre client et thérapeute et, s'il y a lieu, noter les techniques d'intervention les plus appropriées, compte tenu des deux niveaux de fonctionnement psychique, conscient et inconscient ;

— souligner la configuration nouvelle d'où émerge un nouvel équilibre par l'actualisation de chacune des forces psychologiques propres à cette étape ;

— décrire à la fin de l'étape la synthèse obtenue par la consolidation de ces forces psychologiques.

Première étape du processus thérapeutique

Durant la phase d'ouverture de ce processus thérapeutique, et plus particulièrement durant la première étape, l'objectif convenu entre thérapeute et client est de parvenir graduellement à un ajustement convenable entre l'organisation du mode de vie actuelle et la répartition de l'énergie disponible, afin de parvenir à un équilibre plus harmonieux qui s'exprime chez le client par un certain bien-être corporel.

Revenons à l'exemple déjà mentionné. À la fin de la première rencontre, il fut convenu entre le thérapeute et le client de « regarder ensemble la répartition de ses dépenses d'énergie et de ses moments de récupération dans le cadre de sa vie actuelle ».

Dans les entrevues subséquentes, le thérapeute, tout en laissant toute la latitude voulue au client pour apporter ce qui le préoccupe particulièrement, tente surtout de lui faire cerner les décisions qu'il a prises pour tenter de mieux répartir ses dépenses d'énergie.

Il attire son attention sur le fait qu'il apprend graduellement à alterner, de façon plus équilibrée, les activités exigeant une forte concentration psychique avec d'autres appelant une participation corporelle, surtout celles qui apportent une récupération d'énergie. Le thérapeute s'intéresse à la répartition plus adéquate des activités qui, d'une part, consomment plus d'énergie et, d'autre part, de celles qui favorisent les moments de détente et les périodes de repos proprement dit.

En revoyant avec le thérapeute le déroulement de son régime de vie hebdomadaire, le client décrit les expériences telles qu'elles se sont déroulées et surtout celles qui, grâce à des décisions appropriées, amorcent chez lui un début de bien-être corporel. À cette occasion, le thérapeute s'attarde à faire prendre conscience au client que le défi choisi correspond, dans de telles activités physiques, à la somme d'énergie à dépenser et lui apporte une récupération suivie de détente. Il s'agit ici plus particulièrement d'une participation corporelle globale, par exemple, la natation, le jogging ou la marche, activités choisies par le client pour favoriser, d'une part, une certaine récupération d'énergie et, d'autre part, pour lui donner l'occasion de prendre conscience de son « corps agi », prise de conscience qu'il fait en partageant cette expérience avec le thérapeute.

Lorsque le thérapeute, par des questions appropriées, fait raconter au client de telles expériences, il accorde une attention spéciale aux points de repère qui amènent graduellement ce dernier à nuancer ses décisions en faisant preuve d'un ajustement pertinent entre la somme d'énergie à dépenser et les défis à relever. Il demande d'abord au client de décrire ce qu'il avait prévu de faire, c'est-à-dire l'objectif qu'il s'était fixé et les moyens prévus pour y parvenir en indiquant la durée de l'activité et le parcours, s'il y a lieu. (Cette description anticipée de ce qu'il pense faire est la représentation que le client se fournit à lui-même de la réalité, en l'occurrence de l'activité vue sous sa facette objective.) Puis il lui fait raconter l'expérience telle qu'il l'a vécue du début à la fin, en notant plus particulièrement la manière dont l'activité a débuté, ses diverses façons de participer, le rythme de sa participation durant toute la durée de l'activité et finalement, si l'objectif proposé a été atteint. Le thérapeute s'enquiert aussi des indices somatiques perçus par le client, tels les rythmes cardiaque ou respiratoire, la perception des seuils de tolérance à la fatigue, à la température, à la douleur s'il y a lieu et à la décharge motrice.

Durant cette phase d'ouverture du processus d'actualisation des forces psychologiques, l'intérêt du thérapeute, axé sur l'objectif convenu entre les deux participants, à savoir, une répartition plus adéquate des dépenses d'énergie, est graduellement partagé par le client. L'intérêt éveillé s'accroît d'autant plus chez ce dernier qu'il constate, au moyen de la « révision » de ses expériences vécues de façon significative et partagées avec le thérapeute, l'apprentissage progressif de l'ajustement souhaitable entre ces deux représentations — conceptuelle et expérientielle — de la réalité.

Mais un tel cheminement est souvent lent à démarrer, et ce, d'autant plus que les déficits perturbant l'organisation psychique paralysent la prise de décisions. Il est recommandé au thérapeute de s'attarder à toute participation active, dès que le client fait preuve de décisions appropriées, même si ces dernières ne sont pas spécifiquement orientées vers l'objectif convenu. Cependant, l'alliance thérapeutique entre les deux participants ne se raffermit que par les décisions prises en vue de l'objectif convenu selon le degré de participation active.

Les résistances

Par ailleurs, les résistances à l'actualisation d'un tel processus de croissance personnelle peuvent être multiples et les interférences, provenir de différentes sources.

Ces résistances peuvent naître, d'une part, sous la pression de stimuli internes inconscients, issus d'un conflit intrapsychique, ou de reviviscences régressives provenant de fantasmes archaïques retrouvées dans les désordres de la personnalité narcissique et perturbant la représentation de soi. D'autre part, des conditions de vie particulièrement défavorables et/ou les exigences trop onéreuses d'un travail sous tension peuvent faire surgir des pressions extérieures telles que, même épisodiques et passagères, elles ne laissent au client aucune disponibilité pour rallier ses énergies et orienter ses décisions vers l'objectif convenu. Tous les indices de résistance doivent être soigneusement évalués afin d'orienter adéquatement le choix de techniques d'intervention appropriées au cas étudié.

Comme nous venons de le souligner, même dans la phase d'ouverture de ce processus, la démarche thérapeutique comporte des variations infinies selon les idiosyncrasies propres à l'histoire individuelle de chacun des clients. Bien que cette démarche implique une séquence d'étapes prévue à cette fin, le thérapeute se doit d'être constamment à l'affût des indices cliniques, tant au niveau inconscient qu'au niveau conscient, s'il veut parvenir à une compréhension plus approfondie de ce qui se passe chez son client et assurer l'efficacité de ses interventions thérapeutiques.

Les caractéristiques de la première étape

Pour illustrer certaines caractéristiques de cette phase d'ouverture du processus, nous utilisons le même cas du célibataire de 28 ans mentionné antérieurement.

À la deuxième rencontre, le jeune homme entreprend, de sa propre initiative, le déroulement de ses expériences telles que vécues durant la semaine écoulée, tout aussi chargée d'activités que la première. Il dit ne pas avoir trouvé un seul moment de détente ou de loisir, « se sentant coincé de toutes parts » à cause, non seulement des exigences de son travail professionnel, mais aussi à cause des services qu'il avait déjà accepté de rendre à des confrères en dehors de ses heures de travail. De plus, il se plaint de maux de tête et d'estomac assez fréquents au cours de la semaine et d'heures d'insomnie répétées pendant plusieurs nuits.

Il ajoute avoir pensé à chercher une activité qui le ferait participer corporellement pour récupérer de l'énergie, mais il n'a pu trouver de temps disponible pour le faire. Il constate, de lui-même, vers la fin de la rencontre qu'il a beaucoup de chemin à parcourir « pour changer graduellement son mode de vie et surtout apprendre à décider de mieux répartir ses dépenses d'énergie ».

Il mentionne aussi qu'il a fait un appel téléphonique en arrivant chez lui après la première rencontre, car il sentait le besoin de parler à quelqu'un en qui il avait confiance, une amie en l'occurrence, pour lui raconter ce qui venait de se passer en entrevue.

Tout en lui laissant entendre que la démarche entreprise exigera du temps, le thérapeute s'informe de la possibilité de prévoir au moins quelques moments de détente durant la semaine qui s'annonce. Il souligne, de plus, que pour assurer une plus grande efficacité à la démarche entreprise et pour bâtir une alliance thérapeutique entre les deux participants, tout ce qui se passe entre le thérapeute et lui, lors de la rencontre hebdomadaire, doit être gardé comme dans une chambre pressurisée, où la conservation de ces expériences vécues entre les deux sera d'autant plus assurée que la pressurisation sera maintenue intacte, à l'instar d'une boîte de conserve.

Le processus poursuivi

Durant les entrevues suivantes, il réussit à décider de se rendre à un concert où il s'est détendu, sans toutefois dormir comme cela lui arrivait auparavant. Il s'est accordé le temps de faire une marche. Il a surtout appris à mieux prévoir la dimension « temps » dans ses activités professionnelles. Il a décidé de réduire les objectifs qu'il se fixe pour ne pas toujours vivre en état de tension et « ronger son frein » lorsqu'il ne peut, dans ses groupes d'animation, accélérer la démarche de ses collègues pour parvenir au but fixé.

À la cinquième entrevue, il annonce qu'il a choisi de faire du jogging tous les matins depuis quatre jours. Le thérapeute lui fait décrire comment il a conçu cet exercice physique. Il a décidé de se lever une heure plus tôt, de faire des exercices de réchauffement pendant vingt minutes dans sa chambre, puis d'aller continuer son jogging pendant trente à quarante minutes dehors. Il raconte combien il lui est difficile de se lever une heure plus tôt mais il a réussi à le faire chaque matin, tel que prévu. Pendant vingt minutes, il s'adonne à ses exercices de réchauffement, puis il sort faire de la course sans arrêt, le plus longtemps possible, jusqu'à ce qu'il soit à bout de souffle, tout en sueur, avec un point au côté. Il s'interrompt alors pour quelques secondes pour repartir aussitôt et cela, à quelques reprises jusqu'à ce qu'il parvienne à atteindre l'objectif fixé, au moins trente minutes.

Il se dit fier d'avoir poursuivi jusqu'au bout chaque matin, même s'il s'est senti tout courbaturé pendant les trois jours suivants, mais il n'a pas cessé. Lorsque le thérapeute le questionne sur ce qui lui a fait choisir un tel objectif, sans tenir aucun compte de ses propres indices somatiques (respiration haletante, point au côté, courbature), il répond : « Pour que ça compte, il faut que ça fasse mal, n'est-ce pas ? »

Et il ajoute que deux de ses confrères font cela régulièrement et il ne voulait pas en faire moins qu'eux ; il en a même fait un peu plus la première fois.

Ce fait démontre clairement son comportement dans tout ce qu'il entreprend, s'imposant des exigences qui dépassent de beaucoup ce qui serait normalement admissible. Cette expérience démontre aussi sa façon compulsive de se conformer à tout prix, aux exigences qu'il s'impose, quelle que soit la dépense d'énergie consommée. Nous percevons aussi comment la rivalité avec les autres collègues le motive, pour les dépasser, à augmenter l'objectif poursuivi.

Le jeune homme a alors réalisé qu'il avait complètement oublié l'objectif convenu, c'est-à-dire la répartition de ses énergies, selon ses indices somatiques et seuils de tolérance à la fatigue, à la température et à la douleur. Il a pris conscience que sa façon de se comporter dans cette occasion se généralise dans tous les autres domaines où il s'implique. Il avoue que son choix a porté sur ce qui est le plus difficile pour lui : se lever une heure plus tôt et faire une heure d'exercices sans arrêt. Il décide de choisir une autre activité physique qui l'intéresse davantage, la natation, et de la pratiquer le soir, ce qui lui conviendrait mieux.

À l'entrevue suivante, il raconte être allé se baigner avec un collègue et avoir eu « la peur de sa vie ». Arrivant au bord de la piscine en même temps que le collègue, il se jette immédiatement à l'eau, car il veut franchir le premier deux fois la longueur de la piscine, même s'il a peur de l'eau profonde. Il réussit, mais lorsqu'il sort de l'eau, il a de fortes douleurs aux deux côtés, un point au cœur. Il demeure au bord de la piscine pendant une quinzaine de minutes avant de revenir à la normale et il décide d'aller s'habiller sans retourner à l'eau.

Il constate alors, une seconde fois, jusqu'à quel point il est porté à répéter ce comportement : se fixer un objectif très exigeant, surtout lorsqu'il est en situation de rivalité, et se conformer coûte que coûte aux exigences qu'il s'impose, même au détriment de sa santé. Il découvre aussi comment il oublie tout à fait l'objectif convenu entre le thérapeute et lui, à savoir le choix d'une activité physique, la natation, comportant une participation corporelle dans le but de « vivre des moments de récupération d'énergie ».

À l'entrevue suivante, il est fier de rapporter son expérience de natation. Pour la première fois de sa vie, il a vécu cette activité de façon détendue, ressentant un bien-être corporel en constatant le plaisir éprouvé à sentir l'eau sur son corps, la décontraction musculaire en se laissant flotter sur le dos sans effort, puis en nageant pendant de courtes durées en tenant compte de sa fatigue et de son rythme respiratoire. Il est sorti de la piscine, après trois quarts d'heure, décontracté et reposé.

Bien sûr, nous ne rapportons de ce cas que ce qui concerne la façon dont ce jeune homme, bien motivé, a vécu sa phase d'ouverture par rapport à l'objectif convenu entre le thérapeute et lui, c'est-à-dire répartir ses dépenses d'énergie à partir de ses propres indices corporels pour nuancer ses décisions.

Malgré une capacité d'entrer en relation avec le thérapeute d'une façon très engagée et une motivation très forte de poursuivre une démarche thérapeutique, nous constatons combien ce client est paralysé dans cette démarche par des comportements symptomatiques qui apparaissent clairement dans une activité faisant appel à la participation corporelle. En révisant à quelques reprises avec le thérapeute ses expériences de participation corporelle, il est de plus en plus étonné de constater qu'il n'est pas libre de faire un certain ajustement entre sa façon de vivre ces activités physiques et la dépense d'énergie adéquate en tenant compte de ses indices corporels. Il perçoit l'écart qui existe entre sa façon de concevoir une activité physique à vivre et l'expérience réelle lorsque vécue.

Il se rend compte de sa façon de déterminer un objectif toujours trop exigeant pour le temps disponible, de proposer à son groupe d'animation une démarche comportant des façons de faire ne tenant aucunement compte du rythme de participation des personnes engagées dans cette démarche. Alors, « il rongeait son frein » à cause de la lenteur de ses collègues, ou dans son propre cas, « risquait de s'étouffer et de se tordre de douleurs », lors de la séance de natation.

Ce n'est qu'après six ou sept rencontres que ce jeune homme devient capable de décider d'une séance de natation vécue comme une expérience détendue, tenant compte de ses seuils de tolérance à la fatigue, où il organise sa participation en courtes durées, pour atteindre un ajustement optimal entre l'organisation de son activité physique et l'expérience de la vivre de façon détendue, tout en respectant son propre rythme de participation.

Il est facile de constater les résistances manifestées vis-à-vis de la mise en pratique de l'objectif convenu entre les deux participants. Le thérapeute se devait de tenir compte de ces interférences en faisant accepter à son client la dimension « temps », qui entre en jeu dans tout apprentissage, surtout lorsqu'il s'agit de changer des comportements devenus automatiques.

Actualisation de chacune des forces psychologiques

Voyons maintenant plus en détail les critères qui sous-tendent l'actualisation de chacune des forces psychologiques au cours de cette première étape et qui se retrouvent tout au long du processus thérapeutique. Aux étapes subséquentes cependant, le degré d'actualisation des forces psychologiques, ou les qualités de ces forces, marqueront une croissance plus forte. Ainsi, à chaque nouvelle étape une configuration nouvelle de ces forces se traduit en un équilibre supérieur qui se consolide en une nouvelle synthèse.

Nous aborderons chacune des étapes de ce processus thérapeutique en résumant certaines caractéristiques qui, en analogie avec ce qui a été élaboré à un niveau d'organisation psychique spécifique, en l'occurrence le premier niveau, se retrouvent dans l'actualisation de chacune des forces psychologiques. Puis nous décrirons les indices spécifiques de chacune des forces vitales, points de repère qui facilitent l'actualisation de ces forces, en précisant quelques applications possibles. Nous terminerons par une illustration tirée de certaines expériences vécues par ce client durant la première étape du processus thérapeutique.

Avant de poursuivre cette élaboration, nous voulons d'abord souligner, encore une fois, à quel point le processus thérapeutique, basé sur l'actualisation des forces psychologiques, ne peut se réaliser que si la personne entreprenant cette démarche s'engage véritablement par une participation active dans des expériences vécues de façon significative. Ces expériences intéressent et touchent la personne d'assez près pour qu'en les partageant avec le thérapeute, elle puisse découvrir les forces manifestées dans cette participation.

Durant la première étape, en analogie avec le premier niveau d'organisation psychique élaboré dans notre modèle théorique, certaines caractéristiques se retrouvent dans toutes les expériences privilégiées susceptibles d'actualiser les forces psychologiques de cette phase d'ouverture. Ces expériences ne servent à actualiser les forces vitales que dans la mesure :

— où elles comportent une exécution effective ;
— où les schèmes cognitifs sensori-moteurs sont utilisés ;
— où l'objectif poursuivi est atteignable dans un court délai ;
— où les façons de faire, les techniques appliquées, sont assez simples pour ne pas requérir de concentration psychique ;
— où la démarche à réaliser comporte une seule période de temps, un espace assez restreint, un trajet de courte durée.

Les activités qui sollicitent exclusivement une participation corporelle et qui sont organisées pour respecter le rythme de la personne, sont les plus actualisantes, pour autant que les indices corporels font prendre conscience des seuils de tolérance découverts durant les expériences vécues. Si de telles activités procurent en même temps des moments de détente en alimentant, par des stimuli appropriés, les modalités sensorielles (voir, entendre, toucher, etc.), sources de satisfaction ressentie par la personne, elles facilitent ainsi les prises de conscience d'une *différenciation* du Soi corporel. La répétition de telles expériences contribue à consolider la représentation du Soi corporel.

En outre, de telles situations deviennent vraiment significatives pour la personne puisqu'elles sont investies de l'intérêt du thérapeute et elles servent aussi à apprendre à la personne comment prendre des décisions de plus en plus appropriées, comment découvrir graduellement les façons de faire, autrement dit, cet ajustement nécessaire entre la représentation de la réalité, telle que conçue objectivement, et la représentation de la réalité telle que vécue.

On observe un début de maîtrise active dans ce qui a trait à l'utilisation de son corps dans des situations où la personne, assurée de parvenir aux objectifs qu'elle se fixe, choisit de s'engager avec confiance.

Ces prises de conscience de son corps orientent peu à peu ses décisions concernant son mode de vie. Elle apprend à respecter ses rythmes de base, à dépenser son énergie en alternant périodes de productivité et périodes de détente et de repos, en vue d'établir un équilibre harmonieux suscitant, chez elle, un bien-être corporel et ce, dans un cadre de vie qui lui convient.

1. Commençons par la *première force, l'espérance*, en nous attardant aux activités où la personne a la conviction que l'objectif désiré est susceptible d'être atteint ou réalisé dans le délai prévu. Cette force est actualisée chez la personne lorsque celle-ci découvre, à travers des expériences vécues de façon assez continuelle, qu'elle acquiert une certaine maîtrise active de cette dimension spatiotemporelle, en prenant des décisions appropriées puisqu'elles sont confirmées par des expériences vécues.

Plusieurs conditions s'avèrent nécessaires pour actualiser cette force d'espérance ou, en d'autres termes, de confiance en l'avenir par des prises de conscience relativement continuelles et répétées de ces mêmes expériences. Il est recommandé :

— que l'objectif poursuivi soit facilement accessible ;
— que la participation engagée de la personne ne comporte qu'une durée limitée dans une seule période de temps ;
— que le trajet à parcourir soit court, s'il y a un espace à franchir ou des déplacements à effectuer ;
— que la démarche à réaliser comporte une séquence d'actions simplifiées, selon un ordre de succession dans le temps et dans l'espace prévisible ;

— que les façons de faire ou les techniques utilisées fassent appel aux schèmes sensori-moteurs ;

ce qui facilite la découverte de la maîtrise de cette dimension « temps » dans une exécution effective.

Des expériences ainsi conçues amènent la personne qui exécute les tâches, et les maîtrise, à découvrir la dimension « temps » parce qu'elle a prévu, avec confiance, atteindre l'objectif par sa propre participation sensori-motrice. Elle vit cette expérience à son propre rythme, sans urgence, acceptant ainsi de poser la séquence d'actions selon le trajet anticipé et la durée prévue. Ces prises de conscience de pouvoir apprendre à s'ajuster graduellement en synchronisant son rythme et sa démarche d'apprentissage selon un ordre spatiotemporel et une durée prévus, entraînent des conséquences gratifiantes, surtout celle d'acquérir une maîtrise de la dimension du temps par des activités choisies et décidées à cet effet.

À titre d'exemple, rappelons le fait déjà énoncé précédemment : lorsque le jeune homme a pu concevoir une organisation de son expérience de natation selon des coordonnées de temps (des périodes de courte durée) et d'espace (des courts trajets dans la piscine), il respectait ainsi ses rythmes de base. Dans sa façon de vivre cette expérience, il a tenu compte de ses rythmes cardiaque et respiratoire, de ses seuils de fatigue et de ses modalités de détente. Il a décidé d'alterner des périodes de participation engagée à nager à des moments de détente en flottant sur le dos, percevant ainsi le bien-être corporel ressenti par le contact de l'eau sur son corps, tout en prenant le temps de ressentir la décontraction musculaire dans son organisme et en vivant cette expérience en état de confiance.

Cette synchronisation entre sa façon de concevoir l'activité de natation, en tenant compte de la dimension « temps » surtout, et de sa façon de vivre en état de confiance, sans urgence, en accord avec ce qu'il avait prévu, lui ont apporté une gratification, celle de la maîtrise de la dimension du temps grâce à ses propres décisions. Il a pu se les représenter en les partageant avec le thérapeute, qui les confirmait par une écoute sympathique.

2. La *deuxième force* est le *vouloir*, ou la ferme détermination d'exercer un choix libre, tout en faisant preuve d'un certain contrôle sur soi-même.

Par des interventions appropriées, le thérapeute fait preuve d'un discernement judicieux dans le choix des expériences privilégiées pour actualiser cette force du vouloir, il pose certaines questions qui éveillent chez la personne la perception des éléments de la situation vécue, éléments jusque-là inaperçus. Ainsi le client est amené à poser des jugements personnels sur ces nouvelles perceptions. Ce discernement, appris graduellement, le conduit à faire des choix de plus en plus adéquats. Il apprend ainsi à s'affirmer par des actes libres, grâce à ses propres décisions, tout en tenant compte des contraintes inévitables imposées par les situations.

Une certaine mise en garde s'impose dans la façon d'intervenir du thérapeute quant aux techniques d'intervention utilisées. Si elles sont trop fréquentes et trop directes, elles peuvent être facilement perçues comme des contraintes ou des injonctions de la part d'une figure d'autorité imposant ses façons de faire. Les interventions judicieuses du thérapeute visent à susciter la découverte de perceptions nouvelles, laissant à la personne le soin de porter son propre jugement. Il s'agit d'expériences privilégiées où il est convenu par les deux participants que les activités impliquent une participation corporelle. Lorsque le client vit l'expérience, les éléments perçus, d'une part, le cadre spatiotemporel, l'objectif poursuivi, la séquence d'actions impliquées dans la démarche, et, d'autre part, les indices corporels indiquant les seuils de tolérance à la fatigue, à la température, à la douleur ou la décharge motrice, ainsi que les modalités sensorielles procurant la détente, sont plus difficilement observés puisque le Soi corporel est à un niveau préconscient.

Lorsque son attention est attirée sur des éléments non perçus dans l'expérience vécue, le client est généralement en mesure de porter un jugement personnel à partir de ces données. Le thérapeute peut poser des sous-questions en vue d'orienter le jugement de ce client mais les indices étant sensoriels — puisque ce sont des expériences de participation corporelle exigeant une exécution effective — le thérapeute ne doit pas énoncer son propre jugement même à la demande de celui qu'il traite.

Cette affirmation en acte, d'activités convenues et partagées avec le thérapeute, confirmées par l'intérêt manifeste de ce dernier, actualise la force du vouloir dans cette première étape. Pour illustrer cette force du vouloir, reprenons brièvement certains aspects du cheminement de ce jeune homme pour en identifier les indices opérationnels à titre de points de repère.

La première perception qu'il énonce à la deuxième rencontre est qu'il a « beaucoup de chemin à parcourir pour changer son mode de vie et surtout apprendre à décider d'une meilleure répartition de ses dépenses d'énergie ». C'est une perception globale, non différenciée, une perception assez typique de la phase d'ouverture du processus thérapeutique. Le jugement personnel qu'il pose est tout aussi global.

Le thérapeute n'a pas relevé cette remarque parce que ce n'était pas une participation active engagée dans une expérience vécue. Il s'agissait d'une perception de ce qui « manquait », plutôt qu'une découverte due à la participation.

La première décision, impliquant une participation engagée, survient lorsque le client décide d'aller au concert qu'il perçoit comme une occasion de détente. Il porte un jugement personnel et fait un choix adéquat qu'il met à exécution.

Quant à ses exercices de jogging, le thérapeute, par des questions pertinentes, a su attirer son attention sur le fait qu'il ne percevait aucunement ses indices somatiques avant de porter des jugements personnels ; il ne pouvait donc faire preuve de discernement judicieux dans la mise en pratique de ces exercices. Percevant alors les éléments de la situation : la difficulté à se lever, le manque d'intérêt réel pour le jogging, le temps et la durée de cette activité, etc., il en choisit une autre, la natation, qui l'intéresse davantage et qu'il peut pratiquer le soir.

Mais c'est surtout à l'occasion de la dernière séance de natation que l'on retrouve beaucoup plus d'indices manifestant l'actualisation d'une détermination libre dans les choix faits, dans les jugements portés et dans la perception de plusieurs éléments nouveaux dans la situation : le temps vécu, l'espace utilisé, la démarche poursuivie, les indices sensoriels perçus, comme l'eau sur son corps et la décontraction des muscles de son organisme. Il a organisé son activité de natation en arrêtant des choix libres, en respectant son rythme de participation. Il s'affirmait ainsi en acte, avec un sentiment de fierté, accentué au moment du partage avec le thérapeute.

3. Quant à la *troisième force, la poursuite des buts*, nous pouvons la formuler ainsi : le courage d'envisager et de poursuivre des objectifs valables sans se laisser inhiber par des craintes quelconques mais en faisant plutôt preuve de persévérance jusqu'à l'obtention du résultat espéré.

Durant cette première étape, l'objectif spécifique convenu par les deux participants est de parvenir à une répartition plus adéquate des dépenses d'énergie pour atteindre un équilibre harmonieux dans ce domaine. Le thérapeute, par un intérêt manifeste et des interventions appropriées, encourage le client à choisir, parmi des activités faisant appel à une participation corporelle assez globale, une activité qui l'intéresse particulièrement et à préciser un objectif facilement accessible. Le choix de ce but est orienté :

— par sa correspondance avec l'objectif spécifique convenu pour cette dernière étape ;
— par l'intérêt qu'il suscite chez le client ;
— par son accessibilité, puisqu'il utilise des techniques faciles à exécuter ;
— souvent par le choix des techniques qui repose sur une logique d'action dictée par l'objectif fixé.

La démarche pour parvenir au but choisi doit être assez simple afin que la séquence d'actions à poser soit perçue d'emblée et les techniques suffisamment limitées pour que l'objectif soit effectivement atteint.

Le thérapeute s'intéresse à faire décrire l'expérience vécue en attachant de l'importance aux façons de faire employées ainsi qu'à l'agencement logique qui aboutissent au succès. Il doit aussi se soucier de faire poursuivre au client la démarche prévue jusqu'au but fixé malgré les obstacles rencontrés.

À titre d'exemple, reprenons l'expérience de la dernière séance de natation décrite antérieurement. Avant d'entreprendre cette activité, le jeune homme avait décidé d'un objectif précis : vivre cette séance de natation pour récupérer de l'énergie et éprouver ensuite une détente réelle.

Pour atteindre son objectif, il a choisi les techniques de natation les plus simples, c'est-à-dire celles qui exigeaient le moins de dépenses d'énergie, faisant alterner une technique active avec celle de flotter sur le dos et ce, en tenant compte de son rythme personnel basé sur ses propres indices somatiques, rythmes cardiaque et respiratoire, indices de décharge motrice et de fatigue. Sa démarche consistait donc à choisir des moyens plus adéquats pour atteindre son objectif tout en faisant preuve de persévérance jusqu'à la fin de la séance.

4. La *quatrième force*, appelée la *compétence*, se définit ainsi : le libre exercice de la dextérité et de l'intelligence dans l'exécution des tâches sans l'intervention d'aucune inhibition due à un sentiment d'infériorité. En d'autres termes, il s'agit d'anticiper le succès dans la tâche et, par l'apprentissage, d'en maîtriser graduellement les techniques. Ces expériences de succès assurent la découverte des possibilités instrumentales de son corps par l'utilisation de ses schèmes sensori-moteurs lors des exécutions effectives répétées.

Durant la première étape, le thérapeute doit attirer l'attention du client sur l'efficacité avec laquelle il utilise les techniques et la façon dont il apprend à les maîtriser graduellement, parvenant ainsi aux objectifs visés. Mais le but principal de cette étape étant d'établir un certain équilibre dans la répartition des dépenses d'énergie, les objectifs spécifiques visés concernent donc principalement le corps comme source de récupération d'énergie. Par l'exercice de techniques appropriées où il utilise ses schèmes sensori-moteurs, le client est encouragé à découvrir les possibilités instrumentales de son organisme pour une récupération efficace d'énergie. Ces expériences répétées lui permettent de constater une efficacité dans l'exécution due à une plus grande maîtrise des techniques, ce qui lui apporte une satisfaction lorsque les activités sont terminées. La répétition de telles expériences contribue à développer chez lui un sentiment d'efficacité, à savoir une certaine maîtrise active dans la répartition de ses dépenses d'énergie.

Pour illustrer l'actualisation de cette force de compétence, revenons au processus thérapeutique du même client. Après avoir vécu la deuxième séance de natation où il a réussi à atteindre son objectif, c'est-à-dire à récupérer de l'énergie et à se détendre par l'utilisation de techniques appropriées, il a répété régulièrement une ou deux fois la semaine lesdites séances. Durant chacune d'elles, il a appris à utiliser de plus en plus efficacement les techniques appropriées pour parvenir à l'objectif visé. Par la maîtrise graduelle de ces diverses techniques, choisies en regard du but fixé, il a découvert les possibilités instrumentales de son corps. Cette découverte a contribué à lui donner un sentiment d'efficacité dans ce domaine puisqu'il a acquis une certaine maîtrise active dans la répartition de ses dépenses d'énergie par des moyens qui lui sont toujours accessibles.

5. La *cinquième force*, la *fidélité*, est la capacité de maintenir des loyautés librement engagées en dépit des nombreux obstacles qui peuvent surgir.

Pour que cette force puisse être actualisée chez le client, le thérapeute doit reconnaître chez ce dernier une source d'énergie séparée de lui. Il se doit de favoriser l'activité propre du client en sollicitant, par des interventions adéquates, une participation active véritablement engagée de la part de ce dernier.

Ainsi, l'alliance thérapeutique entre les deux participants ne se raffermit qu'au fur et à mesure que le client s'engage en faisant personnellement des choix orientés vers l'objectif convenu. Mais cet engagement doit se manifester par une persévérance dans la mise en pratique de ses choix. Le client adhère ainsi à la règle du jeu en faisant preuve de loyauté en regard de ce qui est entendu entre les deux. Cette loyauté est confirmée par l'écoute empathique du thérapeute. La fidélité dans les activités choisies, exigeant une participation corporelle de la part du client, contribue à faire prendre conscience à l'individu de son corps agi, d'où une représentation plus différenciée de son Soi corporel. Comme nous l'avons souvent mentionné, la représentation du Soi corporel est le premier élément constitutif de l'identité de soi, ce qui rejoint en quelque sorte l'énoncé d'Erikson (1964a), à savoir, que cette force de fidélité est la pierre angulaire de l'identité individuelle (p. 125).

À partir du même exemple utilisé pour les forces déjà décrites, le thérapeute a pu constater qu'au fur et à mesure que le jeune homme persévérait dans son engagement par le respect de son choix — aller régulièrement à des séances de natation — il a graduellement pris conscience de son corps agi et qu'il est parvenu à se représenter d'une façon plus différenciée son Soi corporel. Cette différenciation se manifestait dans le fait que l'individu prenait en considération, dans le choix des techniques utilisées et dans leur séquence de mise en pratique, les indices somatiques enfin perçus pour orienter son propre rythme de participation, compte tenu de l'objectif visé. Ainsi la consolidation de cette représentation du Soi corporel contribue à raffermir son identité de soi.

6. Quant à la *dernière des forces vitales*, l'*amour*, elle peut se définir ainsi durant la première étape du processus thérapeutique : la capacité de s'engager en présence d'une personne choisie et investie d'un lien affectif particulier, d'établir une certaine mutualité où le sujet vit l'expérience d'un autrui amical.

Dans cette phase d'ouverture du processus, les indices qui contribuent à actualiser cette force de l'amour sont les mêmes que les points de repère à la base de l'alliance thérapeutique. Il va sans dire que la qualité de l'intérêt authentique du thérapeute pour son client et sa capacité d'engagement envers ce dernier jouent un rôle important dans l'établissement de cette mutualité.

Par exemple, l'intérêt du thérapeute à faire découvrir à son client des moyens de parvenir à une meilleure répartition de ses dépenses d'énergie, l'attention portée à la recherche d'un équilibre harmonieux chez son client, en aidant ce dernier à percevoir les indices somatiques et les modalités sensorielles de son organisme, le font accéder à un certain bien-être corporel. Ces manifestations portent fruit puisque le client partage graduellement cet intérêt. La sollicitude manifestée par le thérapeute est progressivement adoptée par ledit client envers lui-même. Il développe une certaine auto-observation pour mieux répondre à ses besoins fondamentaux. Il devient alors son propre pourvoyeur de soins assumant ainsi, peu à peu, par une participation active, une prise en charge plus autonome de son Soi corporel.

Dans la description de la phase d'ouverture du processus thérapeutique vécu par le jeune homme mentionné, il est de toute évidence qu'il a graduellement partagé cet intérêt réel du thérapeute pour son bien-être corporel parce que ce dernier lui a fait rechercher des activités appropriées pour atteindre ce but.

L'alliance thérapeutique s'est raffermie suffisamment pour qu'il puisse exprimer clairement, après une dizaine de rencontres, son peu d'intérêt au début pour de telles activités physiques. Pour lui, « c'était quasi un pensum d'avoir même à penser à pratiquer des activités physiques ». Ce n'est qu'après avoir vécu de telles expériences et après avoir découvert par elles le sentiment d'un bien-être corporel que, de lui-même, maintenant il s'organise pour les continuer régulièrement. Il assume ainsi plus activement à son propre égard ce « rôle de pourvoyeur de ses propres soins ».

Tout au cours du cheminement du client durant cette première étape, l'actualisation de chacune des forces psychologiques, telle qu'explicitée plus haut, évolue en une configuration nouvelle où s'élabore la prise de conscience d'une première forme d'équilibre. Cette évolution débute par une différenciation progressive du corps agi où les indices somatiques sont d'abord perçus, puis représentés, ses perceptions lui permettent de tenir compte de ses rythmes de base, de ses modalités de détente, de ses divers seuils de tolérance à la fatigue, etc. Cette différenciation conduit à une intégration, par des expériences vécues, où les indices repérés orientent les décisions. Cette intégration, continuée par l'actualisation de chacune des forces vitales, se consolide de plus en plus, donnant naissance à un équilibre stable. Cet équilibre crée une nouvelle synthèse qui se traduit par une représentation du Soi corporel plus différenciée, mieux intégrée et davantage consolidée, en harmonie avec le mode de vie actuel de l'individu.

Cette première forme d'équilibre se manifeste par un ajustement amélioré entre, d'une part, l'organisation de ses activités physiques telles qu'il les concevait et la façon dont il peut les vivre en réalité et, d'autre part, l'organisation de son mode de vie actuel, tel qu'il le concevait et sa façon actuelle de l'organiser. Les décisions prises durant les expériences vécues sont plus cohérentes en regard d'une meilleure répartition de ses dépenses d'énergie.

Configuration et synthèse nouvelle selon trois caractéristiques

Comme nous l'avons décrit dans un chapitre précédent, trois caractéristiques indiquent s'il y a intégration et consolidation de la représentation du Soi corporel dans la configuration d'ensemble de son mode de vie et de ses forces psychologiques intégrées à ce premier niveau, corroborant ainsi l'accomplissement de cette première synthèse de la représentation de soi, plus exactement du Soi corporel.

— La première propriété mentionnée est la cohésion structurale dans la représentation du Soi corporel, qui se manifeste par une certaine cohérence dans les décisions prises en vue de favoriser l'acquisition d'un certain bien-être à ce niveau.

Si nous référons au cas du jeune homme mentionné, nous avons constaté cette cohérence dans les décisions prises par la régularité avec laquelle il a persévéré à poursuivre ses séances de natation. Et ses décisions étaient orientées vers l'objectif visé, c'est-à-dire favoriser l'acquisition d'un certain bien-être corporel par une meilleure répartition de ses dépenses d'énergie en organisant des activités de récupération et de détente.

— La deuxième caractéristique est la stabilité temporelle dans les décisions prises, ce qui est perceptible d'emblée dans les observations rapportées.

— La coloration affective est la troisième propriété qui se manifeste par l'intérêt que prend l'individu à modifier l'organisation de ses conditions de vie en s'engageant à la faire et en y participant activement.

Il est devenu assez évident, au cours de la première étape du processus thérapeutique de ce jeune homme, qu'il s'est découvert peu à peu un intérêt aux séances de natation, en réussissant à équilibrer ses dépenses d'énergie et à ressentir une détente véritable. Il retirait une certaine fierté à les partager avec le thérapeute, ce qui montre la coloration affective positive de sa représentation du Soi corporel.

Deuxième étape du processus thérapeutique

Pour élaborer la deuxième étape du processus thérapeutique, nous nous inspirons du même schéma utilisé précédemment. Après quelques remarques générales concernant l'analogie avec le deuxième niveau d'organisation psychique :

— nous préciserons en premier lieu l'objectif spécifique en analogie avec le deuxième niveau d'organisation psychique ;

— nous présenterons les expériences les plus susceptibles de faire différencier d'abord, puis intégrer, et ensuite consolider la représentation du Soi productif ;

— nous signalerons quelques interactions prévisibles entre client et thérapeute, en suggérant des techniques d'intervention appropriées et en prenant en considération les deux niveaux de fonctionnement, conscient et inconscient ;

— quant à la configuration nouvelle d'une forme d'équilibre par l'actualisation de chacune des forces psychologiques, l'énoncé, pour chacune de ces forces, sera forcément plus concis puisque nous ne soulignerons que les indices particuliers à cette étape du processus thérapeutique ; nous complèterons la description de cette étape en formulant la synthèse acquise par la consolidation des forces psychologiques à ce niveau.

Démarrage de la deuxième étape

En analogie avec le deuxième niveau du processus d'organisation physique, l'individu qui poursuit la seconde étape de cette démarche thérapeutique découvre un intérêt croissant pour sa propre productivité. Au début de cette étape, la personne manifeste souvent un certain engouement pour entreprendre plusieurs sortes d'activités concrètes nouvelles, révélatrices de ses propres capacités.

Ces apprentissages découlent de tâches réclamant une manipulation concrète et fournissant ainsi, à l'individu qui s'y adonne, les indices sensoriels susceptibles de favoriser des prises de conscience.

C'est en effet durant cette étape que l'actualisation des schèmes représentatifs se manifeste plus particulièrement.

De plus, si ces expériences d'apprentissage sont appréciées par des personnes significatives de son entourage et/ou par son milieu de travail, ces efforts seront décuplés. En conséquence, l'objectif spécifique de la deuxième étape est de parvenir à faire reconnaître au client sa propre productivité. En d'autres mots, le thérapeute vise à lui faire acquérir d'abord une représentation du Soi productif plus différenciée en vue de favoriser par la suite l'intégration et la consolidation de ce deuxième élément constitutif de la représentation de soi, élément sur lequel repose principalement l'acquisition de l'identité de soi.

Pour ce faire, l'individu doit s'engager activement dans des expériences d'apprentissage éveillant en lui un intérêt qui s'accroît au fur et à mesure que s'intensifie sa participation corporelle.

Mais pour que ces expériences d'apprentissage contribuent le plus efficacement possible à produire cette représentation différenciée du Soi productif, il est important de signaler certains points de repère pour bien orienter l'individu dans le choix de ses activités d'apprentissage. Elles doivent donc comporter les éléments suivants, déjà mentionnés ailleurs :

— un objectif simple et précis, facilement accessible ;
— la (ou les) technique(s) utilisée(s) facile(s) et dont la mise en pratique se perçoit d'emblée ;
— dans un cadre spatial stable et délimité.

Le processus thérapeutique évolue, car se raffermit chez le client son identité de soi quand il vit des expériences d'apprentissage qui lui fournissent les conditions les plus propices à cette représentation du Soi productif, quand il partage ses expériences avec le thérapeute en lui décrivant avec détails les modalités employées et surtout, ses façons personnelles de procéder pour parvenir au but fixé.

Interaction thérapeute-client et résistances du client

Bien qu'au début de cette étape, la personne manifeste un engouement pour les expériences d'apprentissage, faisant ainsi preuve d'autonomie par ses décisions d'entreprendre des tâches nouvelles avec enthousiasme au point d'émerveiller le thérapeute, cet intérêt quasi exclusif, pour s'affirmer en acte, ne persiste pas. Le thérapeute peut avoir l'impression, durant cet épisode, que le client semble pouvoir se passer de son aide. Mais ce n'est que passager et il se produit chez lui une recrudescence du besoin de la présence du thérapeute, cherchant à tout prix son appréciation, ce qui peut apparaître comme une phase de régression. Selon les termes de Mahler (1974), c'est la phase dite de rapprochement.

Le thérapeute doit donc être à l'affût de ces changements dans le comportement de son client et les interpréter comme des indices de progression plutôt que de régression, laissant ainsi percer une capacité plus grande de mutualité. Ces changements traduisent une prise de conscience accrue de la présence du thérapeute à titre de personne différenciée de soi. C'est une manifestation du processus de séparation-individuation, mentionné à quelques reprises et qui signifie l'intégration graduelle et la consolidation de l'identité de soi. Cette individuation accrue se décèle, en premier lieu, par l'acquisition de la constance de l'objet, en l'occurrence par une prise de conscience plus accentuée de la présence du thérapeute à titre de personne différenciée de soi. Durant cette phase, le thérapeute observe une plus grande sensibilité de la part de son client à toutes ses interventions et même au moindre changement dans son comportement, que ce soit dans la fréquence de ses interventions, ou dans l'intonation de sa voix, dans l'absence ou la présence de son sourire, ou même dans sa façon de s'habiller.

Mais cette sensibilité accrue n'est pas sans occasionner des manifestations d'hostilité plus fréquentes chez le client, chaque fois qu'il a l'impression que le thérapeute ne répond pas au même diapason ou qu'il ne semble pas porter suffisamment d'attention à ses acquisitions nouvelles, à ses efforts accomplis pour répondre aux attentes du clinicien.

C'est précisément durant cette période que le client éprouve une vulnérabilité plus grande à une séparation vécue à l'occasion d'une absence du thérapeute, même lorsque cette dernière a été prévue et convenue entre les deux participants. Une telle séparation est souvent ressentie par l'individu comme une blessure narcissique qui se traduit par différentes formes d'expression de l'agression au service de la survie de la représentation de soi encore vulnérable. Ces expressions d'hostilité peuvent prendre des formes multiples, tournées contre soi ou contre les membres de l'entourage ou encore contre le thérapeute. Elles peuvent contribuer aux efforts de l'individu pour réparer sa représentation de soi endommagée puisqu'il n'est pas encore en mesure de faire preuve d'identité de soi.

Si le thérapeute, dans ces occasions, fait saisir au client que ce sont là des manifestations de croissance orientées vers l'acquisition d'une représentation de soi plus différenciée — ce qui exige le partage de ces expériences en présence d'une personne devenue significative, d'où l'hostilité ressentie lors de son absence —, l'individu devient alors capable de progresser vers une plus grande autonomie, rassuré par la présence réconfortante du thérapeute qui lui permet d'actualiser ses forces psychologiques, tout en percevant l'expression de son hostilité comme une progression dans son processus thérapeutique.

Au cours de cette deuxième étape, à partir de l'actualisation spécifique de chacune des forces psychologiques, une configuration nouvelle s'organise, donnant lieu à une forme supérieure d'équilibre qui se traduit par une représentation du Soi productif plus différenciée et mieux intégrée, consolidée en une synthèse nouvelle.

Interlude clinique

Avant d'aller plus avant dans le déroulement du processus thérapeutique, pour nous permettre de mettre en relief les points saillants de ce processus au cours de l'élaboration des deux prochaines étapes, nous utilisons le matériel clinique recueilli chez un autre client, en choisissant les épisodes les plus révélateurs de ses acquisitions graduelles. Il va sans dire qu'à l'instar de toute application pratique dans un cas particulier, cette illustration ne présente qu'une des multiples adaptations possibles du déroulement de ces étapes.

Cette façon de procéder favorise la mise en évidence de deux aspects antithétiques dont le thérapeute doit tenir compte tout au long du processus : d'une part, la discontinuité, qui justifie les étapes successives et hiérarchiques progressivement différenciées et donnant lieu à des synthèses renouvelées — soit la différenciation progressive de la représentation de soi en interaction avec la représentation de l'entourage et des autres — ; d'autre part, la continuité dans l'actualisation toujours plus qualitative des mêmes forces qui se retrouvent à chacune des étapes.

Phases typiques à chaque étape

Nous attirons particulièrement l'attention du clinicien sur la séquence à suivre à chacune des étapes pour favoriser des acquisitions progressives, consolidées chaque fois en une nouvelle synthèse. Durant la phase initiale d'une étape, le thérapeute centre son intérêt sur certains points de repère dans les expériences décidées et vécues par le client en vue de favoriser, chez ce dernier, la perception d'une différenciation nouvelle dans la représentation de soi, découverte intégrée et consolidée peu à peu.

Dans une phase subséquente, l'intégration de cette différenciation progresse par l'actualisation de chacune des forces psychologiques par rapport à cette acquisition nouvelle, par exemple le Soi corporel à la première étape, le Soi productif à la seconde et ainsi de suite. Dans la phase terminale de l'étape, une nouvelle synthèse prend forme où chacune des forces actualisées contribue à la consolidation de ces acquisitions avec, comme conséquence, une représentation de soi plus qualitative et différenciée de la représentation de l'autre et de l'entourage.

On retrouve cette séquence à chacune des étapes : dans la phase initiale, une perception nouvelle de la représentation de soi met l'accent sur la différenciation pour, subséquemment, en poursuivre l'intégration au moyen de l'actualisation de chacune des forces psychologiques. Cette actualisation s'exprime dans les expériences vécues de façon privilégiée par le client orienté, dans son choix d'expérience, par l'intérêt du thérapeute et elle se consolide en une nouvelle synthèse. C'est alors que commence à percer une plus grande autonomie. En effet, durant cette phase terminale de l'étape, le thérapeute constate chez son client un début d'équilibre plus harmonieux. Les décisions prises, lors de ses expériences vécues, tiennent compte de ses acquisitions, traduisant ainsi une intégration réelle au niveau de son organisation psychique. La cohérence, dans son comportement, quant aux objectifs poursuivis à cette étape, dénote une cohésion structurale du psychisme, une stabilité temporelle visible dans ses décisions et une estime de soi accrue face à sa propre identité.

Phase de transition d'une étape à l'autre

C'est alors que la tentation est grande, pour le thérapeute, de prolonger cette phase terminale de l'étape, au détriment de la poursuite du processus thérapeutique. Cette poursuite commande un nouveau défi, un nouvel objectif. En centrant son intérêt et celui du client sur ce défi, le clinicien amorce la phase de transition.

Aborder une centration nouvelle, c'est provoquer un déséquilibre temporaire chez le client. Ainsi, à la fin de la deuxième étape, le client est en mesure de prendre conscience de son Soi productif lorsqu'il organise seul les conditions d'apprentissage : le temps prévu, l'espace utilisé, l'objectif et les moyens pour l'atteindre. Cette représentation du Soi productif, étant consolidée et construite sur l'intégration d'une représentation de son Soi corporel, il a donc atteint une identité de soi assez intégrée pour permettre au thérapeute de diriger maintenant son attention sur le défi nouveau qu'est son intégration à l'entourage et sa participation engagée avec d'autres, sans que soit remise en cause sa propre identité.

Toutefois, c'est précisément durant cette phase de transition que réapparaîtront temporairement, chez le client, des comportements défensifs extériorisant des résistances déjà manifestées antérieurement. Le nouveau défi remet en question la synthèse consolidée précédemment pour donner lieu à une configuration nouvelle des forces psychologiques, permettant ainsi de relever un défi plus complexe.

La phase de transition la plus décisive est celle qui s'opère entre la deuxième et la troisième étape. Antérieurement, durant les deux premières étapes, le thérapeute porte une attention privilégiée, presque exclusive, à l'acquisition d'une représentation de soi au niveau corporel, à travers la démarche productive que le client est en mesure d'organiser lui-même. Ainsi, il peut constater une concordance entre la représentation de ce qu'il a conçu de façon objective et la représentation de ce qu'il a vécu en accord avec les décisions prises antérieurement. Cette centration sur la découverte de soi — et où il est seul impliqué — apporte au client une estime de soi accrue due à la fierté qu'il ressent à partager cette découverte avec le thérapeute.

Mais à la troisième étape, une ouverture à la représentation de l'entourage et aux changements souvent imprévisibles et contraignants, suppose une réelle intégration dans les divers milieux fréquentés tant dans la vie professionnelle que dans la vie personnelle (Soi adaptatif). Plus tard, à la quatrième étape, l'individu doit décider de changements multiples dans ses propres comportements pour favoriser une participation engagée avec d'autres et, selon un choix personnel, parvenir à établir une intimité psychique à base d'inspiration mutuelle avec une personne choisie. Tous ces défis à relever, beaucoup plus complexes, nécessitent donc une différenciation encore plus qualitative de la représentation de soi en interaction avec la représentation de l'entourage et des autres.

Séquence des étapes du processus thérapeutique

Le thérapeute doit s'assurer que l'identité de soi a atteint un niveau de consolidation suffisant pour que le client puisse parvenir à percevoir et se représenter les changements provenant des conditions de l'entourage, dans les divers milieux de vie où il s'insère, tout en se représentant aussi les décisions à prendre pour changer ses comportements ou ses propres techniques, pour s'intégrer davantage à ses milieux de vie par des choix autonomes et libres, en accord avec son échelle de valeurs et le sens qu'il veut donner à sa vie.

Une réelle autonomie ne s'acquiert qu'au prix de décisions personnelles visant à modifier ses propres façons d'agir plutôt que de réagir, soit à des pressions extérieures exercées sur soi, soit à des images de soi préconçues provenant d'une vie fantasmatique alimentée dans le passé et se traduisant en des scénarios répétés continuellement. Cette vie fantasmatique paralyse une participation engagée puisque les images de soi sont déplacées sur les figures d'autorité par lesquelles on se sent évalué ou jugé.

Dans une quatrième étape seulement, le client est véritablement en mesure d'intégrer la représentation de son Soi social parce qu'il a consolidé sa représentation de soi en interaction avec l'entourage au point où il peut se représenter les changements à apporter dans ses propres comportements. Il modifie ses comportements selon la représentation qu'il se fait de l'entourage, c'est-à-dire selon la perception des changements et des contraintes exercées sur lui, dont il décide lucidement de tenir compte. Il est véritablement en mesure d'intégrer la représentation de son Soi social. Il fait alors preuve d'une disponibilité psychique à l'égard des autres. Il est en mesure d'établir une intimité psychique en se représentant l'autre assez objectivement, par une connaissance approfondie de cette personne et ce, à travers les expériences vécues avec elle de façon significative, expériences donnant lieu à une inspiration mutuelle toujours renouvelée et de plus en plus qualitative.

Nous venons d'élaborer ici la séquence orientant le processus thérapeutique. Nous croyons cependant utile de préciser l'application de certains aspects de façon plus détaillée.

Acquisitions à la fin de la première étape

Attardons-nous d'abord aux acquisitions marquant la fin de la première étape. Pour affirmer que son client a intégré un premier niveau de représentation de son Soi corporel, le thérapeute doit constater qu'il a atteint un premier objectif, c'est-à-dire équilibrer sa dépense d'énergie en prenant les décisions appropriées dans l'organisation de ses propres conditions de vie. Le client y intercale donc des activités corporelles destinées à la récupération de ses énergies, il vit des moments de détente en ayant recours à des expériences sollicitant ses diverses modalités sensorielles : vue, ouïe, etc. et parvient également à une décontraction musculaire par des exercices appropriés.

Cet équilibre dans la dépense de ses énergies lui fait découvrir un certain bien-être corporel dans le mode de vie qu'il s'est organisé grâce à des décisions appropriées où il tient compte de ses appareils de seuil de tolérance aux indices de fatigue, de température, de douleur, de décharge affective et de décharge motrice, ainsi qu'aux modalités de détente qui lui sont accessibles. Cette représentation du Soi corporel, où il y a concordance entre la représentation d'un mode de vie conçu de façon objective et la représentation des expériences de participation corporelle tenant compte des points de repère déjà mentionnés, permet de vérifier la synthèse caractérisant la fin de la première étape.

Deuxième et troisième étapes

Pour amorcer la phase de transition entre la première et la deuxième étape, le thérapeute, tout en continuant à s'intéresser aux décisions appropriées du client pour mieux gérer l'économie de ses énergies, centre son intérêt sur la démarche de productivité vécue dans une activité d'apprentissage qui intéresse particulièrement ce dernier. Il s'attarde à lui faire décrire d'abord l'objectif précis qu'il a choisi de poursuivre, la démarche réalisée en précisant les indices sensoriels sollicités par l'utilisation de techniques assez simples, agencées logiquement pour parvenir au but visé. Au moyen de questions pertinentes, le thérapeute amène aussi à percevoir la séquence des actions posées dans un laps de temps donné, dans un cadre spatial délimité, tout en tenant compte des indices de fatigue vécus et décelés par le client dans son propre corps et dans son degré de concentration psychique.

Dans la démarche thérapeutique, un objectif nouveau est introduit : faire percevoir graduellement par le client une certaine différenciation de son Soi productif à partir de l'utilisation de ce qui a déjà été acquis au niveau de la représentation de son Soi corporel. L'introduction de ce nouveau défi cause alors un certain déséquilibre temporaire par rapport à la synthèse acquise qui assurait un équilibre harmonieux. Ce nouvel objectif, la prise de conscience du Soi productif, amorce une nouvelle configuration des forces psychologiques visant un niveau d'équilibre supérieur au premier.

Mais c'est précisément durant cette phase de transition que les résistances du client pourront s'accentuer, à cause de la tension perçue par ce déséquilibre temporaire et en vue de maintenir le premier niveau d'équilibre au détriment de la poursuite du processus thérapeutique basé sur la représentation de soi mieux différenciée de la représentation des autres, pour assurer ainsi l'autonomie personnelle.

Voici maintenant le matériel clinique illustrant des points saillants du processus thérapeutique vécu avec un client au cours de la deuxième et de la troisième étapes et démontrant la phase de transition entre ces deux étapes à l'aide de quelques épisodes révélateurs à ce sujet.

Antécédents personnels

Un jeune homme au début de la trentaine, physiquement de petite taille, marié, sans enfant, demande à suivre une psychothérapie parce qu'il ne se sent pas heureux de l'organisation actuelle de sa vie, surtout relativement à son travail. Il ne remet pas son mariage en cause mais ne se sent pas se réaliser lui-même. Il ne sait pas quelles décisions prendre pour sortir de ce marasme. Il souffre fréquemment d'insomnie, de maux d'estomac et, à son avis, ce sont des signes de son état de malaise.

Récemment, il a pris conscience qu'il ne peut pas continuer de dépendre de sa femme ni de sa belle-famille pour se frayer un chemin dans la vie et assurer son avenir.

Il est issu d'une famille de trois enfants, dont une sœur aînée et un frère cadet, mais dit ne jamais avoir ressenti une appartenance réelle à sa propre famille. Son père, ouvrier spécialisé, était plutôt taciturne à la maison, parlant très peu et ne s'intéressant pas beaucoup aux enfants. Il travaillait de longues heures pour gagner la vie de la famille. Il décrit sa mère comme une personne superficielle, parlant continuellement sans écouter l'autre, ne s'intéressant qu'« à ses chaudrons et à ses toilettes » et dont la vie émotive est « à fleur de peau ». Il ajoute que lorsqu'il était jeune, ses parents étaient de bons pourvoyeurs de biens matériels, mais il s'est toujours senti différent des autres membres de la famille parce qu'il a été le seul à faire des études, pour lesquelles on ne lui a témoigné ni intérêt ni encouragement.

Plus intéressé par les arts que par les sports, au collège, il s'est senti à part des autres, incapable de trouver un rôle parmi les jeunes gens de son âge si ce n'est comme éditeur du journal du collège, acteur dans les pièces de théâtre et se réalisant aussi à l'atelier de peinture. D'un physique plutôt frêle, il ne se sentait pas en mesure de participer aux activités sportives qui étaient les plus valorisées dans son milieu.

À sa sortie du collège, il n'a pas choisi de profession libérale, à la grande déception de sa famille, se dirigeant tantôt aux beaux-arts qu'il n'a pas terminés, tantôt dans le domaine artistique mais sans grand succès.

Quelques années plus tard, la rencontre de celle qui est aujourd'hui sa femme, et surtout l'accueil chaleureux manifesté par sa belle-famille qui l'adopta comme un fils en lui offrant un rôle dans l'entreprise familiale — un commerce — l'aide à se stabiliser. Il sent son appartenance à cette famille et surtout il recherche l'appréciation de son beau-père en multipliant les services qu'il peut rendre. Encouragé par ce dernier, il entreprend des études en droit afin de jouer un rôle plus décisif dans l'entreprise familiale.

Ses études terminées, il réintègre son poste mais il se rend compte qu'il devient l'homme à tout faire, sans responsabilité correspondant à la formation professionnelle acquise. C'est alors que ses intérêts artistiques prennent le dessus : dessin, graphisme, théâtre, etc., et il perd de plus en plus d'intérêt dans l'entreprise.

C'est précisément à cette période qu'il demande une psychothérapie.

Deuxième étape : démarrage du processus

Au tout début de sa démarche thérapeutique, un nouveau poste ayant trait aux relations publiques et à la publicité, exigeant une formation en droit, lui est offert et il accepte. Il doit donc affronter un nouveau défi dans le monde du travail tout en démarrant le processus thérapeutique.

À cause des circonstances assez exigeantes décrites précédemment, il lui fut plus difficile d'atteindre l'objectif de la première étape : découvrir une certaine représentation de son Soi corporel par des décisions appropriées pour la répartition de ses dépenses d'énergie, de ses moments de récupération et de détente selon les indices perçus dans son corps. Rappelons qu'il s'agissait d'une première insertion, de sa propre initiative, dans le monde du travail.

Nous nous proposons maintenant de décrire certains épisodes de la deuxième étape, assortis de commentaires pour illustrer certains points de référence qui aideront à mieux saisir le cheminement thérapeutique du client.

Au début de la deuxième étape, bien que ce jeune professionnel ait appris à répartir ses dépenses d'énergie plus harmonieusement, le fait d'introduire le nouvel objectif — différencier sa façon à lui de produire pour lui faire acquérir une représentation de son Soi productif — a déclenché une résurgence d'activités multiples, tant dans sa vie professionnelle que dans ses propres intérêts artistiques.

Concernant son travail professionnel, il déployait ses nombreux intérêts dans plusieurs projets à la fois, s'affirmant dans la découverte de différentes façons de faire, manifestant un enthousiasme pour les possibilités nouvelles qui s'offraient à lui et réclamant souvent de nouveaux projets en ne tenant aucunement compte des disponibilités de temps et des moyens financiers pour les réaliser.

Dans le domaine artistique, là aussi, il multipliait les activités à entreprendre. Par exemple, s'agissant de la réalisation de démonstrations culturelles, il se rendait responsable à lui seul de tout le projet, ce qui exigeait non seulement tout son temps de loisir mais empiétait souvent sur le temps de son travail professionnel afin de rencontrer l'échéance prévue. Forcément il avait mal anticipé la dimension temps d'une réalisation aussi perfectionnée.

Dans son milieu de travail, pour sentir que le travail fait était apprécié et valable à ses propres yeux, il réclamait, à tout prix, que soient mis en route plusieurs projets à la fois. Dans ses nombreuses propositions à son cadre supérieur, les objectifs que le client avançait dépassaient de beaucoup ce que ce dernier pouvait accepter, malgré plusieurs années d'expérience dans ce domaine. De plus, les moyens préconisés par le client pour atteindre l'objectif convenu ne tenaient pas compte des contraintes inévitables imposées par les politiques d'ensemble de l'organisme et le budget prévu. Il se sentait fréquemment frustré lorsqu'il était confronté à des limites dans le temps à disposer pour un projet, de même que dans les moyens financiers mis à sa disposition.

À chaque confrontation, et elles étaient assez fréquentes, il réagissait par des manifestations verbales d'hostilité, s'en prenant aux politiques d'ensemble de l'organisme ou à son responsable, et les accusant d'être rétrogrades.

Intervention du thérapeute

Durant cette phase, le thérapeute aide le client à privilégier des activités précises, qui l'intéressent particulièrement, où il est seul concerné et où ses propres décisions n'entraînent pas de conséquences sérieuses. Elles constituent pour lui un univers d'essai pour actualiser ses forces psychologiques par des décisions relatives au choix des objectifs, au temps, à la durée, à l'espace, au déroulement logique de la démarche productive. Graduellement le client les exercera plus tard dans les domaines où l'entourage est impliqué.

Le thérapeute centre son intérêt sur les projets que le client entreprend de sa propre initiative, durant ses loisirs. Il lui fait préciser et choisir son objectif. Par exemple, à l'occasion d'une démonstration culturelle qu'il a lui-même proposée : lors de la fabrication d'un décor dont il est seul responsable, le thérapeute relit avec le client sa propre réalisation en lui faisant préciser l'heure où il s'est mis en train, c'est-à-dire le moment où il a commencé à rassembler tous les matériaux nécessaires, en lui faisant décrire les séquences d'actions posées, les techniques utilisées souvent imposées par le matériel employé (bois, carton, peinture), les outils, l'espace disponible, la durée de la démarche et les interruptions prévues, et ce, à partir des indices de fatigue ressentie ou des circonstances extérieures.

Cette relecture partagée entre la thérapeute et le client permet à ce dernier de faire de réelles découvertes dans l'expérience vécue. C'est à partir de plusieurs expériences semblables, où la perception se différencie et se qualifie davantage, que le client devient capable de généraliser l'actualisation de ses propres forces psychologiques dans des situations où l'entourage est impliqué.

Dans une phase subséquente de cette étape, le thérapeute tente de lui faire découvrir et graduellement se représenter à la fois les indices sur lesquels il base son discernement relatif au choix de l'objectif et les autres indices qui le font renoncer à des défis non réalisables. De la même façon, la perception de tous les éléments en cause dans le choix des moyens, par exemple, le temps disponible compte tenu de l'ensemble des projets à réaliser dans son milieu de travail, les nombreux déplacements exigés, les prévisions budgétaires assignées à ces projets, les répercussions sur le personnel de soutien, etc., cette perception moins globale et mieux différenciée l'amène à poser un jugement personnel sur chacun des éléments, à exercer un discernement judicieux et à faire un choix décisif, renonçant par le fait même aux performances parfaites que lui imposait un Moi idéalisé.

En le dégageant graduellement de l'emprise qu'avait sur lui ce Moi idéalisé, constitué de fantasmes archaïques infantiles de toute-puissance demeurés inconsciemment actifs, paralysant ainsi sa perception différenciée des éléments en cause dans les situations et les événements actuels, cette étape de son processus thérapeutique est devenue déterminante pour l'acquisition de son autonomie par l'actualisation de ses forces psychologiques.

À la phase finale de cette étape thérapeutique, une configuration nouvelle prend forme, donnant une sorte d'équilibre où chacune des forces psychologiques, ayant atteint un certain niveau de développement, contribue à une autonomie accrue.

Actualisation des forces psychologiques durant la deuxième étape

Retraçons maintenant brièvement dans le comportement du client les indices qui révèlent le degré d'actualisation de chacune de ses forces psychologiques.

1. L'espérance. Au fur et à mesure que le client chemine dans son processus thérapeutique, les dimensions du temps et de l'espace sont progressivement respectées ; il accepte de vivre un délai et il ne se laisse plus envahir par un état d'urgence quand il poursuit un objectif. Il considère aussi le temps nécessaire pour effectuer les déplacements. Lui qui se présentait fréquemment en retard à son travail, ou à des rendez-vous, respecte de plus en plus l'heure convenue. Il ne se sent pas à la remorque du temps, mais il conçoit de façon réaliste le moment opportun pour commencer une production ; il conçoit la durée de la démarche qu'il exécute selon les décisions prises. Il termine aussi au moment prévu, manifestant une satisfaction évidente de cette nouvelle maîtrise dans la répartition de son temps. Ce n'est que lorsqu'il doit faire face à des exigences accrues, dues à des circonstances extérieures imprévues ou dans des moments d'anxiété provenant de pressions intérieures et surmoïques indues, qu'il perd temporairement cette perspective dans le temps et dans l'espace. Il fait donc preuve généralement de confiance en l'avenir et d'espérance devant l'objectif à atteindre dans le délai prévu et accepté.

2. Le vouloir. Quant à la force du vouloir, des manifestations évidentes, dans sa façon d'entrevoir l'accomplissement d'une tâche, nous permettent de percevoir l'actualisation progressive de cette force. Avant d'entreprendre une tâche, il s'arrête pour considérer de façon plus différenciée les éléments qui entrent en jeu dans la démarche à envisager. Ne cédant pas à des attentes idéalisées, il prend conscience du temps et de l'espace disponibles. Il conçoit souvent deux solutions différentes avant d'entreprendre l'accomplissement de sa tâche. Il pose ses propres jugements personnels à partir des modalités qui lui sont accessibles, compte tenu de ses expériences antérieures dans des tâches analogues. Il choisit les façons de faire déjà connues par l'acquisition qu'il a opérée de nouvelles techniques, en évaluant le temps d'apprentissage correspondant à son propre rythme, sans céder aux pressions intérieures qui créent chez lui un état d'urgence.

Souvent les conditions, qu'il exigeait antérieurement comme tout à fait essentielles à la réalisation de la tâche entreprise, devenaient plus nuancées, mieux accordées aux contraintes inévitables de temps, d'espace et de moyens financiers disponibles et en harmonie avec l'ensemble des objectifs poursuivis par l'organisme. Son discernement devient plus judicieux, basé sur des jugements personnels, sans que son patron ne soit obligé d'attirer son attention sur des conditions de réalité et sur le respect des autres projets déjà en cours.

Il s'affirme, dans sa façon de vivre sa démarche productive et d'atteindre l'objectif prévu, selon une conception plus nuancée de l'accomplissement de ses tâches. Quand l'entourage, et plus particulièrement des figures significatives d'autorité, confirme par une appréciation concrète des réalisations effectuées, il ressent un accroissement d'estime de soi l'aidant à délimiter plus précisément son identité de soi.

Dans ses décisions personnelles, ses choix se sont progressivement précisés par une implication professionnelle accentuée, en renonçant, par exemple, à consacrer du temps à ses intérêts artistiques à même l'horaire de son travail professionnel. Dans les divers projets entrepris, les modalités utilisées pour parvenir aux objectifs précisés et décidés, répondent à une logique d'actions beaucoup plus fréquemment qu'auparavant, même si des manifestations d'hostilité verbale fusent encore lors de frustrations inévitables. L'affirmation de soi dans ses démarches productives prend forme même lorsque son entourage immédiat le plus significatif — c'est-à-dire sa belle-famille — se montre indifférente à ses réalisations professionnelles.

3. La poursuite des buts. Quant à la poursuite des buts, il apprend graduellement à établir ses priorités en tenant compte de l'importance qu'il accorde aux divers projets entrepris. Bien qu'il démontre une certaine difficulté à préciser et à limiter les objectifs visés dans les projets qu'il assume, il découvre tout de même, peu à peu, comment limiter ses buts, qui demeurent encore des défis assez exigeants à relever même s'il parvient à les atteindre. Ayant appris à choisir des objectifs atteignables dans un cadre spatiotemporel accessible, respectant aussi la répartition de son temps et de ses énergies pour d'autres projets en cours de réalisation, il fait un ajustement graduel dans le choix de ses techniques, orienté maintenant selon l'importance accordée au but visé par rapport à l'ensemble du travail à faire.

Bien qu'il soit encore porté, pour attirer l'appréciation de son milieu de travail, à recourir, pour atteindre l'objectif fixé, à des moyens plus compliqués et à des démarches productives plus complexes en vue de mettre en évidence sa productivité, il base plus régulièrement ses décisions sur la logique d'actions et sur la séquence qui en découle, en tenant compte de la répartition de ses dépenses d'énergie tant dans son travail que dans ses intérêts artistiques. Il accorde, de part et d'autre, une juste proportion et un équilibre sans s'imposer de surcharges provoquant inévitablement chez lui un état de tension. Dans le domaine artistique, une certaine répartition de ses initiatives se fait jour, laissant voir un ajustement dans la distribution de ses énergies par rapport aux priorités, ajustement qui comporte des choix et des renoncements qu'il a appris à respecter.

4. La compétence. Durant cette étape du processus thérapeutique, les prises de conscience de ses propres habiletés techniques, découvertes à l'occasion de nombreuses tâches effectuées, l'efficacité démontrée au cours de ses diverses réalisations, ont contribué à faire naître chez lui un sentiment croissant d'efficacité. Il se sent capable de s'affirmer de plus en plus et affiche une maîtrise plus grande de diverses techniques utilisées. La dextérité, de plus en plus affinée, qu'il démontre dans les diverses tâches concrètes et la facilité grandissante avec laquelle il peut concevoir un projet et l'exécuter selon l'orientation prise, accroissent son intérêt et son implication dans les projets entrepris. Il s'est découvert industrieux, capable d'efficacité dans les diverses tâches accomplies, ce qui confirme en lui ce sentiment d'efficacité.

Il choisit d'acquérir de plus en plus de techniques susceptibles de l'aider dans ses activités professionnelles et concentre alors ses énergies dans ce domaine, que ce soit par un perfectionnement dans l'usage des techniques audiovisuelles, dans le graphisme, dans les moyens d'expression écrits ou verbaux. Il devient aussi beaucoup plus soucieux de la qualité de sa démarche productive que de la quantité de tâches accomplies, faisant montre de précision et d'exactitude dans la maîtrise de ces techniques. Vers la phase finale de cette étape, il se représente plus facilement ses façons à lui de procéder et il se sent de plus en plus maître de moyens susceptibles de lui faire vivre une démarche productive et de lui faire atteindre l'objectif souhaité, comme il l'a conçu préalablement. Son sens de compétence s'actualise de plus en plus.

5. La fidélité. Au fur et à mesure que se déroule cette étape thérapeutique, ce jeune professionnel en vient à choisir comme prototype idéal de sa profession, le cadre supérieur avec lequel il établit de plus en plus d'échanges, cherchant une confirmation de ses façons de faire et de ses choix d'engagement. Il fait preuve de loyauté, non seulement face à son responsable, mais aussi dans ses engagements professionnels. Au cours des différentes situations vécues en collaboration avec son responsable, il révise progressivement son échelle de valeurs. Il se sensibilise ainsi au code d'éthique professionnel, renonçant à des façons de faire qui ne cadrent plus avec les responsabilités professionnelles assumées, que ce soit dans sa tenue vestimentaire, dans ses expressions verbales, adaptant ainsi ses façons de procéder à une pratique professionnelle de qualité. Par souci d'honnêteté professionnelle, il renonce aux heures qu'il s'accordait à même son horaire de travail pour poursuivre ses intérêts artistiques, prétextant auparavant qu'il était appelé à donner parfois quelques heures en soirée. Face à des erreurs commises par manque d'expérience ou de réflexion suffisante, nonobstant un mouvement d'humeur sur-le-champ, il avoue avec sincérité l'erreur commise, prêt à en assumer les conséquences. Il désire apprendre par expérience et même par ses erreurs. Il adhère de plus en plus aux règles émises par le code d'éthique, fier de se solidariser à son groupe professionnel et s'identifie de plus en plus comme un membre de cette profession.

6. L'amour. Par ailleurs, bien qu'il se définisse mieux professionnellement, en acceptant les façons de procéder proposées par l'éthique professionnelle pour se faire confirmer dans ce domaine, il n'en est pas de même au niveau interpersonnel, surtout en ce qui a trait à sa capacité d'établir une réelle intimité psychologique avec sa femme. Il évite souvent les tête-à-tête en proposant de participer à des activités choisies par les deux partenaires, et pour lesquelles ils ont un intérêt commun, par exemple le cinéma, la danse, le théâtre, ainsi que des travaux d'artisanat comme le macramé, etc. Il vient souvent en conflit lorsqu'il a à renoncer à une activité artistique qui l'intéresse vivement pour passer la soirée en compagnie de sa femme ou faire une sortie qui intéresse plus particulièrement cette dernière. Cette ouverture à l'autre est encore sporadique et elle n'existe que pour autant qu'elle n'entre pas en conflit avec ses intérêts artistiques personnels. Il manifeste là un retour sur soi au détriment d'une prise de conscience de la présence de l'autre et d'une disponibilité à l'autre.

Durant cette phase thérapeutique, le besoin de se faire apprécier par l'entourage pour ses réalisations personnelles, la blessure narcissique dont il souffre quand l'appréciation attendue de la part des personnes significatives, en l'occurrence sa femme, n'a pas la qualité souhaitée, l'emportent sur l'ouverture à l'autre. Il vit alors un retrait stratégique pendant lequel il ignore presque totalement la présence de l'autre ; il met un laps de temps avant de pouvoir recommuniquer normalement. Bien qu'il fasse preuve de dévouement pour sa conjointe et pour ses quelques amis à cause d'une tendance à rendre service spontanément, quand il a à renoncer à un intérêt personnel, il exprime des récriminations hostiles, percevant les exigences de l'autre à son détriment. Ainsi son ouverture et sa disponibilité à l'autre personne choisie de façon exclusive, c'est-à-dire par amour, ne l'empêchent pas de ressentir que c'est parfois à son détriment ; toutefois il y a lieu d'actualiser cette force davantage en relation avec une identité de soi mieux définie.

Il est toutefois enclin à porter une attention spéciale à la génération future, offrant aux enfants de ses amis ou aux jeunes de l'entourage de les aider à réaliser ce qui les intéresse, soit dans des jeux, soit encore dans des projets artistiques ou culturels. À condition cependant que là aussi, cette aide n'empiète pas sur les moments consacrés à ses propres intérêts artistiques. Il est prêt à aider la jeune génération, mais à ses propres conditions et lorsqu'il y a conflit, ses intérêts personnels ont préséance. La force de sollicitude s'actualisera donc davantage chez lui à mesure que son identité de soi deviendra plus établie.

Nouvelle synthèse à la fin de la deuxième étape

Parvenu à la phase terminale de cette deuxième étape, le client fait preuve d'une synthèse, découlant de la consolidation de chacune des forces psychologiques et prenant la forme d'un équilibre plus harmonieux. Cet équilibre se manifeste surtout dans ses démarches productives qui deviennent le fruit de décisions, de plus en plus autonomes et nuancées, et qui tiennent compte de tous les éléments concernés dans de telles expériences.

Ainsi ses prises de décision font montre de cohérence dans ses façons de procéder vis-à-vis d'une tâche à accomplir : choix d'un objectif adéquat et démarche logique pour y parvenir. Cette cohérence, découlant des décisions personnelles assumées, entraîne une cohésion dans le processus d'organisation psychique et plus particulièrement entre les forces psychologiques. De plus, la stabilité temporelle démontrée par le client dans ses démarches productives, la fierté et l'estime de soi qui en découlent, sont autant d'indices de l'acquisition d'une synthèse qui laisse présager l'avènement de la prochaine étape du processus thérapeutique.

Avant de terminer l'illustration de cette deuxième étape, récapitulons brièvement les points saillants à retenir pour nous assurer des acquisitions déjà intégrées par le client.

On remarque en tout premier lieu que l'organisation de son mode de vie tient compte d'une répartition assez adéquate de ses dépenses d'énergie et de ses moments de récupération et de détente ; il en résulte un équilibre assez harmonieux. Ainsi, grâce à ses décisions personnelles, il a su concevoir un régime de vie à partir d'une représentation de son Soi corporel, c'est-à-dire d'un ajustement assez convenable entre la répartition de ses énergies physiques et psychiques en intercalant des activités physiques de récupération et de détente pour se disposer à une meilleure concentration psychique.

Il a appris à disposer de son temps pour y insérer des moments de détente, de récupération, tout en apprenant à concevoir la répartition du temps dans ses démarches productives ; il s'est ainsi libéré progressivement des pressions internes qui créaient alors chez lui un état d'urgence.

Ses démarches productives deviennent le fruit de choix et de décisions plus autonomes, moins influencés par des comparaisons et des rivalités avec d'autres compétiteurs, ou encore en réponse à des images de ce Moi idéalisé exerçant sur lui des pressions intérieures indues. L'intégration progressive de points de repère provenant de l'actualisation de ses forces psychologiques construit son identité de soi et le met ainsi à l'abri d'une remise en cause de cette identité devant une déception et même un échec. Il est maintenant en mesure de différencier ses façons de procéder de sa propre représentation de soi pour autant qu'il partage cette déception avec le thérapeute, avec lequel il relit de façon différenciée l'expérience vécue.

Durant la phase terminale de cette étape, le thérapeute prend conscience de la vulnérabilité de son client à toute absence, même motivée et prévue de sa part. Bien que ce dernier fasse preuve d'une autonomie accrue, il ressent le besoin d'une mutualité ; pour mieux dire, son identité de soi déclenche un besoin plus pressant de la présence de l'autre. C'est la « phase de rapprochement » que le thérapeute doit bien identifier car, autrement, il peut se méprendre et croire à une régression temporaire de la part du client.

À titre d'exemple, rappelons deux incidents qui illustrent bien cette vulnérabilité. Tout d'abord le thérapeute l'avertit, un mois à l'avance, qu'il n'y aura pas de rencontre entre Noël et le Jour de l'An, selon la politique prévue par l'organisme. La séance suivante, il annonce à brûle-pourpoint qu'il part en voyage la semaine avant cette date, pour un congé bien mérité. Il y aura donc deux semaines d'absence au lieu d'une seule.

Durant ce voyage, effectué seul, il s'est senti envahi de fantasmes sexuels qui le poussent à un passage à l'acte. Il prend de l'alcool au point de s'enivrer, ce qui ne lui est jamais arrivé auparavant. Il cherche à rencontrer un personnage dans le monde du spectacle, personnage qu'il a idéalisé autrefois. Il revient de cette escapade assez déprimé, honteux de ce qu'il raconte, craignant d'être rejeté par le thérapeute.

Quelques mois plus tard, le thérapeute doit s'absenter pour une semaine. Le même scénario est répété et le client nous avoue que tout en percevant ce qui se passait, il se sentait incapable de résister au fait de partir le premier et de répéter une expérience analogue.

Par ailleurs, la phase terminale de cette étape marque le moment le plus décisif de cette démarche thérapeutique, car l'identité de soi étant assez bien établie, le client est désormais capable de se situer lui-même face aux changements encourus, dus aux contraintes inévitables de l'entourage et de la présence des autres. Il a dû tenir compte de ces aspects et même décider de modifier ses propres façons de procéder pour faire preuve d'adaptabilité et de disponibilité envers les autres.

En analogie avec les stades du processus d'organisation psychique, et plus précisément le passage du deuxième au troisième niveau du développement, nous avons souligné l'acquisition de la « constance de l'objet » et, corrélativement, celle de la constance de l'identité de soi. À cette époque de sa démarche thérapeutique, le client a atteint un degré d'autonomie provenant de cette capacité de représentation de soi dans deux de ses éléments constitutifs, le Soi corporel et le Soi productif. Il en est arrivé au point où son identité de soi est suffisamment consolidée pour ne pas être remise en cause par les inévitables changements et contraintes suscités par ses interactions avec l'entourage et avec les personnes significatives de son propre milieu. Cette identité de soi est d'autant plus affermie que les expériences, vécues et intégrées durant l'étape qui se termine, lui ont fait découvrir sa place parmi les siens, c'est-à-dire dans son propre milieu de travail qui apprécie ses démarches productives et confirme ainsi la place qu'il occupe, le rôle qu'il joue comme membre du groupe significatif. Il est donc apte à relever d'autres défis afin de prendre conscience des décisions appropriées par rapport aux interactions avec l'entourage. Dans les échanges diversifiés avec les personnes, selon les engagements pris et les implications correspondantes, il choisit lucidement de vivre et d'intégrer de telles expériences.

Rappelons ici que pour faire acquérir une représentation de soi plus différenciée au niveau productif, le thérapeute, tout en accueillant les diverses expériences racontées par le client, centre son intérêt sur des expériences privilégiées favorisant cette différenciation dans ses façons de procéder. Ainsi, le thérapeute ne s'attarde pas à faire élaborer les autres expériences vécues par le client, si ce n'est que pour contrecarrer une trop forte dose d'anxiété soulevée par de tels événements, par exemple, lorsque la répétition d'un ancien scénario paralyse la démarche thérapeutique.

Les résistances particulières du client

L'aspect défensif dans l'organisation psychique d'un client étant plutôt idiosyncratique, on ne peut pas faire les mêmes généralisations que pour l'actualisation de ses forces psychiques. Nous ne nous attardons donc pas à cet aspect, pourtant essentiel, puisqu'il est cause de plusieurs résistances dans le processus thérapeutique. Nous jugeons indispensable que le thérapeute ait le souci de saisir le sens particulier des résistances soulevées chez le client, car l'efficacité de ses interventions en dépend, même si chaque cas clinique présente son propre cheminement.

Troisième étape du processus thérapeutique

Avec la troisième étape, le thérapeute doit faire prendre conscience au client qu'il s'engage maintenant à percevoir et à identifier les changements qui ont cours dans les différents milieux où il évolue, en utilisant d'abord les occasions ou les situations qui favorisent le plus possible de telles prises de conscience. Il est souhaitable de prévoir à l'avance, avec le client, les occasions les plus propices à cette initiation afin de développer une perception plus différenciée de l'entourage, en identifiant les changements perçus dans un milieu particulier et les modifications à apporter face à ces changements.

Il s'agit, pour le thérapeute, de s'entendre avec le client pour identifier les situations les plus appropriées à titre d'univers d'essai, afin que ce dernier puisse jouir d'une certaine « distance psychologique » favorisant ainsi la perception des changements. Sa participation engagée, dans ces situations, ne conduit pas à des conséquences trop sérieuses ou irréversibles puisqu'elles se situent aux moments de loisir, activités sportives, artisanales ou culturelles.

Nouvel objectif convenu

Ainsi, le client est plus en mesure de faire sien l'objectif de cette troisième étape : mieux se représenter les changements suscités par une participation engagée dans ses interactions avec l'entourage, interactions qui doivent donner lieu à des décisions personnelles appropriées. Sinon, ces interactions seront perçues, soit comme des contraintes inévitables auxquelles il faut se résigner en les subissant, ou au contraire elles prennent le sens d'impositions indues de la part de l'entourage et des figures d'autorité en particulier, ce qui déclenche nécessairement des frustrations et, par voie de conséquence, de l'hostilité à l'égard de ce milieu.

Dès lors, moins les exigences sont perçues comme venant de pressions exercées par le monde extérieur, mais plutôt comme la résultante d'une décision personnelle de participer dans des conditions convenues à l'avance et acceptées malgré les limites et les frustrations inhérentes à ces situations, plus l'individu est en mesure de percevoir les changements qui s'imposent. Il est donc appelé à décider, de lui-même, de tenir compte de ces changements et de modifier ses façons d'agir, s'il veut vraiment poursuivre la participation engagée dans l'activité choisie ou l'expérience vécue en interaction avec l'entourage.

De plus, il s'avère important, pour le thérapeute, de considérer le degré d'adaptabilité requis de la part de l'individu face à toute une gamme de changements variés, provenant de deux sources différentes et qui, en se superposant, peuvent causer, chez le client, la dépense d'une forte dose d'énergie : d'une part, les pressions extérieures exercées sur lui par les conditions du milieu lui-même, c'est-à-dire la « réalité phénoménologique » et, d'autre part, les pressions intérieures découlant de la façon dont l'individu perçoit ces changements d'abord puis, par la suite, dans sa façon de les vivre.

Ces changements peuvent objectivement provenir des conditions réelles offertes par le milieu quant au temps, à l'espace alloué, aux lois inorganiques des outils, aux techniques dictées par la matière, de même qu'à l'objectif poursuivi dans une production imposée. En outre, ils peuvent être prévus à l'avance ou à tout le moins être prévisibles dans ce milieu ou bien ils peuvent surgir de façon inattendue, tout à fait à l'improviste, sans que le milieu ait pu les prévoir.

Par ailleurs, l'avènement de ces changements peut faire émerger des pressions intérieures chez l'individu, parce qu'il les perçoit et les envisage comme des exigences et des frustrations plutôt que comme un appel à relever un défi nouveau. S'il ne se situe pas devant ces changements par une participation active, en prenant des décisions appropriées, le client les subit en se résignant devant une contrainte inévitable ou il s'oppose en ressentant de l'hostilité soit contre le monde extérieur, soit contre lui-même.

Séquence appropriée pour l'intervention thérapeutique

Comme nous le soulignons antérieurement, à partir de l'univers d'essai que constituent les loisirs, le thérapeute élargit graduellement le cercle de l'entourage en y incluant le rayon couvrant le milieu de travail. Dans ce milieu, il s'intéresse aux changements survenus, présentant des défis progressifs que le client est en mesure de relever en se représentant les modifications à opérer dans son comportement et qu'il décide librement de mettre en pratique.

Par la suite le client envisage, avec l'aide du thérapeute, les changements à apporter à son mode de vie pour mieux répartir ses dépenses d'énergie, compte tenu des changements survenus et ce, dans ses rythmes de base : le cycle sommeil-veille, l'incorporation de la nourriture et le rythme d'élimination, en un mot, la répartition nouvelle de son temps et de ses énergies pour mieux assumer ces changements dans une organisation de vie renouvelée.

Nous venons de décrire la séquence que le thérapeute doit respecter dans la relecture, partagée entre le client et le thérapeute, des expériences les plus susceptibles de favoriser la différenciation dans la représentation du Soi adaptatif. Ainsi, cette séquence dans les défis à relever facilite l'intégration graduelle d'une adaptabilité accrue grâce aux décisions personnelles qui en font preuve. Ces décisions sont d'autant plus autonomes qu'elles découlent d'une perception assez différenciée de l'événement en cause ou de la situation à vivre, d'un discernement judicieux résultant de jugements personnels posés et du choix adéquat d'une solution éclairée mise en pratique.

Mais cette ouverture à l'entourage, à laquelle le client est convié par l'intérêt du thérapeute, ne va pas sans soulever des résistances chez le premier. Ce nouvel objectif entraîne une certaine décentration de ses propres points de repère dans ses façons d'agir pour y inclure les exigences de la réalité objective, élargit ainsi le rayon de ses intérêts et de ses initiatives en les orientant plutôt vers l'entourage que vers les seuls indices de sa propre productivité dans des activités de son choix.

Durant la phase initiale de cette troisième étape, le thérapeute prête une attention soutenue à l'effet, sur le client, de son intérêt aux changements dans les domaines convenus avec ce dernier, afin de ne pas surtaxer ou dépasser la somme d'énergie disponible chez lui. Si tel est le cas, l'individu perçoit les interventions du thérapeute comme des exigences ou des impératifs surmoïques, ce qui génère une hostilité paralysant temporairement le processus thérapeutique par des résistances accrues.

Cette ouverture à l'entourage soulève également un certain degré d'hostilité de la part du client. Tournées contre le thérapeute par des résistances dans les entrevues, ou contre l'entourage par des paroles hostiles face aux exigences perçues, sinon par un retour d'hostilité contre soi, une recrudescence des symptômes ou un retrait stratégique — perte momentanée d'intérêt face à l'engagement convenu —, ces manifestations d'hostilité ne doivent pas enrayer la démarche thérapeutique qui se manifeste durant cette étape par la prise de décisions personnelles de modifier son propre comportement ou ses façons de faire en tenant compte des changements réels réclamés par l'entourage.

Interlude théorique et clinique

Avant d'entreprendre l'élaboration de la configuration nouvelle qui se construit durant la troisième étape, en décrivant l'évolution qui a cours dans chacune des forces psychologiques, nous voulons souligner la mise à contribution, durant cette étape, de nouveaux schèmes cognitifs.

Apport des schèmes cognitifs aux diverses étapes

Récapitulons d'abord très brièvement l'apport des schèmes cognitifs aux deux étapes précédentes. À la première étape, l'utilisation des schèmes sensori-moteurs dans un corps agi, au moyen d'expériences privilégiées mettant en évidence les points de repère qui servent à faire différencier le Soi corporel, prépare la représentation de ce Soi corporel. À la deuxième étape, les schèmes symboliques ou représentatifs proprement dits sont exercés et font acquérir cette représentation de soi intégrant à la fois le Soi corporel et le Soi productif, puisque le client est encouragé à se représenter ses façons de faire en les conceptualisant d'abord, donc en se les représentant à l'avance dans le déroulement des actions à poser, puis, après exécution, en se représentant l'expérience telle que vécue, pour constater la concordance entre ce qui a été conçu et ce qui a été vécu. L'ajustement optimal entre ces deux représentations se fait spécialement par les schèmes représentatifs.

À la troisième étape, le client est appelé à utiliser un nouveau mode de vérification de la réalité. Dans la prise de conscience de l'expérience vécue dans une suite d'actions, il devra identifier graduellement la représentation de ce qui peut se généraliser à partir de ces expériences vécues. Non seulement ces schèmes représentatifs permettent alors de se représenter l'expérience après son exécution, mais ils favorisent aussi l'anticipation des diverses façons dont l'expérience peut se vivre pour parvenir à l'objectif choisi. On les appelle « schèmes intuitifs » parce qu'ils servent à désigner la connaissance claire, directe et immédiate de la réalité, sans recourir encore au raisonnement logique mais en le préparant. Comme nous l'avons déjà explicité, cette représentation se fait grâce aux configurations représentatives, de mieux en mieux articulées et plus compatibles avec la réalité. Ces « schèmes intuitifs articulés » démontrent l'enracinement, dans les prises de conscience qui donnent lieu à une représentation de soi en interaction avec la représentation de l'entourage, d'un certain sens de la réalité du temps, de l'espace et de la causalité, tels que vécus. Le sujet peut maintenant traduire cela par le langage, en y véhiculant ce même sens d'enracinement dans la réalité actuelle, malgré les images antérieures d'une vie fantasmatique encore active.

Par conséquent, l'actualisation de chacune des forces psychologiques met à profit ces schèmes intuitifs articulés, marquant ainsi une nette évolution sur le niveau d'équilibre précédent.

Le cheminement thérapeutique

Soulignons maintenant quelques points saillants du cheminement thérapeutique du client déjà cité.

Comme il continue de manifester un intérêt accru pour l'organisation de démonstrations culturelles, mais de plus grande envergure, et comme il innove dans ce domaine avec la contribution de quelques collaborateurs, il apprend graduellement à tenir compte des changements qu'implique une telle collaboration. Porté, au début, à imposer ses propres conditions de temps, selon les disponibilités de son horaire, sans consulter les autres participants, à imposer ses façons de faire sans solliciter la participation des autres — ce qui lui valut d'encaisser une certaine hostilité de la part de ses collaborateurs — il apprend maintenant à percevoir et même à anticiper un certain choix dans les solutions qu'il propose pour offrir une participation réelle aux collaborateurs en question.

Il se représente les changements que suppose la réalisation d'un projet en collaboration avec d'autres partenaires et il décide de modifier en conséquence ses propres façons de faire dans ses démarches productives, faisant preuve d'adaptabilité et tenant compte, dans ses décisions, des disponibilités desdits partenaires.

Ayant acquis une certaine facilité à percevoir les changements et les contraintes inévitables qu'impose même un projet culturel choisi par pur intérêt personnel durant ses moments de loisir, alors qu'il doit tenir compte du contexte et des autres participants, il est en mesure de transposer ses acquisitions dans le domaine du travail professionnel.

Graduellement, il devient capable de considérer l'ensemble des services offerts par l'organisme qui l'emploie plutôt que de se confiner exclusivement à sa propre productivité dans « ses » projets. Il se sensibilise aux politiques émises par l'organisme et il décide de s'y tenir, même si elles ne correspondent pas toujours à ses propres attentes.

Bien qu'intéressé à prendre des initiatives et à innover dans l'élaboration de projets nouveaux, avant d'en suggérer un autre il s'enquiert du temps et des moyens disponibles dans la répartition générale pour l'ensemble des projets. Il concentre ainsi son attention sur des objectifs réalistes, tenant compte des contraintes inévitables imposées par cette vue d'ensemble. Dans l'élaboration du plan d'action préliminaire, avant l'acceptation d'un projet, il envisage plus d'une solution pour atteindre son objectif. Lorsqu'il est appelé à faire des modifications majeures au plan soumis, il ne sent pas remis en cause sa productivité personnelle, mais il accepte de bon gré d'opérer les modifications qui s'imposent, après un échange avec son cadre supérieur.

Il devient plus attentif aux répercussions de ses propres exigences sur l'organisation du travail du personnel de soutien. Il prévoit, autant que faire se peut, les échéances dans le travail demandé au secrétariat pour ne pas en bousculer l'organisation, ce qui comporte une différence assez notoire du mode intrusif avec lequel il exigeait un rendement sans en mesurer l'impact.

Par ailleurs, les changements qui ont exigé de sa part le plus d'énergie ont été les modifications dans l'organisation de son mode de vie personnelle, suscitées par les changements dans l'organisation de l'horaire de travail de sa femme. Il a dû décider d'assumer des responsabilités nouvelles à la maison, faire un peu de ménage et pourvoir à ses propres soupers à quelques reprises, durant la semaine, ayant à renoncer, pour ce faire, à certains loisirs artistiques.

Actualisation des forces à la troisième étape

Après cette brève rétrospective du cheminement accompli par ce client durant cette troisième étape, nous sommes en mesure de décrire la configuration nouvelle qui prend forme au fur et à mesure de l'actualisation des forces psychologiques, avec l'apport de ses schèmes intuitifs, lesquels lui permettent d'emblée l'anticipation des changements dans son entourage, la prise de décisions découlant de la perception de ces changements et, en conséquence, la modification de ses propres comportements, ce en quoi il fait alors preuve d'adaptabilité.

1. L'espérance. Retraçons brièvement chacune de ses forces psychologiques au moyen d'indices qui, dans le comportement du client, démontrent les acquisitions graduelles d'une autonomie plus accentuée.

Durant ce stade, ce jeune professionnel apprend progressivement à se situer dans une perspective temporelle où il accepte d'envisager un délai beaucoup plus long pour parvenir à un objectif souhaité. Par exemple, il entreprend sans malaise des projets ayant des objectifs à plus long terme. Il organise un plan d'action qui tient compte de la durée nécessaire pour chacune des opérations, manifestant ainsi une capacité de concevoir la répartition du temps d'une façon objective ; de cette manière, la réalisation du projet correspond aux prévisions faites.

Il devient capable de concevoir plus d'un itinéraire pour son plan d'action. Il anticipe les changements imprévus, toujours possibles dans un projet à long terme, s'aménageant ainsi des solutions de rechange, de durée plus courte, pour les substituer au besoin. En conséquence, il anticipe l'avenir avec plus de certitude, puisqu'il se sent en mesure de décider lui-même de la répartition du temps, même en face d'imprévus. Cette maîtrise de la dimension « temps », par l'adaptabilité dont il peut faire preuve, manifeste sa confiance en l'avenir.

2. Le vouloir. Le point saillant de son cheminement est sa capacité nouvelle d'envisager l'ensemble d'une situation ou d'un projet en discernant, par anticipation, tous les éléments impliqués, que ce soit le temps, l'espace, les différents agencements de moyens pour parvenir aux objectifs fixés. C'est ainsi qu'il démontre un discernement judicieux, en posant un jugement personnel sur l'importance relative des éléments en cause dans une configuration, conçue assez objectivement, pour en justifier les applications qui s'avèrent efficaces.

On voit alors que les décisions prises par le client provenant, d'une part, de sa représentation de la configuration des éléments anticipés (par exemple, dans les divers plans d'action rédigés pour la soumission d'un projet) et, d'autre part, de la représentation qui découle d'une révision de la réalisation de ce projet, révision partagée avec le thérapeute, font preuve d'un ajustement assez optimal et confirment ainsi l'actualisation de sa force de vouloir.

3. La poursuite des buts. Durant cette phase de sa démarche thérapeutique, il fait preuve d'un surcroît d'énergie qu'il oriente vers les objectifs choisis. Il se préoccupe du développement de techniques nouvelles, d'agencements de moyens nouveaux pour atteindre les buts visés.

Il apprend à établir un équilibre plus harmonieux entre les objectifs poursuivis, à la fois, dans son temps de loisir, dans son milieu de travail et dans son mode de vie à l'intérieur du contexte familial. Il y parvient en établissant des priorités qui tiennent compte de l'ensemble de ses divers milieux de vie et en attachant une importance relative aux objectifs, selon le sens qu'il choisit de donner à sa vie et, par voie de conséquence, à ses engagements.

C'est ainsi qu'il choisit de réduire ses objectifs dans le domaine artistique pour assumer plus de responsabilités dans l'organisation de sa vie de couple. Il accepte de se familiariser avec les exigences des travaux ménagers pour s'adapter aux changements d'horaire de travail de sa femme. Il développe graduellement un intérêt nouveau dans l'art culinaire, où il acquiert de nouvelles techniques, pour relever ce nouveau défi. Aussi actualise-t-il cette force, la poursuite des buts, en démontrant une adaptabilité accrue dans l'établissement de ses priorités, tenant compte à la fois des changements survenus dans son entourage immédiat, et plus particulièrement au foyer, en interrelation avec des modifications qu'il apporte à ses objectifs de loisir.

4. La compétence. Par ailleurs, ce jeune professionnel développe des intérêts croissants dans ses activités professionnelles et artistiques puisqu'il les envisage comme des expériences privilégiées d'apprentissage. Au fur et à mesure qu'il relève des défis de plus en plus complexes, faisant preuve d'adresse et d'habileté dans les tâches entreprises, il anticipe le succès, grâce à une maîtrise graduelle assurée par l'utilisation fréquente de nouvelles techniques. Par exemple, il démontre son savoir-faire dans le domaine concernant le graphisme utilisé en publicité ainsi que dans une expression écrite tout à fait appropriée aux fins correspondantes.

La découverte de ses aptitudes personnelles, sa façon industrieuse de relever les défis suscités par des changements inattendus dans la réalisation de ses projets, lui apportent un sentiment d'efficacité qui contribue à accroître sa fierté lorsqu'il la partage avec le thérapeute. Par le fait même, son estime de soi augmente et il fait preuve d'une plus grande adaptabilité en recourant à des décisions de plus en plus appropriées, prenant en considération le niveau de compétence de ses collaborateurs.

Se représentant mieux ses aptitudes personnelles, il apprend à percevoir de façon plus différenciée leur démarche d'apprentissage et il en tient compte dans la répartition des tâches pour un projet exigeant une coopération entre les partenaires. Son sens de compétence est suffisamment développé pour assurer son adaptabilité aux situations exigeant des changements dans ses démarches productives, en vue d'une meilleure coopération à un projet commun.

En outre, il redouble d'intérêt pour étendre ses connaissances dans divers domaines et parfaire ainsi sa culture. Il se trace un programme de lectures sur des thèmes qui le passionnent et organise des rencontres avec des personnes compétentes, dans ces domaines, pour profiter de leur expérience et retirer de ces échanges fructueux une culture générale plus étendue. Ces initiatives contribuent aussi à l'acquisition progressive d'un sens de compétence.

5. La fidélité. Au fur et à mesure que ce jeune homme évolue dans sa démarche thérapeutique, il découvre le sens qu'il veut donner à sa vie, en adhérant à une échelle de valeurs qui se précise de plus en plus, tout en orientant davantage ses choix et ses renoncements quotidiens.

Ainsi, au début du processus thérapeutique, il était assez préoccupé d'accumuler des valeurs matérielles pour se procurer, de même qu'à sa femme, du confort physique, mais, graduellement il développe une sensibilité plus grande aux valeurs spirituelles.

Confronté à des choix dans le domaine professionnel, choix qui impliquent, d'une part, soit de consacrer davantage de son temps à une activité professionnelle lucrative et, de ce fait, renoncer à poser des gestes gratuits au service des plus démunis, soit de renoncer à ces avantages pécuniaires afin de conserver du temps disponible pour du bénévolat auprès de cette population, il décide de joindre un organisme bénévole et d'y offrir ses services.

Dans le domaine professionnel, il adhère de plus en plus au code d'éthique professionnelle et ses engagements en ce sens l'orientent vers une pratique de plus grande qualité. Il est reconnu de plus en plus par les confrères pour son authenticité dans ses façons de procéder et pour sa loyauté à la parole donnée lorsqu'il assume des responsabilités.

Dans tout ce qu'il entreprend, que ce soit dans le domaine professionnel, dans le bénévolat ou dans sa vie personnelle, il essaie de s'inspirer de la règle d'or suivante : accomplir ce qu'il décide de faire comme il désire que les autres agissent dans les mêmes circonstances.

Il précise son identité de soi par une représentation de soi de plus en plus différenciée de la représentation de l'entourage et des autres, en adhérant à ses idéaux d'action et en définissant aussi son identité psychosociale, par son association à un groupe communiant aux mêmes valeurs, dans un projet commun destiné à venir en aide aux plus démunis.

6. L'amour. Sur le plan des interactions quotidiennes avec sa femme, il devient plus attentionné aux façons de penser et d'agir de celle-ci. Il est plus serviable et prévenant à son égard, décidant bien consciemment de modifier son mode de comportement intrusif qui brime assez souvent la sensibilité de son épouse.

Il apprend à devenir conciliant en apportant à celle-ci une aide soutenue dans l'organisation de la vie de foyer et en manifestant son adaptabilité, par la modification de son propre mode de vie et de ses temps de loisir pour mieux répondre aux exigences de la vie de travail de sa femme. Ces indices laissent entrevoir une actualisation réelle de sa force d'amour.

Il témoigne son intérêt et sa disponibilité à la génération montante en consacrant régulièrement une partie de ses loisirs à l'enseignement des rudiments de l'art dramatique à un groupe d'adolescents, les aidant à monter des spectacles et leur fournissant des occasions de se produire en public. Dans ces circonstances, il prête une attention particulière à certains jeunes confrontés à des problèmes assez sérieux et qui se confient à lui. Il fait beaucoup de démarches pour leur venir en aide. Cette sollicitude à l'égard de la jeunesse se manifeste maintenant chez lui de façon constante.

Durant cette étape, un tel jeune homme a acquis une certaine objectivité en définissant son propre style de vie et, par le fait même, il ne s'oppose plus aux styles de vie différents adoptés soit par sa famille originelle, soit par sa belle-famille. Tout en se dégageant graduellement de l'image idéalisée de ce que devraient être ses parents, il les accepte tels qu'ils sont, n'espérant plus changer leurs personnalités. Il assume de plus en plus la responsabilité de sa propre vie. Depuis peu, à l'occasion d'un voyage dans un pays latino-américain, où il fut assez impressionné par les conditions de vie pénibles de la majeure partie de la population, il s'intéresse aux styles de vie liés à des contextes socioculturels différents du sien. Une telle expérience lui a ouvert des horizons et son attention n'est plus exclusivement confinée à son propre contexte socioculturel ; elle inclut désormais les difficultés économico-politiques et socioculturelles du tiers-monde.

Nouvelle synthèse à la fin de la troisième étape

Parvenu à la fin de la troisième étape de sa démarche thérapeutique, le client atteint un niveau supérieur d'équilibre, donnant lieu à une nouvelle synthèse caractérisée par des prises de conscience relatives à une représentation du Soi adaptatif, c'est-à-dire une représentation des changements à apporter dans ses propres façons d'agir en relation avec les changements perçus dans l'entourage. En ce nouveau défi à relever, la représentation de soi se différencie de mieux en mieux en interaction avec la représentation de l'entourage ; cette différenciation s'intensifie pour s'intégrer graduellement et se consolider dans une autonomie accrue puisque le client est davantage en mesure, en prenant lui-même les décisions appropriées, de faire face aux changements, prévus ou imprévus, occasionnés par l'entourage.

Ayant appris à se situer lui-même, grâce à une représentation de soi mieux intégrée en relation avec sa représentation de l'entourage, il maîtrise les situations ou les événements, sans subir les pressions indues exercées par ce même entourage, mais en vertu de décisions personnelles adéquates, alors que ces changements sont perçus comme des limites paralysant partiellement la poursuite de ses objectifs ou encore comme des contraintes inévitables, inattendues et qui font ainsi appel à son adaptabilité.

Dans cette démarche thérapeutique, les forces psychologiques du client ont donc atteint une forme supérieure d'équilibre assez stable pour assurer une représentation de soi suffisamment cohérente, même en face de changements provenant de la réalité phénoménologique, lesquels, à maintes reprises, exercent de fortes pressions extérieures. Il est alors capable d'intégrer réellement les changements suscités par la participation avec d'autres, de même que les expériences vécues dans cette dimension particulière qu'est la réalité sociale.

Considérations théoriques

Des considérations théoriques s'imposent ici pour mieux faire saisir ce qui nous fait reporter à la dernière étape toute cette dimension de la réalité sociale. Pour ce faire, nous ferons appel à plusieurs autres considérations déjà exposées dans les chapitres précédents.

Rappelons en tout premier lieu que le processus thérapeutique ne peut se poursuivre chez le client qu'avec l'apport exprès du « Je », noyau même de la conscience de soi et du vouloir, par la participation active et engagée de ce dernier dans un univers d'expériences privilégiées, susceptibles de favoriser des prises de conscience en actualisant ses forces psychologiques. C'est précisément le « Je » du client qui, de concert avec le thérapeute, peut procéder à une analyse des expériences significatives de sa propre existence pour parvenir à une représentation de soi cohérente, d'une part, différenciée d'une représentation de l'entourage et des autres et, d'autre part, intégrée et consolidée par ses composantes, les forces psychologiques, qui assurent une autonomie personnelle.

Afin de mieux dégager la séquence des diverses prises de conscience effectuées par le « Je », centre de la conscience de soi d'où émane, à la dernière étape du processus, la représentation de soi intégrée, donc bien différenciée de la représentation de l'autre, récapitulons brièvement les étapes franchies.

Récapitulation des applications cliniques

1. Dès le début du processus thérapeutique, le thérapeute cherche à établir avec son client, après avoir obtenu l'agrément de son « Moi », une alliance thérapeutique avec le « Je » conscient spécifique du client. Ceci lui rend possible l'analyse de ses expériences selon une séquence prévue. Il acquiert ainsi une représentation de soi plus qualitative et, de ce fait, une autonomie accrue.

L'alliance thérapeutique repose donc sur l'objectif convenu par les deux participants : aider le client à parvenir à une plus grande autonomie par une représentation de soi plus qualitative, grâce à la découverte de ses forces psychologiques.

Conséquemment le thérapeute, responsable d'orienter le processus thérapeutique, doit faire en sorte d'amener graduellement le client à décider de participer activement à des activités privilégiées, faisant appel à une participation globale de son corps et où il est le seul concerné. En relatant au thérapeute ses expériences telles qu'il les a vécues, le client peut davantage se représenter sa propre participation corporelle, à partir des indices corporels auxquels ledit thérapeute prête attention en les relevant par des questions pertinentes. De telles prises de conscience répétées chez le client lui permettent d'intégrer progressivement la représentation de son Soi corporel.

Mais, durant cette première étape, la prise en charge du thérapeute consiste tout autant à protéger son client contre la vulnérabilité dont il fait preuve, excédé souvent par des stimulations internes excessives, telles des impulsions, des désirs ou des impératifs catégoriques, ou par des stimulations externes, c'est-à-dire les attentes abusives de l'entourage ou par des responsabilités trop contraignantes pour l'énergie dont il dispose. Le thérapeute se doit ainsi de concentrer son attention sur la recherche active d'un équilibre entre les dépenses d'énergie de son client, en vue de l'aider à découvrir ses indices de fatigue et ses modalités de détente, à revoir la répartition de son horaire, afin d'y intercaler les moments de récupération et de détente nécessaires à son équilibre. La responsabilité du thérapeute consiste donc à favoriser à la fois la recherche d'un certain équilibre dans les dépenses d'énergie du client, tout en l'aidant à prendre conscience de son Soi corporel. Quand ce niveau d'équilibre est atteint, le client se sent bien dans sa peau et il se sent aussi compris par le thérapeute, puisqu'il constate que son aide lui fait découvrir une organisation de vie appropriée à ses besoins. Ainsi le « Je » du client, centre de conscience de soi, consolide cet équilibre, première synthèse au niveau de laquelle il se représente avoir acquis un bien-être corporel grâce à un mode de vie approprié, organisé et décidé par lui.

2. À la fin de cette première étape, le thérapeute introduit progressivement un nouveau défi : il concentre son attention sur la démarche productive du client. Il recueille ses expériences concrètes d'apprentissage en l'amenant à relater en détail la séquence d'actions vécues. Par des questions adéquates, il lui fait découvrir, dans son comportement, les points de repère susceptibles de l'aider à prendre ses décisions. On a là des indices par excellence de l'actualisation de ses forces psychologiques. Et la prise de conscience de ces indices favorise une représentation de son Soi productif, en lui faisant constater la concordance entre lesdits points de repères utilisés dans la représentation conceptuelle anticipée et ceux observés dans la représentation de la démarche productive, telle que vécue. Cette prise de conscience par son « Je », fruit de nombreuses expériences d'apprentissage intégrées, débouche dans une représentation de soi plus constante et plus cohérente. En une troisième étape, il pourra dès lors discerner les changements en cours dans son entourage et qui exercent sur lui des pressions extérieures ; n'étant pas aussi vulnérable qu'auparavant, son identité de soi n'est pas alors remise en cause. Il devient capable de percevoir ces changements et donc de décider des modifications à ses propres façons d'agir, faisant ainsi preuve d'adaptabilité.

La nouvelle synthèse acquise consolide son identité de soi, tant au niveau corporel que productif. Cette nouvelle forme d'équilibre, par la qualité de l'actualisation de ses forces psychologiques, lui apporte une certaine inviolabilité contre les stimulations excessives, tant intérieures qu'extérieures, et cela, grâce à une constance dans la représentation de soi et dans la représentation des autres, grâce aussi à une certaine stabilité dans des décisions personnelles plus appropriées. Ces décisions, en effet, tiennent compte des normes acceptées par le milieu et des changements nécessaires, dans son comportement, pour faciliter son intégration à son entourage.

3. Il peut alors affronter la réalité sociale selon un système d'actions cohérent et coordonné, quand cette troisième étape est suffisamment intégrée, c'est-à-dire quand le client peut accéder facilement à l'exercice de ses schèmes opératoires concrets dans une représentation du Soi adaptif ; en d'autres termes, quand le « Je » conscient peut décider lui-même de faire les transformations qui s'imposent, advenant des changements inattendus et frustrants provenant de l'entourage. Il est en mesure de décider librement de son mode de participation avec d'autres selon un maximum d'activation mutuelle et un minimum de manœuvres défensives.

La forme supérieure d'équilibre atteinte à la fin de la troisième étape est une garantie de la constance de la représentation de soi même à l'occasion de stimulations excessives provenant de pressions extérieures, car le « Je » du client, après échanges avec le thérapeute, est en mesure de décider lucidement des transformations qui s'imposent dans son mode de participation avec d'autres, et ce, en relevant des défis correspondant à sa dose d'énergie disponible.

Ainsi, à l'occasion de ses rencontres avec le thérapeute, alors que le client réfléchit avec lui sur les expériences vécues dans sa vie quotidienne, il perçoit lui-même et identifie les exigences imposées par la coopération et la collaboration dans des circonstances précises ; il conçoit les changements à apporter dans ses propres façons d'agir ou de s'exprimer, en vue de solliciter une participation plus engagée de la part de son entourage.

4. Pour que le cheminement du client puisse évoluer dans le sens d'une ouverture aux autres et d'une disponibilité autonome envers eux, il est important, pour le thérapeute, d'orienter cette démarche selon des défis gradués afin de ne pas susciter indûment des manœuvres défensives de la part du client. De telles manœuvres se manifestent de façon plus ou moins intense sous deux formes différentes : d'une part, des mécanismes de défense pour se protéger contre une vulnérabilité encore ressentie lors de stimulations perçues comme excessives, provenant de pressions extérieures assez fortes ou des interventions du thérapeute qui apparaîtraient comme des exigences surmoïques ou, d'autre part, la répétition de comportements rigidifiés pour se défendre contre le risque de subir une blessure narcissique intolérable.

À l'instar de ce que nous venons de voir à la troisième étape, la progression à suivre dans les défis à relever demande au thérapeute d'orienter l'intérêt du client vers la participation avec d'autres, vers la perception et la représentation des autres en tant que personnes et non plus limités à leurs comportements extérieurs, surpassant ainsi la représentation de leurs propres façons d'agir. À partir de ces constatations, le sujet décide personnellement de modifier son mode de participation à cause de l'estime qu'il porte à l'autre, et ce, pour s'ouvrir à cet autre en tant que personne. Un tel cheminement se fait dans des situations qui exigent une coopération avec une autre personne significative, dans ses loisirs d'abord, et ensuite, dans son milieu de travail. Dans la répartition des responsabilités, le client s'engage à choisir d'assumer des tâches, considérant à la fois ses propres aptitudes et l'intérêt de la personne, cet intérêt pour l'autre l'emportant sur le sien propre. Il peut même choisir de collaborer, en offrant gratuitement son aide, dans son milieu de travail, à des personnes choisies aux prises avec des échéances inévitables. De plus, à cause des idéaux d'action auxquels le client adhère, on peut solliciter sa coopération et sa collaboration à titre de membre d'un groupe de travail ou d'un groupe réuni par un projet commun. Mais le défi par excellence à relever est celui d'établir, avec une personne choisie, une relation interpersonnelle à base d'intimité psychique, fondée sur une découverte et une révélation réciproques, grâce à des échanges significatifs où les expériences vécues par l'un et l'autre sont vraiment partagées.

Quatrième étape

Toutefois, pour que la quatrième étape du processus thérapeutique puisse évoluer dans le sens d'une intégration plus qualitative, d'une représentation de soi en relation avec la représentation de l'autre — ce que l'on désigne sous le concept du Soi social, l'individu doit avoir accès, d'une façon relativement constante, à une « pensée autonome » (Noy, 1979). C'est la pensée qui se détache des réalisations concrètes pour utiliser, selon les termes de Piaget (1975), les « schèmes opératoires formels ». De tels schèmes cognitifs ouvrent à la personne une grande possibilité de généralisations. En d'autres termes, ces schèmes rendent l'individu capable de se représenter tout un éventail de possibilités, parmi lesquelles il devra procéder à des choix engageant de façon irréversible et impliquant, par le fait même, des renoncements correspondants.

Apport de la pensée autonome

Pour lui permettre de faire des choix plus lucides, la pensée autonome donne accès à la pensée hypothético-déductive, qui habilite l'individu à construire un système de relations fort complexes offrant des solutions avec des combinaisons multiples de variables. Il devient ainsi capable de penser en termes de probabilités, envisageant des solutions potentielles qui lui permettront, par le fait même, d'intégrer à la fois des éléments de l'histoire passée, des événements présents et des aspirations futures. De cette façon, l'individu devient capable d'évoquer, en temps voulu, toute l'échelle des possibilités existantes alors, sans avoir besoin de recourir à des vérifications concrètes. La pensée autonome est un système de relations conçu comme une « totalité qui s'autorégularise », faisant ainsi preuve d'une autonomie plus grande, puisqu'elle ne se trouve pas contrainte par des schèmes limités à des réalisations concrètes.

Pour promouvoir l'évolution du processus thérapeutique durant la quatrième étape, le thérapeute incite le client à recourir à cette pensée autonome. Plutôt que de se limiter à des réalisations concrètes, il amène ce dernier à réfléchir sur les expériences vécues pour en abstraire une connaissance réciproque dans ce qu'ils sont l'un et l'autre, dans leurs attributs, tels leurs forces psychologiques et leurs aptitudes, plutôt que dans ce qu'ils font.

Au cours de cette phase, l'individu s'attache de plus en plus à utiliser les schèmes formels, par voie d'abstractions réfléchissantes, dans la représentation qu'il se fait de soi en relation à la représentation qu'il se fait de l'autre, accédant graduellement au plus haut niveau d'équilibre, garant d'une autonomie et d'une liberté intérieures. Il assume aussi les responsabilités auxquelles il s'est engagé et il respecte les idéaux d'action et les principes qui orientent sa conduite et donnent un sens à sa vie.

Ces schèmes formels, caractérisant la pensée autonome, facilitent les fonctions d'intégration des forces psychologiques en une synthèse de niveau supérieur. Ils contribuent aussi à donner un sens de permanence, tant aux sentiments rattachés à des représentations internes et plus particulièrement à la représentation de soi qu'aux sentiments attribués à la représentation de personnes significatives choisies. Ainsi l'individu est en mesure de faire preuve de fidélité dans l'engagement envers une personne librement choisie, puisqu'il peut s'auto-observer en réfléchissant sur ses propres actions et sur ses propres pensées. En outre, il est capable d'adhérer à des principes de son choix, au nom desquels il s'engage à fond, principes faisant appel à la logique universelle et à la constance, cités précédemment et reconnus comme le plus haut niveau de la conscience morale selon Kohlberg (1966, p. 7).

Objectif convenu à l'étape terminale

En abordant l'étape terminale du processus thérapeutique, l'objectif clairement convenu entre le thérapeute et le client est que ce dernier puisse parvenir à atteindre une autonomie personnelle, au point où il est en mesure, par un discernement judicieux, de faire des choix irréversibles, même dans son mode de participation avec les autres et, en l'occurrence, avec le thérapeute. Ses choix se traduisent par des décisions libres, responsables et appropriées à son contexte de vie amenant à des engagements profonds, conformes au sens qu'il a choisi de donner à sa vie. Ce sens repose sur des idéaux d'actions auxquels il adhère et qu'il intériorise à titre de principes orientant toute sa conduite.

Un tel cheminement suppose une intégration des forces psychologiques en une nouvelle synthèse qui traduit une forme supérieure d'équilibration, résultante d'une représentation de soi cohérente assez consolidée et qualitativement différenciée de la représentation de l'entourage et de l'autre. En d'autres termes, cette forme supérieure d'équilibration assure la permanence et la stabilité du processus d'intégration des expériences vécues par le client, et cela, tout au cours de sa vie. En effet, l'autonomie personnelle n'est jamais acquise de façon permanente, mais elle est la résultante du processus d'équilibration qui, à l'aide de la pensée autonome, permet à l'individu de poursuivre le sens qu'il a donné à sa vie en adhérant à son idéal.

Par ailleurs, cette forme supérieure d'équilibration, qui constitue le « Je » du client, le rend capable de discerner dans son propre comportement les premiers indices de manœuvres défensives. Ces manœuvres peuvent paralyser son processus d'intégration des expériences vécues et ce, tout particulièrement dans son mode de participation avec d'autres, surtout les personnes avec lesquelles il construit une intimité psychique. Ayant appris à déceler ses propres manœuvres défensives, il peut alors se protéger contre elles pour maintenir un équilibre plus harmonieux en décidant d'utiliser de tels points de repère comme un signal d'alerte. Ce signal lui indique la nécessité de s'engager plus activement dans une répartition plus adéquate de ses dépenses d'énergie, en intercalant dans son horaire des moments de détente et de récupération et des démarches productives concrètes, selon ses intérêts.

C'est en prenant de telles décisions, bien adaptées à ses besoins, qu'il se rend disponible pour répondre avec fidélité aux engagements contractés exigeant un certain dépassement de lui-même. Une telle capacité garantit à la fois une ouverture authentique aux personnes significatives et l'adhésion à un code d'éthique exprimé par la règle d'or : « Fais aux autres ce que tu désires que les autres fassent pour toi ».

Responsabilité accrue du client

Dans la dernière étape de ce cheminement thérapeutique, l'entente, formulée ou tacite, convenue entre le thérapeute et le client, engage ce dernier à assumer une responsabilité accrue dans sa propre démarche. Graduellement, il utilise ses rencontres avec le thérapeute comme un moment privilégié pour réfléchir, à l'aide de sa pensée autonome et à partir des forces actualisées et intégrées qu'il se reconnaît, au sens qu'il choisit de plus en plus délibérément de donner à sa vie. Il fait preuve d'une cohérence de plus en plus grande dans les engagements privilégiés et les responsabilités assumées, selon le code d'éthique qu'il a intégré. Il parvient ainsi à une représentation de soi relativement consolidée, non seulement à l'occasion de ses interactions avec l'entourage et les autres, mais surtout dans ce débat avec lui-même, lequel ne se fait pas uniquement en présence du thérapeute, mais quand il décide lui-même de poursuivre un dialogue intérieur. Dorénavant, il est en mesure de continuer seul ce processus d'intégration de ses propres expériences et de refaire lui-même de nouvelles synthèses au fur et à mesure des étapes subséquentes de sa vie.

Actualisation des forces psychologiques à la quatrième étape

Considérons maintenant l'évolution des forces psychologiques qui, durant cette quatrième étape, à l'aide des schèmes opératoires formels, développent une pensée autonome et deviennent les composantes de la forme supérieure d'équilibration. Ce niveau d'équilibration assure dorénavant à l'individu la capacité de refaire des synthèses nouvelles, à partir de l'intégration continue des expériences vécues durant les phases ultérieures de sa vie.

Mais, parce que la pensée autonome, avec ses caractéristiques propres déjà énoncées, est le spécifique de l'actualisation des forces psychologiques à cette étape terminale, nous procéderons différemment pour décrire le cheminement thérapeutique du client. Nous ne ferons qu'énoncer les généralisations résultant de l'actualisation de chacune de ces forces. Puis, nous constaterons que de telles généralisations contribuent à consolider une représentation de soi cohérente et qualitative, donnant lieu à une stabilité temporelle acquise par des décisions autonomes et par une coloration affective positive provenant d'une estime de soi intégrée.

À cette étape finale, une nouvelle configuration rend le client capable de perspective dans le temps, c'est-à-dire capable, non seulement de différencier le présent du passé, mais aussi d'entrevoir l'avenir avec toutes ses possibilités, telles qu'il les découvre aujourd'hui. Ainsi il peut se situer vis-à-vis de son propre passé perçu dans sa vérité historique, c'est-à-dire reconstituer ses expériences passées dans les conditions qui prévalaient à cette époque, mais qui ont changé depuis. Il peut anticiper l'avenir et tout ce que cet avenir est susceptible de recéler en fonction de ce que lui découvre le présent.

En guise d'illustration, nous continuons de décrire le cheminement de ce jeune professionnel à la quatrième étape. Dans sa représentation de soi projetée dans l'avenir, ce client, ayant découvert ses aptitudes dans un domaine, par exemple celui de la communication, entrevoit avec confiance les initiatives à prendre, les projets à élaborer, les responsabilités à assumer et les rôles ou les postes qui lui sont accessibles. Il lui est maintenant possible de prévoir avec précision, dans ses projets à court et à long terme, le délai exigé pour atteindre son objectif et accepter la dimension « temps ».

Il devient ainsi capable d'une projection réaliste dans le futur, en continuité avec sa vie actuelle. À cette quatrième étape, un contraste frappant se révèle puisque les tendances à la grandiosité, entretenues par ses fantasmes archaïques du Moi idéalisé qui paralysaient sa démarche vers l'autonomie, au début de son cheminement thérapeutique, sont à peu près disparues.

Il a foi et confiance en son avenir (espérance), puisqu'il est capable de continuité dans ses engagements en organisant son temps selon le sens qu'il a choisi de donner à sa vie. Par ailleurs, il manifeste sa force de vouloir dans une affirmation de soi qui se traduit par un engagement plus approfondi en tout ce qu'il entreprend, dans sa vie tant professionnelle que personnelle, à partir des choix que lui inspire son échelle de valeurs. Ainsi, il assume des responsabilités de service et renonce à des avantages pécuniaires personnels en conflit avec cette option.

Dans le domaine des loisirs, par exemple, il renonce à jouer un rôle assez important dans une production théâtrale pour consacrer son temps à la jeune génération. Il choisit d'enseigner à des jeunes les rudiments de l'art dramatique en assumant la direction de leur troupe, leur fournissant ainsi l'occasion de monter leur spectacle.

Dans son travail professionnel, par un discernement plus judicieux, il attache une plus grande importance aux personnes. Il est soucieux d'offrir, au cadre supérieur qui l'a initié au travail professionnel, une collaboration réelle dans les difficultés que ce dernier éprouve face à des échéances nombreuses et difficiles à rencontrer.

Il porte une attention plus vigilante au personnel de soutien, aidant chacun, dans le travail, à discerner entre l'essentiel et l'accessoire en vue d'établir des priorités.

De plus, devant les choix à faire entre des offres alléchantes de promotion professionnelle, sources de gains pécuniaires importants mais accaparant beaucoup de ses énergies, et le temps à investir dans son engagement envers sa femme et dans ses projets communautaires, il a mûrement réfléchi et opte pour le dévouement au service des autres, renonçant avec lucidité aux avantages personnels entrevus. De telles prises de décision concourent à préciser le sens qu'il choisit de donner à sa vie. Il a donc su répartir ses énergies selon les priorités découlant de ses idéaux d'action. Il a fait preuve d'initiative pour s'impliquer dans quelques projets communautaires visant à aider les défavorisés, par exemple, les immigrants et les handicapés physiques. Il a assumé un rôle très actif dans ces organisations, surtout en suggérant des moyens tout à fait appropriés à la poursuite des buts fixés.

Parce qu'il a identifié ses aptitudes personnelles durant ses rencontres avec le thérapeute, parce que ses généralisations découlent d'une réflexion partagée sur ses nombreuses réalisations, le client intègre un sens de compétence dans la représentation de soi. À partir de ses habiletés techniques, découvertes au cours d'activités concrètes où il observe et ressent son efficacité dans les tâches et les fonctions assumées, il intègre une représentation de son Soi productif. Ainsi, peut-il discerner judicieusement entre, d'une part, les exigences objectives d'une fonction ou d'un poste à remplir, sur lequel il aura obtenu tous les renseignements nécessaires quant à la tâche et aux responsabilités qui en découlent et, d'autre part, les aptitudes personnelles qu'il se reconnaît et les énergies qu'il devra y consacrer. Il est donc capable de faire un ajustement réaliste entre ces deux représentations grâce au sens de la compétence qu'il se reconnaît, fruit d'une intégration graduelle et qualitative des expériences vécues et qui entraîne une acceptation réaliste des limites personnelles.

Face à une erreur ou à un échec, il a la capacité d'évaluer objectivement le caractère plus ou moins adéquat des moyens utilisés pour parvenir au but recherché, en tenant compte de ses aptitudes et de ses limites, sans remettre en cause son identité de soi. Il révise plutôt sa méthode de travail, y détecte l'erreur commise pour en faire une expérience d'apprentissage, en précisant l'inadaptation de ses façons de procéder ou en identifiant les exigences irréalistes de l'objectif.

Par conséquent, il affirme et reconnaît son style personnel à l'intérieur de sa démarche productive, tout en faisant preuve d'initiative et d'adaptabilité, selon les conditions de travail du milieu où il exerce ses responsabilités.

Dans sa représentation de soi, il s'identifie comme un travailleur responsable, capable d'assumer les responsabilités professionnelles reliées à sa profession et il remplit son rôle social avec un sens de compétence.

À cette étape terminale de la démarche thérapeutique, le niveau d'actualisation de la force de fidélité revêt une importance capitale, puisqu'elle constitue non seulement la pierre angulaire de l'identité de soi, mais elle assure tout à la fois la cohérence d'une représentation de soi intégrée et clairement différenciée de la représentation de l'entourage et des autres. Cette cohérence intérieure se traduit par une adhésion à des principes de son choix, au nom desquels il oriente sa conduite, principes faisant appel à une compréhension logique et à une application de plus en plus universelle et constante, grâce à la pensée autonome qui sous-tend ses engagements et l'amène à réfléchir sur ses propres actions et ses propres pensées.

Ainsi, la loyauté avec laquelle le client respecte de tels engagements parce qu'il est inspiré par un code d'éthique basé sur le respect de la personne humaine, l'égalité des droits, la justice et la réciprocité, se traduit dans ses façons d'assumer les diverses responsabilités qui lui incombent. Cette loyauté se traduit aussi dans sa vie personnelle où il démontre, par son altruisme et son dévouement, une authenticité dans ses façons d'agir avec sa femme et avec ses amis. Dans sa vie professionnelle, il fait preuve d'honnêteté dans les responsabilités assumées et d'un sens du devoir qui ne se dément pas. Dans sa participation à la vie communautaire, en assumant avec constance un bénévolat au service des plus démunis, il démontre une cohérence de plus en plus consistante dans ses décisions. Une telle cohérence traduit une représentation de soi mieux intégrée.

Au fur et à mesure que s'actualise en lui sa force de fidélité ; développant ainsi un sens éthique plus accentué, le client devient capable de se lier davantage à des engagements personnels, là où il a choisi d'établir une mutualité de plus en plus qualitative avec des personnes significatives. Ces engagements se font même au prix de renoncements personnels, car son dévouement et son attention, dans ses relations avec les autres, sont plus soutenus.

Mais c'est particulièrement avec sa femme que son engagement s'approfondit, alors que se construit une intimité psychique réciproque ; il devient capable de s'abandonner à elle avec confiance dans des échanges de plus en plus enrichissants, où chacun des partenaires se révèle à l'autre dans une identité partagée comme membre du couple, tout en appréciant leur unicité respective et en reconnaissant leur identité individuelle. C'est ainsi que dans ce mode de vie partagée, il cherche à sauvegarder leur intimité psychique en réaménageant son temps de loisir pour consacrer à son épouse des moments privilégiés. Il apprend à la connaître davantage et il l'aide à découvrir sa propre identité professionnelle en encourageant ses démarches productives dans ce domaine.

Il continue aussi d'approfondir une relation d'amitié avec un collègue de collège, connu il y a une dizaine d'années, avec lequel il partage des intérêts communs et surtout une échelle de valeurs basée sur un même sens donné à la vie.

De plus, il poursuit une relation privilégiée avec le cadre supérieur qui l'a initié à son travail professionnel, à tel point qu'ils vivent des expériences d'inspiration mutuelle où tous deux s'actualisent vraiment l'un l'autre, tant au niveau de leur productivité que dans des échanges interpersonnels fructueux.

En outre, ses engagements authentiques envers les autres s'accompagnent d'une vie intérieure intensifiée qui le renvoie à ce qu'il y a de plus intime en lui. Il jouit progressivement d'une liberté intérieure qui se révèle par une créativité artistique, dans le domaine des arts plastiques et de la rédaction littéraire.

Mais cette capacité d'amour, révélée par la qualité de ses engagements interpersonnels, l'oriente de plus en plus vers l'avenir et il éprouve le besoin de prendre soin de la génération qui suit. Il souhaite ardemment vivre sa paternité dans sa propre descendance. Entre-temps, il consacre des énergies à aider les jeunes, soit dans des organismes bénévoles qui cherchent à améliorer les conditions de vie des jeunes défavorisés, soit dans des projets culturels où il transmet à la génération montante, par ses aptitudes particulières, les richesses d'un patrimoine commun. Cette sollicitude le porte également à enseigner bénévolement l'art dramatique à ce même groupe d'âge.

Dans cette phase terminale, le client devient graduellement capable d'une lecture de sa propre expérience pour en dégager un sens plus universel. Il démontre une certaine maturité d'esprit et de discernement par une intégration plus qualitative de ses propres expériences. Il semble accorder aux événements, aux personnes et aux choses une importance correspondant au sens qu'il cherche à donner à sa vie.

Il devient capable d'une certaine objectivité quant à son propre style de vie, dont il est prêt à défendre la dignité, mais il fait preuve de plus d'ouverture à des styles de vie différents, choisis par d'autres, ou issus de contextes socioculturels différents. Ces rudiments de sagesse ont tendance à se développer, grâce à une intériorité croissante reposant sur une représentation de soi cohérente et qualitative.

Ainsi l'acquisition d'une nouvelle configuration des forces psychologiques à cette phase terminale du processus thérapeutique constitue-t-elle une forme supérieure d'équilibrations où la représentation de soi, incluant les quatre éléments constitutifs : les Soi corporel, productif, adaptatif et social, est suffisamment assumée pour donner lieu à de nouvelles synthèses, selon les diverses phases de sa vie adulte, grâce à une intégration continuelle des expériences vécues de façon significative.

◆ 15 ◆

Comparaison de notre mode d'approche thérapeutique avec quinze autres systèmes de psychothérapie

Tel que nous l'avons exposé, notre cadre de référence théorique sous-tend un processus d'organisation psychique chez l'individu, de la naissance jusqu'à la fin de sa vie, et laisse présager une conceptualisation quelque peu particulière si l'on songe au processus thérapeutique qui en découle et aux modalités d'intervention.

À l'heure actuelle, l'effervescence règne dans le champ de la psychothérapie où de nouvelles théories et de nouveaux procédés émergent continuellement. Devant ce fait, il semble intéressant de situer notre propre conceptualisation et notre mode d'approche thérapeutique, de mettre en parallèle notre approche et celles d'une quinzaine d'écoles de pensée d'où ont surgi divers systèmes de psychothérapie.

Notre intention est de présenter un exposé succinct sur chacune de ces écoles en soulignant, chemin faisant, les ressemblances et les différences lorsque notre façon de voir est mise en parallèle. Il nous semble qu'il sera plus facile, en procédant ainsi, de mettre en évidence ce qui caractérise notre système de psychothérapie et d'intervention clinique.

Nous inspirant largement du volume de Corsini (1973) *Current Psychotherapies*, nous adoptons son propre schéma de présentation des systèmes de psychothérapie: 1) une définition élaborée par un auteur reconnu adepte de l'école de pensée présentée; 2) les concepts de base les plus importants; 3) la théorie sous-jacente de la personnalité; 4) la conceptualisation du système thérapeutique; 5) le processus thérapeutique lui-même. Les commentaires porteront sur les différences et les ressemblances avec notre système. Nous y ajouterons, en empruntant ce même schéma, trois autres systèmes de psychothérapie connus et appliqués dans notre entourage.

L'exposé sur chacune des écoles sera plus ou moins détaillé selon l'importance que nous accordons à l'école en cause, importance toute relative puisqu'elle dépend de l'utilisation plus ou moins répandue qui en est faite dans notre propre milieu socioculturel.

1 - La psychanalyse freudienne

La psychanalyse est un système de psychologie dérivé des découvertes de Freud, qui insiste plus particulièrement sur le rôle de l'inconscient et des forces dynamiques dans le fonctionnement psychique. Elle a débuté comme méthode de traitement des désordres psycho-névrotiques et elle sert maintenant de base à une théorie générale de la psychologie.

La psychanalyse définit le fonctionnement psychique en termes de forces conflictuelles, les unes conscientes et les autres, considérées comme les plus importantes, inconscientes. Elle insiste sur l'importance de ces dernières dans la vie psychique.

Un autre concept fondamental de la théorie psychanalytique repose sur le fait que l'organisme humain fonctionne à partir du principe du plaisir et du déplaisir, durant les premières années de la vie surtout, mais que l'on retrouve aussi ce principe tout au long de l'existence. Ces premières expériences de plaisir et de souffrance, ou de gratification et de frustration, jouent un rôle primordial dans l'organisation psychique de l'individu, à cause même de la période prolongée de dépendance de l'être humain par rapport à son entourage. Selon les soins reçus et la sollicitude de ses pourvoyeurs, l'enfant porte à ces derniers un attachement plus ou moins durable, ce qui joue un rôle capital dans sa vie future.

La théorie psychanalytique de la personnalité repose sur un certain nombre de principes fondamentaux. Le premier et le plus important est celui du déterminisme psychique. La psychanalyse postule que les pensées, les sentiments et les impulsions qui parviennent à la conscience sont des événements « dans une chaîne de phénomènes reliés de façon causale » (Arlow, 1979, p. 11). Ils résultent d'expériences antérieures dans la vie de l'individu. Avec des méthodes appropriées d'exploration, les liens entre l'expérience psychique actuelle et les événements passés peuvent être établis, ces divers liens étant pour la plupart inconscients.

Le point de vue dynamique souligne plus particulièrement l'interaction des forces qui stimulent l'individu à travailler, à agir, à changer selon ses impulsions libidinales et agressives, impulsions qui font partie de son équipement biologique humain, et qui, pour répondre aux besoins manifestés par son état de tension, recherchent une gratification dans une expérience de détente. D'après ce point de vue, les forces impliquées sont exclusivement des forces inconscientes provenant des pulsions et résultant dès lors d'une source de conflits psychiques (Arlow, 1979, p. 11).

Le point de vue génétique joue aussi un rôle très important dans cette théorie de la personnalité. Il consiste surtout à retracer les origines des conflits ultérieurs des traits de caractère, des symptômes névrotiques et de la structure psychologique en les reliant à des événements cruciaux et des désirs remontant à l'enfance ainsi qu'aux fantasmes qu'ils ont engendrés. La séquence des phases de développement de la libido, reliée à des zones spécifiques du corps, notamment orale, anale et phallique, constitue le noyau central de la théorie de la personnalité. Dans le développement de la libido, trois caractéristiques doivent être soulignées qui se retrouvent dans les concepts d'autoérotisme, de fixation et de régression.

Ainsi l'autoérotisme, qu'on peut définir comme la gratification provenant de la stimulation de zones érogènes du corps par l'individu lui-même, peut se développer lorsque la satisfaction de ce besoin instinctuel ne trouve pas sa source dans les pourvoyeurs de soins habituels (mère, père ou substituts). La fixation se produit lorsqu'un attachement particulièrement fort et persistant de gratification libidinale durant une des phases de développement se reporte sur un objet particulier et cet investissement libidinal demeure et n'est que partiellement remplacé par la gratification libidinale subséquente, rattachée à la phase suivante. Une troisième caractéristique, la régression, est une réactivation ou un retour en arrière à un mode antérieur de gratification libidinale.

Dans ces phases de développement de la libido, mentionnons brièvement les situations les plus susceptibles d'engendrer des déplaisirs. Selon Arlow (1979, p. 14), durant la phase orale, c'est le danger de la perte de l'objet source de satisfaction; dans la phase anale, la peur de perdre l'amour de la mère et, dans la phase phallique, la peur de représailles et de punition à cause des désirs sexuels et agressifs défendus. Ces situations de danger sont sources de conflit provoquant l'anxiété chez l'individu, anxiété qui devient un signal d'alerte au Moi et qui met en branle des mécanismes de défense pour éliminer ou minimiser le danger et protéger ainsi l'équilibre psychologique.

Le point de vue structural, celui élaboré en dernière instance par Freud dans sa deuxième théorie de l'appareil psychique, est constitué de trois instances psychiques, le Ça, le Moi et le Surmoi.

Pour élaborer ces trois concepts, nous recourrons aux définitions de Laplanche et Pontalis (1967). « Le Çà constitue le pôle pulsionnel de la personnalité; ses contenus, expression psychique des pulsions, sont inconscients, pour une part héréditaires et innés, pour l'autre, refoulés et acquis » (p. 56).

Dans la théorie psychanalytique, le développement de la libido et de l'agression constitue ce qu'il est convenu d'appeler le Çà. « Du point de vue économique, le Çà est pour Freud le réservoir premier de l'énergie psychique; du point de vue dynamique, il entre en conflit avec le Moi et le Surmoi qui, du point de vue génétique, en sont des différenciations » (p. 56).

Le Moi, conçu comme instance psychique selon Freud, est « dans une relation de dépendance tant à l'endroit des revendications du Çà que des impératifs du Surmoi et des exigences de la réalité. Bien qu'il se pose en médiateur, chargé des intérêts de la totalité de la personne, son autonomie n'est que toute relative » (p. 241).

« La théorie psychanalytique cherche à rendre compte de la genèse du Moi dans deux registres relativement hétérogènes, soit en y voyant un appareil adaptatif différencié à partir du Çà au contact de la réalité extérieure, soit en le définissant comme le produit d'identification aboutissant à la formation au sein de la personne, d'un objet d'amour investi par le Çà » (p. 241).

« Du point de vue dynamique, le Moi représente éminemment, dans le conflit névrotique, le pôle défensif de la personnalité; il met en jeu une série de mécanismes de défense, ceux-ci étant motivés par la perception d'un affect déplaisant (signal d'angoisse) » (p. 241).

Quant à l'instance du Surmoi, « son rôle est assimilable à celui d'un juge ou d'un censeur à l'égard du Moi. Freud voit dans la conscience morale, l'auto-observation, la formation d'idéaux, des fonctions du Surmoi. Classiquement, le Surmoi est défini comme l'héritier du complexe d'Œdipe; il se constitue par intériorisation des exigences et des interdits parentaux » (p. 471).

Dans le processus thérapeutique de la psychanalyse, la règle fondamentale qui structure la situation analytique est la « libre association » (p. 228), là où le thérapeute demande au client de rapporter tout ce qui lui vient à l'esprit sans choisir ni critiquer le contenu. Le but principal poursuivi est de rendre conscient l'inconscient au moyen de l'interprétation, c'est-à-dire la technique par laquelle est dégagé le sens latent dans le dire et les conduites du sujet.

L'analyse du transfert, c'est-à-dire de l'attitude, très chargée émotivement, qui se reporte sur l'analyste, et qui représente une répétition des désirs fantasmatiques de l'individu en bas âge en regard de ses figures parentales, s'avère le plus puissant des instruments thérapeutiques. Mais cette analyse doit être précédée par celle des mécanismes de défense du Moi et des tendances à l'autopunition pour élucider la nature même du danger inconscient et de la qualité de l'anxiété qui accompagne ce danger.

La psychanalyse est spécifiquement développée à partir du traitement des psychonévroses, c'est-à-dire basée sur le conflit intrapsychique entre les trois instances psychiques déjà définies.

Dans le processus thérapeutique, la situation psychanalytique est organisée selon des conditions bien déterminées à l'avance pour favoriser surtout l'émergence de pensées et d'associations provenant des stimuli internes à partir des pulsions, telles qu'organisées dans les fantasmes inconscients, plutôt que de réponses à des stimuli externes quels qu'ils soient. Le but poursuivi est d'aider le patient à résoudre le conflit intrapsychique en comprenant ses conflits et à y faire face avec maturité en tenant compte de la réalité objective.

Ce processus thérapeutique se déroule généralement selon les quatre phases suivantes: la phase d'ouverture, le développement du transfert, l'élaboration psychique (*working through*) et la résolution du transfert. La phase d'ouverture consiste à identifier la nature des difficultés ressenties par le patient et à décider si la psychanalyse s'impose, en déterminant les responsabilités respectives des deux participants. Les deux autres phases, le développement du transfert et l'élaboration psychique, constituent la partie la plus importante du processus thérapeutique et ces deux phases se recouvrent souvent l'une l'autre. Le transfert, qui illustre bien comment le passé oublié demeure dynamiquement actif dans le présent, est analysé, ce qui constitue la pierre angulaire du processus thérapeutique. L'élaboration psychique qui se poursuit au cours de l'analyse du transfert aide à surmonter l'amnésie recouvrant les expériences cruciales de l'enfance et le rapport de ces expériences éclaire la nature du transfert. Ces interactions réciproques entre le rappel de ces expériences infantiles et la compréhension du transfert aident le patient à comprendre ses conflits et à consolider sa conviction dans la reconstruction interprétative au cours du traitement. Durant la phase terminale, la résolution du transfert s'accomplit et l'émergence de souvenirs refoulés confirme les reconstructions et les interprétations formulées durant ce processus thérapeutique.

Commentaires

La psychanalyse, dans sa version originale ou orthodoxe, accorde à l'inconscient un rôle prépondérant au point où tout le dynamisme du fonctionnement psychique provient presque exclusivement de celui-ci. Cette insistance sur la part jouée quasi exclusivement par les forces émanant de l'inconscient est sous-tendue par le postulat d'un déterminisme psychique total dans le comportement humain, postulat que nous récusons ailleurs dans ce volume.

Bien que nous admettions l'importance du dynamisme provenant de l'inconscient, nous accordons une égale importance aux forces vitales du Moi autonome qui constituent les fonctions synthétiques et intégratives dans le processus d'organisation psychique.

Dans la conceptualisation de la psychanalyse selon Freud, la métapsychologie a joué un rôle important en élaborant les points de vue dynamique, topique et économique, génétique et structural. Cet aspect de la théorie est remis en question par plusieurs psychanalystes qui s'intéressent à l'avancement de la théorie puisqu'une telle conceptualisation semble négliger l'aspect fonctionnel souligné dans notre processus d'organisation psychique.

De même, le point de vue structural, tel qu'élaboré par Freud dans ce qu'il désigne comme « l'appareil psychique » (et constitué des trois instances: Ça, Moi et Surmoi), est une conceptualisation qui entraîne maintes implications mais, à notre avis, elle ne laisse pas place à des concepts qui rendent compte de l'intégration de la personnalité. Par conséquent, nous attribuons une place prépondérante aux fonctions intégratives et synthétiques qui constituent le noyau même du processus d'organisation psychique garant d'une forme supérieure d'équilibration, assurant ainsi l'unité et l'autonomie de la personne.

Pour qu'une théorie générale de la personnalité humaine puisse être élaborée, il nous semble essentiel d'accorder une importance égale tant à l'aspect conscient qu'à l'inconscient, importance que nous avons voulu respecter dans notre modèle théorique à la base du processus d'organisation psychique. Bien que, dans notre modèle théorique, nous reconnaissions aussi l'importance des premières années de l'enfance, nous ne nous rallions pas entièrement à la psychanalyse à cause de la place prépondérante et quasi exclusive accordée au conflit intrapsychique qui caractérise les psychonévroses, sans pour cela pouvoir expliquer ainsi les arrêts partiels de développement et les désordres des personnalités narcissiques.

De même, le processus thérapeutique propre à la psychanalyse se concentre presque exclusivement sur la reconstruction de l'intrapsychique, c'est-à-dire qu'il est axé sur la réminiscence des souvenirs refoulés, tandis que nous orientons notre travail thérapeutique sur l'intégration des expériences vécues actuellement tout en tenant compte des déficits paralysants, issus des expériences passées.

Dans notre approche thérapeutique, le thérapeute doit aussi déceler les manifestations de transfert et les résistances qui en découlent ainsi que les répétitions compulsives des scénarios passés tout en sachant doser les défis envisagés par le client, afin que ce dernier puisse actualiser ses forces psychologiques, malgré ses déficits paralysants, et favoriser ainsi les fonctions intégratives de son Moi autonome.

Notre processus thérapeutique, qui consiste à aider le client à intégrer ses expériences vécues présentement, n'engendre pas la régression telle que favorisée par la psychanalyse. Pour permettre l'*insight* et l'élaboration psychique à partir de la compréhension des conflits, la psychanalyse s'intéresse tout particulièrement à des modes d'expression et de comportement d'un niveau inférieur.

Au contraire, nous favorisons le processus d'organisation psychique en actualisant les forces psychologiques, selon une séquence respectant les divers niveaux. Cela entraîne chez le client la cohésion structurale, la stabilité temporelle dans son comportement et alimente une coloration affective à base d'estime de soi. Ainsi, le processus facilite une représentation de soi de plus en plus qualitative, intégrée et différenciée de la représentation de l'entourage et des autres.

2 - La psychothérapie adlérienne

La psychothérapie adlérienne, selon Mosak et Dreikurs (1979), consiste à encourager l'individu à activer son intérêt social et à développer un nouveau style de vie à travers la relation et l'analyse. Utilisant des méthodes actives, Adler postule que le style de vie de l'homme peut conduire à une autodéfaite à cause de sentiments d'infériorité.

Les postulats de base adlériens diffèrent sensiblement de ceux de la psychanalyse freudienne, bien qu'Adler se dise redevable à Freud du développement de la psychologie dynamique et de l'influence des expériences infantiles. Pour Adler, l'inconscient est le non-compris. Il attache de l'importance surtout aux perceptions de l'enfant en rapport avec sa constellation familiale et au combat qu'il livre pour se tailler une place d'importance à l'intérieur de sa famille.

L'homme, considéré comme une unité indivisible, est né dans un entourage où il doit s'engager dans des relations réciproques. Il développe ainsi un « intérêt social », transcendant ses transactions interpersonnelles, et il se sent faire partie d'une totalité sociale plus grande à laquelle il veut contribuer.

Quand, au cours de sa vie, l'homme fait une démarche qui le confronte à des choix d'objectifs à poursuivre, il peut opter pour des buts à retombées sociales et s'orienter vers une tâche ou, au contraire, il peut s'attarder à des aspects futiles de la vie et se préoccuper plutôt de sa propre supériorité tout en protégeant son estime de soi.

Le conflit, selon Adler, existe quand l'homme, ne consentant pas à s'engager dans une démarche qui pourrait résoudre ses difficultés, se crée des sentiments, des idées et des valeurs antagonistes et devient incapable d'avancer.

Pour comprendre un tel individu, il faut s'attarder à son organisation cognitive et à son style de vie. Ce style de vie le réfère à des convictions développées en bas âge pour l'aider à organiser l'expérience, la comprendre, la prédire et même la contrôler. Les convictions sont donc des conclusions dérivées des aperceptions individuelles et elles constituent un mode biaisé d'aperception.

Le style de vie peut se traduire comme les « lunettes » avec lesquelles la personne se voit en relation avec sa propre façon de percevoir la vie. Ainsi la vie lui offre des défis, sous la forme de trois tâches spécifiques: son rôle dans la société, c'est-à-dire sa contribution à la vie commune, son travail et son rôle sexuel, selon les définitions et les stéréotypes culturels afin d'établir une relation avec l'autre sexe.

L'enfant se développe dans l'entourage social qu'est sa constellation familiale et il apprend là à le maîtriser. Ce faisant, il découvre ses forces, ses capacités, ses déficiences et sa place dans ce milieu. Il doit apprendre en observant et en explorant par essai et par erreur, ce qui est approuvé ou désapprouvé et ce qui le fera apprécier par le milieu.

La position psychologique de l'enfant dans la constellation familiale est de toute première importance. Ainsi chaque enfant doit se tailler son propre « territoire », incluant les attributs et les capacités qui lui procureront un sentiment de valeur. Si par les évaluations de son propre pouvoir (capacité, courage et confiance), l'enfant est convaincu qu'il peut se tailler une place par des entreprises utiles, il s'orientera vers le côté utile de la vie. Si, au contraire, il ne croit pas pouvoir trouver sa place de cette façon, il se découragera et cherchera à l'obtenir par des comportements perturbés.

Ainsi, par des aspirations et des buts à long terme, l'enfant se crée un style de vie, énoncé à partir des conditions personnelles et sociales requises pour sa sécurité individuelle. Ces convictions concernant le style de vie peuvent se regrouper ainsi :

— ce que je suis — le concept de soi ;
— ce que je devrais être ou ce que je suis obligé d'être pour avoir une place — l'idéal de soi ;
— ma conception du monde et ce que le monde exige de moi ;
— le code d'éthique personnel du bien et du mal.

Lorsqu'il y a une divergence entre les convictions du Soi et celles de l'idéal de Soi, des sentiments d'infériorité infiniment variés s'ensuivent. Bien que le sentiment d'infériorité, selon Adler, soit universel et normal, le complexe d'infériorité se retrouve chez des personnes qui développent certains symptômes et qui se sentent inadéquates.

Le but de la thérapie est de développer l'intérêt social du patient. Pour y arriver, elle tente de changer les valeurs sociales qui sont boiteuses. Le contenu de cette démarche porte sur le style de vie du patient et sa relation avec les tâches de la vie. Il doit pouvoir décider librement entre son intérêt à soi et son intérêt social.

Ce processus rééducatif a pour but :
— de promouvoir l'intérêt social du patient ;
— de diminuer les sentiments d'infériorité et de dépasser le découragement ;
— de susciter des changements dans le style de vie de la personne, dans ses perceptions et ses buts ;
— de changer la motivation boiteuse qui sous-tend même un comportement acceptable ou de changer ses valeurs ;
— d'encourager l'individu à reconnaître son égalité avec ses concitoyens ;
— d'aider l'individu à devenir un être humain capable d'une contribution à la société.

Ces buts atteints, l'individu devient alors capable de s'accepter et d'accepter les autres. Il se sent accueilli par eux tout en étant capable de maîtriser sa propre destinée.

Le processus thérapeutique poursuit quatre buts :
— établir et maintenir une bonne relation ;
— découvrir les dynamismes du patient, son style de vie, ses buts et comment ils affectent son mouvement de vie ;

— l'interprétation culminant en *insight* ;
— la réorientation.

Commentaires

La conception de l'homme, considéré comme une unité indivisible en interactions continuelles avec son entourage, nous est commune, mais nous différons au sujet de l'importance accordée à l'intérêt social, tel que défini par Adler. En effet, bien que nous voyions nécessaire l'engagement de l'individu envers sa communauté, nous ne nous rallions pas à cette idée que l'intérêt social est la motivation centrale du comportement de l'individu.

Adler et nous sommes d'accord sur la conception du développement de l'homme poursuivi tout au long de sa vie comme une démarche qui comporte des choix. Par ailleurs, les adlériens soutiennent que ces choix portent sur des alternatives entre des buts, soit à portée sociale, soit pour établir sa propre supériorité sans tenir compte de ces retombées sociales. Pour notre part, nous aidons la personne à intégrer ses expériences vécues de façon significative en retraçant avec elle ses décisions libres, responsables et appropriées à son contexte de vie, fruits d'une représentation de soi intégrée et différenciée de la représentation de l'entourage et des autres, donc d'une connaissance de soi plus approfondie par rapport à ses options de valeurs et au sens qu'elle veut donner à sa vie.

L'importance accordée au style de vie, résultat d'un mode biaisé d'aperceptions individuelles provenant du bas âge, est trop exclusive par rapport à d'autres influences qui paralysent le processus thérapeutique. Ainsi, nous convenons que ces scénarios de convictions, tirées des expériences infantiles, offrent certaines résistances au processus thérapeutique, mais le client doit être aidé à dépasser de telles convictions en accentuant les différences que révèle la perception des réalités présentes d'avec son mode biaisé d'aperceptions.

À l'encontre du point de vue adlérien, qui met l'accent uniquement sur l'aspect psychosocial, nous attachons une égale importance à l'intrapsychique et au psychosocial. Nous acceptons donc ainsi tout l'aspect de l'inconscient, tel qu'interprété par les psychanalystes freudiens en refusant le sens limitatif adlérien, pour qui l'inconscient n'est que le non-compris. Bien que nous admettions l'importance des découvertes de l'enfant pendant son apprentissage, pour se tailler une place dans la constellation familiale et les déficiences qui peuvent découler de ce stade de développement, nous reconnaissons que l'intrapsychique chez l'enfant à ce niveau de développement est un apport à ajouter pour bien comprendre l'évolution de l'individu.

Par ailleurs, les concepts suivants: le concept de soi, l'idéal de soi, la conception du monde et ce qu'elle exige de soi, le code d'éthique, ces concepts clés sous-tendant les sentiments d'infériorité tels que conçus par les adlériens, n'intègrent pas l'apport de l'intrapsychique chez l'individu. Dans notre approche thérapeutique, le concept clé de la « représentation de soi en interaction avec la représentation de l'entourage et des autres » intègre à la fois les points de vue intrapsychique et psychosocial.

Souscrire à plusieurs des buts du processus thérapeutique adlérien ne signifie pas que nous nous limitions à cet intérêt social. De plus, nous n'utilisons pas l'interprétation pour défaire les scénarios infantiles, mais nous misons surtout sur l'apprentissage et les découvertes que l'individu est en mesure de percevoir en partageant ses expériences vécues, fruits de ses décisions autonomes et libres. La personne, tout en intégrant ses expériences vécues de façon significative, perçoit alors toutes les différences par rapport à ses façons de vivre passées et qui provenaient de ses scénarios infantiles.

3 - La psychothérapie analytique jungienne

La psychothérapie analytique, selon Jung, peut se définir comme « une tentative pour créer, par une approche symbolique, une relation dialectique entre le conscient et l'inconscient » (Kaufmann, 1979, p. 95). Et le dialogue psychothérapique se poursuit par l'entremise des rêves, des fantasmes et des autres produits de l'inconscient, entre l'état conscient de l'analysé et son inconscient, tant personnel que collectif.

Selon Jung, la psyché se subdivise en deux sous-systèmes, l'inconscient et le conscient qui se relativisent et se compensent l'un l'autre. En d'autres mots, plus une attitude est univoque dans un système, plus elle est équivoque dans l'autre.

Il existe aussi chez l'individu une force autonome qui cherche à atteindre un accomplissement — devenir de plus en plus soi-même — et à découvrir ainsi un sens particulier à la vie. Il s'agit de l'instinct d'individuation qui se surajoute aux autres instincts, tels la sexualité, l'agression, la faim et la soif.

Tout comportement est à la fois motivé consciemment et inconsciemment. L'inconscient n'est pas seulement la somme totale de ce qui a été refoulé au cours du développement; il contient aussi des forces à la fois destructrices et créatrices — réservoirs de créativité — et elles peuvent devenir sources d'orientation et de sens donné à la vie. L'inconscient constitue donc un réservoir d'énergie d'où proviennent les transformations et les métamorphoses ; le langage de communication entre l'inconscient et le conscient semble être « le symbole ».

Un postulat de base, selon Jung, veut que tous les produits de l'inconscient soient symboliques et puissent être pris comme des messages indicateurs. Ainsi les symptômes et la névrose elle-même ne sont pas seulement des indications d'un mauvais fonctionnement psychique, ils traduisent aussi la façon de résoudre le conflit sous-jacent, si on les interprète symboliquement.

Tout être humain reçoit des prédispositions héréditaires de fonctionnement psychique. L'inconscient qui, d'une part, est le résultat direct de la situation particulière de la vie de l'individu — identifiée comme le « niveau personnel de l'inconscient » — ne représente d'autre part, qu'une minime mais importante partie de la totalité appelée « inconscient collectif».

Les archétypes sont des porteurs d'énergie; ils existent dans l'homme comme des potentialités qui, agissant à titre de principes d'ordre, lui donnent ainsi une orientation ou un sens. Les circonstances de la vie, telles la culture particulière, la famille et l'entourage, déterminent ces archétypes et la façon de les actualiser. L'archétype doit être actualisé par une réalité expérientielle lui donnant sa forme spécifique. Par exemple, tous participent à un combat héroïque, mais l'expérience de chacun sera unique, différente selon les talents, le tempérament et l'entourage particulier. Les motifs sous-jacents à ces archétypes sont généralement la transformation, la mort, la renaissance, la lutte héroïque, la mère et l'enfant divin.

La théorie de la personnalité à la base de la psychothérapie analytique se résume de la façon suivante: le psychisme est composé de plusieurs sous-systèmes interdépendants dont chacun est autonome (l'Ego, l'inconscient personnel et l'inconscient non personnel, collectif ou trans-personnel).

L'Ego est le centre de la conscience, l'être expérientiel de la personne. Il est la somme totale des pensées, idées, sentiments, souvenirs et perceptions sensorielles. L'inconscient personnel est fait de ce qui a été refoulé durant le développement, c'est-à-dire des éléments noyautés en complexes définis comme des idées investies émotivement et des comportements impulsifs. Ces complexes semblent tirer leur origine d'un archétype.

L'inconscient non personnel inclut les archétypes qui sont des prédispositions psychiques héréditaires relatifs à la perception, l'émotion et le comportement. Quelques-uns de ces archétypes acquièrent une signification particulière par l'importance de leur rôle dans le développement de la personnalité: le *persona*, l'*ombre*, l'*animus* et l'*anima* et le *Self* (Soi).

Le persona est l'archétype d'adaptation. Il doit faire preuve de flexibilité, par exemple, différentes circonstances éveillent chez l'individu différentes qualités et différents aspects qui sont sources d'adaptabilité dans un contexte donné.

L'ombre est l'autre côté de soi, c'est-à-dire tout ce que nous désirerions ne pas être; c'est le côté compensateur de l'Ego conscient. C'est tout ce que l'on ne veut pas reconnaître en soi et ce à quoi nous sommes plus particulièrement allergiques dans l'autre. Cette ombre est une projection sur l'autre tel un miroir pour soi. Accepter cette ombre est très difficile, mais cette acceptation est d'importance vitale pour l'adaptation et peut devenir une source de créativité.

Qu'en est-il de l'animus et de l'anima ? Selon la philosophie chinoise, le « Yin » représente le principe féminin, le monde de la nature, de la création et la vie, le concret, la réceptivité, le contenant, le collectif et l'indifférencié, en somme l'inconscient. Le « Yang » est l'opposé, le principe masculin, l'énergie dynamique, l'initiative, la lumière et la chaleur, la pénétration, la stimulation, le principe de la séparation et de la différenciation, le phallique, l'agression, etc. Ces deux principes sont complémentaires l'un de l'autre et chaque élément, le Yin et le Yang, contient une proportion variée de ces deux principes, dépendamment des situations.

Les hommes ont une prépondérance du principe de Yang-animus au niveau conscient, mais certains aspects de l'anima coexistent dans l'inconscient de l'homme et inversement chez la femme. L'animus et l'anima semblent fonctionner comme des personnalités autonomes et sont les guides de l'inconscient collectif conduisant à l'autre côté. Les modes d'être provenant de ces archétypes percent à l'occasion de rencontres douloureuses, ils ne peuvent être totalement contrôlés.

Le Soi (*Self*) est un archétype exprimant la prédisposition psychique inhérente à l'homme d'expérimenter la totalité, la centration et le sens de la vie, en un mot, une sorte de sagesse en lui-même. Le Soi est un but à atteindre et le processus pour y parvenir est appelé « l'individuation », c'est-à-dire le retrait du collectif pour trouver sa façon unique d'être.

La conceptualisation du processus thérapeutique jungien ne repose pas sur une théorie. Jung lui-même concevait la thérapie comme un processus de connaissance de soi, une reconstruction de la personnalité et même une éducation. Il se méfiait de la théorie et il donnait libre cours à son ingéniosité et à sa créativité de thérapeute.

En règle générale, la thérapie débute par une exploration poussée de l'état conscient du patient puisque l'inconscient est considéré comme compensatoire à l'état conscient. Elle porte sur l'histoire passée du patient, les influences marquantes de sa vie, ses attitudes, ses valeurs et ses idées. Il est amené graduellement à l'introspection car le thérapeute signale au passage les inconsistances et les contradictions. Puis, graduellement le travail du rêve est introduit, ce qui amène le patient à la rencontre terrifiante de son inconscient. Selon le principe majeur de la thérapie analytique, l'analyste suit scrupuleusement la direction et l'orientation provenant de l'inconscient. La règle de base est le vécu, la compréhension purement intellectuelle étant suffisante.

Le processus thérapeutique comporte généralement un « interéchange » (échange actif entre l'analyste et le patient) et, selon le développement du patient, l'analyste peut s'impliquer personnellement et à son gré dans l'échange de sentiments, d'expériences et même de rêves. « L'interprétation » est à la base du processus analytique, même si de multiples techniques peuvent être utilisées. Elle porte non seulement sur les forces inhibitrices héritées du passé, mais de façon primordiale, sur le potentiel créateur du présent.

Toutefois, de l'aveu même de Kaufmann (1979), les aspects techniques du processus thérapeutique jungien laissent à désirer et nécessitent des efforts redoublés de recherche, car l'interprétation du matériel inconscient, à son avis, ne s'avère pas efficace dans un grand nombre de cas, ce qui oriente les analystes vers l'utilisation de plusieurs techniques non verbales.

Commentaires

La psychothérapie analytique reconnaît la présence d'une force autonome chez l'individu, qui le porte à chercher une individuation, c'est-à-dire à devenir de plus en plus soi-même, concept assez semblable à celui de la recherche de l'identité de soi dans notre modèle théorique. Une différence assez marquée sépare cependant ces deux concepts.

Selon les jungiens, cette force autonome est une prédisposition psychique inhérente à l'homme, tandis qu'à notre avis, elle résulte d'un processus d'organisation psychique en évolution, à chaque niveau de développement de l'individu, par l'intégration de ses expériences vécues de façon significative.

Ils accordent aussi un rôle prépondérant à l'inconscient et plus particulièrement aux archétypes porteurs d'énergie, forces créatrices de l'inconscient, indices d'orientation que le thérapeute doit scrupuleusement suivre pour orienter le processus thérapeutique. Nous attachons au contraire une grande importance aux fonctions intégratives et synthétiques du moi autonome qui se retrouvent, à chaque niveau de développement et selon une séquence épigénétique, dans les configurations nouvelles des forces vitales.

Bien que certains puissent retrouver une analogie entre le concept de persona dans la psychothérapie analytique et celui de l'adaptabilité dans notre modèle, les applications qui en découlent sont fort différentes quant au processus de développement de cette adaptabilité. À notre avis, elle requiert d'abord un certain niveau d'identité de soi chez le client avant d'orienter en ce sens le processus thérapeutique.

De la même façon, les conceptions du Soi (*Self*) semblent se rejoindre, mais le postulat de base, qui en fait un archétype chez les jungiens, nous éloigne considérablement les uns des autres lorsqu'il s'agit d'en concevoir les applications pratiques.

Leur conceptualisation du processus thérapeutique ne repose sur aucune théorie. Elle réclame surtout l'ingéniosité et la créativité du thérapeute. Il base son travail thérapeutique principalement sur l'interprétation, en plus de s'impliquer personnellement sans tenir compte des paramètres essentiels favorisant l'acquisition de l'autonomie chez le patient. Au contraire, nous croyons qu'une conceptualisation du processus thérapeutique, établie sur une formulation théorique solide, ne peut qu'améliorer les aspects techniques utilisés. Nous reconnaissons cependant l'importance capitale de la personnalité du thérapeute dans la qualité de ses interventions thérapeutiques.

Il n'est pas surprenant de constater que les aspects techniques d'une telle thérapie analytique laissent à désirer, vu l'absence presque totale de points d'appui théoriques pour un tel développement. Ceci ne peut qu'engendrer des applications techniques de tout genre, par essais et erreurs, sans véritable orientation clinique basée sur une conceptualisation adéquate.

4 - La psychothérapie rogérienne centrée sur la personne

Carl Rogers (1959) définit cette approche en continuel développement comme celle qui s'intéresse à la croissance des humains et aux changements qui s'opèrent au cours de cette croissance. L'hypothèse centrale de cette approche se formule ainsi : le potentiel de croissance de tout individu aura tendance à s'accroître dans une relation où la personne aidante ressent et communique authenticité, sollicitude et compréhension, en même temps qu'une profonde sensibilité, mais sans jamais toutefois porter de jugement sur la personne du client.

L'approche rogérienne attache très peu d'importance au développement de la théorie, mais Rogers, lui, s'est attardé à comprendre *comment* et *pourquoi* les individus changent au cours du processus de thérapie. Il a porté son attention sur l'observation des données premières (*raw material*) de l'expérience thérapeutique et il a modifié tant les méthodes que la théorie elle-même quand le dictait cette expérience thérapeutique ou la recherche poursuivie. Il a donc remplacé l'appellation « non-directive », trop reliée à la méthode, par « centrée sur le client », parce que, à son avis, les facteurs qui favorisent la croissance se retrouvent dans le client lui-même.

Le postulat de base, axé sur la nature humaine, est la tendance vers l'actualisation de soi, la « tendance inhérente à l'organisme de développer toutes ses capacités de façon à le maintenir et à l'épanouir » (Rogers, 1959). Les forces qui tendent vers l'actualisation de soi font partie de la nature organismique de l'homme. La théorie de la personnalité de cette école de pensée débute par un certain nombre de postulats concernant l'enfant à la naissance. Le monde de l'enfant serait le monde de sa propre expérience. Sa façon d'expérimenter ou sa façon de vivre son expérience *est* sa réalité. Dans le monde de son organisme, le jeune enfant n'a qu'une force motrice de base, la tendance vers l'actualisation de soi.

De plus, le jeune enfant a cette capacité innée d'apprécier positivement des expériences qui concourent à l'épanouissement de son organisme et d'apprécier négativement celles qui apparaissent contraires à sa tendance à l'actualisation. C'est le « processus d'appréciation (*valuing*) organismique » qui dirige le comportement de l'enfant vers son but: sa propre actualisation de soi.

À mesure qu'il grandit, l'enfant apprend à distinguer ses expériences de celles qui appartiennent à d'autres. Il acquiert ainsi un sens de soi par les diverses expériences qu'il est appelé à vivre et par son propre fonctionnement en interaction avec l'entourage. Mais sa perception de ses propres expériences est influencée par le besoin qu'il ressent d'une appréciation positive (*positive regard*), besoin universel de l'être humain, semblerait-il, et qui persiste longtemps.

À partir d'expériences de satisfactions et de frustrations, à partir de ce besoin d'appréciation positive, l'individu développe un sens d'appréciation de soi basé sur la perception de l'appréciation qu'il a reçue de personnes devenues significatives à ses yeux.

S'il surgit un conflit entre ses besoins organismiques et ses besoins d'appréciation, l'individu choisit, pour conserver cette appréciation de soi-même, d'agir en accord avec les conditions qui la sous-tendent. Il peut alors percevoir comme mauvais ses besoins organismiques, ce qui le place dans un état d'incongruence entre soi et l'expérience, état qui le conduit à une mésadaptation psychologique, à un certain degré de vulnérabilité.

La psychothérapie centrée sur le client fait appel à toutes les dynamiques intérieures, tant celles du thérapeute que celles du client. L'interaction des deux personnes conduit à une prise de conscience de leurs réponses intérieures individuelles, et c'est là la dynamique même de la relation thérapeutique.

Trois attitudes ont été retenues comme nécessaires; elles suffisent pour effectuer des changements chez le client. En fait, le thérapeute doit être vrai ou congruent, capable d'empathie ou de compréhension; il doit confirmer l'autre et faire preuve de sollicitude sans être possessif. Nulle part, dans la théorie de Rogers, il n'est question des habiletés techniques ou des connaissances du thérapeute. Seules, ces trois attitudes doivent être perçues par le client qui, dès lors, peut s'engager dans un processus de changements positifs de sa personnalité. Suite à l'étude faite et aussi à des recherches diverses, le processus de changement a été décrit en sept étapes. Au début, il s'agirait d'un type de fonctionnement psychologique rigide, statique, indifférencié, insensible et impersonnel. Après avoir évolué à travers les diverses étapes, l'individu manifeste à la fin du processus un niveau de fonctionnement que l'on pourrait caractériser par une capacité de changer, une fluidité de réactions, nuancées et différenciées, grâce à l'expérience immédiate de sentiments personnels ressentis comme lui appartenant profondément et qu'il accepte ainsi.

En résumé, on peut dire que la psychothérapie centrée sur le client est basée sur la croyance dans la « rationalité exquise » de la croissance humaine lorsqu'elle est placée dans des conditions optimales. La tâche du thérapeute est donc de faciliter au client une prise de conscience et d'aider celui-ci à acquérir une attitude de confiance en son propre processus d'actualisation. Les attitudes du thérapeute créent un climat optimal qui permet au client cette démarche de croissance. Le processus thérapeutique est vraiment centré sur le client et c'est l'expérience intérieure de celui-ci qui, en dernière analyse, dicte le rythme et la direction de la relation thérapeutique.

Commentaires

Comme nous l'avons mentionné plus haut, cette école de pensée attache très peu d'importance au développement de la théorie. À notre point de vue, par contre, le cadre de référence théorique doit sans cesse être développé, suivant les observations cliniques et la recherche. Et il doit l'être en fonction de chaque stade de la vie, afin d'orienter adéquatement l'action du thérapeute.

Quant au vocabulaire identique, si le terme d'actualisation est le même, le sens n'en reste pas moins très différent. Tout d'abord, le postulat de base sur lequel repose l'approche rogérienne suppose l'existence d'une tendance inhérente à l'organisme de développer toutes ses capacités de façon à se maintenir et à s'épanouir. Le thérapeute laisse donc entièrement au client la responsabilité d'apporter ses expériences intérieures, telles qu'il les vit (méthode non-directive), et de prendre en charge le rythme et la direction de la relation thérapeutique, issue de cette croyance en la « rationalité exquise » de la croissance humaine, quand on lui en fournit les conditions optimales.

En revanche, notre conception théorique, telle qu'exposée dans les chapitres précédents, repose sur la construction des forces vitales du Moi autonome. Ces forces émergent du processus d'organisation psychique, qui progresse selon les stades de développement. Tous les aspects de la personnalité de l'individu, — le conscient et l'inconscient, l'affectif et le cognitif — sont en interaction avec les conditions changeantes des milieux de vie où il est appelé à évoluer.

Nous attachons, nous aussi, il est vrai, une très grande importance à la façon dont les expériences sont vécues par l'individu. Toutefois, nous incluons dans ce terme « expérience », non seulement l'aspect subjectif vécu intérieurement par l'individu, mais aussi l'aspect objectif de la réalité. En effet, nous aidons le client à constater la correspondance existant entre l'aspect subjectif vécu par lui et les conditions de la réalité objective qu'il est en mesure de percevoir avec l'aide de notre accompagnement.

À notre avis, l'expérience du client devient une expérience significative pour lui dans la mesure où il peut établir une forme d'équilibration à tout le moins convenable, d'une part, entre son vécu subjectif, c'est-à-dire sa façon à lui de percevoir et de ressentir ce qui est vécu actuellement et, d'autre part, la représentation qu'il se fait des conditions objectives telles qu'elles se présentent dans la réalité actuelle.

L'acquisition graduelle de formes d'équilibration de plus en plus évoluées entre la représentation de la réalité expérientielle et la représentation de la réalité telle que conçue sous sa facette objective, se fait selon nous par le processus d'actualisation des forces psychologiques.

Ces formes d'équilibration peuvent évoluer, par cette actualisation des forces psychologiques, selon une séquence d'étapes prévues, pour autant que le client est aidé au moyen d'interventions pertinentes de sorte qu'il ne se laisse pas paralyser par des pressions indues provenant d'injonctions inconscientes. Tout ce dynamisme inconscient, se révélant sous la forme de mécanismes de défense, d'impulsions sexuelles ou hostiles, d'impératifs catégoriques surmoïques, doit être perçu par le thérapeute pour qu'il puisse bien orienter la démarche thérapeutique. Or, cet aspect de l'inconscient est négligé dans l'approche rogérienne.

Par ailleurs, Rogers a conceptualisé son processus de psychothérapie en ne touchant que l'affectivité du client et ce, de façon exclusive, négligeant ainsi tous les autres aspects de la personnalité humaine. Pour lui, le processus thérapeutique se limite à suivre la séquence du « vécu affectif » du client. Dans notre approche, le thérapeute prête attention à cet aspect affectif, mais il ne le détache pas de toutes les autres composantes de la personnalité. Il cherche plutôt à aider le client à accéder à des formes supérieures d'équilibrations en actualisant toutes ses forces psychologiques. De plus, le thérapeute doit déceler le fonctionnement de l'affectivité dans l'évolution de la relation thérapeutique entre son client et lui et ce, en identifiant les éléments transférentiels qui s'y introduisent, non pas pour les analyser, mais pour être en mesure de mieux orienter ses interventions, en tenant compte des manifestations cliniques provenant des mécanismes de défense de son client et des résistances qui en découlent.

Ainsi la conceptualisation de notre processus thérapeutique relève plutôt de la séquence qui se retrouve dans le processus d'organisation psychique selon les stades de développement, tel qu'énoncé dans les chapitres précédents.

Nous sommes pleinement d'accord aussi avec les attitudes qui doivent permettre au thérapeute d'établir une relation thérapeutique, soit: la congruence, l'empathie et la sollicitude. Mais nous croyons en même temps à ce qui est d'une importance capitale pour le thérapeute: avoir déjà poursuivi une démarche de prise de conscience de lui-même. Sinon, la disponibilité affective envers le client, qui est pourtant essentielle, pourrait être partiellement paralysée par des éléments inconscients et transférentiels. Il est donc primordial que le thérapeute décèle ces éléments afin qu'ils n'entravent en rien la qualité des interactions significatives qui doit marquer les rapports entre le client et lui.

Après avoir décelé les phénomènes transférentiels qui peuvent se glisser dans la relation thérapeutique, le thérapeute peut, dès lors, aider le client à intégrer les expériences actuelles. Il lui fait découvrir qu'il vit de façon différente les situations présentes, quand il les compare aux mêmes situations vécues dans le passé. Cette prise de conscience ne peut que favoriser l'autonomie et l'intégration des expériences actuelles. Au contraire, permettre au client de réactiver les situations infantiles passées ne peut que raviver chez lui la régression et la dépendance.

Dans le processus thérapeutique, le thérapeute ne se confine pas pour autant à ce que le client choisit d'apporter durant l'entrevue, en ne retenant que l'aspect affectif vécu par lui. Au contraire, il s'intéresse à l'ensemble des expériences vécues par l'individu et, plus particulièrement, aux expériences actuelles susceptibles de lui apporter une découverte significative de ses forces autonomes. Une telle actualisation de ses forces psychologiques lui fait acquérir une représentation de soi mieux intégrée et plus différenciée de la représentation de l'entourage et des autres et, partant, une autonomie personnelle plus accentuée.

Une telle démarche peut se poursuivre, à notre avis, non seulement en retenant l'aspect affectif et subjectif des expériences du client, mais surtout en l'aidant à se représenter s'il y a correspondance entre la réalité vécue subjectivement et les conditions objectives réelles qu'il retrouve dans son milieu de vie.

Ainsi, l'intérêt que démontre le thérapeute envers toutes les dimensions de l'expérience vécue, tant subjective qu'objective, accentue chez le client cette ouverture à l'expérience actuelle dans toutes ses dimensions, favorisant ainsi l'acquisition d'une autonomie réelle dans une prise en charge complète de sa propre vie.

5 - La psychothérapie rationnelle-émotive d'Ellis

Cette approche, développée par Albert Ellis (1979) au cours des années 50, comporte une théorie de la personnalité et une méthode de psychothérapie qui sont assez peu connues dans notre milieu. Par contre, chez nos voisins américains, elle est pratiquée par un nombre restreint de thérapeutes, il est vrai, mais il reste que leurs recherches et leurs publications sont assez répandues dans la littérature psychologique actuelle.

Cette école de pensée postule que, lorsqu'une conséquence (C) émotive sous forte tension (*highly charged*) suit un événement déclencheur (*activating event*, A), on pourrait penser cet événement comme la cause engendrant la conséquence (C), mais en réalité il n'en est rien. En effet, ce serait plutôt le système de croyances (*belief system*, B) de l'individu qui créerait ces conséquences. Ainsi, si une conséquence indésirable se produit et est accompagnée d'une forte anxiété chez la personne, il est alors facile de dépister chez celle-ci des croyances irrationnelles. Contestées (*disputed*, D) de façon vraiment efficace, c'est-à-dire en les attaquant par la rationalité, ces croyances disparaissent et éventuellement cessent d'apparaître à nouveau.

La théorie à la base de cette approche postule que l'individu est, d'une part, fortement prédisposé, biologiquement et culturellement, à choisir, à créer, à établir des relations et à en jouir. Mais, d'autre part, il est tout autant prédisposé par d'autres côtés à se conformer, à être influençable, à haïr et à s'empêcher de jouir de la vie.

Même si l'individu possède une capacité remarquable pour observer, raisonner, utiliser son expérience de façon imaginative et peut en tirer un certain épanouissement en transcendant certaines de ses limites, il a très facilement, par ailleurs, une propension à ignorer la réalité, à faire un mauvais usage de sa raison, à inventer d'une façon rigide et même intolérable des « dieux » et des «démons » — interventions qui sabotent sa santé et son bonheur et sont causes de perturbations provenant manifestement d'une « mésadaptation émotive ».

L'approche thérapeutique qui se base sur une telle conception théorique de la personnalité englobe tout un ensemble, ou système, dont le but est d'apporter des changements dans la personnalité. Cette approche utilise tout un éventail de méthodes de thérapie qui font appel tant aux aspects cognitif et émotif qu'à celui du comportement.

Cette psychologie, appelée rationnelle-émotive, est tout particulièrement incisive, orientée de façon empirique, rationnelle et non-magique. En somme, il s'agit d'une approche qui essaie de promouvoir l'usage de la raison, de la science et de la technologie et qui tente, sans détour, d'y intéresser la personne. Ainsi, de l'avis de l'initiateur, cette école de pensée est humaniste, existentialiste et honnêtement hédoniste.

Comme processus thérapeutique, le praticien, plutôt que de recourir aux méthodes conventionnelles reconnues en psychothérapie, utilise une méthodologie inspirée surtout par la philosophie de la vie décrite plus haut et par une attitude plutôt directive, active, persuasive et même incisive et bousculante de la part du thérapeute. La plupart du temps, il s'attaque à quelques idées irrationnelles qui sont à la source du comportement perturbé du client et le motivent en grande partie. Il confronte le client, lui demande de justifier ses idées irrationnelles; il lui démontre comment ses prémisses ne sont pas logiques, donc ne peuvent pas être valides. Le thérapeute analyse les idées du client et les réduit à néant; lui démontre vigoureusement, et même de façon véhémente, pourquoi de telles idées ne peuvent être efficaces et qu'au contraire elles causent chez lui des perturbations symptomatiques qui ne peuvent que se renouveler. Le thérapeute ira jusqu'à utiliser l'humour pour souligner l'absurdité de ces idées et, partant, les annihiler. Puis, il explique comment elles peuvent être remplacées par des idées plus rationnelles, basées sur les faits.

Il enseigne ainsi à son client comment raisonner, par le fait même l'aide à se débarrasser de ses déductions illogiques et de son irrationalité qui, toutes deux, le conduisaient à ressentir et à agir de façon défaitiste.

Commentaires

Il va sans dire que l'école de pensée d'Ellis est aux antipodes de la nôtre presque à tous points de vue et cela, tant dans les valeurs sous-jacentes à la philosophie de la vie, la théorie de la personnalité, que dans la conceptualisation du processus thérapeutique. Sur ce dernier point, nous pouvons dire que le nôtre suit la démarche d'actualisation des forces du client, tandis que le leur consiste d'abord en une confrontation rapide de celui-ci pour l'amener à mettre de côté ses idées irrationnelles. Ensuite un enseignement, par toutes les méthodes directives possibles, lui indique la façon de penser et d'agir rationnellement.

Dans le processus thérapeutique utilisé par les tenants de cette approche rationnelle-émotive, le thérapeute assume de façon très impérative et unilatérale la responsabilité du processus thérapeutique, sans tenir compte de l'acquisition de l'autonomie de la personne, et sans se préoccuper de sa relation thérapeutique avec le client. La participation active de celui-ci est donc réduite au minimum, contrairement à celle du thérapeute.

Le processus thérapeutique est exclusivement orienté vers cette optique: les croyances irrationnelles du client sont à la base de tout désordre psychologique. Nous admettons, bien sûr, que la perception sélective que manifeste souvent le client puisse provenir de certaines croyances irrationnelles, mais nous préférons l'aider, au moyen d'un accompagnement, à soulever les aspects de la réalité qui, chez lui, ne sont pas perçus. Ainsi, à bon escient, nous utilisons cette perception de plus en plus objective qu'il fait à l'intérieur des événements mêmes de sa vie.

Nous nous situons à l'opposé de cette façon de procéder qui ne porte pas attention à la disposition affective du client. Nous n'adoptons pas non plus cette façon de pousser le client à épouser les points de vue et la philosophie de vie du thérapeute l'enjoignant à se conformer à sa rationalité, et ce, quels que soient les schèmes de valeurs du client.

6 - La psychothérapie behaviorale (Wolpe et al.)

La thérapie behaviorale connue sous le nom de « modification du comportement » est une méthode de traitement dont Wolpe (1958) est l'initiateur. Elle repose sur la théorie que la névrose est le résultat d'un apprentissage du comportement qui apparaît comme inadapté s'il est comparé aux processus normaux d'apprentissage.

De l'avis des tenants de cette thérapie behaviorale, le comportement se compose de réponses cognitives, motrices et, surtout dans la névrose, de réponses émotives. Ainsi le comportement doit-il être vu comme des réponses à des stimuli externes et internes et le but de la thérapie est donc de modifier la connexion inadéquate ou impossible à adapter entre ces stimuli et les réponses. Autant que faire se peut, les méthodes utilisées seront inspirées de la psychologie expérimentale.

La thérapie behaviorale ou du comportement est fortement marquée par l'usage qu'elle fait de la méthodologie scientifique pour évaluer les résultats obtenus et pour repérer les variables qui se retrouvent dans le processus thérapeutique lui-même. Comme nous l'avons déjà mentionné au chapitre sur l'éducation, le concept de base de cette thérapie particulière est le déterminisme. Ce dernier soutient que tout comportement est totalement déterminé par les facteurs antécédents en ce qui a trait au développement et aux changements dans la personnalité. Selon Chambless et Goldstein (1979, p. 232), les thérapeutes du comportement nient absolument le concept de la volonté libre, en ce sens qu'une personne ne peut se comporter d'une façon qui ne soit congruente avec les événements antécédents.

À partir d'une telle conception théorique, le comportement ne peut être compris que comme le résultat d'une combinaison, d'une part de l'apprentissage antérieur mis en relation avec des circonstances semblables et, d'autre part, de certains états actuels très motivants dont la sensibilité à l'environnement serait le facteur déclenchant.

Par ailleurs, selon le point de vue des tenants de cette conception théorique, le comportement névrotique se définit comme l'habitude persistante de comportements inadaptés, soit acquise par l'apprentissage, soit résultant d'une réponse non apprise (dans des situations qui résultent d'un comportement appris mais inadapté pour un organisme physiologique normal). C'est ainsi qu'à leur avis la névrose ne devrait pas être perçue comme un processus maladif, mais plutôt comme un comportement mésadapté appris qui varierait de personne à personne selon l'expérience unique de chacun.

De plus, selon les thérapeutes behavioristes, il n'est pas nécessaire de recourir à la résolution d'événements passés ni de postuler des conflits inconscients puisque tous les modèles de réponses et les stimuli qui les déclenchent relèvent de la situation présente. Dès lors, il suffira de s'occuper des réponses présentes pour obtenir des résultats thérapeutiques durables et évidents. Il faut donc s'ingénier à changer les comportements actuels.

Le modèle behavioral porte très peu d'attention au développement d'une théorie de la personnalité. Il a plutôt insisté sur l'exploration des variables qui se retrouvent le plus souvent dans les comportements mésadaptés et, de cette exploration, il est parvenu à formuler des lois d'apprentissage.

Les lois les plus importantes qui sous-tendent la thérapie behaviorale sont:

— Le conditionnement, tel qu'il a été défini dans le chapitre précédent, surtout le conditionnement opérant. Effectivement, le conditionnement opérant se fait quand le stimulus inconditionné suit un comportement prédéterminé, si celui-ci se présente spontanément. La présentation de ce stimulus inconditionné est toujours contingente à l'apparition de la réponse attendue. Dans un tel procédé, le stimulus inconditionné est désigné comme le renforcement. Voyons un exemple de renforcement: un rat pousse de plus en plus souvent une manette à partir du fait que la nourriture (le renforcement) lui parvient immédiatement et de façon constante dès qu'il pousse sur la manette.

— L'extinction: une réponse conditionnée peut être désapprise à force de performances répétées sans accompagnement de conditionnement.

— La généralisation: un stimulus particulier conditionne une réponse; puis, il se trouve d'autres stimuli semblables à ce premier stimulus qui conditionnent la même réponse. Ce phénomène de généralisation peut être démontré dans tout mode d'apprentissage: moteur, verbal, et même lorsqu'il s'agit de réponses émotives conditionnées.

Ces lois d'apprentissage ont donné lieu à des stratégies thérapeutiques qui ont été de plus en plus raffinées et mises au point par un processus continuel d'évaluation scientifique, soit du processus thérapeutique lui-même, soit du résultat obtenu.

La conceptualisation du processus thérapeutique repose donc sur l'hypothèse que la névrose est un comportement mésadapté appris (par comportement, il faut entendre tout autant les sentiments et les pensées que les activités motrices) et que, par conséquent, la correction de comportement mésadapté se fera par l'application de techniques dérivées de ces lois d'apprentissage.

Le thérapeute, dans ce processus thérapeutique, attache de l'importance à l'établissement d'une bonne relation de travail avec le client pour obtenir sa collaboration et ainsi former équipe avec lui. (Certains thérapeutes sont toutefois d'avis qu'il est possible de s'en dispenser.) Les attitudes du thérapeute comportent donc généralement une acceptation chaleureuse du client, une ouverture, afin que celui-ci se sente compris et apprécié en tant que personne humaine.

De l'avis des tenants de la thérapie behaviorale, la contribution particulière de leur thérapie est justement de baser la théorie sur la recherche continue afin de raffiner constamment les méthodes d'intervention. S'ils admettent que leur modèle théorique se limite à une petite partie du comportement humain, les modèles limités qu'ils proposent leur apparaissent comme des moyens efficaces et économiques pour remédier à la mésadaptation psychologique.

Commentaires

Au chapitre sur l'éducation, nous soulignions jusqu'à quel point notre conception de la nature de l'homme était différente et même à l'opposé du déterminisme extérieur complet qui est à la base de cette approche thérapeutique.

Les tenants de ce modèle thérapeutique ne se soucient que de la nature organique de l'homme. Ils s'attachent surtout à l'aspect mécaniste et font preuve de réductionnisme, l'évoquant comme l'essence même de l'homme.

En outre, leur préoccupation de baser la théorie sur une continuelle recherche, et de cette façon, raffiner leurs méthodes, est sans doute louable, mais ils se limitent strictement à ce qui est extérieurement observable, c'est-à-dire quantifiable et mesurable. Ils n'appliquent donc, au fond, que les critères reconnus de la méthode scientifique où tout est contrôlable en laboratoire, qu'il s'agisse des sciences physiques ou encore de leurs recherches sur les lois de l'apprentissage (celles-ci ayant été découvertes à partir d'expériences contrôlées sur les animaux).

Les lois de l'apprentissage de cette théorie du comportement ne tiennent aucunement compte de l'organisation intrapsychique chez l'homme, telle que nous l'a démontrée Piaget par ses recherches cliniques sur les structures cognitives. Ces lois de l'apprentissage basées sur les conditionnements opérants se limitent aux automatismes qui peuvent être acquis par l'homme, le déterminant ainsi à des comportements stéréotypés à l'intérieur de certaines situations prédéterminées, ce qui pourrait à toutes fins pratiques faire disparaître un symptôme. Toutefois, au milieu de toutes ces manifestations, on ne cherche pas à comprendre l'humain.

Pour nous, la disparition du symptôme ne peut résulter que de l'établissement d'un nouvel équilibre des forces psychologiques. Cet équilibre peut se réaliser si le thérapeute a le souci de découvrir les conditions extérieures les plus favorables à cette rééquilibration de la dépense d'énergie tout en essayant de faire découvrir à son client les moyens de se protéger contre les pressions extérieures exercées sur lui. Cette rééquilibration des forces vitales se fait selon le rythme du client quand le thérapeute le favorise et ce, en tenant compte de toute la personne, non en lui imposant de façon répétitive des situations prédéterminées, strictement dans le but de faire disparaître le symptôme.

Nous considérons toujours le processus d'organisation psychique dans son ensemble, tenant compte non seulement de l'apprentissage acquis par l'actualisation des structures cognitives de la personne, mais aussi de la découverte de l'identité personnelle et psychosociale de celle-ci, selon le sens qu'elle veut donner à sa vie d'après son choix de valeurs.

Dans ce processus thérapeutique behavioral, le thérapeute du comportement peut porter attention ou non au genre de relation établie entre lui-même et son client; toutefois il lui est recommandé de s'en soucier afin d'établir une bonne relation de collaboration dans le travail entrepris. Cependant il se contente d'enseigner la façon prédéterminée de réagir à l'aide de renforcement. Il n'a aucunement la préoccupation d'utiliser cette expérience de relation interpersonnelle comme une rencontre significative entre deux personnes alors que, pour nous, il s'agit d'une condition essentielle à la découverte de l'autonomie personnelle.

Par ailleurs, l'intérêt manifesté pour la recherche afin de découvrir scientifiquement si la méthode utilisée est efficace, et si oui, avec quels types de personnes et avec quels comportements, entre les mains de quel thérapeute... bref, quelles combinaisons de toutes ces variables peuvent assurer la prédiction des meilleurs résultats, ce type d'intérêt pourrait dévoiler des faits dont il faut tenir compte. Mais ces faits devront être réinterprétés, non seulement en considérant le phénomène partiellement manifesté à travers la nature organique de l'homme, mais en envisageant l'ensemble de la personnalité.

Quoiqu'il en soit, l'intérêt porté à l'efficacité des méthodes utilisées et aux résultats qui en découlent, aspect pratique et mécaniste s'il en est, ne devrait pas se faire au détriment de l'aspect humain de la personne. La tentation de simplifier les méthodes d'intervention pour en arriver à n'exiger que peu ou pas d'implication personnelle est très forte dans notre civilisation industrialisée et souvent aliénante pour la personne humaine. De plus, la formation du thérapeute est d'autant plus réduite et simplifiée que son cheminement personnel n'intervient pas dans ce processus thérapeutique particulier.

Si l'on a pu se méprendre sur notre mode d'approche et l'identifier à la thérapie behaviorale, c'est peut-être parce qu'au début de notre processus thérapeutique, nous attachons de l'importance à l'aspect somatique ou organique du client, c'est-à-dire à son corps tel qu'il est vécu dans les conditions actuelles de son organisation de vie. Et il arrive à certaines occasions que nous nous intéressions aussi au symptôme pour les indications qu'il peut nous apporter. Mais nous insistons beaucoup plus sur notre intérêt pour l'organisation des conditions de vie actuelles du client, sachant qu'elles peuvent être modifiées en vue de favoriser une recherche d'équilibre dans la dépense d'énergie de ses forces vitales. Cet équilibre se fait à partir des décisions personnelles dudit client qui cherche à se protéger contre les pressions extérieures. C'est, somme toute, l'intérêt porté par le thérapeute à cette rééquilibration qui l'aidera. Cette recherche d'équilibre nouveau, en ménageant la dépense d'énergie de ses forces vitales, n'est que le début du processus thérapeutique, car, à mesure qu'il acquiert plus d'autonomie, l'alimentation de stimuli devient plus intériorisée, et ce par l'actualisation de ses forces vitales. Les forces vitales, principe de cohésion, vont chercher l'apport des structures cognitives, des intérêts dans le Moi, des valeurs personnelles et du sens que l'individu donne à sa vie.

7 - La psychothérapie gestaltiste (Perls F.)

La thérapie gestaltiste[1] est un modèle de psychothérapie qui voit dans le comportement perturbé ou perturbant un signe de polarisation douloureuse entre deux éléments d'un

1. Simkin, 1979

processus psychologique. Une telle discordance peut se retrouver à l'intérieur d'un seul individu ou se manifester entre deux ou plusieurs personnes. Quelle que soit cette discordance, le traitement consiste à ramener les éléments discordants ensemble dans une confrontation de soi ouverte et mutuelle.

Cette approche concentre son attention sur le comportement immédiat et fait appel à la participation personnelle du thérapeute.

Parce que cette approche est phénoménologique, il semble extrêmement difficile à ses tenants d'élaborer une théorie dont la formulation même suscite des restrictions, des limites qui sont souvent artificielles, parfois erronées. Les mots ne peuvent exprimer que des approximations d'une expérience et la théorie ne peut que conceptualiser l'expérience.

La théorie à la base de la thérapie gestaltiste, tout autant que sa façon de définir l'homme, ne peuvent être envisagées qu'en termes de processus. Or, en termes de processus, la vie de l'homme est décrite comme un processus évolutif actif, dont les deux pôles sont représentés par l'énergie et la matière. L'homme lui-même peut donc se définir comme un composé de processus dans un univers illimité de processus.

La thérapie gestaltiste, par ailleurs, se concentre uniquement sur les processus psychologiques discordants. Un processus est le lien entre deux points différents, qu'il s'agisse d'attraction ou de répulsion entre ces deux points. L'appréciation de la relation existant entre ceux-ci marque un début de compréhension des processus. Entre deux points se retrouvent toujours deux caractéristiques qui les relient: une attraction, et, simultanément, une répulsion; une tendance à fusionner et un besoin de rester différent l'un de l'autre. Entre n'importe lequel de ces deux points du processus, il y a toujours des ondulations, un va-et-vient, un mouvement vers et un mouvement contre: un tel mouvement se rencontrera, par exemple, entre deux amoureux qui sont frustrés en même temps que bien contents.

Les processus prennent fin lorsque les deux points se rapprochent et se rejoignent pour ne former qu'un seul nouveau point qui devient alors un partenaire dans un autre processus; ou encore lorsque la distance entre les deux points est tellement grande qu'il n'existe plus de constellation identifiable.

Les principes régissant les processus en général peuvent s'appliquer de façon particulière aux processus mentaux, aux processus symptomatiques et aux processus de traitement. Les processus psychologiques peuvent se décrire en termes de « prise de conscience » et d'« expérience » : la prise de conscience détermine les deux points principaux dans un processus psychologique donné, par exemple, l'attraction et la répulsion, tandis que l'expérience signifie ce qui va arriver.

Ce modèle thérapeutique divise la personnalité en trois stades dont le premier est le social, le second, le psychophysique et le troisième, le spirituel. Toutefois, la division n'est présentée que pour en faciliter la discussion. En réalité, les trois parties sont en continuum et existent en toute personne à sa naissance en tant que potentiel. Telles trois boîtes s'ajustant l'une dans l'autre, le social s'emboîte dans le psychophysique et ce dernier dans le spirituel, mais leur développement suit une certaine séquence.

Ces stades de développement représentent les dimensions potentielles de la prise de conscience. Le stade social qui débute assez tôt après la naissance est caractérisé par la prise de conscience des autres et l'attention aux autres, surtout aux parents. Pour le stade psychophysique, c'est la prise de conscience de sa propre personne qui peut être utilisée comme ressource. Au stade spirituel, l'homme peut dépasser cette prise de conscience de soi comme entité corporelle et parvenir à « intuitionner » ce qui dépasse ses expériences sensorielles. Et, puisque la ressource intérieure chez l'individu, celle sur laquelle lui-même peut s'appuyer est maintenant bien établie, il peut s'associer à l'univers dans un sens de continuité. C'est surtout sur le stade psychophysique que le thérapeute concentre son attention puisque, à ce stade, l'individu est en mesure de prendre conscience de sa propre personne. Dans le processus thérapeutique, tous les symptômes sont perçus comme des signaux de détresse annonçant que le processus ne se déroule pas convenablement, à partir des points (ou participants) dudit processus.

La tâche du thérapeute consistera donc à rapprocher ces deux points juxtaposés de façon à ce que les forces d'attraction et de répulsion de chacun des participants puissent exercer une influence complète. Le sort du processus est laissé aux expériences créées par ces forces déployées.

Ainsi, lorsque se manifeste une ouverture de soi, c'est-à-dire une complète expression de sentiments et de pensées, positive et négative, l'individu devient libéré de cette servitude paralysante qu'avait créée ce blocage dans l'expression. De cette libération émerge un intérêt réciproque plus simple et plus pur, qui détermine le sort de la relation à ce moment-là.

Les principes utilisés pour parvenir à ces buts incluent tout d'abord la concentration sur l'interaction courante, qui est en soi le pivot de toute l'activité thérapeutique; puis, la pleine participation personnelle du thérapeute qui se reconnaît toujours comme l'un des pôles de la relation thérapeutique.

En fait, le processus psychothérapique comprend trois processus en un seul : 1) d'abord le processus thérapeutique lui-même, c'est-à-dire la relation entre le patient et le thérapeute; 2) le processus dans le patient, signalé par le symptôme; 3) le processus du thérapeute qui répond au processus symptomatique du client. Mais le processus central est bien le processus patient-thérapeute puisque c'est la qualité de leur relation qui détermine ce qui advient à chacun d'eux. Lorsque le thérapeute entreprend un processus qu'il considère comme crucial, il utilise toutes ses habiletés personnelles et thérapeutiques pour ramener les parties à un équilibre dans une confrontation de l'un vis-à-vis de l'autre, jusqu'à ce que les deux éléments fusionnent ou disparaissent en une nouvelle réalisation.

Commentaires

Si l'on s'imagine trouver une certaine analogie entre nos conceptions théoriques du fait que toutes deux envisagent la théorie en termes de « processus », il faut se détromper car le terme recouvre ici des significations très différentes. En effet, selon la théorie de l'approche gestaltiste, le processus n'existe que s'il y a discordance entre deux éléments; pour nous, au contraire, le processus d'organisation psychique recouvre tout l'ensemble (des aspects) de la personnalité: les fonctions synthétiques qui comportent, d'une part, l'actualisation des forces psychologiques tout en intégrant, d'autre part, les frontières intérieures et les frontières extérieures du Moi.

De plus, selon la conception des tenants de la Gestalt, les processus psychologiques définis en termes d'éléments discordants peuvent être localisés, tout autant à l'extérieur qu'à l'intérieur de la personne, dans les interactions avec d'autres. À notre avis, le processus d'organisation psychique ne se retrouve qu'à l'intérieur de la personne, même si les situations extérieures peuvent être utilisées au début de cette intériorisation.

Quant aux concepts de « prise de conscience » et d'« expérience », ils font tous deux partie de nos cadres de référence théorique respectifs. Toutefois, le sens attribué à ces deux concepts est beaucoup plus limité chez les gestaltistes qui, eux, ne tiennent compte que des éléments discordants en cause. De notre côté, en revanche, « prise de conscience » et « expérience » recouvrent, d'une part, l'ensemble des composantes de la personnalité et, d'autre part, les aspects, autant subjectifs qu'objectifs, de toutes les expériences vécues par le client; expérience signifie non seulement les problèmes rencontrés par celui-ci, mais tout ce qui contribue à lui faire actualiser ses forces vitales et ainsi acquérir son autonomie.

Quant à la théorie de la personnalité sous-jacente à la gestalt-thérapie, elle ne développe que les stades déjà identifiés et reconnus arbitraires à fins de discussion, tandis que pour nous les cinq stades élaborés représentent de réels niveaux de développement dans la personnalité. Quoique hiérarchiques, ils sont, d'après nous, quand même discontinus puisque chacun d'eux comporte une rééquilibration nouvelle des composantes de la personnalité et laisse entrevoir une plus grande acquisition d'autonomie, grâce à l'intégration d'expériences significatives. Nous ne nous attarderons pas au contenu des stades de développement puisque, d'emblée, le lecteur est à même de constater jusqu'à quel point ils peuvent varier.

Il est vrai que, dans notre approche thérapeutique, nous tenons compte des trois processus sur lesquels porte l'attention des tenants de la thérapie gestaltiste; toutefois, notre optique dépasse de beaucoup la leur. Prenons, comme exemple, la relation entre le patient et le thérapeute à l'intérieur du processus thérapeutique lui-même. Les interactions entre ces deux participants ne prennent quelque intérêt que lorsqu'il y a une confrontation dans laquelle le thérapeute se reconnaît comme l'un des pôles, cette confrontation dans l'ensemble ne représentant qu'un seul élément parmi plusieurs autres. En effet, pour nous, toutes les autres composantes, susceptibles de se manifester dans ces rencontres significatives, doivent tout autant être utilisées pour favoriser les prises de conscience des deux participants.

Dans notre approche, cette rencontre entre client et thérapeute a toutes les chances d'être d'autant plus significative qu'elle facilite davantage au client les prises de conscience de l'intégration de ses propres expériences — celles-là même qu'il est actuellement en train de vivre dans l'ensemble de sa vie et qui le conduisent à la découverte de son identité du Moi et de son autonomie personnelle.

L'approche des gestaltistes qui, au contraire, ne se centre que sur un seul procédé thérapeutique, soit la confrontation des éléments discordants, se limite forcément à une optique peu favorable à l'intégration de toutes les expériences de la vie actuelle du client, c'est-à-dire celles qui l'aident à s'engager de façon plus intense et plus vraie. Cette approche à procédé unique peut, toutefois, contribuer partiellement à faire dépasser au patient ce qui paralyserait sa démarche vers une recherche d'autonomie dans certains aspects de sa vie présente.

À notre point de vue, lorsque la personne devient capable d'utiliser toutes les expériences vécues au moyen d'une relecture de l'ensemble de ses expériences actuelles, elle réussit peu à peu à saisir la cohérence perceptible dans ses propres décisions, celles-là même qui comporteront des choix irréversibles et engageants tant pour sa vie actuelle que pour l'orientation de son avenir.

8 - La psychothérapie de la réalité (Glasser)

Selon les termes mêmes du fondateur, William Glasser (1979), cette approche thérapeutique consiste en une série de principes théoriques appliqués soit aux individus qui souffrent de problèmes émotifs et/ou du comportement, soit à tout individu ou groupe qui cherche à réussir son identité pour lui-même, ou pour en aider d'autres à atteindre un but identique.

Le thérapeute porte ici son attention sur le présent et sur le comportement de l'individu, et le guide dans sa recherche d'une perception de lui-même afin que celui-ci puisse en arriver d'abord à se voir objectivement tel qu'il est, pour ensuite faire face à la réalité et répondre à ses propres besoins sans se nuire à lui-même ni aux autres. Le pivot central de cette théorie est bien la prise en charge personnelle et responsable par le client de son propre comportement, ce qui, aux yeux de Glasser, équivaut à la santé mentale.

Le premier pas important dans la correction d'un comportement est la connaissance de ce que le thérapeute veut essayer de corriger. Quelles que soient ses expériences, le patient a toujours à porter la responsabilité de ce qu'il fait maintenant. Il ne pourra donc recourir au fait qu'il soit malade pour excuser ses transgressions.

Tant que l'individu n'a pas accepté la responsabilité de ce qu'il fait, il est incapable de commencer une psychothérapie de la réalité. Il n'est pas du domaine du thérapeute d'avancer des explications pour rendre compte de l'irresponsabilité du client; il s'applique plutôt à faire comprendre à celui-ci le but du traitement et le fait que son malheur est bien plus le résultat que la cause de son irresponsabilité.

La conceptualisation théorique de cette approche est basée sur l'identité, identité que Glasser définit comme la croyance que tout individu doit avoir en cette réalité: il est quelqu'un d'unique, donc distinct des autres. Les deux besoins fondamentaux qui contribuent à lui faire découvrir son identité sont l'amour et l'appréciation de soi (*self worth*). Pour qu'un individu puisse ressentir le succès, il doit se sentir aimé d'au moins une personne en ce monde; il doit, de plus, aimer une autre personne que lui-même. Si un individu ne parvient pas à développer son identité à travers l'amour et l'appréciation d'une personne significative, et cela de façon réciproque, il essaie de se trouver une identité, soit dans la délinquance, soit dans le retrait ou la maladie mentale. Ces deux derniers recours mènent à une identité, mais c'est une identité d'échec. La caractéristique commune à tous les individus qui ont une identité d'échec est de se sentir « tout seul ».

Selon cette conception théorique, les influences culturelles et celles de l'entourage marquent profondément la formation de l'identité au moment où celle-ci commence à émerger chez l'enfant, vers l'âge de cinq ou six ans, et où elle est appelée à réaliser ou bien une identité réussie, ou bien une identité d'échec.

D'après cet auteur, l'autonomie individuelle est directement reliée à la maturité. Elle se définit comme cette capacité, chez l'individu, de laisser tomber les « supports » qui jusqu'ici provenaient de l'entourage, pour y substituer le support psychologique, organisation interne qui désormais est en mesure de lui fournir la capacité de se prendre psychologiquement en main, en d'autres mots, de se tenir debout. Cela veut donc dire que l'individu est prêt à assumer la responsabilité de ce qu'il est et de ce qu'il veut dans la vie, et aussi qu'il est prêt à développer des plans réalistes pour parvenir à ses buts et répondre à ses besoins.

De l'avis de Glasser, tout individu a des buts et ces buts peuvent se développer selon une hiérarchie de niveaux d'aspiration.

La thérapie de la réalité aide le client à comprendre, définir et clarifier les buts immédiats et lointains qu'il veut poursuivre dans sa propre vie. Par la suite, le thérapeute l'aide d'abord à identifier les façons dont il paralyse son propre progrès en regard de ses buts, puis à faire un choix parmi ce qui s'offre à lui.

Dans ce processus thérapeutique, si le thérapeute et le client ne sont pas vraiment engagés l'un envers l'autre, ce dernier n'est pas motivé. Or, en thérapie, motivation et engagement sont synonymes.

Huit principes découlent des concepts propres à la théorie de la réalité:

— La relation entre thérapeute et client doit être personnelle.
— On doit se centrer sur le comportement plutôt que sur les émotions, puisque seul le comportement peut être changé.
— On ne doit tenir compte que du présent: ce que le client fait et ses tentatives présentes pour réussir.
— On doit amener le client à poser un jugement de valeur sur les façons d'agir qui contribuent à son échec.
— On doit aider le client à développer un plan pour remédier à son comportement et ainsi en arriver à s'y prendre de meilleure façon.
— Le client doit choisir une meilleure façon de s'y prendre et s'engager à tenir ce choix. C'est en s'engageant que les individus atteignent la maturité.
— Quand le client s'est engagé à changer son comportement, aucune excuse n'est acceptée pour justifier sa conduite. Sans juger la personne, le thérapeute l'aide à développer un nouveau plan d'action plutôt que de s'attarder aux raisons qui ont pu la conduire à l'échec.
— Le thérapeute n'a jamais recours à la punition car celle-ci ne fait que renforcer l'identité d'échec; il invoque plutôt la discipline.

Ainsi, en acceptant la responsabilité de son propre comportement et en agissant avec maturité pour le changer de façon constructive, l'individu découvre qu'il ne se sent plus « tout seul ». Par la suite, les symptômes tendent à disparaître et l'individu peut dorénavant s'acheminer vers la maturité, le respect, l'amour et, ce qui est le plus important, il peut arriver à une identité réussie.

Commentaires

Bien qu'il existe plusieurs points de convergence entre nos deux approches, il s'y trouve aussi des divergences considérables tant dans la théorie que dans le processus thérapeutique.

L'identité, concept de base sur lequel repose tout ce modèle théorique, a aussi une importance majeure dans notre propre conceptualisation. Mais les composantes du concept d'identité sont très différentes selon qu'il s'agit de l'un ou de l'autre modèle théorique. Pour Glasser, l'unique aspect qui semblerait important est celui du rôle social, lequel doit être reconnu et apprécié par des personnes significatives; selon que celui-ci existe ou pas, se développe une identité réussie ou une identité d'échec.

Glasser ne tient aucun compte de l'aspect inconscient qui, pour nous, joue un rôle tellement important. De plus, son cadre de référence théorique n'attache aucune importance aux interactions complexes de la structure psychique, celle-là même que nous avons longuement expliquée dans notre exposé sur le processus d'organisation psychique. Cette théorie de la personnalité ne comporte aucun développement génétique en stades hiérarchiques. Si Glasser reconnaît que les buts poursuivis doivent se développer selon une hiérarchie de niveaux d'aspiration, il ne les mentionne pas et il ne les précise pas davantage.

Selon Glasser, l'autonomie individuelle est toujours directement reliée à la maturité. Toutefois, il n'explique pas non plus comment s'acquiert graduellement cette capacité d'autonomie dans le développement de la personnalité.

Pour revenir au processus thérapeutique, cette exigence première imposée au client (se reconnaître responsable de ce qu'il fait *avant* même de commencer la thérapie) peut très bien exclure bon nombre de sujets. Ne peuvent se rendre à cette exigence ceux qui se sentent envahis par des compulsions ou par une vie fantasmatique incontrôlable qui les paralyse; ne le peuvent, non plus, ceux qui sont en proie à des sentiments de culpabilité manifestés par une propension à se sentir responsables de tout ce qui ne va pas ou ne réussit pas selon leurs propres exigences excessives. Présupposer ainsi que la personne doit être tenue responsable de tous ses comportements, laisse bien entrevoir que Glasser n'accorde aucune importance à l'inconscient.

Quant aux huit principes déjà énumérés, signalons que, selon nous, certains ne peuvent être appliqués aux sujets mentionnés plus haut. Par exemple, le quatrième principe énoncé ainsi: « On doit amener le client à poser un jugement de valeur sur les façons d'agir qui contribuent à son échec », ne peut, s'il est mis en pratique, qu'augmenter les effets d'un « Surmoi » inconscient et, partant, nuire considérablement à un client de cette catégorie.

À notre avis, avant d'aider le client à développer le plan qui l'aidera à remédier à son comportement, il serait important d'actualiser ses forces psychologiques dans les domaines où il est en mesure de prendre des décisions personnelles et des responsabilités, avant d'aborder systématiquement, pour y remédier, les domaines où il manifeste des difficultés. S'engager à tenir un choix nous apparaît être beaucoup plus accessible à l'individu quand il est à même de constater, dans des expériences vécues, qu'il a réussi à être fidèle à ses décisions dans des domaines suscitant son intérêt.

Lorsque thérapeute et client ont convenu d'un plan et que ce dernier ne s'y conforme pas, et qu'en plus cette situation se répète, quels effets un tel comportement peut-il avoir sur la personnalité du client ? Bien que le thérapeute ne juge pas la personne et ne s'attarde pas non plus aux raisons qui ont pu conduire à l'échec, mais cherche plutôt à trouver une alternative en invoquant la discipline, comment une telle façon d'intervenir peut-elle être efficace lorsque la personne, de façon répétée, ne répond pas aux exigences du thérapeute ?

La condition exigée qui veut que « l'individu et le thérapeute soient vraiment engagés l'un vers l'autre, car motivation et engagement sont synonymes en psychothérapie » ne saurait se retrouver d'emblée au début d'un processus thérapeutique. En effet, cette relation se construit; elle ne saurait donc être une exigence préalable à l'entreprise du processus lui-même.

Bien que l'approche de Glasser et la nôtre portent sur la réalité présente et sur le comportement de l'individu, notre approche tient compte de *toute* l'expérience telle qu'elle est vécue par la personne, en ne détachant pas l'émotion du comportement. Car, à notre avis, il n'y a actualisation des forces vitales que s'il y a intégration de l'émotion et du comportement, et c'est cette intégration qui permet à l'expérience de devenir significative aux yeux de l'individu.

De plus, ce n'est pas un « jugement de valeur verbal », pensons-nous, qui arrive à faire intégrer les valeurs de la vie même de la personne, d'autant moins lorsque les comportements jugés ne se sont pas avérés adéquats dans les circonstances particulières où ils se sont manifestés. Au contraire, ces valeurs ont bien plus de chances de s'intégrer lorsque la personne est à même de constater, à travers des expériences vécues, qu'elle a su elle-même, à partir de décisions personnelles, respecter ses propres valeurs. C'est alors que ses expériences prennent un sens à ses propres yeux. Et c'est ce sens découvert à travers l'autonomie dont elle fait preuve en de telles circonstances, qui lui apporte une réelle estime d'elle-même.

Nous pouvons donc affirmer que, dans la poursuite du même objectif (à savoir: développer l'autonomie individuelle), nos modes d'approche respectifs sont très différents. En effet, nous attachons une importance très grande au rôle que joue l'inconscient et à l'organisation graduelle du processus psychique. Ce processus comporte de nombreuses composantes que Glasser néglige totalement, selon nous.

9 - La psychothérapie expérientielle ou existentielle (Gendlin)

La psychothérapie existentielle[2] maintient qu'un individu est capable de se faire et de se changer lui-même au cours de sa vie actuelle. Ni son passé ni sa « machinerie interne » ne peuvent déterminer totalement sa vie. Les personnes *sont*

2. Gendlin E.T., 1979

l'existence et non les définitions. L'anxiété n'est pas une maladie, mais est cause de possibilités ratées en cours de vie. Les solutions ne se trouvent ni dans le passé ni uniquement à l'intérieur de la personne, mais plutôt dans l'option de vivre de façon radicalement ouverte les choix qui engagent sa vie.

La psychothérapie expérientielle travaille sur la « concrétude » (*concreteness*) immédiate. L'expérience immédiate ne serait pas une question d'émotion, de mots, de mouvements musculaires, mais plutôt un sens direct (*direct feel*) de la complexité des situations et des difficultés.

Les concepts de base sont au nombre de quatre: 1) l'existence ; 2) la rencontre ou l'expérience ; 3) l'authenticité ; 4) la valeur.

L'existence est préconceptuelle, ressentie de l'intérieur du corps d'une façon différenciée. Le concept de base est donc « l'expérience » ou la rencontre, qui se réfère à ce qui est ressenti physiquement et qui est physiquement significatif, mais qui contient aussi bien d'autres aspects, tels le cognitif, l'observation et ce qui relève de la situation vécue.

L'expérience est interactionnelle; la personne vit toujours son expérience en interaction avec l'entourage. Ce que la personne vit est ce qui se passe, c'est-à-dire pourquoi et comment celle-ci se comporte dans la situation donnée. Ainsi l'expérience se déroule comme ressentie intérieurement et vécue dans la situation: c'est ce qui est désigné comme l'interaction.

L'authenticité est un processus qui projette en avant (*carried forward*) dans le présent.

Ces concepts comprennent l'unité du psychique et du corps aussi bien que celle de la personne et de l'environnement (le monde ou les situations). Le passé, le présent et le futur représentent aussi une unité. Ainsi une personne existe avec ce qu'elle ressent dans son corps actuellement, dans les situations avec les autres, mais en incluant toujours le passé et le futur. En fait, elle vit son passé et elle projette son avenir dans l'expérience présente.

L'auteur définit un processus comme une partie seulement de l'expérience présageant une interaction plus poussée avec l'entourage. Lorsque cette interaction se déroule, le processus va de l'avant vers un changement qui est aussi une continuité puisque, comme tel, il était déjà explicite dans l'expérience. Ces changements sont différents de ceux qui sont vécus comme des impositions ou des modifications subites (*abrupt shifts*). Ainsi ce processus qui projette en avant est ce que l'auteur entend par authenticité.

Les tenants de cette école expliquent ainsi la valeur (*focalisation*) : l'expérience est la poursuite d'un but; elle comporte des valeurs et elle a une direction. Ainsi, en ressentant l'expérience vécue, la personne trouve la direction qui est à la base des valeurs et des choix, contrairement à ce que peut imposer un code extérieur.

Dans toute expérience vécue, la personne agit tout à la fois corporellement, socialement et psychologiquement. Le sens de l'expérience, comme de la vie dans son ensemble, est inhérent à la façon dont la personne vit, agit et parle.

Ainsi la personnalité, selon cette approche, n'est pas tant « ce que la personne est », mais plutôt comment elle s'engage dans l'expérience de la vie, comment elle ressent cette expérience et y répond, enfin comment elle établit ses relations interpersonnelles.

Le thérapeute existentialiste n'admet pas que les expériences passées déterminent comment la personne vit son expérience actuelle puisque l'engagement dans l'expérience peut être une reconstruction de soi. Ce qui est davantage déterminant est la façon de se plier aux craintes ressenties devant d'autres personnes, la façon d'éviter les endroits et les circonstances qui pourraient modifier la personne, le refus de porter attention et respect à ce qui est ressenti intérieurement.

Selon ces thérapeutes, puisque la personne vit corporellement et culturellement et se reconstruit elle-même par l'expérience, ils peuvent dès lors utiliser tout aussi bien des procédés thérapeutiques s'adressant au corps ou au comportement que des méthodes interactionnelles verbales ou centrées sur les émotions, et ce, du fait qu'un simple organisme peut être authentiquement « projeté de l'avant à chacun de ces niveaux » (*planes*). Les vocabulaires théoriques les plus variés peuvent aussi être utilisés. Toutefois, aucun de ces procédés, aucune de ces théories ne caractérise vraiment les humains, mais tous peuvent efficacement être employés pour autant que, d'un moment à l'autre, l'expérience ressentie par la personne sera le point d'ancrage toujours présent et qu'elle servira effectivement de guide pour les mots et les procédés utilisés.

Pour que le thérapeute puisse agir ainsi, il doit posséder cette capacité de ressentir, de relever, d'aider à articuler, et même de répondre à l'expérience immédiate ressentie par le client à chaque moment, afin d'en faire une rencontre authentique entre les deux. Ainsi, quoi qui soit dit ou fait, il s'agira d'un processus expérientiel authentique. Pour faciliter un tel processus, le thérapeute articule et exprime ouvertement ce qui se passe en lui-même. Il précède ainsi le client au début du processus thérapeutique, puisqu'il peut y arriver plus rapidement et le faire de façon plus complète que ce dernier.

Cet aspect expérientiel de la psychothérapie recouvre toutes les méthodes et procédés déjà connus, et il modifie toutes les autres approches psychothérapeutiques; c'est ainsi qu'il contribue à rendre vraisemblablement plus humaines et plus efficaces les méthodes diverses et partielles qui entrent en compétition les unes avec les autres.

Commentaires

La thérapie existentielle met surtout en évidence comment l'expérience est vécue de façon significative par la personne, ce qui permet de déclencher un processus de changement et de croissance personnelle. À notre avis, il s'agit là d'un aspect essentiel, mais non unique, pour assurer un processus thérapeutique.

Attardons-nous aux quatre concepts de base qui sous-entendent un tel mode d'approche et signalons les ressemblances et les différences avec notre propre conceptualisation.

Le concept de l'existence, dans le sens de « l'expérience ressentie physiquement et qui est psychiquement significative », traduit partiellement ce que l'on entend par « l'expérience vécue de façon significative ». Bien que les tenants de ce mode d'approche ajoutent que ce concept contient aussi d'autres aspects, tels « le cognitif, l'observation et ce qui relève de la situation vécue », ils n'abordent aucun point précis, ni dans le domaine cognitif, ni même dans ce qui provient de la situation extérieure. En fait, eux n'attachent aucune importance au contenu de ce qui est vécu, alors que nous, au contraire, nous en voyons justement toute l'importance en invitant le client à apporter ce matériel de lui-même. Pour ces thérapeutes, en revanche, l'expérience ressentie reste le seul point d'ancrage qui leur sert de guide. À notre avis, le thérapeute, qui connaît la séquence du développement des structures cognitives et qui la respecte, saura mieux observer et relever, dans le matériel apporté, les éléments qui conviennent au client, de façon à ce que celui-ci soit en mesure de les intégrer. Il saura ainsi intervenir plus adéquatement que s'il se fie uniquement à ce qui est implicitement contenu dans les données et que s'il ne s'appuie que sur sa seule intuition. La reconnaissance d'une telle séquence n'exclut aucunement le souci de bien saisir comment cet aspect est vécu et ressenti par le client. Au contraire, l'observation du thérapeute en sera plus affinée tout en conservant cet aspect intuitif essentiel.

Quant au concept de « rencontre interactionnelle », de « toute l'expérience vécue en interaction avec l'entourage », nous le concevons de la même manière que cette approche, c'est-à-dire comme expérience ressentie intérieurement et vécue dans la situation.

La définition du terme « processus » se rapproche partiellement du sens que nous lui attribuons, surtout de celui de « intégration graduelle des changements », désigné par le thérapeute existentiel comme continuité et qui, pour nous, est l'actualisation même des forces vitales. Bien que nous soyons d'accord sur l'unité psychique et physique de l'individu, nous distinguons plus clairement la différenciation à faire lorsqu'il s'agit de son identité individuelle et lorsqu'il s'agit de son environnement, car c'est l'acquisition de son autonomie personnelle qui le fait se situer dans son entourage.

Nous nous rallions à cet énoncé: « on vit son passé et on projette son avenir dans l'expérience vécue présentement », mais cette dimension temps et espace vécus est beaucoup mieux saisie lorsque l'individu connaît comment le point de vue cognitif participe à cette dimension de l'expérience, ce qui suppose que cet aspect n'est pas laissé simplement et seulement à l'intuition implicite du thérapeute.

Quant à la poursuite d'un but, quant aux choix et aux valeurs que cela implique, le mode d'approche existentiel laisse au client la totale responsabilité de trouver la direction de l'expérience ressentie. Cette direction est donc à la base de ses choix et des valeurs auxquelles il adhère. Les tenants de ce mode d'approche justifient une telle façon de voir en ajoutant: « non ce qui peut être imposé par un code extérieur ». Mais, entre laisser totalement la responsabilité au client par une méthode non-directive et imposer un code de valeurs, n'y a-t-il pas place pour l'intervention du thérapeute ? Nous le croyons. Ce dernier, à partir de l'expérience vécue du client, relève alors les valeurs impliquées dans l'orientation des choix de celui-ci, sans quoi elles pourraient risquer de passer inaperçues à ses yeux. Cette intégration des valeurs doit faire partie des interactions significatives entre le client et le thérapeute pour que la prise de conscience de cet aspect « valeur », mis en évidence, permette au client d'orienter ses choix à partir d'options personnelles.

Par ailleurs, la thérapie existentielle maintient qu'il doit y avoir nécessairement dichotomie entre ceux qui portent intérêt à connaître « comment la personne est » et ceux qui s'intéressent plutôt à « comment la personne vit ». À notre avis, cette dichotomie peut très bien ne pas exister; au contraire, il peut même y avoir intérêt à faire intégrer ces deux points de vue pour mieux aider le client. Dans notre conception, cette intégration de ces deux points de vue est essentielle à l'application du processus thérapeutique.

Nous sommes aussi d'accord avec ceci: le passé ne détermine pas totalement la façon dont la personne vit son expérience, mais nous reconnaissons que ce passé a effectivement une influence sur le présent, expérience qui se traduit par une certaine paralysie des forces vitales. Nos façons de procéder doivent donc tenir compte de cet aspect tout en favorisant, le plus possible, l'« actualisation des forces autonomes » du client. C'est pourquoi nous ne pouvons absolument pas souscrire à cette opinion que tout procédé thérapeutique et toute méthode interactionnelle peuvent être efficaces, puisque un simple organisme peut être authentiquement projeté en avant à chacun de ces niveaux.

Si cette approche tenait compte des dynamismes qui proviennent de l'inconscient, elle ne pourrait plus mettre au même niveau toutes les conceptualisations théoriques et tous les procédés thérapeutiques. En s'abstenant de présenter une conception génétique du développement de la personnalité, cette approche n'attache aucune importance à la séquence des contenus qui doivent être abordés. Et pourtant, c'est justement cet intérêt apporté à la séquence des contenus qui rendra plus accessible au client l'intégration de ses expériences dont, dans la théorie de Gendlin, on a considéré à juste titre le degré de complexité.

Dans notre approche, le thérapeute, qui connaît bien la séquence des stades dans le développement des différentes forces vitales, privilégie certains aspects de l'expérience vécue: tout d'abord les composantes qui touchent au Moi corporel, ensuite la productivité personnelle, qui prépare le client à faire preuve, par la suite, d'adaptabilité, puisque l'acquisition graduelle de l'autonomie en regard des deux premiers domaines l'aide à se situer face aux changements à vivre, cette adaptabilité le rendant, petit à petit, plus apte à une ouverture aux autres lors de rencontres plus significatives.

Sans renier l'importance de l'expérience ressentie par le client comme point d'ancrage toujours présent dans le processus thérapeutique, nous y ajoutons la conceptualisation théorique. Ceci ne diminue en rien l'importance, pour le thérapeute, de cette intuition implicite nécessaire afin d'aider le client à découvrir, dans la complexité des expériences vécues, la séquence des divers aspects à souligner parce que représentant les défis les plus appropriés, c'est-à-dire ceux-là mêmes que le client sera le plus en mesure de relever.

10 - L'analyse transactionnelle (Berne)

L'analyse transactionnelle[3] est une approche psychothérapique interactionnelle qui s'applique surtout aux situations de groupe. Il s'agit ici d'une approche portant sur l'organisation de la personnalité et qui donne lieu à une analyse structurale, une théorie sur l'interaction humaine. On en reconnaît bien les articulations au cours de toute analyse de ce type.

L'objectif poursuivi par cette analyse est de conduire la personne qui s'y engage à un niveau de prise de conscience qui la rend apte, par la suite, à prendre de nouvelles décisions vis-à-vis de son comportement futur et de l'organisation de son avenir.

Il s'agit ici d'une forme contractuelle de traitement: le patient précise aussi clairement que possible ce qu'il attend de cette relation thérapeutique; de son côté, le thérapeute peut accepter ou refuser le contrat, selon qu'il se voit lui-même capable ou non d'aider le patient à atteindre les objectifs proposés dans ledit contrat. Ce contrat définit également bien les moyens les plus appropriés pour arriver aux objectifs et la durée de la relation, puisque celle-ci se termine dès que les objectifs sont atteints.

L'analyse transactionnelle trouve important de souligner les besoins humains fondamentaux que l'observation nous apprend à relier au comportement quotidien. Selon elle, le comportement humain s'explique surtout par ce besoin chez tout individu de structurer le temps de façon intéressante et même dynamisante, besoin qui fait recourir au leadership exercé par d'autres personnes en mesure d'aider à cette structuration.

Parmi les moyens intéressants de structurer le temps, il y a ceux qui consistent à recevoir par à-coups des marques de reconnaissance (*strokes*) provenant d'autres personnes. Elles consistent tout d'abord en des manifestations très simples pour montrer que l'on reconnaît la personne. Elles seront suivies d'engagements plus soutenus envers ladite personne: rituels, passe-temps, jeux, pour en arriver à des manifesta-

3. Dusay P. et K.M., 1979.

tions que l'on peut qualifier de proximité physique ou d'intimité interpersonnelle et qui engagent encore davantage.

Une autonomie déficiente sera perçue comme étant reliée à la façon dont la personne s'engage dans un « scénario » (*script*), objet de toute sa vie, ou encore dans un contre-scénario (*counterscript*), à titre d'alternative.

Le scénario en question est en réalité un plan de vie décidé par chaque personne, dès son jeune âge, comme moyen pour elle, d'une part, de satisfaire à ses besoins dans un monde perçu selon son propre point de vue, c'est-à-dire avec les yeux de son âge, et, d'autre part, d'interpréter sa propre position dans la vie.

La position que chaque personne assume à l'intérieur de sa propre vie réside, au fond, dans cette décision précoce qu'elle prend sur ce qui la concerne, elle, et les autres personnes de son entourage. Elle consiste effectivement dans cette distinction très simple: O.K. ou NON, et elle prend la forme suivante: je suis (ou je ne suis pas) O.K.; tu es (ou tu n'es pas) O.K. Cette position qui, chez toute jeune personne, est fondamentale en ce qui concerne sa vie, détermine les possibilités qu'elle y entrevoit; elle en impose aussi les limites et donne le ton général au plan de vie qu'elle essaiera d'actualiser sa vie durant.

Le contre-scénario, de son côté, est surtout basé sur les injonctions des parents qui enseignent à l'enfant comment être O.K. Ainsi le processus thérapeutique consistera en trois analyses différentes, dont le déroulement est, dans l'ordre, l'analyse structurale, l'analyse transactionnelle et enfin l'analyse du scénario.

L'analyse structurale est basée sur la supposition que chaque personne vit des « états du Moi » variés, que l'on nomme: Enfant, Adulte, Parent. Ces trois états peuvent donc être observés et vérifiés de façon empirique par quiconque est intéressé à le faire, soit pour lui-même, soit pour venir en aide à d'autres. En plus d'identifier ces trois états du Moi, il faut veiller à solutionner certains problèmes, par exemple, la contamination et l'exclusion.

La contamination entre deux états du Moi prend forme lorsque les frontières entre les deux se recouvrent et que, par la suite, la personne fait erreur en identifiant le contenu et les actions d'un état comme appartenant à un autre état. Voici un exemple de contamination: la personne identifie un comportement « parent » comme étant un comportement « adulte ».

Lorsque l'analyse structurale est terminée, l'analyse transactionnelle peut débuter. Elle consiste en une analyse des états du Moi d'où émanent les transactions, déterminant en même temps vers quels états chacune d'elles doit se diriger. Et une communication aura des chances de se continuer à la condition essentielle que l'état du Moi, d'où provient la réponse transactionnelle, soit le même que celui auquel le stimulus transactionnel précédent s'était adressé. Exemple: parent à enfant; enfant à parent. Dans ces conditions, les vecteurs transactionnels sont parallèles et les transactions elles-mêmes sont complémentaires; c'est ainsi que la communication peut se faire et se maintenir. Quand les vecteurs transactionnels s'entrecroisent, la communication cesse et elle ne pourra reprendre que si les transactions complémentaires sont rétablies. Ainsi: (stimulus) parent à enfant; (réponse) adulte à adulte.

Le but de l'analyse de ces interactions sociales est de donner à la personne concernée le droit et l'occasion de prendre une décision autonome en ce qui concerne sa manière de se comporter lorsque surgit une occasion de conflit à l'intérieur de ses propres motivations. Ainsi cette personne aura-t-elle à décider, soit pour obtenir un degré plus élevé de satisfaction (et alors elle encourra les risques de vulnérabilité dans ses interactions avec les autres), soit de s'orienter vers un degré de sécurité plus ou moins élevé.

Comme nous l'avons déjà mentionné, la façon dont la personne vit ou « organise » sa vie est surtout déterminée par le scénario qu'elle a décidé étant très jeune. Cette décision (ou plan de vie) (*lifescript*), outre qu'elle a été prise très précocement, a été influencée (*distorted*) par les évaluations fautives de l'état du Moi enfant, face à sa perception des figures parentales investies à ses yeux d'un pouvoir magique. Les thèmes dramatiques du scénario proviennent des mythes et des légendes. Quant à son propre rôle comme individu, il a pu lui être indiqué par une approbation ou encore vécu comme un sort jeté par une personne significative à des moments critiques de son enfance.

De telles influences déterminent la « combine » (*racket*) de la personne, et cette combine se manifeste au moyen de sentiments de toutes sortes qu'elle conserve et utilise pour justifier les actions les plus dramatiques qui entrent dans son scénario. Ces jeux lui procurent des échanges avec d'autres, un moyen de structurer son temps et une source d'intérêts dynamisants, mais aussi des sentiments de culpabilité, de colère et de dépression, dont elle a justement besoin pour maintenir cette combine et faire avancer le scénario comme prévu. La seule alternative valable, pour quelqu'un qui décide de ne plus vivre le scénario, est de se mettre à vivre de façon autonome et de se choisir un autre modèle de vie, plus intéressant, qui inclut la possibilité d'une intimité vraie avec une autre personne. Tel est le résultat possible de l'analyse dudit scénario.

Commentaires

Cette approche thérapeutique, élaborée pour des situations de groupe, diffère sensiblement de la nôtre, autant dans sa conceptualisation théorique que dans son processus thérapeutique.

Tout d'abord, bien que cette approche se réclame de la psychanalyse, si on considère son cadre de référence théorique, on se rend vite compte que le dynamisme provenant de l'inconscient a disparu. Plusieurs approches ont établi un parallélisme entre les concepts Ça, Moi, Surmoi et les états du Moi que sont Enfant, Adulte et Parent, mais Berne (1961) nie cette ressemblance. Selon lui, ces états appartiennent au Moi et sont donc susceptibles d'être observés puisque ce sont des réalités phénoménologiques, tandis que le Ça, le Moi et le Surmoi sont des concepts théoriques.

Par ailleurs, cet auteur estime que ces trois états du Moi sont une simplification très poussée du processus d'organisation psychique que constitue ledit Moi; dans ses fonctions synthétiques et défensives, il intègre en outre les données de l'inconscient sur ses frontières intérieures, tout en tenant compte sur ses frontières extérieures, de l'orientation vers le monde.

De plus, les stades d'évolution génétique ne sont abordés que sous l'angle du scénario (*script*) et du contre-scénario (*counterscript*), c'est-à-dire du plan de vie adopté en bas âge et qui influence tout le cours de la vie future, donnant lieu à ces états du Moi « Enfant et Parent », lesquels paralysent l'acquisition de l'autonomie personnelle (Moi adulte).

Les besoins humains fondamentaux postulés dans ce modèle théorique ne touchent que ce qui est relié à l'observation quotidienne du comportement, donc n'abordent pas toutes les composantes de la personnalité humaine. Ainsi une seule explication est donnée par rapport à ce manque d'autonomie personnelle: c'est la fixation précoce à un plan de vie qui se traduit par des combines (*rackets*) et des jeux (*games*), lesquels font s'accentuer chez la personne ces sentiments de culpabilité, de colère et de dépression.

Quant à nous, au contraire, dans notre contexte théorique nous tenons compte des multiples composantes qui concourent à l'organisation psychique du Moi autonome, par exemple, les forces vitales: principes de cohésion qui sont à même d'intégrer tous les aspects mentionnés plus haut. La simplification de l'organisation de la personnalité, que prône l'analyse transactionnelle, ne peut guère apporter à l'individu qu'une prise de conscience superficielle et globale de patrons de comportement rigidifiés. Berne lui-même reconnaît que ce mode d'approche ne saurait servir que d'introduction à d'autres genres de « psychothérapies rationnelles ».

Le processus thérapeutique, développé dans cette approche, consiste en une technique de base unique, celle de l'« interprétation » — technique traduite par les différentes analyses: structurale, transactionnelle et du scénario (*script*). De plus, cette seule technique d'interprétation, qui devrait être universellement efficace puisqu'elle s'applique indifféremment à tous les clients, est centrée uniquement sur les schèmes de comportement mésadaptés. À l'encontre de cette méthode, nous utilisons toutes les expériences vécues par le client dans l'actuel, pour lui faire prendre conscience de l'actualisation de ses propres forces vitales, de façon à favoriser l'acquisition d'une autonomie personnelle. Celle-ci l'aide, en effet, à refaire l'équilibre psychique, et, par le fait même, contribue à diminuer la paralysie provoquée par ses comportements rigidifiés.

Le mode d'approche utilisé par l'analyse transactionnelle convient surtout aux situations de groupe; or plusieurs de ces techniques diffèrent considérablement de notre approche thérapeutique, même lorsque nous l'appliquons à des groupes. Quelques exemples illustreront bien cette différence: dans l'analyse transactionnelle, le client est le seul à définir les termes du contrat, c'est-à-dire les objectifs et les moyens pour y parvenir; pour nous, il s'agit d'une entente commune entre thérapeute et client et tous deux, même en présence du groupe, forment une alliance thérapeutique; de plus, le thérapeute assume une responsabilité plus grande en regard du processus thérapeutique, celle de favoriser chez le client une acquisition d'autonomie, et ce, aussi bien en situation de groupe.

Une autre façon de procéder de l'analyse transactionnelle est de mettre dans les mains du client le cadre de référence théorique à partir duquel celui-ci devra interpréter lui-même quel comportement adopter, avec l'aide du groupe et du thérapeute. Pour nous, la prise de conscience du client est facilitée lorsque, à travers des expériences vécues, il est à même de découvrir comment il a fait preuve de productivité et d'adaptabilité et comment il s'est engagé dans des rencontres vraiment significatives avec des personnes de son choix, tout en en retirant un « plus être ». Et le moyen d'accéder à une prise de conscience se fait par la relecture, de façon interpersonnelle, avec le thérapeute ou en présence du groupe. Après un certain temps, le client est en mesure d'aborder efficacement les situations qui jusqu'ici le paralysaient.

11 - La rencontre (*Encounter group* - Esalen)

La rencontre (*encounter*)[4] est un mode de contact humain (*human relating*) basé sur l'ouverture, l'honnêteté, la prise de conscience de soi, la responsabilité de soi, la prise de conscience de son corps, l'attention à ce qui est ressenti et sur une priorité marquée pour tout ce qui se passe ici et maintenant, dans une situation de groupe.

C'est bien d'une thérapie qu'il s'agit, puisqu'elle se concentre sur la disparition des blocages pour en arriver à améliorer le fonctionnement de l'individu. Ce mode d'approche comporte aussi des éléments éducatifs, récréatifs et religieux, car il cherche à créer des conditions qui favorisent l'usage le plus satisfaisant des capacités personnelles.

La théorie de la personnalité, qui sous-tend ce mode d'approche, postule que la croissance optimale est empêchée par des traumatismes physiques et émotifs et affectée par l'usage limité des potentialités de chaque personne.

Plusieurs méthodes qui mettent en valeur le corps, en particulier la bioénergie, sont considérées comme étant à notre disposition pour aider à faire disparaître ces blocages physiques. Le corps et le psychique sont considérés comme des manifestations qui proviennent de la même essence et la compréhension qu'on doit en avoir, ainsi que le traitement qu'on y apporte, doivent opérer à ces deux niveaux.

Psychologiquement parlant, une personne et un groupe poursuivent les trois mêmes besoins fondamentaux: l'inclusion, le contrôle et l'affection. Ces besoins sont enracinés dans ce que la personne ressent à propos d'elle-même, c'est-à-dire son « concept de soi », concept clé de la théorie de cette approche. Ce concept de soi provient en majeure partie des relations avec les autres. Ces trois besoins se manifestent dans le comportement agi et dans les sentiments éprouvés envers d'autres personnes.

L'inclusion se réfère à des sentiments qui se traduisent par « on se sent important ou significatif si l'on s'apprécie ».

---

4. Schutz, 1973.

Le contrôle se manifeste par les sentiments de compétence (y compris l'intelligence), l'apparence, l'aspect pratique et, généralement, la capacité d'adaptabilité face au monde extérieur. L'affection touche aux sentiments qui laissent entrevoir que l'on est aimable et que, si l'on révèle complètement son « essence » personnelle, on sera reconnu comme quelqu'un de tel.

Ces processus peuvent exister sous plusieurs aspects, soit des manifestations physiologiques ou de la personnalité, soit encore des manifestations en situation de groupe ou simplement sociales.

Le processus psychothérapeutique de cette approche se préoccupe de *toute* la personne. Il est postulé que les émotions de la plupart des individus ont été supprimées par la culture. Pour retrouver ces émotions, le corps doit prendre plus de place dans la prise de conscience des personnes. La « rencontre » souligne l'importance pour la personne d'être ouverte et consciente, afin de pouvoir se révéler à elle-même dans toute sa réalité comme dans sa façon de connaître les autres. De plus, il faut remarquer un autre point important, à savoir que la personne est totalement responsable d'elle-même, de sa façon de parler, de ses états émotifs, de ses réactions face aux autres et même de sa santé physique.

De nombreuses méthodes sont utilisées à l'intérieur de ces rencontres, allant des techniques non verbales empruntées à d'autres approches à celles qui sont inventées sur place pour répondre à des situations particulières. Puisque aucune méthode ne peut rejoindre tout le monde, plus le répertoire du chef de groupe est grand et plus il acquiert de l'intuition face au choix de l'approche la plus appropriée, plus son efficacité se décuple. Un chef de groupe doit continuellement avoir le souci d'une prise de conscience de soi et de son propre état psychologique. Ces chefs de groupe sont souvent portés à s'impliquer personnellement dans le groupe et à faire largement appel à eux-mêmes.

Commentaires

La « rencontre » est plutôt un mode de contact humain qu'un mode d'approche thérapeutique. Et cela, parce qu'elle représente une tentative pour développer les potentialités d'une thérapie, basée sur la relation, en donnant l'occasion de relations plus ouvertes et plus intenses.

Certains tenants de ce mode de contact accordent une place prépondérante à la prise de conscience du corps et encouragent la participation corporelle dans la recherche du contact humain. À notre avis, cette recherche de contact peut facilement conduire au passage à l'acte (*acting out*) qui, tout en apportant une certaine détente physique, ne favorise pas vraiment une prise de conscience. Cette façon de procéder se rapproche de « l'abréaction », une décharge tout autant motrice qu'émotive. Freud la préconisait avant la découverte de la psychanalyse. Depuis le développement de la théorie concernant la psychologie beaucoup plus complexe du Moi autonome, nous savons que la restructuration de la personnalité repose non pas sur une prise de conscience passagère, mais sur une actualisation des forces vitales qui se fait par une intégration graduelle des expériences vécues quotidiennement. De plus, la prise de conscience de soi n'est facilitée que par cette partie de la personnalité qui est le « Moi » et ce sont ses fonctions synthétiques qui contribuent à la formation de l'identité.

Les situations de rencontre créées dans cette approche (*encounter*) sont souvent factices et ne favorisent pas toujours la prise de conscience de soi désirée. De plus, lorsque les personnes en cause recherchent les mêmes situations dans le vécu quotidien, elles font face à une déception, d'autant plus grande que cette attente exagérée de compréhension avait été alimentée par une rencontre organisée précisément pour faciliter une relation humaine de qualité.

À notre point de vue, les rencontres significatives, que ce soit au niveau interpersonnel ou à titre de membre d'un groupe, sont un élément essentiel à la prise de conscience de soi. Mais les rencontres à titre de membre d'un groupe n'impliquent pas la même intimité et le même engagement réciproque que les rencontres de niveau interpersonnel, donc plus individuelles. En effet, les rencontres de groupe ne supposent pas le choix d'une personne précise à partir d'une reconnaissance qui augmente graduellement et d'un lien réciproque qui s'établit.

Dans ces groupes dont les membres acceptent les mêmes valeurs qui les solidarisent et orientent leur choix de moyens pour parvenir à leurs objectifs, dans le respect de ces valeurs et objectifs communs, ce mode de contact ne peut être vraiment bénéfique que si la personne concernée est en mesure d'y participer pleinement.

À titre d'exemple, nous pouvons citer ces groupes qui poursuivent l'objectif de « renouement conjugal » (*marriage encounter*). Plusieurs participants en ont retiré beaucoup d'épanouissement tandis que d'autres personnes, s'étant senties pressurées par ces expériences de groupe qu'elles n'étaient pas en mesure d'intégrer, ont été la proie de difficultés personnelles à la suite de ces rencontres.

Il va sans dire que la qualité de ces expériences de groupe repose en grande partie sur la formation adéquate du chef de groupe, sur son expérience pratique dans le choix de la méthode appropriée à des situations particulières. La connaissance approfondie de soi et de son état psychologique dans ces interactions à l'intérieur des phénomènes de la vie de groupe, l'intuition clinique pour ressentir la façon de vivre de chacun des participants, sont deux des critères les plus importants pour rendre ces rencontres bénéfiques aux participants.

12 - La thérapie familiale selon quatre conceptions théoriques différentes

D'une façon générale, on peut définir la thérapie familiale comme une tentative pour modifier les relations dans la famille (nucléaire) en vue d'atteindre une certaine harmonie. Quelques tenants de cette approche considèrent la famille comme un « système ouvert » de relations, lequel devient lui-même l'objet de la thérapie plutôt que l'individu. Selon ces thérapeutes, en effet le comportement symptomatique du « patient identifié » est le résultat d'interactions dysfonctionnelles dans le système familial.

À ses débuts, la thérapie familiale était basée sur le « modèle interpersonnel », qui considérait l'individu de façon globale, non seulement en soi mais en relation avec l'entourage. Cette approche thérapeutique soulignait l'importance du milieu dans le développement de la personnalité et considérait la croissance de la personne comme le résultat de toutes ses interactions avec l'entourage et surtout avec sa famille d'origine.

Graduellement ce modèle interpersonnel a été délaissé au profit du concept de « système » où la famille est devenue « l'unité primaire de traitement ».

Les partisans de la thérapie familiale proviennent cependant de plusieurs écoles de pensée, qui avancent des conceptions théoriques fort différentes et dont les applications dans le processus thérapeutique sont aussi, par conséquent, très diversifiées.

Le but ultime poursuivi par le thérapeute est de « changer, par des interventions appropriées, les relations entre les membres d'une famille perturbée de façon à ce que le comportement symptomatique du “patient identifié” disparaisse et que se réalise ainsi une meilleure adaptation des individus dans ladite famille ».

Nous nous contenterons de présenter ici quatre écoles de pensée dont les stratégies et les techniques varieront selon les théories adoptées. Nous nous référons ici à la classification proposée par Foley (1979), même si elle n'est pas suivie par d'autres auteurs (Gurman et Kniskern, 1981). Elle énumère les conceptions théoriques suivantes :

— les relations d'objet (théorie psychanalytique du Moi) ;
— le système familial ;
— la thérapie familiale structurale;
— l'intervention stratégique.

Les relations d'objet

Ce point de vue provient de la théorie psychanalytique du Moi dont les tenants perçoivent la « relation d'objet » comme un « besoin fondamental » chez l'individu. Selon cette conception, « l'incapacité d'une personne d'établir une relation d'objet avec la famille d'origine se perpétue et “contamine” son nouveau système familial de relations avec le conjoint et les enfants ». (Foley, 1979, p. 467).

Le chef de file de cette approche, Boszormenyi-Nagy (1965) (Foley, 1979, p. 467) définit ainsi la pathologie familiale : « une organisation multipersonnelle spécialisée de fantaisies[5] partagées et le besoin complémentaire de modes de gratifications maintenus dans le but de faire face à l'expérience passée de la « perte d'objet ». Cet auteur dénomme son approche la « thérapie familiale contextuelle », parce que les déterminants relationnels à la base de cette intervention privilégient toujours la *personne* plutôt que le *système*. On y envisage quatre dimensions à la fois, 1) les faits provenant de la destinée, 2) la psychologie ou ce qui se passe à l'intérieur de la personne, 3) les transactions ou les alignements de pouvoir, 4) l'éthique relationnelle définie comme l'équilibre nécessaire à une justice équitable pour chacun des membres de la famille, où les intérêts de base de chacun sont pris en considération par les autres membres. Cette éthique relationnelle est fondée sur le principe d'équitabilité, c'est-à-dire « que chacun a droit, dans une perspective multilatérale, à ce que ses intérêts par rapport à son bien-être soient considérés d'une façon équitable » (Gurman et Kniskern, 1981, p. 160). C'est le point de vue central de la thérapie contextuelle.

Dans cette approche, le « patient identifié » est souvent perçu comme celui qui incarne les impulsions détachées et inacceptables des autres membres de la famille. Le processus thérapeutique consiste à clarifier les relations avec le passé, non seulement avec la famille d'origine, mais également entre les *trois générations successives*. Ce mode d'approche a été élaboré surtout au Eastern Pennsylvania Psychiatric Institute, à Philadelphie.

---

5. Au sens fantasmatique du mot.

Le système familial

Identifiée à son concepteur Murray Bowen, cette approche poursuit l'objectif suivant : « rendre la personne capable d'une *différenciation de soi* ferme par rapport au système familial tout en demeurant en contact avec ce système ». (Le mot « système » prend ici un sens différent de celui qui lui est attribué dans l'approche « systémique ».) Le but du processus thérapeutique est d'enseigner à la personne à faire un choix qui, tout en tenant compte des besoins de la famille, repose sur le discernement judicieux de sa propre raison plutôt que sur des sentiments qui suscitent une réaction aboutissant à un dilemme : la colère ou la culpabilité (Foley, 1979, p. 468).

La thérapie familiale structurale

Cette approche est associée au nom de Salvador Minuchin (1967, 1974) et elle a contribué au développement des concepts d'alignements et de divisions, puisqu'elle cherche à changer les structures dans le système familial, c'est-à-dire les alliances et les divisions entre les membres de la famille (Foley, 1979, p. 468).

Le thérapeute concentre ses interventions sur les frontières entre les sous-systèmes familiaux privilégiés — surtout les frontières parent-enfant — élaborant par le fait même la notion de « triangle » qui surgit lorsqu'une telle frontière entre les générations n'est pas respectée.

L'intervention stratégique

Elle a été conçue à partir des concepts élaborés par Don Jackson sur la formulation et la solution des problèmes. Les idées centrales de cette école, telles que formulées par Foley (1979, p. 468) sont les suivantes :

- le symptôme présenté *est* le problème ;
- de tels problèmes sont causés par de fausses adaptations à la vie, surtout à des moments critiques comme la naissance et la mort;
- les tentatives de solution n'ont fait qu'intensifier les problèmes;

— la guérison, paradoxalement, est souvent trouvée en intensifiant le problème.

Le but du processus thérapeutique est de forcer les individus à agir différemment en combinant des tactiques dans ce sens. Le paradoxe qu'est la « prescription du symptôme » est souvent utilisé. Le thérapeute demande alors au client de continuer sa vie de façon telle que le symptôme s'accentue plutôt qu'il ne diminue. Mais ce comportement, prescrit sous le contrôle du thérapeute, n'est plus involontaire de la part de l'individu. L'utilisation d'une telle technique réussit alors souvent à faire disparaître le symptôme.

Le seul élément commun partagé par ces quatre écoles est la façon de concevoir le comportement symptomatique comme le résultat d'interactions dysfonctionnelles dans le système familial.

Dans le processus thérapeutique, les deux premières écoles — soit celles désignées par les « relations d'objet » et par le « système familial » — consacrent beaucoup de temps et d'énergie à clarifier les relations avec le passé, tandis que les deux autres — soit la « thérapie familiale structurale » et « l'intervention stratégique » — attachent plus d'importance à opérer des changements dans le système familial actuel, sans référence aucune au passé.

Comme on le voit, la thérapie familiale est issue de courants de pensée fort divers. Pour compléter ce tour d'horizon, il nous faudrait mentionner aussi l'approche behaviorale pour la modification du comportement. Il ne nous appartient pas cependant de privilégier un processus thérapeutique parmi ceux déjà mentionnés. Qu'il suffise d'ajouter que, pour certains tenants de l'approche systémique, la famille, considérée comme un système ouvert, poursuit un processus de croissance selon des stades comparables à celui de l'individu.

Au début de la famille, les conjoints doivent former une unité fonctionnelle, un « nous » comme couple, en plus de leur personnalité propre. Le second pas est franchi lorsque se pratique l'ouverture du système « nous » pour permettre l'entrée des enfants. Ce pas critique, c'est-à-dire la présence d'un troisième individu qui peut susciter des alliances et des divisions, fait assumer un nouveau rôle, celui de *parent*, différent de celui d'époux. Le processus familial atteint un stade de plus lorsque les enfants vont à l'école et que le système doit s'ouvrir à des étrangers. L'adolescence apporte aussi un besoin plus grand de liberté pour les enfants et par conséquent une ouverture plus large de la famille. Enfin, la séparation des enfants et des parents par le mariage affecte la configuration du système familial.

À chacun de ces stades, le système familial peut être sujet à des situations de crise s'il ne fait pas preuve d'adaptabilité et de flexibilité pour retrouver un nouvel équilibre fonctionnel en faisant les compromis nécessaires pour répondre aux besoins différents de chacun de ses membres.

Commentaires

Bien que dans la conceptualisation théorique il soit mentionné que la thérapie familiale est basée sur un modèle interpersonnel — où l'individu est considéré de façon globale, c'est-à-dire non seulement en soi, mais en relation avec l'entourage —, cette approche met l'accent presque exclusivement sur l'apport de l'entourage dans ses interactions avec la famille d'origine pour expliquer la croissance de la personnalité. Tout ce processus néglige l'organisation intrapsychique. Notre processus d'organisation intrapsychique est fondé non seulement sur l'alimentation des stimuli internes et sur les stimuli externes provenant de l'entourage, mais aussi sur la construction des forces psychologiques, garanties proximales de l'autonomie personnelle.

Soulignons brièvement, s'il y a lieu, les ressemblances et les différences entre chacune des écoles de pensée mentionnées plus haut et notre conception théorique.

1. La première école mentionnée, celle des relations d'objet est issue de la psychologie psychanalytique du Moi, surtout des théoriciens qui perçoivent la relation d'objet comme un besoin fondamental chez l'individu. Nous sommes tout à fait d'accord avec cette appréciation. Les travaux de recherche de Margaret Mahler (1974), auxquels nous nous sommes souvent référés, sont venus confirmer ce besoin essentiel dans le processus d'organisation psychique de l'enfant. Dans leur approche de thérapie familiale, ces thérapeutes concentrent leurs efforts sur la clarification de ces relations d'objet avec les expériences passées du client.

Dans notre approche thérapeutique, nous nous attachons au contraire aux manifestations actuelles des relations d'objet, malgré le déficit paralysant dans cette sphère dû aux expériences passées. Nous nous ingénions à souligner surtout les différences d'avec ce passé pour intensifier les relations d'objet susceptibles de se développer actuellement.

Quant aux quatre dimensions de l'approche contextuelle, nous souscrivons à la dimension des faits observés ainsi qu'à l'aspect intrapsychique. Nous élargissons les transactions avec l'entourage sans nous restreindre aux alignements de pouvoir. Quant à la dernière dimension, intitulée l'éthique relationnelle, fondée sur le principe d'équitabilité, nous incluons cette dimension dans l'engagement à une échelle de valeurs basée sur la règle d'or. L'intégration d'une telle règle rend la personne en mesure d'adopter la perspective multilatérale telle que préconisée par 1a thérapie contextuelle.

2. Par ailleurs, l'objectif poursuivi par l'approche système familial — à savoir, rendre la personne capable d'une différenciation de soi par rapport au système familial — se retrouve dans notre conception théorique puisque la découverte de l'identité du Moi, qui suppose l'acquisition d'une « représentation de soi », provient des deux processus d'individuation, à la troisième année de vie, c'est-à-dire à la naissance psychologique de l'enfant, et à l'adolescence, quand le jeune se sépare psychologiquement de sa famille et se prépare à assumer un rôle social par le choix de sa carrière et plus tard d'un conjoint.

3. Quant à la « thérapie familiale structurale » et à « l'intervention stratégique », approches qui insistent sur l'importance d'opérer des changements dans le système actuel sans aucune référence au passé, elles diffèrent de la nôtre en ce que, tout en préconisant des changements dans le système actuel, nous soulignons la différence perçue dans l'intégration de l'expérience actuelle par rapport au comportement passé quand le client y revient.

L'intervention stratégique, par ailleurs, travaille sur le symptôme, tandis que nous actualisons les forces psychologiques. Cette approche thérapeutique utilise le paradoxe en intensifiant ledit symptôme. Dans notre processus thérapeutique, nous faisons appel à la participation engagée de l'individu sans le laisser paralyser par le symptôme.

Soulignons aussi la façon d'envisager le processus de croissance du système familial à l'instar des stades de croissance de l'individu par les tenants de l'approche systémique, qui décrivent les changements dans la configuration familiale à chaque niveau de développement.

Ce point de vue peut très bien s'intégrer à notre approche, puisque nous reconnaissons l'importance du rôle de la famille d'origine dans le processus d'organisation psychique de l'individu. Nous endossons donc pleinement ce processus d'ouverture graduelle de la famille pour favoriser chez le jeune les occasions ainsi offertes d'acquérir une plus grande autonomie.

En terminant, ajoutons que notre thérapeutique, bien qu'applicable en thérapie de groupe, n'a pas été utilisée en thérapie familiale. Lorsque le groupe est employé, l'individu demeure toujours le sujet de la thérapie et ledit groupe devient un moyen efficace pour stimuler la découverte des forces psychologiques de chacun des individus qui en sont membres.

13 - La psychothérapie bioénergétique (Lowen)

La bioénergie, fondée sur les travaux de Reich (1949) et développée par Lowen (1976), peut se définir comme « une technique thérapeutique qui aide à retourner dans son corps et à en apprécier la vie, et ce, au plus haut degré possible ». Selon l'auteur, elle a pour but d'aider l'individu à retrouver sa nature première qui est une condition de liberté, un état de grâce, et qui revêt un caractère de beauté. La liberté est l'absence des restrictions intérieures, laissant libre cours à la circulation des sensations; la grâce est l'expression en mouvement de ces courants; la beauté est la manifestation de l'harmonie intérieure qu'ensemble liberté et grâce engendrent. La bioénergie conduit à la découverte de soi-même en ce qu'elle essaie de comprendre la personnalité humaine dans les termes du corps humain.

La bioénergie est donc l'étude de la personnalité humaine au niveau des processus énergétiques de l'organisme. Selon Lowen, la quantité d'énergie dont on dispose et la manière dont on l'utilise doivent déterminer la personnalité et s'y refléter. Il annonce cette proposition simple: chacun est son corps, c'est sa manière d'être dans le monde. La connaissance de soi, qui est une fonction de l'organisme, se développe en relation avec la croissance physique, émotionnelle et psychologique du corps; elle dépend de l'expérience et se confirme par l'activité.

Ainsi on peut déterminer la force de la personnalité de quelqu'un à sa façon de vivre et de vibrer, littéralement à sa quantité d'énergie, car le lien entre l'énergie et la personnalité est immédiat.

À mesure que la conscience s'élargit, elle incorpore davantage le monde extérieur, et grâce aux relations et aux identifications qui se font tout au cours de son développement selon certaines couches concentriques, cette prise de conscience englobe progressivement, d'abord la mère, puis la famille, la communauté, la nation et enfin l'univers. Ainsi se manifeste la sensation d'appartenance qui reflète le besoin de contact avec l'environnement et le monde.

Dans ce mode d'approche, le processus thérapeutique consiste à utiliser les exercices bioénergétiques mis au point pour favoriser une prise de conscience de soi. Ils servent à s'ouvrir à la vie intérieure du corps tout autant qu'à aider à l'extension de cette vie dans le monde extérieur. Ces exercices ne sont conçus que pour aider à prendre contact avec les tensions qui inhibent la vie du corps.

Lowen (1976) ne prétend pas que la bioénergie peut résoudre tous les conflits cachés, supprimer toutes les tensions chroniques et restaurer totalement une circulation de sensibilité dans l'organisme. Il affirme cependant que de tels exercices représentent un début de processus de croissance qui va dans cette direction. Il attache une grande importance au langage du corps à titre de communication non verbale.

Ainsi les thérapeutes de la bioénergie doivent-ils s'entraîner à garder contact avec leur propre corps, condition essentielle pour lire le langage du corps et pouvoir sentir ce qu'il exprime.

Selon Lowen, la thérapie débute par un processus de croissance et de développement qui, au fond, ne se terminera jamais. Mais travailler avec un thérapeute fonde ce processus mettant en jeu des forces internes de la personnalité, qui œuvrent pour élargir et augmenter tous les aspects du Soi, toutes les forces qui fonctionnent à la fois au niveau conscient et au niveau inconscient. Cependant, l'engagement vers la croissance implique l'engagement au niveau du corps pour que justement celui-ci devienne graduellement plus tolérant à un mode de vie davantage énergétique, à des impressions plus fortes et à une expression de soi plus libre et plus totale. Mais ce processus thérapeutique ne se confine pas aux exercices bioénergétiques; il passe alternativement de l'élargissement de la conscience au niveau du corps à l'élargissement de la conscience au niveau verbal. Ainsi les mots sont le langage du Moi tout comme le mouvement est le langage du corps. Or, pour qu'un individu devienne intégré, il lui faut s'identifier à son corps et à sa parole. Pour réussir cette intégration, il faut commencer par être son corps, mais il faut aussi en arriver à être sa parole. C'est alors que se développe la conviction intérieure: les émotions s'intègrent aux pensées en une unité consciente; en d'autres mots, il existe une harmonie et un équilibre qui manifestent vraiment l'intégration et de sa pensée et de ses émotions.

Ainsi, selon Lowen, le principe qui est à la base de l'orientation de la conduite est une conviction personnelle qui donne une impression de justesse et qui fait sentir à la personne qu'elle est unifiée et pleinement elle-même.

Commentaires

Conçue comme une technique thérapeutique, qui contribue à la découverte de soi-même en s'ouvrant à la vie intérieure du corps au niveau des processus énergétiques de l'organisme et qui aide à l'extension de cette vie dans le monde extérieur, la bioénergie est certainement un mode d'approche mettant en évidence un aspect de l'expérience vécue qui a son importance dans le processus thérapeutique.

Dans notre propre mode d'approche, bien que nous n'utilisions pas les exercices bioénergétiques tels que préconisés par Lowen (1976), nous nous attardons à faire prendre conscience au client de ce vécu corporel par le moyen d'activités; il s'engage à les poursuivre dans le but précis de redécouvrir cette mise en forme physique et cet équilibre dans l'utilisation de son énergie, afin de ressentir un certain bien-être corporel.

En ce sens, le thérapeute manifeste un intérêt soutenu pour aider le client à découvrir ses points de repère corporels au moyen de certains exercices physiques qu'il s'est choisis ou certaines activités qui offrent une participation corporelle appropriée au mode de vie. Il contribue ainsi à cet équilibre harmonieux qui lui facilitera, à la première étape du processus, la découverte de son identité corporelle.

Si nous croyons que cette seule technique thérapeutique peut bien représenter un début de processus de croissance, nous savons en revanche qu'elle s'avère très tôt nettement insuffisante pour permettre une découverte de soi dans tous les aspects de sa personnalité. De plus, le thérapeute qui s'y attarderait trop longuement risquerait de le faire au détriment du processus de croissance même, de la connaissance de soi et de l'intégration des propres expériences de la personne dans tous les autres domaines, surtout en ce qui concerne une ouverture aux personnes et aux situations qui l'entourent ainsi qu'au sens qu'elle veut découvrir et donner à sa vie.

Bien que Lowen souligne l'importance de cette harmonie intérieure, lorsqu'il y a intégration de la pensée et des émotions chez l'individu, donnant lieu à une conviction personnelle et donc à un principe de conduite, il nous semble important d'ajouter qu'il devrait exister une correspondance avec les valeurs réelles ce code d'éthique commun à tous les humains que présente la règle d'or.

14 - La psychosynthèse (Assagioli)

Selon Assagioli (1971), la psychosynthèse est un ensemble de méthodes d'action psychologique visant à assurer l'intégration et la coordination harmonieuse de la personnalité humaine. Elle est aussi une conception dynamique de la vie psychique, considérée comme une lutte entre de nombreuses forces rebelles et conflictuelles et comme un centre unificateur qui tend à maîtriser toutes ces forces, à les harmoniser et à les employer de la façon la plus utile possible et la plus créatrice.

Pour illustrer la conception de la nature intérieure de l'homme, le schéma élémentaire suivant est utilisé, bien qu'il n'y soit pas tenu compte de l'aspect le plus essentiel, l'aspect dynamique, pourtant jugé important par les tenants de ce mode d'approche. Les composantes de ce schéma sont: l'inconscient inférieur, l'inconscient moyen, le supraconscient, le champ de la conscience, le Moi conscient ou le « Je », le Soi supérieur ou transpersonnel et l'inconscient collectif.

L'inconscient inférieur comprend les activités psychiques qui dirigent la vie organique, les pulsions primitives, plusieurs « complexes psychiques à forte tonalité émotionnelle », les résidus du passé, les rêves, ainsi que différentes manifestations pathologiques: phobies, obsessions, etc.

L'inconscient moyen, par ailleurs, est formé d'éléments psychiques de nature semblable à ceux de notre fonction de veille et facilement accessibles à celle-ci. À ce niveau se fait l'élaboration des expériences vécues, la préparation des activités futures, le travail intellectuel théorique et pratique, le travail imaginatif et la création artistique d'une valeur et d'un degré moyens.

Le supraconscient est la source du génie, des états d'illumination, de contemplation et d'extase. C'est de là que parviennent les intuitions, les inspirations d'ordre supérieur dans le domaine de l'art, de la philosophie, de la science, les impératifs d'ordre éthique, les élans altruistes.

Le champ de la conscience désigne cette partie de la personnalité qui apporte une connaissance directe des éléments psychiques (sensations, images, pensées, sentiments, désirs, impulsions, volitions), que nous sommes à même d'observer, d'analyser et de juger.

Le Moi conscient, ou le « Je », est le centre de la conscience qui accueille les éléments psychiques mentionnés plus haut et qui les perçoit.

Le Soi supérieur, ou transpersonnel, est le seul qui soit un centre permanent, au-delà du Moi conscient puisque ce dernier peut disparaître, par exemple pendant le sommeil ou dans un état d'hypnose. Le Soi véritable ou supérieur, en tant que réalité vivante, se distingue de toute conception phénoménologique du Soi : il est ce qui relie la personnalité entière, aussi bien consciente qu'inconsciente; on le désigne aussi par Soi transpersonnel.

L'inconscient collectif, terme emprunté à Jung (1956), inclut des éléments très disparates, parfois même opposés, c'est-à-dire des structures primitives, archaïques, ainsi que des archétypes de caractère supérieur et des activités de nature supraconsciente.

Ce schéma pourrait laisser supposer l'existence de deux Moi ; en réalité il n'y en a qu'un qui se manifeste à des degrés différents de réalisation et de conscience, qui ensemble, constituent l'unicité du Soi ou Moi véritable.

Lorsque l'homme prend conscience de son Soi véritable, il s'est alors libéré de ses multiples esclavages, il atteint une harmonie supérieure tout en établissant des rapports authentiques avec les autres. Les principales étapes pour y parvenir sont au nombre de quatre :

— la connaissance intégrale de sa personnalité ;

— la maîtrise des éléments qui la composent ;

— la réalisation du Soi ou du moins la découverte ou création d'un centre unificateur ;
— la psychosynthèse, qui est la formation ou reconstruction de la personnalité autour de ce nouveau centre.

Le processus thérapeutique consiste donc à faire l'exploration et la découverte des forces obscures qui s'expriment dans les fantasmes, les peurs et les conflits. Il utilise les méthodes d'exploration fournies par la psychanalyse: analyse des rêves, associations libres, analyse des troubles psychiques, etc. La seconde étape implique la nécessité d'apprendre à maîtriser ces différentes forces. Cette action peut se dérouler en deux phases distinctes :

— La désintégration des « images dominantes » et des complexes psychologiques au moyen de l'objectivation et de l'analyse critique, créant ainsi une distance psychologique entre elles et le client.
— La maîtrise et l'emploi des énergies ainsi libérées pour des fins constructives: la reconstruction de la personnalité, objet propre de la psychosynthèse.
— La découverte ou création d'un centre unificateur qui oriente le processus de la réalisation de soi (le Moi véritable). L'intervenant aide le client à choisir un « modèle idéal » approprié à ses possibilités et susceptible d'être réalisé.

L'étape finale, c'est-à-dire la psychosynthèse, se déroule par phases successives. À la première phase, un plan d'action est établi pour déterminer le but à atteindre, c'est-à-dire le type de personnalité nouvelle choisi et les différentes tâches à affronter afin d'arriver à la faire sienne. La réalisation pratique de la psychosynthèse comprend, elle, trois parties principales : d'abord l'utilisation des énergies libérées au cours des étapes précédentes afin de les transformer et de les sublimer, puis le développement des éléments encore peu actifs, soit par les méthodes d'évocation directe de l'affirmation créatrice, soit par un exercice actif et méthodique des fonctions faibles.

La troisième partie comprend la coordination et la subordination hiérarchique des différents éléments, des énergies et des fonctions diverses de la psyché, l'instauration d'une juste hiérarchie intérieure, c'est-à-dire la structuration de la personnalité.

Toutefois, les diverses tâches de ce vaste programme peuvent être judicieusement alternées ou menées de front selon les circonstances extérieures ou les conditions intérieures du sujet. L'auteur ajoute que l'aide apportée par un guide compétent rendra, sans aucun doute, la tâche plus facile à celui qui veut réaliser un tel programme ; mais, à son avis, cette assistance n'est pas indispensable.

La méthode proposée est donc une combinaison de techniques et d'exercices selon un programme général de traitement mais il doit être individualisé pour chaque personne qui s'y soumet. Le psychothérapeute garde une vue d'ensemble du traitement et considère chaque partie de celui-ci par rapport au tout, aussi bien en théorie qu'en pratique. Il doit donner une importance centrale au facteur humain et au rapport vivant, c'est-à-dire à l'interaction personnelle entre thérapeute et patient.

Le fondement de la psychosynthèse, que ce soit personnel ou transpersonnel, est un processus de croissance basé sur une intégration harmonieuse de tous les aspects de la personnalité autour du *self*, le centre des prises de conscience et du vouloir.

Commentaires

La conceptualisation théorique de la psychosynthèse, exposée de façon très rationnelle, repose, nous l'avons vu, sur un schéma élémentaire des composantes de la nature intérieure de l'homme. De l'aveu même de l'auteur, ce schéma laisse de côté l'aspect jugé le plus essentiel, c'est-à-dire l'aspect dynamique.

Cette dichotomie entre l'exposé rationnel et même notionnel des concepts de base détachés les uns des autres et l'intégration non justifiée théoriquement mais postulée comme une transformation des énergies psychiques pour l'intégration dans un Soi véritable laissent entrevoir une synthèse qui ne recourt pas aux concepts dynamiques que suppose le processus thérapeutique recommandé.

Dans notre propre cadre de référence théorique, les principes d'organisation psychique, tels que nous les avons exposés à ce niveau expliquent le processus d'organisation psychique que nous retrouvons au plan clinique. Cette intégration, essentielle à notre avis, de la conceptualisation théorique qu'orientent le processus thérapeutique lui-même et son application, apporte au thérapeute une ligne directrice dans le processus de reconstruction de la personnalité, tout au moins de prise de conscience de soi à l'intérieur de l'acquisition de son autonomie personnelle.

Nous n'avons pu déceler dans cette conceptualisation théorique comment se faisait l'intégration des éléments inconscients de la personnalité aux éléments conscients.

La reconstruction de la personnalité, telle que préconisée par la psychosynthèse, procède d'abord à l'exploration des forces inconscientes et des « complexes psychiques ». Cette exploration ne repose pas sur l'analyse des défenses ou du transfert comme cela se fait en psychanalyse, bien qu'il soit justement recommandé d'utiliser les techniques de cette dernière : associations libres, rêves, etc. De plus, cette façon rationnelle de procéder, à partir des éléments inconscients pour aboutir au niveau conscient, peut menacer l'équilibre qui doit être maintenu entre ces forces inconscientes et conscientes. À notre avis, il est essentiel d'actualiser les forces autonomes du Moi pour que ces fonctions synthétiques du Moi soient en mesure d'intégrer chez le client les injonctions inconscientes du Surmoi autant que du Ça avant de le provoquer. À partir des procédés recommandés, une simple exploration de ces éléments inconscients ne parviendra pas à les rendre accessibles au client. Seul, le thérapeute pourrait être en mesure d'utiliser ces éléments, encore que partiellement, puisque au début du processus thérapeutique il connaît à peine son client.

Le processus thérapeutique préconisé doit aider à éliminer chez le client les obstacles et les conflits, il doit permettre d'intégrer et d'harmoniser sa personnalité à tous les niveaux, pour ensuite favoriser l'union entre le Moi personnel et le Soi, et ce, selon un plan général de traitement. Mais ce plan ne repose pas sur des données théoriques ou cliniques en correspondance avec le développement de l'individu, si ce n'est les étapes rationnelles suggérées.

La reconstruction de la personnalité s'établit, d'après nous, sur la connaissance de l'épigénèse des stades et des forces vitales, selon le développement de la personne. Dans son mode d'organisation, Assagioli (1971) pour sa part présente une analogie avec un état pour justifier « la coordination et la subordination hiérarchique des différents éléments, des énergies et des fonctions diverses de la psyché ».

La psychosynthèse qui consiste à faire trouver à l'individu son centre unificateur par le choix conscient du « modèle idéal » réalisable, cette façon systématique de reconstruire la personnalité au moyen des méthodes qui utilisent techniques et exercices orientés vers ce but selon un plan prédéterminé, se situe à l'opposé de notre processus thérapeutique. Le nôtre, effectivement, repose essentiellement sur l'intégration des expériences vécues de façon significative, actualisant ainsi les forces vitales autonomes de la personne. Dans notre approche, il arrive qu'un client fasse une rencontre significative et que cette personne devienne son modèle idéal susceptible d'influencer son échelle de valeurs ainsi que le sens qu'il veut donner à sa vie, mais alors l'intégration de son système de valeurs se traduira par des choix autonomes qui orientent et engagent sa vie.

15 - La logothérapie (Frankl)

La logothérapie est une école de psychothérapie qui met l'accent sur la dimension spirituelle, considérée comme une dimension spécifiquement humaine: la transcendance de soi-même, l'orientation de l'existence humaine vers le Logos, qui renvoie à l'esprit et, par delà l'esprit, au sens. L'existence humaine, selon Victor Frankl (1975), témoigne toujours d'un dépassement de soi-même, elle renvoie toujours à un sens, à une volonté de sens ou à la réalisation d'un sens.

C'est une psychothérapie qui « élargit le champ des valeurs chez le patient », lui fait découvrir la plénitude des possibilités de sens « pour le laisser ensuite décider lui-même à quelle fin il utilisera cet élargissement du champ de sa conscience, quelle signification concrète et quelles valeurs personnelles il entreprendra de réaliser et face à quoi il se situera (face à quelque chose ou, bien plutôt, face à quelqu'un), dès lors qu'il aura saisi sa vie comme engageant sa responsabilité ». « La logothérapie se présente donc comme une éducation à la responsabilité... où l'homme doit trouver lui-même et en pleine indépendance le sens de sa vie. » (Frankl, 1970, pp. 90-91)

La logothérapie repose sur une vision de l'homme dans sa totalité qui, tout en intégrant les données de la psychanalyse (reconnaissant ainsi la sphère de l'inconscient pulsionnel) et des conflits intrapsychiques résultant du compromis entre les instances du Moi, du Ça et du Surmoi, élargit cette conception pour y intégrer les trois instances humaines: la spiritualité, la liberté et la responsabilité, comme des données irréductibles de la nature humaine.

C'est ainsi que, pour Frankl (1975), « l'existence humaine témoigne toujours d'un dépassement de soi-même... dans la réalisation d'un sens » de sa vie et d'une responsabilité. L'homme doit décider « comment il interprétera sa responsabilité devant la société, devant l'humanité, devant la conscience ou responsabilité, non pas devant quelque chose, mais devant quelqu'un, devant la divinité » (p. 81).

De même « l'être humain est toujours d'abord un être pour le sens... il porte en lui une sorte de prescience du sens, ... ou une volonté du sens ». (p. 82)

Frankl (1970) postule « non seulement un inconscient pulsionnel, mais aussi un inconscient spirituel » (p. 102), et le Logos lui-même qui s'enracine dans l'inconscient et d'où la logothérapie tire l'origine et la fin de ses efforts. En parlant de spiritualité inconsciente (p. 103), l'auteur entend une spiritualité dont le caractère inconscient consiste en l'absence de conscience réflexive, tandis que la compréhension implicite de l'existence de l'homme par lui-même est préservée. Il s'agit donc d'une compréhension immédiate de soi-même. À l'opposé de la compréhension immédiate de soi-même, la conscience de soi-même est médiate, réflexive, tandis que la conscience, (également médiate) en elle-même, est intentionnelle et représente ainsi en fait un « avoir » conscient, si bien que seule la conscience de soi représente une véritable conscience (un « être » conscient). L'intentionnalité et la réflexivité constituent la double transcendance du spirituel : c'est grâce à elles qu'un être spirituel est capable d'être aussi bien auprès d'autres êtres qu'auprès de soi.

Dans la sphère de l'inconscient spirituel, « je ne suis pas poussé vers Dieu, mais il faut qu'à chaque fois je me décide pour ou contre Lui... Il se trouve que, devant ma conscience aussi, j'ai chaque fois à me décider » (p. 104).

Cette conscience peut se définir comme la capacité de détecter intuitivement « le sens unique et singulier que recèle toute la situation » (1970, p. 156). En un mot, « la conscience est un organe du sens » (p. 154) qui guide l'homme dans ses décisions responsables, dans son engagement face aux situations ou aux personnes. C'est ainsi que « la conscience en tant que donnée immanente-psychologique renvoie... par elle-même, à une transcendance, ... à une instance supra-humaine » (p. 104).

Cette instance (supra-humaine ou ultra-humaine[6]), devant laquelle la conscience se sent responsable, est le phénomène de la foi, qui peut se traduire par la foi en un sens à la vie, c'est-à-dire une volonté du sens ancrée au plus profond de l'être humain incapable de vivre sans espoir. Cette instance ultra-humaine peut consciemment ou inconsciemment être Dieu. « C'est devant Lui que l'homme est responsable, qu'il lui est demandé de réaliser une signification concrète et personnelle dans sa vie et qui inclut également le sens de la souffrance, c'est en Lui seulement que l'existence humaine prend une dimension qui fait qu'elle vaut la peine d'être vécue sans condition, sous toutes les conditions et dans toutes les circonstances » (Frankl, 1970, p. 113).

Ainsi l'existence humaine est-elle une transcendance de soi et non une actualisation de soi. Ce n'est que dans la me-

---

6. Concept qui rappelle celui de valeur sur-individuelle de C. Odier (1968), *Les Deux sources consciente et inconsciente de la vie morale*, Neuchâtel, Éd. de la Baconnière, 276 pages, p. 47.

sure où l'homme s'engage lui-même à accomplir le sens de sa vie qu'il s'actualise lui-même.

Selon la logothérapie, le sens de la vie peut se découvrir de trois différentes façons :

— en accomplissant une action,
— en expérimentant une valeur,
— en faisant l'expérience de la souffrance (Frankl, 1959, p. 113).

La première, accomplir une tâche ou assumer une responsabilité quelconque, est assez obvie. L'expérience d'une valeur rejoint la deuxième façon; par exemple, l'expérience de l'amour conçu comme un acte spirituel, qui rend capable de connaître les traits et les composantes de la personnalité de l'être aimé et même d'en voir les potentialités. Par son amour, la personne aimante rend la personne aimée capable d'actualiser ses potentialités, ses ressources. Et en rendant la personne aimée consciente de ce qu'elle peut être et de ce qu'elle peut devenir, la personne aimante permet à ces potentialités de s'épanouir, de devenir réelles ou vraies. Ainsi, dans l'amour, la sexualité n'est que le véhicule de l'amour pour faire l'expérience de l'« union ultime ».

Face à la souffrance, c'est plutôt l'attitude qu'adopte la personne devant une situation inévitable, ne pouvant être changée, qui la rend capable de prendre en main sa propre souffrance. C'est alors l'occasion d'actualiser en soi la plus haute valeur, d'accomplir le sens le plus profond, le sens de la souffrance, et ce, à cause même du sens donné à la vie. C'est à ces moments cruciaux, et tout au long de son existence, alors qu'il affronte la souffrance et même la mort, que l'homme doit choisir parmi ses potentialités celles qu'il actualisera et celles vouées à « ne pas être ». C'est ainsi, par des choix responsables, qu'il forge sa propre destinée. « Les potentialités qui sont actualisées deviennent au sommet même des réalités; ces réalités demeurent et sont conservées dans le passé » (Frankl, 1959, p. 122). L'homme qui a réalisé sa vie par des choix et des engagements responsables n'envie pas la jeunesse dont l'avenir est à construire, car, au lieu de voir des potentialités, il possède des réalités dans son passé, non seulement la réalité du travail accompli et de l'amour vécu, mais aussi celle de la souffrance endurée et dont il se sent très fier.

Par ailleurs, l'homme, dans sa recherche pour trouver un sens quelconque à la vie, peut désespérer et éprouver « une frustration existentielle », en d'autres mots, un « vacuum existentiel » (Frankl, 1959, p. 108) puisqu'il ne parvient pas à découvrir le sens de son existence; il souffre de « névrose noogène » selon Frankl (1975, p. 84). C'est alors que la logothérapie s'impose puisque ce patient doit être aidé à découvrir lui-même un sens à sa vie, car un sens ne peut qu'être découvert et trouvé par l'homme lui-même et cela par sa propre « conscience », telle que définie plus haut.

Frankl (1959) compare le rôle du logothérapeute à celui de l'ophtalmologiste, qui aide le patient à élargir et agrandir son champ de vision, afin que tout le spectrum des sens et des valeurs devienne conscient et visible aux yeux du patient. Celui-ci fait alors lui-même un choix responsable : la vérité s'impose d'elle-même sans autre intervention (p. 112).

Le processus thérapeutique est donc conçu comme une démarche du patient à la recherche d'un sens à la vie humaine et de sa propre découverte du sens unique de sa vie. Selon Frankl (1959), la force première de motivation chez l'homme est de trouver un sens à sa vie, contrastant ainsi avec le « sens du plaisir » selon l'interprétation de Freud et le « sens du pouvoir » souligné par Adler (p. 99).

Cette troisième école de psychothérapie de Vienne, comme on a surnommé la logothérapie, repose sur une conception de l'homme qui englobe la réalité dans toutes ses dimensions et qui encourage ce dernier à savoir faire des choix responsables, selon sa propre conscience, en toute liberté, après avoir été confronté avec tout le spectrum des valeurs qui s'étalent à ses yeux.

Le processus thérapeutique consiste en une analyse existentielle, que Frankl définit ainsi : « Il s'agit de la réalisation d'une signification concrète, dont le caractère concret trouve son fondement dans l'unicité de chaque homme, comme *Dasein* (Être-là) et dans son caractère unique comme *Sosein*, (Être-ainsi). Tout ceci implique également un monde objectif de signification et de valeurs, un monde ordonné, un cosmos, un Logos — qui représente, dans le sens d'un spirituel objectif, la corrélation, que l'existentialisme met tellement entre parenthèses, entre l'existence personnelle, le spirituel et le subjectif (Frankl, 1959, p. 125).

La logothérapie concentre l'attention du client surtout sur le futur, c'est-à-dire sur les obligations qu'il devra assumer et sur les sens qu'il réussira à donner à son avenir. En même temps, elle distrait l'attention de toutes les formations de cercles vicieux et des mécanismes de rétroaction qui jouent un rôle si important dans le développement des névroses. C'est ainsi que le patient est confronté au sens de sa vie et réorienté vers la découverte du sens unique de sa vie.

De ce fait, l'indice de la réussite de la cure sera l'engagement personnel du patient dans des choix responsables qui lui feront découvrir le sens de sa vie.

Cette réorientation du patient pour découvrir sa vocation spécifique et sa mission dans la vie peut comporter aussi l'utilisation de techniques spéciales afin de contrecarrer les mécanismes propres à des formations névrotiques, telle l'anxiété anticipatoire par l'intention paradoxale, c'est-à-dire une intention forcée qui rend impossible ce que quelqu'un désire impulsivement (ex.: le patient qui est envahi par une peur est invité à vouloir, même si ce n'est que pour un moment, précisément ce dont il a peur). Il y a aussi l'intention excessive ou hyper-intention ou hyper-réflexion, c'est-à-dire l'attention excessive reconnue chez le névrosé obsessif-compulsif, et qui peut être contrecarrée par la dé-réflexion, c'est-à-dire par la réorientation de l'attention du patient vers la découverte d'un sens à sa vie et d'un engagement personnel dans sa propre mission dans la vie (Frankl, 1959, p. 125).

Commentaires

Nous souscrivons volontiers à la conception de l'homme, présentée par Victor Frankl, en tant qu'elle intègre les dimensions de spiritualité, de liberté et de responsabilité comme des données irréductibles de la nature humaine. Nous partageons aussi cette volonté du sens qui se retrouve chez l'homme et l'appelle à la réalisation du sens de sa vie par l'engagement personnel, manifesté par des choix responsables, par une conscience de plus en plus éclairée du champ de vision des valeurs transcendantales et qui renvoie à une instance supra-humaine.

Mais cette conscience, Frankl (1975) y réfère « en tant que donnée immanente-psychologique, qui renvoie par elle-même à une transcendance » et il la définit « comme la faculté de détecter intuitivement le sens unique et spécifique que recèle chaque situation » (p. 89). Il en fait un organe du sens qui guide l'homme dans ses décisions responsables pour un engagement face aux situations ou aux personnes.

À notre avis, cette conscience de soi n'est pas « une donnée immanente et psychologique, une faculté qui détecte intuitivement le sens unique et spécifique que recèle chaque situation ». Cette prise de conscience de soi se construit graduellement par une relecture des expériences vécues de façon significative, c'est-à-dire là où il y a eu un engagement personnel par une décision libre provenant d'un intérêt partagé avec le thérapeute. L'intégration progressive d'expériences vécues, propices à faire découvrir cette prise de conscience de soi, nécessite une décision du Moi du client de s'engager dans une démarche personnelle de participation active et engagée, face à une séquence d'expériences concordant avec les modes de croissance, pour que le « Je » conscient et responsable devienne capable de resynthétiser les diverses représentations de soi sous leur aspect individuel. D'autre part, l'identité du Moi souligne l'aspect psychosocial, c'est-à-dire l'identité en tant que membre d'un groupe, d'une communauté sociale et de la société en général.

Ainsi cette conscience de soi est le fruit de la découverte de ses forces vitales autonomes à partir de la relecture des expériences significatives parvenant à des synthèses renouvelées. C'est précisément le « Je » conscient (dans son rapport avec son existence) qui est capable d'une analyse de soi et d'une représentation de soi cohérente. Et cela, grâce à un sens donné à sa vie par ses engagements et ses choix personnels, ce que polarise un ensemble de valeurs fondamentales orientant sa conduite selon le code d'éthique qu'il a choisi.

Il va sans dire que le processus thérapeutique qui s'ensuit sera différent. À travers la poursuite d'expériences vécues et partagées avec le thérapeute, selon une séquence qui découle des stades de croissance favorisant des synthèses renouvelées de représentation de soi et de représentation des autres, la personne devient capable de s'engager tout autant face aux autres que face à soi. Elle est ainsi « capable d'*être* aussi bien auprès d'autres êtres qu'auprès de soi ».

Bien que nous souscrivions aux trois différentes façons de découvrir un sens à la vie :

— en accomplissant une action,
— en expérimentant une valeur,
— en faisant l'expérience de la souffrance,

nous n'abandonnons pas cette démarche de découverte à l'intuition du client et aux circonstances non prévisibles apportées par la vie de ce dernier. Nous préconisons de privilégier une certaine séquence d'expériences aptes à favoriser la découverte graduelle de ce sens à la vie, en intégrant ces trois façons selon une progression apparentée aux synthèses renouvelées des forces vitales du moi. Celles-ci dévoilent l'acquisition progressive d'un sens à la vie et d'un dépassement de soi, où la personne parvient à des valeurs fondamentales et supra-humaines.

La logothérapie procède par confrontations avec le spectrum du sens et des valeurs et elle concentre l'attention du client surtout sur le futur, c'est-à-dire sur les obligations et les sens avec lesquels les choix et les décisions seront déterminés dans l'avenir.

Selon notre approche thérapeutique, l'intérêt du client est suscité par l'apport du thérapeute, intéressé plus particulièrement à certaines expériences décidées par le patient et qui sont susceptibles de lui faire découvrir ses forces vitales. Ce n'est que par la relecture de ces expériences vécues partagées avec le thérapeute qu'il découvrira graduellement un sens et un engagement personnel dans des secteurs de plus en plus complexes. Il fera montre d'un processus d'organisation psychique l'unifiant de plus en plus et lui permettant de s'engager tant face aux autres que face à lui-même.

Par ailleurs, nous souscrivons à l'analyse existentielle de Frankl, basée sur l'unicité de chaque homme comme *Dasein* (Être-là) et dans son caractère unique comme *Sosein* (Être-ainsi). Ceci toutefois ne va nullement à l'encontre de notre théorie des divers stades à travers lesquels se construisent en synthèses renouvelées, tout au long de la vie, les forces intégratives du Moi autonome. De plus, nous endossons volontiers l'implication du monde objectif de signification, de valeurs, un Logos qui représente, dans le sens d'un spirituel objectif, le corrélat de l'existence personnelle spirituelle et subjective.

Nous sommes aussi d'avis que la réorientation de l'attention du client, vers un engagement personnel dans sa propre mission dans la vie, l'aide à faire face à ses mécanismes névrotiques qui se réintègrent graduellement, à mesure que s'opèrent de nouvelles synthèses de ses forces vitales. Celles-ci renforcent son équilibre psychologique, l'aident à rendre inopérantes certaines manifestations névrotiques, telles l'anxiété anticipée et l'attention excessive qui, en envahissant son champ de conscience, conditionnent pathologiquement sa pensée.

• 16 •

À la recherche de l'autonomie psychique

Dans ce chapitre, nous ferons une synthèse intégrant les processus d'organisation psychique et de représentation de soi et de représentation de l'entourage et de l'autre. Nous décrirons le parallèle qui existe entre ces niveaux successifs d'intégration tels qu'ils se construisent chez l'enfant et tels qu'ils se vivent aussi chez l'adulte poursuivant un cheminement par l'actualisation de ses forces psychologiques.

Notre modèle théorique est élaboré selon un processus d'organisation psychique qui se développe dans le sens d'une équilibration progressive, c'est-à-dire par un passage d'une forme d'équilibre rudimentaire à des formes d'équilibre plus complexes et supérieures. Chaque forme d'équilibre correspond à un niveau d'intégration et consolide un stade de développement.

L'actualisation des forces psychologiques réalise cette intégration graduelle des expériences vécues et c'est à partir de cette intégration que chacune de ces formes d'équilibrations se construit selon une nouvelle configuration et en interaction avec les opportunités offertes par l'entourage. Cette construction résulte en une synthèse qui assure ainsi, progressivement, une participation de plus en plus active et une maîtrise de soi face à l'entourage, ce qui fait progressivement acquérir l'autonomie.

Premier niveau d'équilibre et Soi corporel

Voyons brièvement comment s'élabore le premier niveau d'organisation psychique au tout début de la vie et comment l'adulte peut se le réapproprier dans un cheminement où il s'engage à faire des expériences spécifiquement décidées pour favoriser cette opération Nous établirons le parallèle entre la démarche de l'enfant et celle de l'adulte, mais nous le limiterons à ce seul niveau d'organisation psychique. Quant aux formes subséquentes d'équilibre, nous nous limiterons là aussi aux synthèses successives qui font prendre conscience à l'adulte de sa façon de maintenir et d'accroître son équilibre psychique.

1. Chez l'enfant

Dans sa première année de vie, le bébé développe graduellement chacune de ses forces psychologiques et ce, avec l'apport de ses schèmes sensori-moteurs. Au tout début, l'enfant reçoit plutôt passivement les soins apportés par la mère ou par le pourvoyeur de soins et, ensuite, ses forces s'actualisent peu à peu quand il capte activement — par ses sens et par ses mouvements — toutes les opportunités offertes dans ses interactions avec sa mère.

Grâce à ces échanges quotidiens, l'actualisation des forces psychologiques se fait selon une configuration particulière, dans un apprentissage somatique où le jeune enfant *apprend*. Il apprend à synchroniser ses symptômes organiques et ses rythmes de base sur la façon adoptée par son pourvoyeur de soins. Il apprend également sa manière individuelle de répondre aux différents stimuli que lui procure le maternage de sa mère vécu dans la mutualité. C'est ainsi que le bébé apprend à vivre son corps, et ce, à travers une participation active.

Les forces psychologiques se développent tout au long de cet apprentissage, d'où l'insistance sur les mots « l'enfant apprend ». En effet, dans ces expériences vécues avec sa mère, l'enfant apprend à accepter la dimension « temps » dans sa vie. Il apprend à vivre un délai avant d'obtenir la satisfaction recherchée. Et il apprend ainsi à accepter la durée requise pour la succession des actions que pose le pourvoyeur de soins en vue de lui procurer cette satisfaction (espérance). L'enfant apprend aussi à percevoir les éléments les plus significatifs des situations vécues avec sa mère, à juger graduellement des actions à poser et à s'affirmer en acte en accord avec les attentes de sorte qu'en faisant la série d'actions orientées vers le but recherché, il parvient à l'objectif en question (poursuite des buts). En répétant fréquemment cette séquence d'actions, l'enfant apprend aussi à développer des façons de faire qu'il ressent comme efficaces (compétence). La continuité, avec laquelle il participe activement dans l'expérience, le fait s'engager résolument dans des manières d'agir où il se découvre lui-même maîtrisant ses actions (fidélité). Enfin il devient ainsi capable à la fois de recevoir passivement, en état de détente, les soins apportés par la mère et de répondre activement aux expectatives de celle-ci dans une synchronisation traduisant la mutualité (amour).

Ce premier niveau d'équilibre se constate dans l'apprentissage somatique de l'enfant, là où s'actualise chacune de ses forces psychologiques, selon une configuration en concordance avec les soins apportés par la mère. Cet apprentissage contribue ainsi à établir une répartition équilibrée des dépenses d'énergies de l'enfant où s'entremêlent des périodes d'activités physiques et d'autres de détente. Cette répartition se synchronise d'abord avec les attentes de la mère, mais, en fait, c'est au moment où l'enfant synchronise ses propres gestes avec les réponses apportées par celle-ci qu'il y a acquisition de cette synthèse. Cette synthèse initiale contribue à établir un premier niveau de différenciation dans la perception de son Soi corporel en interaction avec l'entourage et les autres. C'est la première forme d'équilibre qui se manifeste par un état de bien-être chez l'enfant.

2. *Chez l'adulte*

Comme la représentation de soi est dans l'ensemble préconsciente chez tout individu, et d'autant plus quand il s'agit du Soi corporel, l'adulte, qui veut actualiser une autonomie psychique de plus en plus qualitative, ne peut y parvenir sans un cheminement où il s'engage à participer à des activités corporelles décidées avec précision et ce, afin de favoriser les prises de conscience essentielles à la réappropriation de ce premier niveau d'équilibre.

Contrairement à l'enfant qui a besoin d'un pourvoyeur de soins, l'adulte découvre, dans sa démarche, qu'il lui appartient de devenir son propre pourvoyeur de soins. À l'instar de l'enfant, l'adulte, qui veut se réapproprier un apprentissage somatique pour parvenir à une forme d'équilibre, doit s'engager dans une expérience vécue privilégiée où sa participation corporelle est active, c'est-à-dire où il peut exécuter des mouvements, utiliser ses modalités sensorielles et prendre conscience de ses appareils de seuil (fatigue, douleur, température).

À ce premier niveau, la personne apprend progressivement à « rendre présent » son corps dans l'expérience, car elle devient peu à peu capable, dans ses décisions, de tenir compte de la perception de ses seuils pour mieux répartir ensuite la durée de ses exercices et l'intensité de sa dépense d'énergie.

Cette première forme d'équilibre amène notamment la personne à découvrir comment rendre présent son corps dans l'organisation de ses activités quotidiennes et partant, à établir un mode de vie manifestant un équilibre harmonieux dans la répartition de son temps et de ses énergies, compte tenu de ses différentes responsabilités. En d'autres termes, rendre présent son corps dans ses expériences quotidiennes vécues habilite l'adulte à décider consciemment d'un ajustement optimal entre la façon de vivre un tel corps et les exigences de ses engagements pour favoriser son équilibre physique et psychique. C'est ainsi que l'adulte devient son propre pourvoyeur de soins.

En référence aux concepts de processus primaires et secondaires, ce premier niveau d'équilibre permet aussi un autre ajustement optimal, et celui-ci consiste en un dosage de stimuli extérieurs et intérieurs par la personne elle-même, dans l'organisation de son régime de vie. Un tel ajustement suppose des décisions appropriées pour que les expériences vécues corporellement apportent des moments de détente par la réception passive sensorielle et aussi par des périodes de décharge motrice durant lesquelles les énergies peuvent être récupérées. Cet ajustement permet donc finalement d'assumer des activités productives physiques et psychiques sans que ce soit au détriment de son équilibre d'énergie.

À ce premier niveau d'équilibre, les forces psychologiques s'actualisent quand les décisions de vivre l'expérience se font, et ce, à partir de points de repère précis. Si l'adulte accepte de vivre la dimension « temps » dans son corps, c'est-à-dire de vivre la durée nécessaire pour que l'expérience privilégiée (dans une série d'actions, mouvements corporels, exécutée au rythme qui convient à son équipement corporel et selon ses propres seuils de perception) lui apporte le bien-être de la récupération et de la détente. De cette façon, il accepte et vit le délai avant d'atteindre l'objectif poursuivi. Il vit donc l'espérance.

Chaque fois que l'adulte acquiert une perception différenciée de son corps, à partir des actes qu'il pose, chaque fois qu'il est en mesure de porter un jugement personnel et de faire un discernement de plus en plus judicieux face aux différents mouvements et modalités sensorielles susceptibles de lui apporter récupération et détente, chaque fois qu'il peut vraiment faire des choix appropriés pour vivre un bien-être corporel et mettre ces choix en pratique durant un certain temps, chaque fois l'adulte en arrive ainsi à un ajustement optimal. Il se représente progressivement son Soi corporel et actualise ainsi son vouloir.

Toutefois l'adulte ne peut parvenir ainsi à vivre et à se représenter son Soi corporel que s'il poursuit un but précis : récupérer ses énergies physiques et ressentir la détente en question. Viser un tel but l'amène à découvrir les moyens appropriés, c'est-à-dire la séquence logique d'actions pour atteindre cet objectif. Si la personne répète assez fréquemment cette série d'actions, elle apprend à développer des façons de faire efficaces et elle développe sa compétence. Cette maîtrise graduelle des techniques lui permet de vivre l'expérience dans son corps avec l'anticipation du succès.

La force de la fidélité se déploie si l'adulte fait preuve de continuité en maintenant ses décisions face à ses activités corporelles. Vivant cette continuité et manifestant une loyauté dans cet engagement, l'adulte peut se découvrir dans son identité corporelle. Enfin, quand il devient capable de vivre, tantôt une réceptivité passive sensorielle, et tantôt une participation active corporelle, et ce, avec un dosage approprié, il s'ouvre à la mutualité et à l'amour.

L'adulte qui vit une telle démarche est en mesure de se représenter son Soi corporel car il s'engage à rendre présent son corps dans toute son expérience humaine et dans chacune de ses expériences de productivité, d'adaptabilité et de disponibilité aux autres.

Deuxième niveau d'équilibre et Soi productif

Pour atteindre un deuxième niveau d'équilibre où la représentation de soi se différencie de plus en plus dans des expériences de production, l'adulte se représente son Soi productif quand il prend conscience de sa démarche de productivité. Cette différenciation ne se fait que si la personne s'engage dans des activités productives qui sollicitent sa participation corporelle et si, à l'aide de ses schèmes représentatifs, elle apprend à conserver sa démarche. Ayant déjà découvert comment rendre son corps présent dans l'expérience, l'individu devient de plus en plus capable de se représenter comment faire un ajustement optimal entre ses attentes, c'est-à-dire sa manière de concevoir l'exécution, et sa façon à lui de réaliser cette activité productive. Dans un tel cheminement, les indices décelés dans sa participation corporelle servent de points de repère, puisque tout apprentissage est basé sur l'apprentissage somatique.

Cette représentation du Soi productif résulte d'une nouvelle synthèse qui s'élabore à partir d'une autre configuration des forces psychologiques. Dans des activités qui exigent une production — et où l'adulte utilise tout son corps, ou encore ses mains —, il apprend à se représenter plus consciemment la dimension « temps » requise dans sa propre démarche de productivité. En effet, s'il fixe le moment du début, retient la durée et précise la fin des différentes périodes d'activité, s'il accepte les délais, s'il vit toutes ces étapes pour atteindre l'objectif recherché, l'adulte vit alors l'espérance.

Le vouloir s'actualise donc chez cet adulte lorsqu'il peut percevoir ces différents éléments inhérents à l'exécution de l'activité ou de la tâche à entreprendre. Un tel apprentissage peut d'ailleurs, se faire à deux niveaux : soit dans l'utilisation de son corps où il découvre des techniques précises nécessaires à la réalisation de son objectif, soit dans l'utilisation de matériaux et d'outils où il découvre leurs lois inorganiques. Pour accomplir cette démarche, l'adulte, s'il veut tenir compte de ces lois inorganiques, pose son jugement et opère un discernement en choisissant les façons de faire qui lui conviennent pour relever le défi contenu dans cette exécution. C'est ainsi qu'il s'affirme en acte : il développe le vouloir.

En choisissant un objectif précis qui oriente la séquence logique des actions pour atteindre le but, en exécutant cette tâche où il découvre et prend conscience de cette séquence logique d'actions, l'adulte développe en lui la poursuite des buts. S'il exécute fréquemment cette même tâche en apprenant à maîtriser les techniques utilisées, il peut alors anticiper le succès, et se voir ainsi efficace dans sa façon d'exécuter l'activité en question, efficacité qui contribue à faire croître son estime de lui-même et actualise ainsi cette force: la compétence.

La continuité dans l'exécution effective des tâches entreprises, comme la persistance à poursuivre ses différentes démarches de productivité, permettent à l'individu de découvrir son identité d'exécutant.

Cette identité ne peut se construire que par l'actualisation de la fidélité. Parce qu'il prend conscience de sa propre façon de faire et parce qu'il assume la responsabilité de l'exécution de ces activités au sein desquelles il s'est découvert efficace, l'adulte se dispose à une ouverture à l'autre dans la coopération et la collaboration face à des responsabilités partagées. Il s'ouvre davantage à l'amour.

Lorsque cette synthèse se consolide, permettant ainsi l'intégration du Soi productif, un minimum d'identité est acquis pour une représentation de soi, différenciée de la représentation de l'autre. Cette individuation est une condition essentielle à une représentation, aussi objective que possible, de l'entourage et des autres.

Troisième niveau d'équilibre et Soi adaptatif

L'adulte qui a consolidé son identité par la représentation de son Soi corporel et de son Soi productif peut accéder à une troisième forme d'équilibre, où se fait une configuration nouvelle des forces psychologiques, puisqu'il doit prendre conscience plus précisément de la représentation qu'il se fait de l'entourage. C'est ainsi qu'ayant maintenant accès à la réversibilité[1], il devient capable de se détacher de l'action grâce aux schèmes opératoires propres à ce niveau. Il peut alors généraliser cette représentation des acquis provenant de ses prises de conscience dans la représentation de ses Soi corporel et productif puisqu'il devient en mesure, à cause de l'actualisation de ses forces psychologiques, de transposer de tels acquis dans la représentation qu'il se fait de l'entourage et des autres. Rappelons ici que la représentation de soi étant généralement préconsciente, l'individu doit exercer ses schèmes opératoires concrets.

Avec cette nouvelle forme d'équilibre, l'adulte peut découvrir de multiples solutions pour faire face aux changements imprévus occasionnés par l'entourage parce qu'il est maintenant capable d'associativité. En effet, il peut se représenter non seulement les changements qui surviennent dans l'entourage ou dans les façons de procéder des autres — et aussi leurs répercussions sur ses conditions de vie — mais il est en mesure d'apporter des modifications à ses propres manières

1. Piaget qualifie les schèmes opératoires concrets par les caractéristiques de réversibilité et d'associativité.

d'agir ; il est capable d'adaptabilité et il accède ainsi à un niveau d'autonomie accrue, d'où le Soi adaptatif.

Dans cette configuration nouvelle, à cause même de la mobilité inhérente à cette forme supérieure d'équilibration, l'adulte — n'étant plus lié à l'action — peut maintenant généraliser et, partant, planifier ses décisions qui deviennent de plus en plus appropriées, même en ce qui concerne son propre comportement et ses façons personnelles d'envisager les situations. Cette capacité nouvelle a un impact sur l'actualisation de chacune de ses forces psychologiques.

Ainsi avec la force d'espérance, la personne peut désormais planifier à long terme l'organisation de son temps et envisager des objectifs qui supposent des délais prolongés. Quant au « vouloir », l'individu qui a acquis cette capacité de percevoir tous les éléments de l'ensemble d'une situation donnée, qui prend conscience de sa façon — à lui — de se situer, sait envisager, en mettant des nuances à son discernement, la planification qu'il anticipe en vue d'une réalisation concrète. Les buts prévus dans cette planification sont des objectifs accessibles puisqu'ils découlent d'une généralisation à partir des expériences passées et qu'ils tiennent compte de la séquence logique des moyens. La maîtrise des techniques acquise, lors des exécutions antérieures, permet à la personne de faire des agencements nouveaux, avec une anticipation de succès, c'est ce qui fait croître la compétence.

Lorsque l'adulte planifie des tâches concrètes qui nécessitent une coopération et une collaboration avec d'autres, lorsqu'il s'engage de façon beaucoup plus cohérente — et avec un sens de devoir — dans ses différentes responsabilités, il actualise la fidélité à lui-même. Alors, dans les décisions sous-jacentes à ses planifications, il se reconnaît des valeurs de rendement, comme la précision, l'exactitude et la véracité. Ayant intériorisé ces valeurs et ses idéaux d'action, fidèle à ses choix, il agit avec une loyauté de plus en plus engagée, laquelle se remarque dans la manière de réaliser ses tâches, dans sa façon de se comporter avec les autres, de même que dans ses réactions face aux changements nécessités par ses interventions auprès des autres et dans l'entourage.

L'amour enfin se manifeste à ce niveau quand l'adulte se préoccupe d'abord des personnes de son entourage. Aussi, qualifie-t-il de plus en plus sa disponibilité et son ouverture quand il est capable de remettre en question les planifications déjà faites. En effet, c'est à ce moment que l'altruisme et le dévouement colorent son engagement authentique au service des autres.

Quatrième niveau d'équilibre et Soi social

Parce que les niveaux de développement sont hiérarchiques, le Soi social englobe les autres Soi et les intègre. Au niveau où est atteinte cette forme d'équilibre, supérieure à toutes les autres, l'adulte est capable de se représenter l'autre en tant que personne et non plus seulement ses actes, ses idées et ses comportements. Ainsi donc deviennent possibles cette ouverture et cette disponibilité à l'autre en tant qu'autre. L'individu ne parvient là que s'il arrive à une représentation de soi bien intégrée et à condition d'avoir acquis une connaissance de lui-même en tant que personne.

Cette équilibration se fait par une pensée autonome, capable de réfléchir sur soi-même et de conserver une certaine objectivité face à soi grâce à une distance psychologique. Cette forme supérieure d'équilibre se construit par l'apport des schèmes opératoires formels qui, eux, donnent accès au domaine du possible. Cette nouvelle synthèse recouvre tous les domaines d'engagement de la personne selon le sens qu'elle a donné à sa vie. En effet, l'adulte devient capable de créativité dans ce style bien personnel que révèle sa façon d'assumer ses responsabilités et de faire ses choix les plus significatifs dans sa vie tant personnelle que professionnelle.

La personne manifeste cet équilibre quand, dans la répartition de ses énergies et de son temps, elle envisage toutes les possibilités, c'est-à-dire quand elle considère nombre d'hypothèses et déduit, par choix, les plus réalisables dans le contexte de sa vie actuelle, compte tenu de ses valeurs et du sens donné à sa vie. En incluant un large éventail de possibilités, l'adulte démontre alors une grande mobilité dans sa représentation de soi où s'intègrent celle du passé et celle du futur.

Si l'individu, à ce niveau, fait preuve d'une mobilité réelle, sa représentation de soi se caractérise aussi par une permanence et une stabilité. En effet, aucun événement extérieur ne peut remettre en cause son identité. Car cette représentation de lui-même est cohérente et elle se manifeste par « un sentiment atteint de la réalité de soi dans la réalité sociale, mais toujours sujet à révision » (Erikson, 1968, p. 210). Ainsi se fait l'ouverture au domaine du possible et des probabilités.

Enfin, toutes les caractéristiques de cette forme d'équilibre (créativité, mobilité, stabilité et permanence) se manifestent par une autorégulation. La représentation que la personne se fait de l'autre prend préséance sur la représentation de soi, puisque toutes ses décisions, polarisées par le sens donné à sa vie, la mènent à un véritable dépassement de soi et non à une simple réalisation de soi.

On voit comment, rendu à sa forme supérieure, cet équilibre qui s'autorégularise est la plus sûre garantie de l'autonomie, cette autonomie se caractérisant par une plus grande qualité d'actualisation des forces psychologiques. La personne exprime ainsi concrètement une profonde espérance quand, d'une façon beaucoup plus nuancée, elle décide de l'organisation de son temps. Toujours elle se tient prête à réviser cette organisation selon toutes les éventualités de son contexte de vie. Elle se garde ainsi disponible et conserve sa confiance dans l'avenir de même que sa foi dans l'objectif qu'elle poursuit, c'est-à-dire dans le sens privilégié donné à sa vie.

L'adulte fait preuve d'un discernement judicieux grâce à une réflexion où son objectivité, perçue dans ses choix et dans ses décisions, est le propre de cette forme d'équilibre qui se révèle dans toutes les représentations, de soi, de l'entourage et des autres. Cette capacité de maintenir la distance psychologique, garantie de l'autonomie personnelle, dans les prises de décisions libres et responsables, conduit à un ajustement optimal entre ces diverses représentations. Un tel ajustement optimal se fait, cela va sans dire, au-delà des actions.

L'autonomie de la personne se révèle dans la poursuite des buts polarisés par le sens qu'elle a progressivement et librement choisi de donner à sa vie. L'adulte ainsi situé est cohérent dans le choix des moyens qu'il décide de mettre en œuvre comme dans l'élimination de ceux auxquels il renonce parce qu'ils l'écarteraient de son objectif. Il est donc cohérent aussi en établissant ainsi des priorités de moyens découlant logiquement de l'orientation donnée à sa vie. Ce sens de compétence, l'adulte le développe particulièrement dans la réalisation de la carrière ou de la mission choisie, parce qu'il sait faire un ajustement optimal entre les aptitudes personnelles qu'il se reconnaît et la maîtrise qualitative des techniques nécessaires à cette carrière ou à cette mission.

La loyauté, de plus en plus engagée face au sens qu'il a décidé de donner à sa vie, se traduit par une cohérence intérieure en regard des choix et des valeurs spirituelles et transcendantes qui entraînent dans un véritable dépassement de soi. Avec et par la fidélité à elle-même, la personne est désormais capable de don de soi irréversible à une personne, à une cause, à Dieu ou aux trois à la fois. Elle adhère ainsi à un code d'éthique qui l'engage envers les autres et à vivre ainsi de plus en plus la règle d'or : « Tout ce que tu désireras que les autres fassent pour toi, fais-le pour eux. » (Mt 6, 31)

Ainsi la personne devient capable d'un réel dépassement de soi pour se donner à l'autre et aux autres. Elle se découvre graduellement capable de vivre l'amour sous ses trois visages: l'amour dans un don de réciprocité; la sollicitude, ce don sans retour qui prend soin de la génération suivante et lui transmet vie et croissance; la « sagesse », cet amour qui s'ouvre à toute la communauté humaine, cet intérêt vivant et désintéressé pour les autres, intérêt enrichi par les expériences vécues et prêt à partager au-delà de toutes frontières. La sagesse assure cette objectivité qui, tout en acceptant la valeur de son propre style de vie, reconnaît la signification d'autres styles liés à des contextes socioculturels différents. La sagesse engage donc dans une participation active à tout ce qui est vie, à tout ce qui peut perpétuer la vie. C'est une expérience spirituelle dont la résonance et la signification sont universelles. Les rencontres avec des personnes elles-mêmes significatives deviennent plus intenses, la communication plus enrichie; un réel détachement de soi, une disponibilité totale à l'autre, sont autant de signes non équivoques de l'amour dans son actualisation la plus qualitative.

Pour que la personne puisse rassembler toutes ses forces psychologiques dans une telle synthèse, elle doit avoir un défi (Sheehy, 1981) réel à relever, un défi qui donne un sens de direction à sa vie, un défi qui ne peut se réaliser que dans et par un dépassement de soi. Ainsi polarisée, la représentation de soi en interaction avec la représentation des autres acquiert un sens de permanence. Ce sens de permanence assure à la personne une inviolabilité, une sorte de protection contre les pressions extérieures ou les états affectifs ou contre les deux à la fois.

Cette représentation de soi, de plus en plus intégrée, mieux différenciée de la représentation de l'autre, est concrétisée dans un engagement personnel à mesure que s'accomplit la mission selon le sens donné à sa vie. Cette synthèse assure ainsi l'individualité de la personne, son indivisibilité et s'accompagne d'une vie intérieure de plus en plus qualitative.

Vers l'autonomie psychique

La démarche, que nous venons de proposer, achemine la personne vers l'autonomie psychique. Elle s'explique, à notre avis, par l'intégration des deux processus longuement élaborés dans ce livre. Ainsi le processus d'organisation psychique, qui évolue selon des configurations nouvelles à partir de l'actualisation des forces psychologiques, donne lieu à des synthèses successives et à des niveaux hiérarchiques d'intégration. Ces niveaux s'élaborent dans des formes d'équilibre évoluant des plus rudimentaires aux plus évoluées. Chaque palier d'équilibre s'établit par une différenciation plus grande entre la représentation de soi et la représentation de l'entourage et de l'autre, assurant ainsi une intégration toujours plus poussée et une consolidation accrue de ces représentations, jusqu'à l'atteinte d'une forme supérieure d'équilibre qui s'autorégularise et affermit ainsi l'autonomie psychique.

L'imbrication de ces deux processus, d'organisation psychique et de représentation de soi et de l'autre, nous apporte une vision stéréoscopique du développement de la personnalité humaine et nous fournit vraisemblablement, à cause de sa profondeur et de son relief, une grille de lecture qui, selon nous, rejoint « l'homme universel ».

◆ 17 ◆

La formation humaine intégrale et ses répercussions sociales

La formation humaine intégrale est le fruit d'une recherche d'une cinquantaine d'années. Ce processus est le résultat de la perception des besoins sociaux décelés dans mon entourage au cours des diverses phases de ma vie professionnelle, d'abord à titre d'éducatrice et de psychologue et ensuite comme psychothérapeute et psychoéducatrice. Mon expérience s'est acquise en contact avec de multiples clientèles d'enfants, d'adolescents ou d'adultes présentant des caractéristiques normales ou problématiques. Mon objectif consistait à découvrir comment intervenir de façon qualitative et efficace auprès d'eux.

Mes recherches ont continuellement été alimentées par l'observation des faits. J'ai pu mettre à jour les indices des forces vitales humaines en observant de nombreuses personnes dans leurs façons de prendre des décisions et en relisant leurs expériences. Je l'ai fait en premier lieu avec des enfants et des adolescents mésadaptés, ensuite avec des adultes en thérapie et enfin pour la formation humaine intégrale. La relecture assidue des expériences m'a menée à des inductions généralisables et ensuite à une conceptualisation clinique. En 1962, je nommais ces indices et j'ai pu poser graduellement les bases théoriques qui sous-tendent la conceptualisation clinique.

En actualisant ses forces vitales humaines, la personne apprend à se voir sous les divers angles de sa personnalité et à préciser le sens qu'elle veut donner à sa vie. En différenciant, intégrant et consolidant ses facettes corporelle, productive, individuelle, psychosexuelle et psychosociale, elle parvient progressivement à se représenter qui elle est. Sa réussite s'opère d'autant plus que ses prises de conscience se font en interaction avec une représentation différenciée de l'entourage et des autres. Ce cheminement lui permet de s'unifier en enracinant ses découvertes.

Pour faire entrer en action ses forces vitales, la personne doit, par le moyen de son énergie autonome, exercer une maîtrise sur ses énergies mobile et liée. L'énergie mobile exprime le plaisir, la libido, le goût. Elle joue un rôle essentiel pour traduire le sens donné à ce que l'on fait. Elle contribue à donner de la saveur et de la coloration affective aux gestes posés. Cette forme d'énergie a cependant besoin d'être orientée. Sinon, elle risque de s'exprimer non pas sous forme de décisions mais sous la forme de passages à l'acte où la personne ne prend pas de distance par rapport à l'action posée.

Laissée à elle-même, l'énergie mobile tend vers le plaisir. Elle ne s'arrête pas aux conséquences qui surviennent pour soi ou pour les autres. Il peut en découler par la suite des sentiments de culpabilité, des malaises ou de l'anxiété. Orientée par l'énergie autonome où les valeurs constituent des points de repère pour les décisions à prendre, l'énergie mobile joue un rôle très constructif et soutient de son élan les options prises. La personne peut alors prendre plaisir à exercer ses forces vitales en tenant compte des suites pour soi et pour les autres.

L'énergie liée se met en place au cours de l'évolution psychique de l'individu. Elle vise à contenir l'énergie mobile pour empêcher le passage à l'acte. Fonctionnant au niveau inconscient, elle n'appelle pas de décisions et s'exprime par des obligations, des contraintes, des impératifs catégoriques. Les mécanismes de défense par lesquels la personne s'assure une certaine autoprotection sont une autre de ses manifestations.

Cette énergie affecte et peut même paralyser les décisions. Elle entrave le discernement et la prise de distance face à l'action. Plus la personne affirme son énergie autonome en actualisant ses forces vitales, moins s'affichent les besoins d'expression de l'énergie liée. La personne peut alors élargir son autonomie psychique, raffiner son discernement et décider d'une façon de plus en plus libre et responsable.

La représentation de son identité permet à la personne de s'ouvrir à son entourage et aux autres. Cette ouverture rend possible un engagement social pertinent. En ce sens, chacune des facettes de l'identité a un rôle à jouer. Elles permettent à la personne de s'engager pleinement envers son entourage sans se perdre de vue. En mettant de l'avant les valeurs qui dynamisent ses décisions, elle ne se laisse pas envahir dans ses interactions, là où elle s'implique.

L'identité corporelle

La personne précise par cette première forme d'identité qui elle est dans la façon de vivre son corps. Prenant en main sa santé physique et psychique, elle se rend attentive à ses points de repère corporel comme moyen de renouveler ou conserver l'équilibre de ses énergies.

La personne porte attention d'abord à ses rythmes de base et veille à sa façon d'incorporer les stimuli, de récupérer par le sommeil et d'éliminer. Elle recherche une nourriture saine, équilibrée et savoureuse qui convient à ses besoins. Pour éviter le stress, elle se donne des moments où sa vue, son ouïe, son odorat et son toucher ne sont pas agressés par les sollicitations de l'extérieur et décide elle-même de ses sources de satisfaction en vue de se procurer une détente appropriée.

Sachant par expérience que le mouvement en lien avec les sens joue pour beaucoup dans la récupération des énergies, elle met au point des exercices physiques divers. Elle se livre à des sports où ses points de repère corporels se font les indicateurs de ses choix à faire. Par souci de se garder en santé et d'entretenir un amour de soi qui lui permette une meilleure ouverture aux autres, elle se fait une place dans son horaire. Elle réajuste ses prévisions et renonce à des demandes incompatibles avec sa recherche d'équilibre.

Cette recherche ne saurait se poursuivre sans un entourage qui offre les conditions nécessaires à un équilibre de vie. Elle suscite l'intérêt envers un environnement sain qui favorise l'éclosion de la vie et les conditions de salubrité nécessaires au maintien de la croissance physique et psychique des personnes. L'attention à son bien-être rend la personne éveillée aux autres et aux conditions qui leur sont nécessaires pour se donner également un équilibre. Elle ouvre donc à la recherche d'un entourage physique où il fait bon vivre et qui permet à chacun de devenir son pourvoyeur de soins. De ce désir de bien-être pour soi et pour les autres naît l'engagement de contribuer à créer un milieu qui permette de donner une réponse ajustée aux rythmes de base de chacun.

La représentation de son identité corporelle sensibilise la personne aux besoins des autres. Elle suscite une représentation de l'entourage qui favorise pour les autres tout autant que pour soi la possibilité de se donner les conditions nécessaires à un équilibre de vie. Le sens écologique traduit cette préoccupation d'un milieu qui offre des conditions équilibrantes pour chacun, un milieu que chacun se préoccupe de préserver en s'ingéniant à trouver des façons de consommer les biens et d'éliminer les déchets qui respectent l'environnement.

Celui et celle qui sont vraiment leur propre pourvoyeur de soins se préoccupent du respect de la nature pour assurer la qualité et le goût des produits alimentaires. Ils s'intéressent à ce qui concerne le sens de la vue et embellit l'environnement. Par le sens esthétique qu'ils développent, ils se sensibilisent à des paysages, à des expressions artistiques ou à d'autres formes harmonieuses qui, par leur beauté et leur équilibre, contribuent à l'émerveillement, à la détente et à l'apaisement.

Sensibles à l'entourage sonore, ils choisissent volontiers l'audition de musique ou d'autres formes d'art qui rencontrent leurs intérêts. Ils évitent la pollution par les bruits agressants et contribuent à la faire diminuer. Ils prêtent attention à la qualité de l'eau, de la terre et de l'air car ils voient son importance pour assurer la vie des humains. Ils tentent de contribuer à prévenir les feux destructeurs et tout ce qui peut contaminer la nature qui est source de vie.

L'homme et la femme qui sont leurs pourvoyeurs de soins se créent un habitat fonctionnel où ils tiennent compte du lieu géographique, des besoins personnels et de ceux de la famille. Les services et les institutions permettant de répondre aux besoins de santé, de loisirs ou d'éducation constituent des éléments de première importance dans une planification. Conscients de ces besoins pour eux-mêmes, ils en voient l'importance pour les autres. Ils sont prêts à s'impliquer pour créer les conditions physiques qui peuvent contribuer à humaniser le milieu et favoriser l'harmonie entre la nature et l'être humain.

Par ailleurs, le manque de respect envers soi et envers les autres, et donc envers la vie, commence par un manque d'attention au corps. Ne pensons qu'à quelques exemples. Ce manque de respect se retrouve dans l'usage abusif de l'alcool et de la drogue, la prostitution, les abus physiques et sexuels ou la violence conjugale. Ne pas respecter le corps, c'est ne pas se respecter et ne pas respecter la personne.

La représentation de l'entourage physique en lien avec l'identité corporelle ouvre donc celui ou celle qui est son pourvoyeur de soins à voir son milieu comme un élément de première importance pour favoriser la croissance des personnes. Cette représentation l'incite à s'engager pour en assurer la qualité.

L'identité d'exécutant

Par cette deuxième facette de l'identité de soi, la personne cherche à préciser qui elle est dans sa façon de faire en exécutant des tâches. Elle vise à découvrir comment elle travaille lorsqu'elle est seule ou avec d'autres. Ce qui convient lorsqu'elle accomplit seule un travail ne va pas nécessairement de soi dans une tâche commune avec des collègues. Elle développe ainsi une mobilité qui lui permet de varier ses méthodes de travail pour tenir compte des circonstances ou des imprévus. Elle peut répondre aux exigences des tâches qui nécessitent de la précision et de l'organisation ou encore qui demandent de laisser venir la créativité.

Le travailleur doit pouvoir participer activement aux décisions qui touchent ses conditions de travail. Il le peut d'autant plus que l'accent est mis non pas sur le produit mais sur la productivité, non pas uniquement sur les résultats mais sur la qualité de vie des individus qui contribuent à produire. Cette participation, loin de nuire aux objectifs de production, peut même servir à les améliorer. Si les conditions favorisent le travailleur dans son identité d'exécutant et s'il peut décider de sa façon de faire en tenant compte du temps et de ses énergies, il exerce une plus grande mobilité devant les exigences de ses tâches. L'expérience de divers milieux confirme que la productivité s'accroît là où les conditions de travail rendent possible la participation des personnes qui produisent.

Celui qui accomplit une tâche peut, en observant, prendre conscience des énergies requises par ce qui est demandé. Il perçoit dans l'expérience si la répétition de certains mouvements sont dommageables physiquement. Il observe dans certains travaux la demande de concentration psychique ou d'énergie physique ou les deux et propose des solutions adéquates. Ceci peut amener à modifier au besoin l'équipement, l'horaire ou les façons de faire.

La personne qui se différencie dans son identité d'exécutant tient compte du climat de travail. Elle sait qu'il favorise la productivité. Elle voit aussi l'importance d'une pratique appropriée pour maîtriser les techniques nécessaires aux tâches à accomplir. Elle en mesure la portée pour parvenir à faire preuve d'efficacité, de compétence et, au besoin, de créativité. Elle reste éveillée aux conditions qui facilitent la répartition harmonieuse des énergies par la gestion du temps de travail. Elle peut analyser les exigences des tâches en adoptant le point de vue de ceux qui les réalisent. Elle s'efforce de faciliter l'apprentissage technique des nouveaux travailleurs.

La perception de son identité d'exécutant demande à la personne de se représenter de façon différenciée le milieu dans lequel elle opère pour tenir compte des exigences de sa tâche et des objectifs de production. Pour ce faire, elle doit préciser ce que demandent les tâches des travailleurs. Elle peut ainsi découvrir les éléments qui vont lui permettre, en répondant aux besoins des personnes, de contribuer à humaniser les conditions de travail.

L'identité individuelle

Cette troisième facette de l'identité de soi permet à la personne de se dire qui elle est dans la contribution qui lui est propre. Elle se représente les aptitudes, les habilités, les apprentissages, les acquis et les valeurs qui lui servent à prendre sa place dans le respect de celle des autres. Elle s'engage à l'intérieur d'un groupe et crée une interaction harmonieuse avec son entourage.

Cette forme d'identité exerce une fonction essentielle pour vérifier la qualité de la représentation de soi dans les interactions avec l'entourage. Elle permet de voir jusqu'où quelqu'un demeure présent à lui-même quand il entre en relation avec les autres. À ce niveau, il se voit comme une entité à la fois séparée des autres et capable de s'ouvrir à eux par ses talents. Ceci rend possible une qualité d'engagement où la confiance de base donne la conviction de réussir malgré la nouveauté des données de l'expérience. L'individu se sait capable de répondre aux sollicitations de l'entourage pour fournir sa contribution et assumer des responsabilités. Il sait discerner par lui-même là où sa participation peut être utile.

L'identité individuelle appelle un code d'éthique qui s'intériorise tout au long de la vie. Dans les engagements choisis ou acceptés, l'individu tient compte de ses repères personnels. À l'attention portée à ses énergies et à ses façons de faire s'ajoute la prise en considération de ses priorités. Il se préoccupe des valeurs que ses expériences lui ont fait découvrir comme pertinentes pour donner du sens à ses implications. Plus il affirme son autonomie psychique, moins il met l'accent sur des repères extérieurs tels les résultats obtenus, les fonctions occupées, les approbations des autorités par des salaires ou des promotions, les opinions de l'entourage ou encore l'avoir, le pouvoir ou la réputation.

Au moment de décider ses engagements, l'individu cherche à vérifier les indicateurs des valeurs qui peuvent aider son discernement et clarifier ses priorités. Dans ses rôles de membre d'un groupe, de conjoint, de parent, de citoyen, il choisit ses moyens d'intervention en cohérence avec ce qui est important pour lui. Par ses prises de conscience, il perçoit le milieu dans lequel il s'implique, il décèle les aptitudes avec lesquelles il exerce sa contribution et il découvre la pertinence de ce qui motive son action.

L'accent mis sur les priorités varie selon les défis relevés au long des phases successives de la vie. L'individu s'attache d'abord à ses réalisations au service des autres pour trouver du sens à sa vie. Ensuite, il intériorise sa participation au point de reconnaître la dignité de toute personne et lui donner place. Cette intériorisation consolide l'autonomie psychique de la personne et en fait le maître d'œuvre de son existence. Plus elle prend conscience de sa contribution personnelle et unique et plus elle est en mesure d'apporter cette contribution à l'entourage et aux autres.

La représentation qu'elle se fait des responsabilités assumées permet à la personne de différencier sa contribution propre. Cette reconnaissance la sensibilise à la contribution personnelle de ceux et celles avec qui elle collabore dans un projet commun. Elle s'intéresse à découvrir les aptitudes, les apprentissages et les acquis qui sont les leurs et avec lesquels ils s'affirment et prennent leur place. Les différences d'approche de chacun peuvent alors être vues comme un apport de qualité pour enrichir les possibilités d'un groupe dans un travail commun.

L'identité psychosexuelle

Par cette facette de son identité, la personne cherche à découvrir qui elle est dans sa masculinité ou sa féminité. Pour différencier cet aspect, la femme et l'homme ont chacun à découvrir le style d'intervention typique de leur sexe. La femme doit découvrir, accepter et se représenter sa façon à elle d'être femme et de vivre sa maternité physique ou psychique ou les deux. L'homme doit aussi découvrir, accepter et se représenter sa façon à lui d'être homme et de vivre sa paternité physique ou psychique ou les deux. La sexualité se vivant dans le corps, une répartition appropriée des énergies constitue un moyen essentiel pour cheminer en ce sens vers une intégration de plus en plus harmonieuse.

Le style féminin d'intervention se caractérise par l'observation axée sur la personne. La femme porte son attention sur la façon des autres de réagir et tend à se mettre sur la même longueur d'onde. Elle s'arrête aux détails des expériences vécues. Cette propension à donner la préséance aux personnes peut l'amener parfois à laisser s'estomper son objectif premier. Elle doit donc décider de faire en sorte que sa façon d'observer n'empêche pas l'atteinte du but poursuivi.

À cause de sa grande sensibilité qui s'exprime dans sa capacité de capter activement par ses sens de la vue, de l'ouïe, de l'odorat, du goût et du toucher, la femme perçoit les circonstances particulières du déroulement d'une expérience. Elle se les représente dans le détail et les conserve. Elle peut de cette façon anticiper le futur dans des circonstances analogues puisqu'elle utilise ce qu'elle a constaté et retenu du passé pour le projeter dans l'avenir. Ainsi s'explique sa pensée intuitive qui sait anticiper de façon concrète le déroulement circonstancié des situations ou des événements à venir.

Cette caractéristique de la psychologie féminine se fait une aide précieuse dans l'élaboration de projets présentant des changements sociaux. La femme vise à ce que les transformations souhaitées tiennent compte des circonstances particulières provenant des conditions de vie et des contextes — social, culturel, historique, économique et politique. Elle porte de plus une attention spéciale au projet de vie qui concerne les personnes dans les projets d'avenir étudiés. Elle s'attarde à la façon dont ce projet se déroule dans l'application concrète et en vérifie les conséquences sur les personnes impliquées.

Par sa contribution sociale, la femme s'intéresse d'abord aux services offerts aux personnes de même qu'à la façon dont les moyens proposés sont appliqués pour les implanter. Elle accorde une importance première à la qualité humaine des services, à l'accueil des personnes, au climat de travail et aux conditions de vie. Pour elle, l'objectif est un des éléments en cause.

Dans sa contribution sociale, l'homme s'intéresse d'abord à l'efficacité des services mis en place et à l'efficience des moyens employés afin qu'ils répondent à ce pourquoi ils sont créés. Il accorde une grande importance à l'évaluation des stratégies et des méthodes afin d'en vérifier l'opportunité pour atteindre ce qu'il cherche. Pour lui, les personnes sont un des éléments en cause.

Le style masculin d'intervention s'oriente d'abord vers l'objectif et les moyens logiques pour l'atteindre. L'homme élabore des visions d'ensemble et des synthèses pour en déduire une logique d'action en vue d'une gestion par objectif. Tout en poursuivant ce dernier, il doit apprendre à ne pas négliger l'attention aux personnes et à leurs façons de réagir. Il doit viser à susciter leur participation et à humaniser les services offerts.

L'apport spécifique de l'homme, à cause même de son mode typique de penser où il met en relation les moyens logiques et l'objectif à atteindre, lui permet une vision d'ensemble et un regard sur un avenir plus éloigné. Il utilise comme moteur principal de ses choix les moyens qui permettent d'atteindre ce but le plus rapidement possible. Sa tendance naturelle est de décider quoi faire et en vue de quoi le faire. Le choix des moyens est basé davantage sur la logique telle qu'élaborée par sa pensée plutôt que sur l'observation des circonstances particulières telles que vécues.

Même si les forces vitales humaines sont les mêmes pour les deux sexes, les propensions singulières de l'homme et de la femme les portent à privilégier des accents particuliers. Leur collaboration harmonieuse assure une productivité accrue et une qualité supérieure de rendement où la contribution de l'un enrichit celle de l'autre. La complémentarité de leur apport spécifique où les deux font preuve d'une autonomie psychique est source d'une grande richesse pour les projets élaborés en commun.

L'identité psychosociale

Cette dernière facette de l'identité s'appuie sur les précédentes. La personne cherche à découvrir qui elle est comme membre d'un groupe et dans ses relations avec les autres. Ses liens s'expriment dans des projets de collaboration où les rôles sont partagés. Elle s'engage en sachant sa capacité de mettre en œuvre sa mobilité dans ses façons de faire et son adaptabilité dans les relations personnelles.

Dans la qualité de son engagement envers les autres, elle voit le signe de la croissance de chacun des aspects de sa personnalité. Elle ne vise pas d'abord à transformer l'autre mais à découvrir ce qu'elle peut changer chez elle pour rendre possible la collaboration. Pour parvenir à percevoir ce qu'elle peut donner comme contribution dans son milieu, elle cherche à se représenter ce milieu et les membres qui le composent de façon appropriée. Elle se donne ainsi les moyens de parvenir à l'ajustement souhaité.

Comme membre d'un groupe, un individu crée des relations d'abord avec sa famille et dans son milieu de travail. Il peut développer des liens avec un groupe communautaire à titre de participant ou de responsable. Il établit des contacts basés sur des besoins ou des intérêts communs qui prennent la forme d'une collaboration dans des services ou des institutions. Ses liens peuvent également se rattacher à des conceptions idéologiques, politiques, économiques ou écologiques.

Dans chacun de ses engagements, la personne se réfère à des valeurs dont elle a découvert l'importance dans le vécu de ses expériences. Quand elle décide de s'ajuster face à un autre ou face à un groupe, elle le fait à partir de priorités qui lui servent de points de repère. Ces valeurs motivent ses engagements et lui servent à donner du sens à sa vie. Elles jouent un rôle de premier plan dans la mise au point d'un objectif et la recherche des moyens pour l'atteindre. S'ajustant dans le temps, la personne s'ingénie à mettre en place des stratégies qui permettent de dépasser les obstacles.

En nuançant ses prises de conscience, elle raffine sa représentation d'elle-même et s'ouvre à l'autre dans ce qu'il a d'unique. L'ayant d'abord découvert au niveau de ses idées et de ses comportements dans un groupe, elle dépasse les rôles et les fonctions et choisit de le percevoir dans sa dynamique intérieure. Elle apprend à le connaître avec ses forces vitales et les limites de ces mêmes forces et s'intéresse au sens qu'il donne à son existence. Elle réalise comment cette façon de voir favorise l'adaptabilité et la liberté intérieure de ses interventions.

Dans un lien où se vit un choix réciproque, chacune des personnes apprend à se connaître elle-même de mieux en mieux et inspire l'autre dans l'actualisation de ses forces vitales. Dans une relation où s'exerce la sollicitude, la personne aidante n'attend rien en retour de son engagement. La personne aidée trouve en cette première celle qui sait éveiller et activer ses forces vitales. Découvrir les autres sous cet angle de l'unicité ouvre à la sagesse. Cet amour universel fonde le respect de la dignité humaine où toute personne, quelle qu'elle soit, prend un sens pour soi.

Au-delà de cet engagement dans son entourage immédiat, l'individu qui parvient à une représentation de mieux en mieux différenciée de son milieu élargit progressivement ses horizons. Il s'ouvre à des préoccupations de plus en plus vastes. Son intérêt peut recouvrir les besoins humains de son quartier, de sa ville, de son pays et même dépasser les frontières pour s'élargir à d'autres contrées dont il voit les difficultés. Il s'éveille alors à la création de projets collectifs qui appellent une concertation stratégique où chacun accepte de concerter sa contribution à celle des autres.

Cet engagement demande à chacun non seulement de se représenter son entourage mais aussi de percevoir la façon dont les autres membres du projet le font. Il demande à chacun de préciser sa façon de concevoir la personne et la société pour ensuite confronter cette façon de voir à celle des autres. Une solidarité se crée entre eux grâce à cette vision commune. Cet engagement demande enfin d'établir une piste de transformation où chacun différencie sa contribution afin de mieux l'articuler à celle des autres.

Un projet collectif appelle la mise en œuvre de stratégies. Chacun y prend sa place avec ses forces vitales et décide de gérer ses frustrations et l'hostilité qui en découle par des orientations issues de la vision commune. Chacun apprend dans cette concertation à exercer un leadership où il prend en considération ses aptitudes et ses talents. Il fait appel pour éveiller, aller chercher, rassembler, concerter et multiplier les agents et les lieux de transformation.

Le passage de l'engagement social à la concertation stratégique ne se fait pas sans stimulation. Le développement de cette ouverture appelle un apprentissage. Il invite à dépasser les différences d'idées, de langues, de comportements, de classes sociales, de races, de cultures ou de religions. Ce choix, soutenu par le sens de la dignité de la personne, s'inspire de la règle d'or qui invite à faire aux autres ce que nous voudrions que les autres fassent pour nous.

Les phases de la vie adulte et l'engagement social

La contribution dans un engagement social se transforme au rythme des défis que chacun relève au long des phases successives de la vie adulte. Les accents que prend cette contribution se modifient avec l'âge.

Au début de sa vie adulte, le jeune a besoin de faire des réalisations. Par son métier ou sa profession et ensuite par son projet de vie, il prend sa vie en main. Le jeune homme et la jeune femme précisent leur contribution à l'entourage où ils prennent place en trouvant du sens à leur engagement social.

Avec l'expérience, la représentation de sa contribution s'intériorise au point où, dans le cours de la trentaine, l'adulte prend un tournant décisif. Il est en mesure d'orienter lui-même ses réalisations au lieu d'en avoir besoin pour trouver du sens à sa vie. L'accent mis sur les réalisation se déplace alors vers la réflexion. Il choisit plus clairement ses engagements dans sa profession et les divers groupes dont il fait partie en tenant compte des valeurs dont sa phase précédente lui a permis de faire l'apprentissage.

Au mi-temps de sa vie, l'adulte en perçoit le cycle unique et accepte consciemment de l'assumer seul. La solitude dont il devient capable l'ouvre aux autres et élargit le sens qu'il peut donner à son engagement social dans la deuxième partie de son existence. Il renonce aux attentes à l'égard de son entourage et de ses groupes d'appartenance. Il accentue d'autant son apport dans un projet collectif en conjuguant sa contribution à celle des autres. La perspective d'ensemble de son existence l'ouvre sur l'approfondissement de sa vision de la personne et de la société.

Dans la cinquantaine, l'adulte parvient à un niveau d'intériorité qui donne un deuxième souffle à ses engagements envers l'entourage. Il se sent prêt à partager les fruits de son expérience tout en laissant à chacun la façon de se les approprier. Son intériorité le rend plus sensible aux besoins de son entourage et se répercute sur ses façons de s'impliquer socialement. Il raffine sa perception des milieux où il œuvre et sait encourager la mise en place d'un projet collectif et la participation de ses membres.

La représentation de son milieu à laquelle parvient l'adulte dans la soixantaine lui permet de découvrir les besoins les plus pressants à combler et de leur apporter une réponse. Son apport devient celui d'une personne-ressource. Si nécessaire, il se donne l'apprentissage pour parvenir à relever ce défi. Il donne préséance à ce qui est le plus important à ses yeux, non les normes mais les besoins humains. Son intérêt désintéressé se manifeste pour tout ce qui suscite la croissance des personnes.

Le septuagénaire s'attarde à l'ensemble du parcours de son existence. Il perçoit d'une façon nouvelle les liens qui en marquent la continuité. Avec les yeux du présent, il regarde dans le rétroviseur de son histoire. Par cet exercice de contemplation, il assume le passé et ouvre sur l'avenir. Il trace des pistes d'espérance pour les générations suivantes et prévient contre des voies sans issues. Son engagement teinté de sagesse se poursuit en tenant compte de ses capacités physiques.

Deux époux octogénaires, Erik et Joan Erikson, parlent de leur âge comme celui d'une maturation finale où chaque phase précédente y trouve son accomplissement. L'adulte s'arrête à l'essentiel de sa vie qui rejoint les temps de ses engagements les plus significatifs. Sa participation active peut se continuer dans les limites de ses possibilités. Le sens qu'il donne à sa mort au moment où elle viendra constitue son dernier apport personnel. Il répond au besoin de son entourage de prendre conscience que toutes les phases de la vie, y compris la dernière, peuvent prendre sens et s'éclairer les unes les autres dans la perspective d'une croissance continue.

L'engagement et le sens à la vie

La formation humaine intégrale est un cheminement de croissance continue. L'actualisation des forces vitales humaines s'y manifeste par des choix appropriés faits librement et avec responsabilité. Par ces décisions, la personne différencie et intègre les diverses facettes de son identité qu'elle développe en lien avec le sens donné à sa vie.

Ce processus vise la conquête progressive d'une liberté où la qualité de présence à soi se fait la garantie de la qualité de présence aux autres et à l'entourage. Source de disponibilité et d'accueil de l'autre, la présence à soi permet un dévouement envers les personnes dans le respect de leur contexte de vie et de leur identité culturelle.

Au cœur de cette conquête de liberté intérieure se situe l'amour qui se construit par l'actualisation des cinq autres forces vitales et en constitue la synthèse. La poursuite des buts, le vouloir, l'espérance, la compétence et la fidélité contribuent à incarner la force de l'amour dans les décisions qui orientent le vécu quotidien.

Dans une recherche sur les phases de la vie, Gail Sheehy (p. 22) constate que « *C'est l'engagement qui donne un sens à la vie des gens très heureux.* » Les données de son enquête lui permettent d'affirmer : « *Les gens les plus heureux investissent dans un engagement, dans une entreprise qui les dépasse.* »

Les répercussions sociales qui accompagnent la formation humaine intégrale se manifestent d'abord chez quelqu'un par l'engagement envers les personnes qui lui sont plus significatives. À mesure que sa contribution personnelle se précise et que son apport unique s'accentue au long des phases de la vie adulte, son ouverture s'élargit à toute personne quelles que soient ses conditions. Ainsi s'incarne cet amour universel basé sur le respect de la dignité humaine.

Références bibliographiques

Ackerman N.W. et al (1972) *Pour ou contre Summerhill*, Paris, Petite bibliothèque Payot n° 194, pp. 201-224.

Arlow J.A. (1979) « Psychoanalysis » in Corsini R.J. and Contributors: *Current Psychotherapies.*, 2nd ed., Itasca, Ill., Peacock, pp. 1-43.

Assagioli R. (1971) *Psychosynthesis*, New York, Viking Press.

Berne E. (1961) *Transactional Analysis in Psychotherapy*, New York, Grove Press.

Bettelheim M B. (1969) « The Education of Emotionally and Culturally Deprived Children » in Ekstein R., et Motto R. (Eds.). *From Learning to Love to Love of Learning*, Essays on Psychoanalysis and Education, New York, Brunner/Mazel, ch. 23, pp. 235-244.

— (1972) in Ackerman N.W. et al: *Pour ou contre Summerhill*, Paris, Petite bibliothèque Payot n° 194, pp. 85-104.

Bissonnier H. (1969) *Psychopédagogie de la conscience morale*, Pédagogie Psychosociale n° 9, Paris, Fleurus.

Blanck G. et Blanck R. (1979) *Ego Psychology - II: Psychoanalytic Developmental Psychology*, New York, Columbia University Press.

Blos P. (1979) *The Adolescent Passage - Developmental Issues*, New York, International Universities Press.

Bowen M. (1976) « Theory in the Practice of Psychotherapy » in Guerin P. (Ed.). *Family Therapy*, New York, Gardner Press.

Brierley M. (1947) « Notes on Psycho-Analysis and Integrative Learning », *International Journal of Psychoanalysis*, Vol. XXVIII, Part 2, pp. 57-105; également in *Trends in Psychoanalysis*, London, Hogarth Press (1951).

Bruner J.S. (1960) *The Process of Education*, Delhi 6, Atma Ram & Sons.

Chambless D.L., et Goldstein A.J. (1979) « Behavioral Psychotherapy » in Corsini, R.J. and Contributors: *Current Psychotherapies*, 2nd ed., Itasca, Ill., Peacock, pp. 230-272.

Corsini R.J. and Contributors (1973) *Current Psychotherapies*, 1st ed., (1979, 2nd ed.) Itasca, Ill., Peacock.

Desmarais M.-M. (1978) *Intervention - Dossier: Protection de la Jeunesse* n° 52: « L'enjeu de la délinquance: L'accompagnement des parents », Corporation professionnelle des travailleurs sociaux du Québec.

Dewey J. (1933) *How We Think - A Restatement of the Relation of Reflective Thinking to the Education Process*, Boston, Mass., D.C. Heath.

Dusay J. et Dusay K.M. (1979) « *Transactional Analysis* » in Corsini, R.J. and Contributors: *Current Psychotherapies.*, (2nd Ed.), Itasca, Ill., Peacock, pp. 374-427.

Ekstein R. (1969) « The Boundary Line Between Education and Psychotherapy » in Ekstein R., et Motto R. (Eds.). *From Learning to Love to Love of Learning*, Essays on Psychoanalysis and Education, New York, Brunner/ Mazel, ch. 16, pp. 157-163.

Ellis A. (1979) « Rational-Emotive Therapy » in Corsini, R.J. and Contributors: *Current Psychotherapies*, 2nd. ed., Itasca, Ill., Peacock, pp. 185-229.

Erikson E.H. (1959) « Identity and the Life Cycle », Selected Papers, with an Historical Introduction by David Rapaport, *Psychological Issues*, Vol. I, No.i, Monograph 1, 171 p.

— (1963) *Childhood and Society*, New York, Norton, 2nd Ed., rev. enl.

— (1964a) *Insight and Responsability — Lectures on the Ethical Implications of Psychoanalytic Insight*, New York, Norton.

— (1964b) « A Memorandum on Identity and Negro Youth », *The Journal of Social Issues*, Vol. 20, n° 4, pp. 29-42.

— (1968) *Identity, Youth and Crisis*, New York, Norton.

Foley V. (1979) « Family Therapy » in Corsini, R.J. and Contributors: *Current Psychotherapies*, 2nd Ed., Itasca, Ill., Peacock, pp. 460-499.

Frankl V.E. (1959) *Man's Search for Meaning - An Introduction to Logotherapy*, a newly revised and enlarged edition (1962) of *From Death Camp to Existentialism*, trad. Ilse Lasch, New York, Simon & Schuster, A Clarion Book.

— (1970) *La psychothérapie et son image de l'homme*, trad. de J. Feisthauer, Paris, Resma.

— (1975) *Le Dieu inconscient*, trad. M. Neusch et J. Feisthauer, Paris, Centurion, Religion et sciences de l'homme.

Freud A. (1963) « The Concept of Developmental Lines », *Psychoanalytic Study of the Child*, Vol. II-IV, pp. 245-265.

Freud S. (1913) « Further Recommendations in the Technique of Psychoanalysis » in *The Complete Psychological Work of Sigmund Freud*, Standard Edition, 1946, Vol. II, ch. XXXI, Londres, Hogarth Press.

— (1910) « Five Lectures on Psychoanalysis (1910) » in *The Complete Psychological Work of Sigmund Freud*, Standard Edition (1951), Vol. XI, Londres, Hogarth Press, pp. 3-56.

Frick W.B. (1971) « Humanistic Psychology: Interview with Maslow, Murphy and Rogers » in Rogers, C.R. and Coulson, W.R. (Eds.) *Studies of the Person*, Columbus, Ohio, C.E. Merrill.

Fromm E. (1973) *The Anatomy of Human Destructiveness*, New York, Holt, Rinehart and Winston.

Gendlin E.T. (1979) « Experiental Psychotherapy » in Corsini, R.J. and Contributors: *Current Psychotherapies*, 2nd Ed., Itasca, Ill, Peacock, pp. 340-373.

Gendreau G. (1978) *L'intervention psycho-éducative: solution ou défi*, Paris, Fleurus, Pédagogie psychosociale n° 31.

Glasser W. et Zunin L.M. (1979) « Realty Therapy » in Corsini, R.J. and Contributors: *Current Psychotherapies*, 2nd ed., Itasca, Ill., Peacock, pp. 302-339.

Gordon T. (1976) *Parents efficaces*, trad. J. Roy et J.B. Lalanne, Montréal, Éditions du Jour. Québec, Institut de développement humain.

— (1979) *Enseignants efficaces : enseigner et être soi-même*, trad. L.B. Lalanne, Montréal, Éditions du Jour. Québec, Institut de développement humain.

Greenspan S.I. (1975) « A Consideration of Some Learning Variables in the Context of Psychoanalytic Theory: Toward a Psychoanalytic Learning Perspective », *Psychological Issues*, Vol. IX, No. I, Monograph n° 33.

— (1979) « Intelligence and Adaptation. An Integration of Psychoanalytic and Piagetian Developmental Psychology », *Psychological Issues*, Vol. XII, n° 3/4, Monograph 47/48.

Guindon J. (1969) *Le processus de rééducation du jeune délinquant par l'actualisation des forces du moi*, Montréal, Centre de recherches en relations humaines, Contributions à l'étude des sciences de l'homme n° 7.

— (1995) *Les étapes de la rééducation - des jeunes délinquants et des autres*, Nouvelle édition, revue et augmentée, Montréal, Éditions Sciences et Culture.

Gurman A. et Kniskern D. (1981) *Handbook of Family Therapy*, New York, Brunner/Mazel.

Hartmann H. (1950) « Comments on the Psychoanalytic Theory of the Ego », *Psychoanalytic Study of the Child*, Vol. V, pp. 74-96.

— (1958) *Ego Psychology and the Problem of Adaptation* (1939), New York, International Universities Press, Journal of the American Psychoanalytic Association, Monograph Series n° 1, trad. D. Rapaport.

Hechinger F.M. (1972) in Ackerman, W. et al. *Pour ou contre Summerhill*, Paris, Petite bibliothèque Payot n° 194, pp. 27-38.

Holt J. (1964) *How Children Fail*, Toronto, Pitman.

Holt R.R. (1965) « Ego Autonomy Reevaluated », *International Journal of Psychoanalysis*, Vol. 46, pp. 151- 167.

Hunt J. McV. (1963) « Piaget's Observations as a Source of Hypotheses Concerning Motivation », *Merrill-Palmer Quarterly*, Vol. 9, pp. 263-275.

Jacobson E. (1964) « The Self and the Object World », *Journal of the American Psychoanalytic Association*, Monograph Series n° 2, New York, International Universities Press.

Jung C.G. (1956) *Two Essays on Analytical Psychology*. New York. Meridian Books.

Kernberg G. (1976) *Object Relations Theory and Clinical Psychoanalysis*, New York, Jason Aronson.

Kohlbert L. (1966) « Moral Education in School: A Developmental View », *The School Review*, Vol. 74, Spring, N° 1, pp. 1-30.

Kohut H. (1971) *The Analysis of Self - A Systematic Approach to the Psychoanalytic Treatment of Narcissis Personality Disorders*, The Psychoanalytic Study of the Child, Monograph n° 4, New York, International Universities Press.

— (1977) *The Restoration of the Self*, New York, International Universities Press.

Laplanche J. et Pontalis J.B. (1967) *Vocabulaire de la psychanalyse*, Paris, Presses Universitaires de France.

Légaut M. (1977) *Intériorité et engagement*, Paris, Aubier Montaigne.

Lemay M. (1973) *Psychopathologie juvénile - Les désordres de la conduite chez l'enfant et l'adolescent*, Tomes I et II, Paris, Fleurus, Pédagogie psychosociale n° 19, n° 20.

— (1976) *Le diagnostic en psychiatrie infantile - Pièges, paradoxes et réalités*, Paris, Fleurus, Pédagogie psychosociale n° 26.

— (1979) *J'ai mal à ma mère - Approche thérapeutique du carencé relationnel*, Paris, Fleurus, Pédagogie psychosociale n° 35. Nouvelle édition, revue et augmentée (1993), coédition Éditions Sciences et Culture, Montréal.

Le Shan E.J. (1972) in Ackerman, N.W. et al, *Pour ou contre Summerhill*, Paris, Petite bibliothèque Payot n° 194, pp. 120-139.

Levinson D.J., Darrow C.N., Klein E.B., Levinson M.H., McBee B. (1979) *The Seasons of a Man's Life*, New York, Ballantine Books.

Lowen A. (1976) *La bioénergie*, trad. de l'américain par M. Fructus (Bioenergetics) Montréal, Éditions du Jour, Vivre aujourd'hui Z-27.

Mahler M. (1974) « Symbiosis and Individuation - The Psychological Birth of the Human Infant », *The Psychoanalytic Study of the Child*, Vol. 29, pp. 89-106.

— Pine F., Bergman A. (1975) *The Psychological Birth of the Human Infant - Symbiosis and Individuation*, New York, Basic Books.

Maslow A. (1968) « Some Educational Implications of the Humanistic Psychologies », *Harvard Educational Review*, Vol. 34, n° 4, pp. 685-696.

Mosak H.H. et Dreikurs R. (1973) « Adlerian Psychotherapy » in Corsini, R.J. et al: *Current Psychotherapies*, 1st ed. Itasca, Ill., Peacock, pp. 44-94.

Neill A.S. (1970) *Libres enfants de Summerhill*, trad. M. Laguilhomie, Paris, Maspéro (1960) *A Radical Approch to Child Rearing*, New York, Hart.

Noy P. (1979) « The Psychoanalytic Theory of Cognitive Development », *Psychoanalytic Study of the Child*, Vol. 34, pp. 169-216.

Odier C. (1968) *Les deux sources consciente et inconsciente de la vie morale*, 2e éd. rev. et corr. Neuchâtel, Éd. de la Baconnière, Être et Penser, Cahiers de philosophie n° 4/5.

Piaget J. (1947) *La psychologie de l'intelligence*, Paris, Colin.

— (1957) *Le jugement moral chez l'enfant*, Paris, Presses Universitaires de France.

— (1959) *La naissance de l'intelligence chez l'enfant*, 9e éd., Neuchâtel, Delachaux et Niestlé.

— (1972) *Problèmes de psychologie génétique*, Paris, Denoël-Gonthier.

— (1975) *L'équilibration des structures cognitives - Problème central du développement*, Paris, Presses Universitaires de France, Études d'épistémologie génétique XXXIII.

Rapaport D. (1956) « The Theory of Ego Autonomy » in Gill, M.M. (Ed.) *The Collected Papers of David Rapaport* (1967), New York, Basic Books.

— (1960a) « On the Psychoanalytic Theory of Motivation » in M. Jones (Ed.) *Nebraska Symposium on Motivation*, University of Nebraska Press, pp. 173-247.

— (1960b) « Psychoanalysis as Developmental Psychology » in B. Kaplan et S. Wapner (Eds.) *Perspectives in Psychological Theory*, Essays in Honor of Heinz Werner, New York, International Universities Press.

Reich W. (1949) *Character-Analysis*, New York, Farrar, Straus & Giroux.

Redl F., Wineman D. (1964) *L'enfant agressif*, Paris, Fleurus, trad. de l'américain: *Children Who Hate*, New York, Free Press, 2 vols.

Rochlin G. (1973) *Man's Agression. The Defense of the Self*, Boston, Gambit.

Rogers C.R. (1959) « A Theory of Therapy: Personality and Interpersonal Relationships as Developed in the Client-Centered Framework » in Koch, S. (Ed.) *Psychology: A Study of a Science*, T. III: *Formulation of the Person and the Social Context*, New York, McGraw-Hill, pp. 184-256.

— (1970) *Le développement de la personne*, trad. E.L. Herbert, Paris: Dunod, (1968) *On Becoming a Person — A Therapist's View on Psychotherapy*, Boston, Houghton Mifflin.

— et Coulson W.R. (Eds) (1971) Studies of the person, Columbus, Ohio, Merrill.

Rulla L.M., Imoda F. et Ridick J. (1978) *Structure psychologique et vocation - Motivations d'entrée et de sortie*, Rome, Presses de l'Université Grégorienne.

Schutz W.C. (1973) « Encounter » in Corsini, R.J. and Contributors: *Current Psychotherapies*, 1st Ed., Itasca, Ill., Peacock, pp. 401-443.

Sheehy G. (1976) *Passages*, New York, E.P. Dutton & Co. Inc.

— (1981) *Pathfinders*, New York, William Morrow and Co. Inc.

Simkin J.S. (1979) « Gestalt Therapy » in Corsini, R.J. and Contributors: *Current Psychotherapies*, 2nd ed. Itasca, Ill., Peacock, pp. 273-301.

Skinner B.F. (1971a) *L'analyse expérimentale du comportement. Un essai théorique*, trad. A.M. et M. Richella, Bruxelles, C. Dessard, Psychologie et sciences humaines n° 38; (1969) *Contingencies of Reinforcement: A Theoretical Analysis*, Meredith Corp.

— (1971b) *Beyond Freedom and Dignity*, New York. Knopf.

Spitz R. (1965) *De la naissance à la parole - La première année de la vie*, trad. L. Flournoy, Paris, Presses Universitaires de France.

Stolorow R. et Lochmann F. (1980) *Psychoanalysis of Developmental Arrests*, New York, International Universities Press.

Watson J.B. (1929) *Psychology from the Standpoint of a Behaviorist*, 3rd ed., Philadelphia, Lippincott.

Wolpe J. (1958) *Psychotherapy by Reciprocal Inhibition*, Stanford, Calif., Stanford University Press.

Suggestion de lecture

Livres

Alain, J. (1989) *Devenir libre, un appel à la croissance*, Montréal, Fides.

Guindon, J. (1995) *Les étapes de la rééducation - des jeunes délinquants et des autres...*, Montréal, Sciences et Culture, nouvelle édition, revue et augmentée.

— (1992) *Prendre sa vie en main, l'enjeu de la vingtaine*, Montréal et Paris, Médiaspaul.

— (1993) *La formation humaine intégrale des candidats au presbytérat*, sous la direction de Jeannine Guindon, Montréal, Médiaspaul.

Houde, R. (1999) *Le temps de la vie : le développement psychosocial de l'adulte,* Montréal-Paris, Gaëtan Morin éditeur.

Légaut, M. (1980) *Devenir soi et rechercher le sens de sa propre vie*, Paris, Aubier.

Renaud, G. (1995) *Vivre debout sur le chemin de l'autonomie psychique,* Montréal, Médiaspaul.

Articles

Desmarais, M.-M. (1989) « L'actualisation des forces vitales humaines, un chemin de développement social », dans *L'Église canadienne*, 22 (24), Québec, La Revue l'Église canadienne inc., p. 747-752.

— (1992) « Un engagement social dans un projet collectif selon le processus d'actualisation des forces vitales humaines » dans *La vie sans frontières*, Montréal, IFHIM, p. 31-38.

Articles parus dans revue* SANS FRONTIÈRES les forces psychologiques *publiée par l'Institut de formation humaine intégrale de Montréal.

Alain, J. (1987) « La vie adulte et ses passages » 2 (2), p. 11-28.

— (1987) « Les phases de vie adulte et les forces psychologiques » 2 (2), p. 29-35.

— (1988) « Les phases de vie adulte et la représentation de soi » 3 (1), p. 24-48.

— (1991) « En manque de défis » 6 (1), p. 25-39.

— (1991) « Un processus de formation humaine intégrale » 6 (2), p. 3-27.

— (1993) « La personne et son entourage » 8 (2), p. 3-13.

— (1993) « La relecture et les schèmes cognitifs » 8 (2), p. 14-23.

— (1995) « Une nouvelle discipline, la psychoéducation » hors-série n° 2, p. 3-16.

Amyot D. (1986) « Intégration de la sexualité » 1 (1), p. 15-22.

— (1987) « Intégration de la sexualité » 2 (1), p. 24-32 ; 2 (2), p. 3-9.

Beauchamp, R. (1995) « L'hostilité et l'accès aux forces vitales » 10 (1), p. 3-14.

— (1997) « Hostilité et objet affectif » 12 (1), p. 3-15.

Corriveau, J. (1989) « Le diagnostic et l'identité de soi » 4 (2), p. 3-14.

Corriveau, L. (1986) « Autonomie fonctionnelle et autonomie psychique » 1 (1), p. 23-32.

Corriveau, L., Lévesque, J. et Poirier, P. (1990) « L'actualisation des forces vitales humaines en salle de classe » 5 (2), p. 3-18.

Guindon, J. (1987) « L'identité de soi et ses facettes » 2 (1), p. 3-23.

— (1988). « Les étapes d'une phase de vie adulte » 3 (1), p. 3-23.

— (1988) « L'identité individuelle et les phases de vie adulte » 3 (2), p. 13-27.

— (1989) « Phase de vie du septuagénaire et contemplation » 4 (2), p. 15-32.

— (1989) « Phase de vie de la soixantaine et réponse aux besoins de l'entourage » 4 (1), p. 17-27.

— (1990) « L'octogénaire et l'accomplissement de sa vie » 5 (1), p. 3-33.

— (1990) « L'octogénaire et l'essentiel » 5 (2), p. 19-35.

— (1991) « Les défis de la vingtaine » 6 (1), p. 3-24.

— (1993) « L'identité vocationnelle » hors-série n° 1, p. 15-31.
— (1993) « Le développement de la personnalité et l'éducation » 8 (1), p. 23-32.
— (1994) « Les indices de la force de l'amour » 9 (1), p. 3-8.
— (1994) « Les traits culturels dans le développement de la personne » 9 (2), p. 3-15.
— (1995) « Construire la force de l'amour » 10 (1), p. 15-31.
— (1995) « L'adolescent et l'éducateur » 10 (2), p. 13-20.
— (1995) « Psychologie et psychoéducation » hors-série n° 2, p. 17-36.
— (1996) « Franchir les étapes de la trentaine » 11 (1), p. 3-20.
— (1996) « Donner un sens à son cycle de vie, l'enjeu de la quarantaine » 11 (2), p. 3-10.
— (1996) « Favoriser la croissance des personnes, l'enjeu de la cinquantaine » 11 (2), p. 11-20.
Hamel, C. (1995) « Vraie et fausse représentation » 10 (2), p.3-12.
Kilimnik, H. (1992) « Le développement de l'identité psychosexuelle » 7 (1), p.3-28.
— (1993) « L'identité psychosexuelle et le deuxième niveau d'organisation psychique » 8 (1), p.9-22.
— (1994) « L'identité psychosexuelle et le troisième niveau d'organisation psychique » 9 (1), p.9-22.
Lajoie, G. (1997) « Les conditions du milieu » hors-série n° 3, p.71-79.
Savoie, A.-M. (1988) « Les forces psychologiques et les schèmes cognitifs dans le développement de la personnalité » 3 (2), p. 3-12.

Pour en savoir plus sur l'auteure et sur l'Institut

Jeannine Guindon, docteure en psychologie et fondatrice en 1971 de l'École de psychoéducation de l'Université de Montréal, a mis au point la discipline de la psychoéducation. Elle a publié un premier livre intitulé *Les étapes de la rééducation — des jeunes délinquants et des autres*... qui a connu une nouvelle édition en 1995 chez ÉDITIONS SCIENCES ET CULTURE (Montréal). Fondatrice en 1976 de l'Institut de formation humaine intégrale de Montréal, elle a poursuivi son travail de recherche avec de nombreux collaborateurs et collaboratrices. Conférencière recherchée, elle a continué de se rendre dans divers pays pour contribuer à la formation de ceux et celles qui ont fait appel à sa compétence.

Pour obtenir des informations sur ce livre, sur d'autres publications de la même auteure ou sur les cours ou ateliers donnés par l'Institut de formation humaine intégrale de Montréal (IFHIM), la personne intéressée peut contacter :

Institut de formation humaine intégrale de Montréal
55, boulevard Gouin Ouest
Montréal (Québec) H3L 1H9

Téléphone : 514-331-6861
Télécopieur : 514-331-7303
Courriel : ifhim@total.net
Site internet : http://www.total.net/~ifhim

Table des matières

TROISIÈME PARTIE
Les applications diversifiées

QUATRIÈME PARTIE
Les applications cliniques